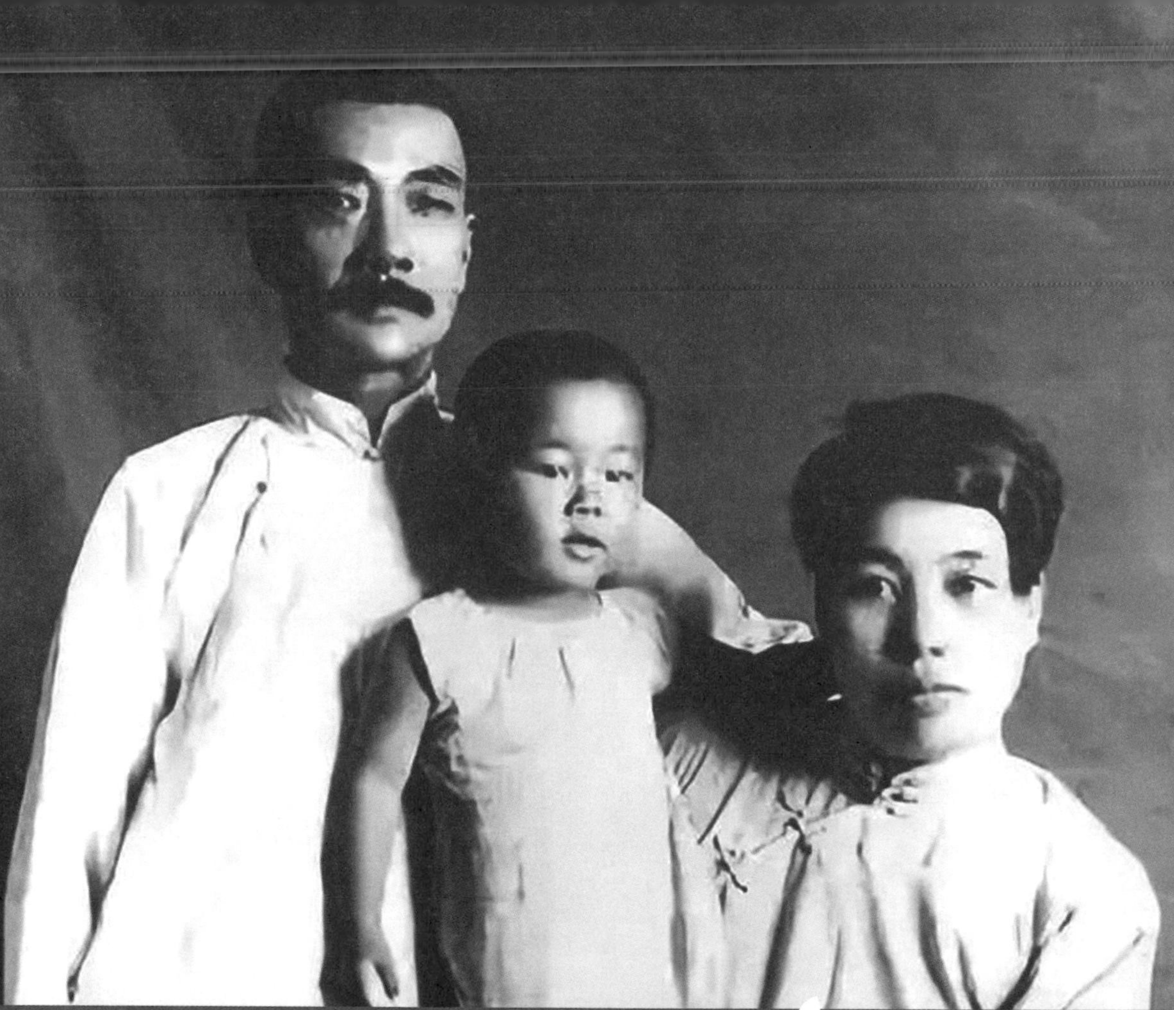

戀愛中的魯迅

魯迅在廈門的135天

房向東——著

魯迅
LU XUN

自序

有的人，活了數十年，也沒有多少日子有特別的意義；有的人，活得很短很短，在歷史上，在別人的心中，卻刻得很深很深。一樣的，就某個具體的人而言，一生中有的歲月雖長，卻相對平淡，比如，魯迅住在紹興會館時期；有的階段雖短，卻特別精彩，甚至有了標誌性的意義。魯迅在廈門一百三十五天，應該說是魯迅一生中很短暫的一個時期，也沒有大起大落那樣的精彩，然而，在我看來，卻是有著相當的標誌性的意義。

魯迅到廈門，是「女師大風潮」的必然結果，是與許廣平相識相愛的必然結果。「女師大風潮」之前，魯迅基本上是一個安分的政府官員，一個相對純粹的具有思想家氣質的作家，一個為貼補家用而去兼職的教師……此後，魯迅開始了戰士的歷程。廈門只是一個過渡，廣州也只是這種過渡的繼續。魯迅的後半生，從「京派」變成了「海派」，魯迅的上海十年，是戰鬥的十年，戰鬥的主要工具，就是他的雜文。

北京時期的魯迅，在教育部工作，雖然有欠薪現象發生，但總體生活是穩定的。寫作就是寫作，沒有什麼太過功利的目的。魯迅為《新青年》等寫稿，是沒有稿費的。到了上海以後，

他成了「職業寫手」，雖然蔡元培為他謀了一個「研究員」的閒差，但他主要是靠稿費養家。雜文除了最具戰鬥性以外，我們也不得不承認，因為它的時間性要求，所以它是能以最快的速度面世並對作者產生具體的效益的。北京時期，魯迅只顧一個家，魯迅的後半生，卻要兼顧京滬兩個家……

我要說明的是，京滬兩地，可以區分做為作家（不只是生理上的人）的魯迅的前半生和後半生。如果說，這是生命的兩環的話，連結著兩環的，則是廈門和廣州——廣州時期的魯迅，不是本書要描述的。

我要說的是，魯迅在廈門雖然只待了一百三十五天，但這卻是有特殊意義的一百三十五天。

為了便於讀者的閱讀，我要描述一番本書思路「流變」的脈絡。魯迅南下廈門，主要是為了許廣平，為了他們的愛情。而許廣平之前，大家都知道，魯迅家中有原配夫人朱安（朱安之前，有人介紹表妹琴姑，雖然魯迅與表妹也可說「兩情相悅」，但被魯迅的保姆長媽媽「拆散」，說他們是「犯沖的」。這些，此書略去不表）。魯迅與朱安沒有感情，而且，與他的精神世界一樣，魯迅在愛情上是有潔癖的，許許多多的人沒有愛情，不要講普通老百姓，就是大學者也能苟且或是湊合，比如胡適和江冬秀，然而魯迅不，他一生就沒有和朱安「圓房」，頭一天晚上，他在枯坐中迎來天明，據說，早晨臉上還留下淚痕。接著，他住到母親的房間，很快就回到日本去了。魯迅在廈門，離不開許廣平這一話題，要講清魯迅的愛情，就迴避不了魯迅的婚姻，迴避不了朱安。那麼，魯迅為什麼會或者說不得不接受了「母親的禮物」朱安呢？巴金筆下的人物，衝出了「家」，魯迅已經在日本了，完全有可能「反抗」到底的，如果沒有家庭的變故，如果不是長子，如果魯迅對母親沒有那麼孝順，就是說，要不是「因襲著歷史的重擔」，魯迅沒有必要做自我的犧牲。如果沒有朱安而在北京有了許廣平，那大約就沒有南下之說了。出於這樣的考量，有了一章「前言」，專門介紹「魯迅命運的歷史遠景」，這可以讓讀者感受到魯迅只能這樣而不能那樣，從而，讓我們更接近這顆偉大的心靈，去聆聽魯迅的心跳。

魯迅與許廣平的愛情是破土於北京的，如果沒有他們相識，相愛，共同戰鬥的簡單介紹，那麼，廈門時期的愛情就難以把握。他們相約分頭工作兩年，結果只待了一百三十五天，也就不好理解了，所以，有了「北京時期的愛情」這一節。

應該說，前面這兩章，都是鋪墊，探究，是為後面的廈門生活、工作的展示提供脈絡發

展的根據。

我理解，魯迅在廈門，這幾個方面是不能被忽略的：

一是魯迅與學生的關係，這主要體現在支持學生辦《鼓浪》和《波艇》。魯迅有個基本的觀念，小的要比老的好，年輕的要比年邁的有更多的活力。中國的希望在青年。他對青年的要求，總是盡量予以滿足。面對中國這樣的死樣社會，他懇切地希望青年「遇見深林，可以闢成平地的，遇見曠野，可以栽種樹木的，遇見沙漠，可以開掘井泉的。問什麼荊棘塞途的老路，尋什麼烏煙瘴氣的鳥導師」！他「願中國青年都擺脫冷氣，只是向上走，不必聽自暴自棄者的話。能做事的做事，能發聲的發聲。有一分熱，發一分光」。然而，青年又怎能一概而論呢？有的青年，雖做事，卻小有毛病的，比如孫伏園；有的青年，也做事，卻大有毛病的，比如高長虹……就是在本書中，讀者也可以看到，魯迅也經常被青年利用，被青年傷害，魯迅在私下通信中，也感嘆為青年耗費了許多寶貴的生命。從魯迅的文字看，他的支援青年，很大程度上是出於對青年的鼓勵，因為他們的文章，特別是廈門青年的文章，還真的只配給予一點鼓勵，僅此而已。

二是魯迅在廈門的幾場演講。魯迅在廈門的演講，是魯迅一貫思想的宣示，然而，客觀上，對封閉的甚至也可說死氣沉沉的孤島而言，魯迅的言論具有「搗亂」的性質，就是說煽動，也不為過。魯迅在廈門引起軒然大波的，也與這幾場演講有關。所以，我對這幾場演講做了較為詳盡的介紹。

三是廈門時期的愛情。《兩地書》的最重要部分，是廈門時期的通信。在北京時，魯迅和許廣平也通過不少信，那時，他們的愛情方才開始，又同處一城，上課時還能見上面。廈門時期，他們已經確定了關係，又是第一次的分別，感情已不是那麼婉轉，而更多的是熱烈。魯迅在許廣平面前，談到文章時，有點像長者，像許廣平的老師；談日常生活時，則像一個自理能力很差的小弟弟；談到思念時，雖然特別含蓄，還真流露出了他們感情的深度，比如，魯迅甚至談到了他在廈門如何尿尿問題，感情沒有達到一定的深度，是不會有這樣的話題的；還有，魯迅在許廣平面前，有時像一個孩子，他對班上的女生目不斜視的自我表白，他的與豬作戰等，都有孩子一樣的頑皮……一個偉大人物，必定有率真、孩子氣的一面。因為許廣平，魯迅最人性化的一面展現到了讀者面前。我深深地感到，在經歷了兄弟反目的沉重打擊之後，是許廣平把魯迅從深刻的絕望當中拽了出來，一株枯乾的樹，有了愛情的滋潤，又綻出了嫩芽兒。魯迅在廈門時生活是無聊的，但因為心在遠方，又是歡愉的，愈是念著遠方，愈是憧憬著歡愉，就愈感到廈門的無聊。所以，不要說兩年，一百三十五天就已經太長、太長！

四是魯迅在廈門時期的寫作。雖然魯迅當了教授，但他首先是一個作家，一個有激情的有堅守的戰鬥的作家。較之於北京，廈門的生活是平靜的，魯迅在海邊散步，平靜的狀態，最容易讓人回想往事，因而，他把始於北京的「舊事重提」繼續下去，為我們留下了逝去的記憶，留下了生命的軌跡和珍貴的史料，那就是《朝花夕拾》的大多內容。此外，還有許多諸如《〈阿Q正傳〉的成因》等堪稱重要的文章。因為文章不多，我對魯迅廈門時期的文章一一講述，應該說真是我的「心得體會」了，講得時尚一些，就是我的「心解」。當然，也有幾篇魯迅自擬的書刊廣告等，就略去不說了。

五是關於魯迅與許廣平結合後最後十年的生活狀況。這一章，應該說與「魯迅在廈門」這一命題有比較大的外在距離，但我認為，卻有著內在的聯繫，魯迅和許廣平的愛情成熟於廈門，他們結合以後的境況怎樣呢？這應該是本書讀者有興趣瞭解的，為了相對的完整性，我對他們最後十年的有愛的婚姻做了簡略的介紹。

六是魯迅離開廈門後，廈門對魯迅的紀念。魯迅對廈門並沒有太多的好感，就像他對故鄉紹興並沒有太多的好感一樣。但是，後來的人們管不了這許多，紹興是魯迅的故鄉，這不會因為魯迅的沒有好感而改變。魯迅到過廈門，這就是最大的事實。魯迅在廈門的時間雖短，但對廈門的意義是重大的。所以，魯迅去世後，廈門多次緬懷魯迅、紀念魯迅，廈門大學因為魯迅的到來，其學術品位得到了極大的提升，因為魯迅而蜚聲遐邇，就像現在有了易中天，廈大的熱鬧程度得到了極大的提升？

最後要講一下日誌。好在魯迅在廈門的時間很短，我參考了多本《魯迅年譜》，結合當日的魯迅日記及書信等，編寫了魯迅在廈門期間的「日誌」，讓讀者能清楚魯迅每一天都做了些什麼。當然，這個「日誌」中，有了不少我的感悟，夾敘夾議，應該說是頗有「個人色彩」的，我在編寫的過程中，彷彿在做一件有滋有味的事，不知讀者讀後，是不是可以感受到其中的滋味？

魯迅在廈門時期，做了一些編輯工作，這包含兩方面的內容：一是編輯自己的舊文章，主要是《墳》和《華蓋集續編》等；一是遙控北京的《莽原》等。他的往來書信，有很多這方面的紀錄。因為這方面專業性、技術性太強，做為出版人，我正計畫寫一部《魯迅與出版》，到那時，自然會把魯迅廈門時期所做的這方面的工作一併考慮進去，並進行一定的思辨，就略去不寫了。再有，關於魯迅的教學，我的印象是，在所有回憶魯迅在廈門的文章中，牽涉他演講的多，牽涉他上課的少，甚至可以這麼說，魯迅在廈門上的中國小說史等課，遠不如

魯迅的演講在其生命史上留下更深的足跡。上小說史的學生，也就二十來個，加上旁聽的，人數也有限。小說史，也畢竟專業性太強。所以，與魯迅的演講對比，相對的「冷」也是可想而知的，因此，也只是做了簡單的介紹。

以上，我把全書的脈絡展現在讀者面前了，這彷彿是一張「導遊圖」？帶了這「導遊圖」，請讀者到這「展覽館」，參觀魯迅這一百三十五天的生命歷程，看看「孤島過客」這一時間段的日日夜夜，他做些什麼？想些什麼？

作　者

二〇〇八年六月十一日

目錄

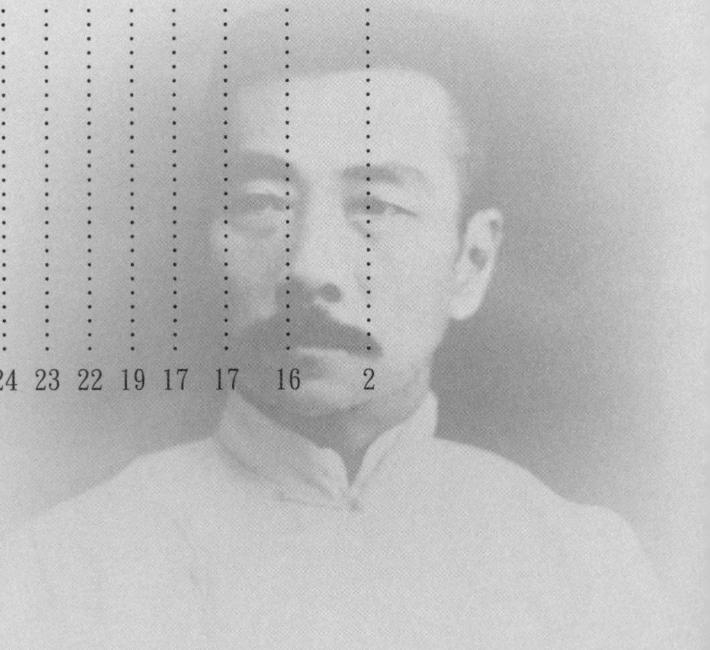

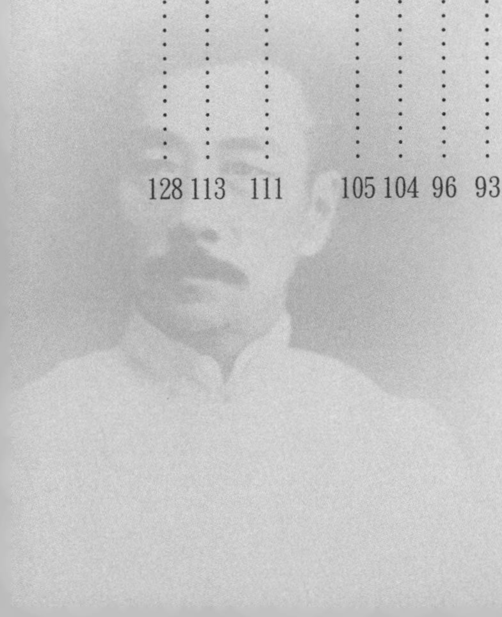

第四章 廈門時期的《兩地書》講述……148

第五章 廈門時期的文章講述

第六章 別了，孤島

第一章

魯迅命運的歷史遠景

一、「破落戶」

二〇〇六年十月，我第三次到紹興。此行是參加紀念魯迅誕辰一百二十五週年、逝世七十週年「魯迅：跨世紀對話」國際學術研討會。會議期間，東道主安排我們參觀了「魯迅祖居」，石板路、舊木窗、石庫門……一幅清末民初時的畫卷展現在面前。

這「魯迅祖居」實際上是一條街，堂皇闊氣，與我第一次見到的魯迅故居的景象大相徑庭，與我印象中的魯迅早年生活的世界大相徑庭，甚至與魯迅所描述的故鄉大相徑庭。雖不好說進了大觀園，但它的氣派與大觀園也相差無幾，說它是宰相府，應該也不過份。

1. 老台門

我要了一份導遊讀物，上面大致的描述是這樣的：

穿過東昌坊口老街，來到了魯迅祖居——也就是我們所說的周家老台門。老台門坐北朝南，前臨都昌坊口，後通鹹歡河，青瓦粉牆，磚木結構。

周家老台門距今已有兩百五十年的歷史，是紹興目前為止保存最為完好的清朝建築之一。整個台門佔地近三千平方米，是一座典型的江南官宦人家住宅，主題建築分四進，前面第一進，稱台門鬥。儀門上方懸掛著魯迅祖父周福清的「翰林」匾。周氏家族在紹興四百年的歷史中，屬周福清獲得的官位最顯赫，因此當時在三個台門的門楣上都掛有「翰林」匾，它像三張巨大的名片，向遊客展示了主人尊貴的身分。

第二進為德壽堂，是周氏族人的公共活動場所，以做喜慶、祝福和宴會賓客之用。德壽堂原名寧壽堂，為了避清朝道光皇帝的年號「寧」之諱，改為德壽堂，「德壽」取積善有德、福祿長壽之意。魯迅平時很少來祖居，只有家裡祭祖或操辦大事時才過來。

說起這周家老台門還頗有歷史。魯迅祖上是湖南道州人，一世祖在明朝正德年間搬遷到紹興城內竹園橋。據魯迅二弟周作人推測，周氏祖上或許是務農，搬到紹興城後，棄農經商，家境也逐漸殷實起來。由於在城市的便利，周家子弟開始走進學、讀書、趕考之路，終於六世祖考上了舉人（乾隆年間），為周家掙得了第一塊「文魁」匾。這意味著周家從此擠進了士林，不光經濟地位上升，政治地位也有了顯著的提高。從此，周家開始購地建屋，廣置田產。魯迅的七世祖周紹鵬在乾隆十九年（一七五四年）購得了此屋，經過大規模的修建，形成了頗具規模的周家老台門。

來到第三進——香火堂，香火堂是祭祖和辦喪事的場所。中央上方設一神龕，放有歷代祖宗牌位。現掛有「德祉永馨」匾，意指德行和福氣淵源流長。中間掛有一張魯迅祖父和兩位

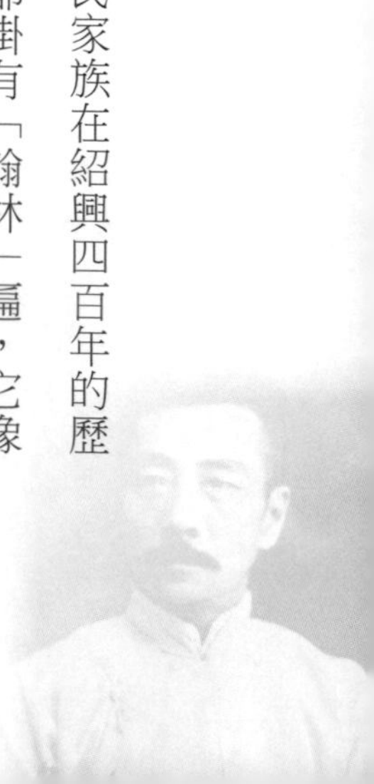

祖母的神像，兩壁上掛著的就是魯迅祖父周福清的治家格言《恆訓》，現在這些是魯迅在南京求學時手抄的。《恆訓》的內容是祖父對自己一生治學和為人處世的總結。大到讀書之法，為官之道；小到日常生活常識，無所不有。現在老台門就是依照周家鼎盛時期為背景，融合其他大戶人家有代表性的生活場面做實景佈置，在這裡我們可以看到清朝大戶人家的生活場景。

第四進是座樓，前有廊、後有披，是周氏家族主要的生活區，佈置為小姐的書房、繡房、閨房和沐浴房。由於子孫的繁衍，家族的擴充，祖居的房屋已不敷使用。所以周氏家族在清朝嘉慶年間又購置了兩個台門，即過橋台門和新台門。從第九世開始，周家已開始分家，長子住新台門，二兒子住過橋台門，小兒子和父母住老台門。

2. 新台門

出了周家老台門，沿著街道信步向前，便到了周家新台門。

從外觀來看，新台門與老台門並沒有什麼兩樣，同樣是黑漆漆的大門，氣派的門環，整塊的小瓦片，在這現代化的都市裡，保留了一絲明清時期的建築風格。但它比老台門要小得多，一問之下，才知道其佔地為一千八百平方米，近乎於老台門的一半大小。

推門而進，來到魯迅生活的地方。

一塊鑲金的匾額便落入眼簾——德壽堂，這是台門的第二進。和老台門一樣，這裡也做為各房公共活動的地方，用來舉行紅白大事和接待貴賓的場所。步入大廳，順著一排紅木太師椅，一眼就看到了兩幅醒目的抱對：虛能引和靜能生悟、仰以察古俯以觀今；敏於事而慎於言、持其志而無暴其氣。在這一道一儒的兩幅字畫中，我們感受到的是莊重、大器，頗顯大戶人家氣魄。

一八八一年九月二十五日，我國現代著名的文學家魯迅就誕生在這座台門內，並在這裡生活到了十八歲。此台門修於清朝嘉慶年間，此時周家正處於鼎盛時期，在這18年裡，魯迅親身感受到了整個家族從顯赫走向小康，再從小康走向徹底沒落的全過程。魯迅對人生、對社會的認識，在很大程度上源於新台門對他的影響。而辛酸往事的點點滴滴，也為魯迅日後的文學創作積澱了廣泛的素材和深刻的思想。魯迅曾說過：「我是紹興人，所寫的背景又是紹興的居多。」如此看來，周家新台門對於魯迅日後的創作的確是產生了深遠的影響。

第三進「香火堂」為輔助陳列，內容分為「周氏房族興衰」、「魯迅與周作人」和「魯迅與周建人」三部分，資料詳實、圖文並茂。

轉過側門，穿過一條短弄堂，便進入了一個亮堂的小天井。一株茂盛的桂花樹像一把大

傘般撐在這裡，佔了足有一半的空間，為背面的一間小屋遮住了陽光。據導遊介紹，這裡名叫「桂花明堂」，明堂就是俗稱的天井。原先這裡種著兩棵很茂盛的桂花樹，天井因此而得名。這裡充滿了魯迅童年時的記憶。夏夜，躺在桂花樹下的小飯桌上，聽繼祖母在這裡講述「貓是老虎的師父」、「水漫金山」等民間傳說，都是魯迅童年時最難忘懷的故事。後來，在魯迅的文學作品《狗‧貓‧鼠》、《論雷峰塔的倒掉》中，對這些童年時聽過的民間故事，都做了非常詳細的描述。

穿過一條狹長的過道，幾間平房出現在我們眼前。左手一間現在被鎖得嚴嚴實實，透過模糊的玻璃窗，房內的擺設大致能看個清楚。一張大床、一張椅子、一個茶几、一張書桌形成了房內的主要結構。據介紹，這間房間是魯迅在紹興任教期間的書房兼臥室。魯迅常常在這裡備課、寫作到深夜，他的第一篇文言文小說《懷舊》就是在這裡寫成的。房間裡的鐵梨木床仍是魯迅當年睡過的原物。右手的一間是魯迅母親的房間，這裡陳列著魯迅母親做針線用的物品。小小灶間，魯迅與「閏土」結識的天地。

轉個彎，來到了魯迅家的廚房，紹興俗稱「灶間」，是魯迅家燒菜做飯的地方。據導遊介紹，這間廚房並沒有被改建過，這裡的一個「三眼大灶」，是根據當事人回憶復原的。裡面一共有三個鍋，兩小一大。外面兩個鍋是燒飯做菜用的，裡面那個是逢年過節時才用的。

外面的兩個小鍋俗稱「湯鍋」，它具有節能的功效，充分利用做飯時的餘火，當飯煮熟了，湯鍋內的水也就燒熱了，可以用來盥洗和溫酒。牆邊還有一個小灶，是給客人燒點心和煎藥用的。牆上掛著幾個竹製的大大的菜罩，據介紹，這些菜罩就是當年魯迅家的季節工（當時稱「忙月」）章福慶製作的原物。章福慶有時將兒子運水帶來幫忙，並與魯迅結成了形影不離的好朋友。他倆第一次見面就是在這間廚房裡，運水使魯迅認識了一個書本上見不到的陌生世界。之後，魯迅在他的小說《故鄉》裡，以運水做為原形，塑造了「閏土」這個為眾人所熟悉的活生生的藝術形象。

3. 百草園

百草園，最值得紀念的地方。

走過廚房，跨過幾個門檻，打開一扇古老的小台門，眼前鬱鬱蔥蔥，一片亮堂。一個清新的園子展現在我們面前，原來，精緻的籬笆把園子圍了一圈，中間是一片碧綠的菜畦，旁邊一棵參天的皂莢樹格外顯眼，角落裡一段連接緊密的矮泥牆，上面長滿了鬱鬱蔥蔥的各種植物。對百草園如此嚮往，是因為讀了魯迅那篇文筆優美的回憶性散文《從百草園到三味書屋》，文中他無限深情地寫道：「我家的後面有一個很大的園，相傳叫百草園……不必說碧

綠的菜畦、光滑的石井欄、高大的皂莢樹、紫紅的桑葚……單是周圍短短的泥牆根一帶，就有無限趣味。」

雖然現在這裡的石井欄、皂莢樹、桑樹都已不是原物，但經過精心的設計，依然將魯迅筆下的百草園展現在我們面前。特別是這邊一段有著無限趣味的泥牆根，仍然是當年的原物。童年的魯迅經常在這裡捉蟋蟀，找蜈蚣，摘覆盆子，拔何首烏藤……

4.「吃魯迅」

導遊說，浙江省花了十幾億人民幣，根據周作人、周建人描述以及其他魯迅族人的回憶等，復原了「魯迅祖居」，使其成為真正的「紹興名片」。不過，因其太過走樣，我對這「修舊如舊」的一切不以為然。我對身邊的一位「魯研」專家說：「走樣。沒有原來的味道。這是花錢買走樣。」這位老師說：「是這樣的。不過，我們不必太當真，這還不是為了旅遊。」這麼一說，我勉強表示同意。魯迅是一個資源，如果地方政府不曉得開發、利用這個資源，那不是「呆鳥」嗎?有一句挖苦「魯研」專家的話叫「吃魯迅」，我所知道的「魯研」專家，多是皓首窮經，花一天兩天，寫兩三千字，每千字賣五、六十元，用插隊知青的話說，這叫「吃硬工」；目前的「魯迅祖居」、「咸亨酒店」之類，才是名副其實的「吃魯迅」，而且是「吃軟工」。

我找出了周建人口述、周曄編寫的《魯迅故家的敗落》，從中倒真可以看出，魯迅祖上確實闊極一時。

5. 科場舞弊案

然而，我們更要知道的是魯迅祖家的敗落。

魯迅作品中的描述，自然更為接近歷史的真實。

在所有魯迅傳記中，在談到魯迅的少年生活時，都離不開這幾件事實：一是魯迅祖父周福清的科場舞弊案；二是魯迅寄居安橋頭；三是魯迅父親的病。

一八九三年秋天，魯迅的家裡發生了一場很大的變故。一八九二年的除夕，魯迅曾祖母戴氏病逝。在京城的周福清得訊後，報了丁憂，奔喪回到紹興。

一八九三年九月，正逢浙江鄉試，主考官是周福清的同榜進士殷如璋，算是熟人。除了魯迅的父親周伯宜之外，還有幾家周家的親戚參加這屆考試，認為機會難得，便再三懇請周福清從中通關節，賄賂主考官。親友中有人出主意，召集幾個有錢的秀才，湊成一萬兩銀子，寫了錢莊的期票，請介孚公去送給主考官，買通關節，取中舉人，對於經手人當然另有報酬。

介孚公便到蘇州等候主考官到來，見過一面，隨即差遣「跟班」將信送去。那時恰巧副主考官正在主考官船上談天，主考官知趣得信不立即拆看，那跟班乃是鄉下人，等得急了，便在外面叫喊，說銀信為什麼不給回條。這事情便戳穿了，交給蘇州府去查辦，知府王仁堪想要含糊了事，說犯人素有神經病，照例可免罪。可是介孚公本人卻不答應，公堂上振振有詞，說他並不是神經病，歷陳某科某人，都通關節中了舉人，這並不算什麼事，他不過是照樣來一下罷了（寫到這，我可要捎帶一槍了，同一家族中人，有相近的性情，周作人當了漢奸，還振振有詞，說他當漢奸當得有理，如果他不當漢奸，有比他更壞的人當漢奸。魯迅死之將至，仍要說：一個也不寬恕。都是狗脾氣，硬骨頭，雖然承載的內涵不同，但大約都是基因起的作用）。事情弄得不可開交，只好依法辦理，由浙省主辦，呈報刑部，請旨處分。事情敗露後，應試的周伯宜在考場上被拘禁起來，革去功名，一直關押到第二年的春天。周福清先逃避一陣，後來催逼得緊，便投案自首，被押到省城杭州監禁起來。這事情一直鬧到皇帝那裡，光緒皇帝諭旨判為「斬監候」（就是說等到這年的秋後處決）的重刑。這就是轟動一時的所謂「欽案」。後來雖未被斬，卻也飽受八年牢獄之苦。獄中祖父的生活需要供養，為免受虐待，還需上下打點，家中只得變賣家產，勉力支撐。

6. 從小康進入困頓

祖父入獄，給周家帶來不小的影響，甚至可以說是周家從小康進入困頓的轉捩點。周家的社會地位和經濟狀況驟然敗落。魯迅在《吶喊・自序》中寫道：「聽人說，在我幼小時候，家裡還有四、五十畝水田，並不很愁生計。但到我十三歲時，我家忽而遭了一場很大的變故，幾乎什麼也沒有了；我寄住在一個親戚家，有時還被稱為乞食者。」這裡說的親戚家，是指祖父出事以後，魯迅隨著母親和弟弟到皇甫莊大舅父家去避難。在這裡住到年末，又隨著魯宅遷移，搬到小皋埠，到第二年夏天才回到家裡。避難期間，魯迅兄弟再也不是從前官宦人家的公子哥兒了，寄人籬下的生活，大約很遭了些勢利的白眼，這使魯迅過早地感受了人間冷暖，世態炎涼，從很多年後魯迅還提起這件事來看，當時對他的刺激是相當深的。他說：「有誰從小康人家而墜入困頓的嗎，我以為在這途中，大概可以看見世人的真面目。」

可謂禍不單行。祖父一下獄，魯迅的父親又患了重病，吐血、肚子脹，病了三、四年，終於在一八九六年秋天死去了。在這三年中，祖父關在杭州獄中要用錢，給父親醫病也要用錢。先是變賣田地，田地賣完後，母親就叫他拿衣服或首飾到當鋪典當。身為長子尚未成年的魯迅就承擔了許多家庭的義務和責任。幾乎是每天，魯迅上當鋪去，在輕蔑裡接過用衣物抵押來的錢，又忙著給父親買藥。他說：「我有四年多，曾經常常，——幾乎是每天，出入於

當鋪和藥店裡，年紀可是忘卻了，總之是藥店的櫃檯正和我一樣高，當鋪的是比我高一倍，我從一倍高的櫃檯外送上衣服或首飾去，在侮蔑裡接了錢，再到一樣高的櫃檯上給我久病的父親去買藥。」

二、長子・孝子

1. 母親與長子苦撐風雨飄搖的家

魯迅，是周樹人發表第一篇白話小說《狂人日記》時所用的筆名。這個筆名，取母親魯瑞的姓氏，寄託著魯迅對仁慈而善良的母親深深的熱愛和尊敬。

魯瑞一八五八年生於浙江紹興安橋頭，一九四三年逝世於北京，享年八十七歲。這位一生操勞、性格堅強的女性，養育了三個兒子：周樹人（魯迅）、周作人、周建人，三人均在中國現代史上留下了不同的印記，而其中以魯迅為最傑出。魯迅已活在千千萬萬後人的心裡，魯瑞也必將隨著「魯迅」這一不朽的名字而永生。

安橋頭離曹娥江不遠，山清水秀，環境幽雅而僻靜。魯瑞出身名門。她的父親曾經在戶部做過主事，後來因病辭職回家。她的一生也可以說比較坎坷。先是經歷了魯家的家道中落，後又經歷了周家的家道中落。在她年輕的時候，丈夫因病去世，而人到晚年之時，又痛失愛子。她在六十歲的時候離開故鄉，隨子北上，一直沒有能夠再回家鄉。晚年與朱安女士為伴，婆媳相依為命。

當時的中國像是一潭死水，鄉村女子多被禁錮在家中，很少有人能夠識字，魯瑞也未曾進過堂。魯瑞十分好學，年幼的時候，老師給她弟弟上課，她就站在旁邊聽講，遇到不認識的字便向別人請教。就這樣，靠自學魯瑞漸漸能夠斷文識字，讀《水滸傳》、《封神榜》、《三國演義》等小說了，還經常有聲有色地把書中故事講給家裡人聽。

書讀得多，使魯瑞不同於舊時代一般的女子，她思想開通，不守舊，有這樣一件事情：清末天足運動興起時，魯瑞就放了腳。本家中有一個綽號叫「金魚」的頑固人物四處揚言說：「某人放了大腳，要去嫁鬼子了。」魯瑞聽到了這話，並不去找「金魚」論理，只冷冷說道：「可不是嗎，那倒真是很難說的呀！」並不畏懼這些流言及陳腐的傳統偏見。這一點，魯迅酷似乃母，繼承了母親的性情。

另一件小事也反映魯瑞這種有膽有識的性格，宣統三年（西元一九一一年）進步的人都自動地剪辮子，魯迅家裡的長工也想剪，魯瑞十分支持，這給魯迅留下了深刻的記憶。

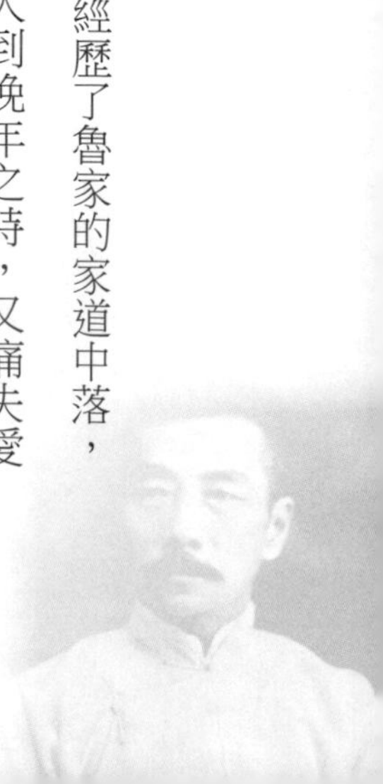

魯瑞一生勤勞，雙手總是閒不住。家裡的長工曾經回憶說，魯瑞除了為自己的兒子做針線外，還為下人們做鞋補襪，與他們相處十分融洽、平等。在魯迅祖父被投入牢獄、父親病重的危難時期，這個平凡的女性卻像一棵堅強的大樹一樣，與少年魯迅一起苦苦撐持著這個風雨飄搖的家。她強忍著極度的悲痛，四處張羅家用，常常拿出首飾去當鋪換錢，為了家庭的生活與孩子們的成長，魯瑞飽嚐了人生之苦。

魯瑞對自己的孩子又有著溫柔的母愛。在魯迅小時候，父親命令他背書時，魯瑞總是在一旁靜靜地聽著，暗暗捏一把汗，兒子背完了書，她的心才算放下來，臉上露出笑容。

每年夏天都有一些日子是少年魯迅的「節日」，因為魯瑞總在這時帶他回娘家小住。魯瑞與安橋頭農民相處融洽，每次回去，農民總互相傳告：「瑞姑太太，回娘家了！」他們對魯迅也十分友好。正是在安橋頭魯瑞的家鄉，魯迅在美麗的大自然中獲得無窮快樂，留下了美好的回憶，在他的《社戲》、《女吊》中都滿懷深情與饒有趣味地提到。此外，還接觸到許多生計艱難的農民，使他瞭解了農民們所受的壓迫與苦痛，並在以後的許多文章中做了種種描述。

一八九八年五月，家道中落的魯迅的決定「走異路，逃異地，尋找別樣的人們」，遠走求學，儘管家境十分困難，魯瑞仍積極支持魯迅的人生選擇。她變賣自己的首飾，換得八元盤纏，送十六歲的魯迅去南京的洋務學堂讀書。從此，魯迅告別了故鄉，慈母揮淚為他送行的難捨情景永遠疊印在他的腦海，多年後，魯瑞仍是同樣地送兒子東渡扶桑。

2. 委屈自己

如上所述，魯迅少時父親病故，家道中衰，幾十年來，他把供養母親和整個家庭生活的重擔壓在自己肩上。他時常對人說：「我娘是受過苦的，自己應當擔負起一切做兒子的責任。」他曾多次對蕭軍說：「我的母親是很愛我的。」另一方面，他母親也對人說魯迅孝順：「他最能體諒我的難處，特別是進當鋪典當東西，要遭到多少勢利人的白眼，甚至奚落；可是他為了減少我的憂愁和痛苦，從來不在我面前吐露他難堪的遭遇，從來不吐半句怨言。」人情的冷暖、世態的炎涼，使魯迅過早地體驗到了生活的艱辛，使他在日後更為清醒更為堅強地面對種種磨難，更使他對母親充滿了尊敬和熱愛。

魯迅一生對母親至愛至孝，體現了他偉大的人格和崇高的品德。

一九〇二年至一九〇九年，魯迅在日本留學，期間，加入了光復會，曾被委派回國刺殺清朝官員，臨行前，他產生了片刻的猶豫，增田涉回憶說：「他曾經向我說過，他在晚清搞革命運動的時候，上級命令他去暗殺某要人，臨走時，他想，自己大概將被捕或被殺吧！如

果自己死了，剩下母親怎樣生活呢？他想明確地知道這點，便向上級提出了，結果是說，因為那樣地記掛著身後的事情，是不行的，還是不要去吧！」如果魯迅不為母親擔心，直接去參加暗殺活動，這則是他做為革命家應該承擔的任務，然而，現實中的魯迅卻為了母親而拒絕了暗殺的命令。呂曉英評論說：「做為長子的魯迅並非貪生怕死，實在是為了支撐日趨敗落的周家。」（中國文史出版社二〇〇二年八月版）只要結合考慮魯迅家庭的變故和他的長子地位，只要我們持平常心解讀魯迅，我們就會對魯迅的拒絕表示理解，同時，我們就能更切實地感受到魯迅的至孝。

為了盡長子的義務，為了盡孝，魯迅不得不做了整整十四年的官員。他在一九二五年寫給青年朋友的一封信中敘說了心中的苦悶：「只能不照自己所願意做的做，而在北京尋一點糊口的小生計，度灰色的生涯。因為感謝別人，就不能不慰安別人，也往往犧牲了自己。」魯迅在日本時，就因為厭惡於留學生的無聊，到了偏遠的沒有中國留學生的仙台去學醫（詳見我關於《藤野先生》那一節），按魯迅的個性，應該避免與無聊無恥的舊官僚共事才是。然而，從一九一二年至一九二六年，他一直未能脫離官場，為了有一個較穩定的職業，為了得到一份較豐厚的收入，魯迅只得壓抑自己，委屈自己。

3. 通俗小說與點心

魯迅是一九一二年隨南京臨時政府遷往北京的。行前曾返紹興安頓家事，其中最主要的就是安排好母親的生活。到北京後，他客居紹興會館。

一九一九年，魯迅買了八道灣的住宅，自己親自動手設計、整修房屋，又回到紹興把母親及全家都接到了北京。那一年，魯迅的母親已經六十歲了。據王鶴照說，北上路上，魯迅讓老太太坐臥車，自己坐二等車。到了南京，剛剛在旅館住下，魯迅就到外面買了南京有名的小吃餚肉和羊膏請老太太吃。

從一九一九年到一九二六年魯迅離京南下的不到十年間，是魯迅侍母最殷的時期。此前，或是年幼，或因求學，或為生計而忙碌，魯迅總是不在母親的身邊。經過了多少的離別，終於全家生活在一起，這對魯迅來說是十分高興的。

一九二三年，周氏兄弟失和，魯迅從八道灣遷出，借居到磚塔胡同。先是他帶著朱安借居。但是魯老太太在八道灣並不痛快，常常弄到沒有飯吃的地步。據王鶴照回憶，魯老太太曾勸王離開八道灣，說「還是離開這裡好，免得受閒氣」。可見周作人夫婦的確是容不得人的。魯迅見母親在八道灣處處受制，便借錢買了西三條胡同的房子接母親來同住。接母親到阜成門家中後，魯迅曲盡孝道，將最好的大房子讓母親住，自己則獨居屋後一間簡陋的小房充當

書房兼臥室。

到了北京後，魯老太太有了更多的時間看小說，魯迅便常常為她買書。魯迅的母親非常愛看通俗小說。魯迅或自購或託人代買，將「鴛鴦蝴蝶派」的作品、張恨水的章回小說等，源源不斷地送到母親手中。魯迅曾對荊有麟說：「因為老太太要看書，我不得不到處收集小說，又因為老太太記性好，改頭換面的東西，她一看，就講出來，說與什麼書是相同的，使我曉得許多書的來源和改裝。」到了上海以後，魯迅便從上海買了郵寄到北京。據荊有麟說，魯迅做中國小說史研究，很大程度上也得益於為母親多方收求小說話本，對這些東西有了許多具體的瞭解。

魯迅那時已經四十餘歲。但還是像小時候一樣，外出上班，必去母親處說聲：「阿娘，我出去哉！」回家時必要向母親說聲：「阿娘，我回來哉！」領了薪水之後，常常買一些點心什麼的東西拿回來，讓家人改善改善口味，他總是先把點心送到母親的房間，請魯老太太選用；然後再送到朱安女士的房間，請朱安選用。剩下的拿到自己的房間。每天晚飯後，魯迅都要到母親房間裡閒談一陣，那把大的藤躺椅，是他每天晚上必坐的地方，他拿著茶碗和菸捲在籐椅上坐下或者躺著。老太太那時候已快七十歲，總是躺在床上看小說或報紙，朱安則坐在靠老太太床邊的一個單人籐椅上抽水煙，許羨蘇則坐在靠老太太床的另一端的一個小凳上打毛線。他們母子間談些什麼，現在已難以索考，但日常家務肯定是少不了的。另外，討論魯老太太所讀的書也應該是經常的話題。

4. 情牽京滬

一九二六年，魯迅經歷了「女師大風潮」，被章士釗解職；又因為「三・一八慘案」遭到軍閥政府通緝；當然，也為了自己的愛情尋找出路，只得南下謀生。

不在北京，不能親侍母親，但他對自己的家還是掛念萬般。除了經濟上的負擔外，常常寫信寄書。他曾兩次返平，均為探望母親的病況。

魯迅成長於社會的轉型時期，思想是先行的，但受當時禮數影響也是很深的。魯迅最後十年中，寫給母親的信多達兩百二十於封，平均一個月兩封，收入《魯迅全集》的有近五十封。魯迅給母親寫的信也是很有趣味的，從行文的口氣到格式，都是按照傳統文化的要求。從這些信的影印件中可以看出，字跡異常工整（這一點與給其他人的字跡相較，更顯得明顯），格式也很講究。例如自稱時，總將「男」寫偏一點，並小於其他字；行文時，偶然還用點親昵語，叫人感到在母親面前，孩兒心情的不自覺流露。這些，可以清楚看出，魯迅對母親十分愛戴，尊重。

有一次，母親為修紹興祖墳之事寫信給魯迅。信中說，這筆錢應該三個兄弟共同分擔。魯迅立即回信說，這筆費用他早已匯到了紹興，要她不必向二弟周作人提起，「免得因為一點小事，或至於淘氣也。」魯迅情願自己節省，也不願使母親淘氣。他母親看到此信後，對人說：「他處處想得周到，處處體諒我這老人。」

一九三六年十月，魯迅因病不幸逝世。魯瑞老太太接到報告這一消息的電報時，心如刀割。她沒想到自己一生最疼愛、最牽掛的兒子竟這樣過早地離開了人世，白髮人送黑髮人，她悲痛欲絕，但見送電報的宋先生仍在身旁，便極力克制著自己，鎮靜如常地送走了宋先生，才放聲大哭，宣洩哀痛。她說：「我不能累宋先生難受。」巨大不幸的來臨，魯瑞依然為他人著想，表現出頑強的克制。

5. 濕棉襖

從表面的日常生活來看，魯迅對自己的母親確實是盡到了一個兒子的責任和關愛。即使是在對待老人、贍養老人方面，魯迅亦是常人的表率。

然而，雖然在生活上對母親十分關照，但不能說他們母子之間在思想上就十分認同，事實上存在著非常大的距離。對於自己的母親，魯迅有著難以言說的心情。一方面，他是一個傳統意義上的孝子，對母親既敬且愛；另一方面，在思想深處，他與自己的母親又有許多難以認同的地方，因而常生苦惱。

魯老太太愛讀小說，卻不喜歡「魯迅」的作品。據荊有麟回憶，魯迅的《吶喊》出版後，章衣萍的夫人吳曙天女士曾將《吶喊》送給魯老太太看，而且告訴她《故鄉》一篇最好。可是魯老太太讀完這篇小說後卻說：「沒啥好看，我們鄉間，也有這樣事情，這怎麼也可以算小說呢？」所以荊有麟說，在思想上，母子是相離太遠了。魯迅對於家事，多半還是依了老太太的主張。魯迅曾對荊說過：「她們的成見，比什麼都深，你費了九牛二虎之力，頂多只能改變十之一二，但沒有多少時候，仍舊復原了。你若再想改革，那她們簡直不得了。真沒辦法。」

祖父入獄，父親病逝，家裡失去了支柱。從此，做為長子的魯迅就開始了一段與母親相依為命的艱苦生涯。也許是做為長子，遭受了許多的白眼和難堪，因而魯迅也就十分理解母親的不容易。所以在許多事情上，主要是生活方面，魯迅是不願意違逆母親的。在這個問題上，最典型的表現就是對自己婚姻的態度。母親直接干涉了魯迅的婚姻，給他帶來了不幸。他在接受了新思想的薰陶後，當然不願意接受舊式的無愛的婚姻，但因為這一婚姻是母親所訂，他就只好犧牲自己，做出了妥協，為母親娶了一位兒媳，權當是母親送給自己的一件禮物。

這妥協的結果是造成了他和朱安兩人在感情和婚姻上的悲劇。在結識許廣平以前約二十多年，魯迅對母親雖有不滿，但從沒有責怪她。魯迅把苦楚埋在心底，默默承受，是為了換得母親的安心。

魯迅說過這樣的話，母愛如同濕棉襖，脫了感到冷，穿著感到難受。這可以說的確是他內心世界的真實感受。魯迅在給友人的信中曾說：「我有一個母親，還有些愛我，願我平安，我因為感激她的愛，只能不照自己所願意做的做……因為感激別人，就不能不慰安別人，也往往犧牲了自己……」他還說過：「死於敵手的鋒刃，不足悲苦；……最悲苦的是死於慈母或愛人誤進的毒藥……」魯迅晚年還對馮雪峰說過：「母愛是可怕的。」這些話多少都包含了對母親的抱怨。這些抱怨，魯迅的情感體驗，很大程度上是來自母親。

對於沒有接受正式教育，對新的思想和觀念毫無瞭解和認同的魯瑞來說，到底能在多大程度上理解自己的兒子，也是值得我們考慮的。我們可以說，在思想和觀念上，魯迅和他的母親的確是有著相當大的距離的。但是，思想上的隔膜並不能使母子之情隔斷，魯迅對母親盡了自己最大的責任。

這是後話，下節再表。

三、「母親的禮物」

知道了魯迅有這樣一個家，知道了身為長子的魯迅與母親的這樣的關係，我們應該就可以展開解讀，弄清楚魯迅何以接受了「母親的禮物」——朱安。

描述這一切，是為了讓讀者更切實地瞭解魯迅與許廣平的愛情。

魯迅極大程度上是為了許廣平而去了廈門，也可以說是為了愛情而去了廈門。

倘若留在北京，行嗎？魯迅有這麼一個家，家中有一個原配夫人朱安，還有他的母親，在這樣的家庭氛圍或是背景之下，他與許廣平是很難「將愛情進行到底」的。

經濟也是一個問題，在八道灣，為了安家，為了日常的開銷，為了周作人的病，做為長子，做為一家之長的魯迅，不時舉債。被逐出八道灣後，魯迅在阜成門新購置了房產（即現在北京魯迅紀念館所在地），也花了不少的錢。阮囊羞澀，魯迅才去北京若干高校兼課。他的南下，既為他們的愛情尋找可以生長的土地，也為他們的愛情結果做準備——他與許廣平約定，出去幹兩年的活，有一些積蓄，以安排將來。

在對魯迅的愛情展開描述之前，我們就不得不談談他的婚姻。如果他有一個有愛情的婚姻，那麼，他後來的愛情就是不道德的了；換言之，瞭解了他的婚姻，才能更深刻地理解他

的愛情。

1. 「娶了日本太太」

魯迅生長在清朝末年，經常的情況下，「父母之命，媒妁之言」，依然主宰著男女的婚姻大事。魯迅在那個時代，早已經算是個大齡青年了，因此，母親包辦他的婚姻也是情有可原。

魯迅去南京求學時，母親給他訂了親。女方叫朱安，是個沒有文化的纏足姑娘，大魯迅三歲。魯迅請求退聘，但母親堅決不同意，說退聘有損兩家名聲，會給女方造成嫁不出去的痛苦。退而求其次，魯迅要求朱安放足、讀書，但對方都沒有做到，也做不到。

當年，魯迅已在日本留學。有一次，走在日本街頭，看到一個婦女帶著幾個孩子，魯迅覺得她很辛苦，就幫她抱了一段路，恰巧被一個同鄉看見了。於是，話傳回紹興來，說周樹人在日本已經娶了太太，生了孩子，正在街上逛呢！魯迅母親一聽，又氣又急：「這叫我怎麼向朱家交代？」遂給魯迅拍去了急電：「母病速歸」。孝順的魯迅趕緊把身邊的事情處理一下，回到紹興。

2. 奉命完婚

他一回家，母親沒有患病，笑盈盈的來迎接他，家裡張燈結綵，中間貼了張大紅喜字。多少年了，家裡難得有這樣的喜氣！一切都明白了，為了不使母親傷心，魯迅默默接受了母親的安排，奉命完婚。

一九〇六年七月二十六日，魯迅行禮如儀，經過拜祖先、迎花轎的儀式與朱安結為夫妻。揭開蓋頭後，發現朱安兩眼深陷，皮膚黝黑，長臉大面，尖下頦，薄薄的嘴唇使嘴顯得略大，寬寬的前額顯得微禿。魯迅對著新娘一言不語。第二天早晨，他母親和周圍的人發現，魯迅的眼睛是浮腫的，臉色是青的，枕巾是濕的——青年魯迅在新婚之夜以淚洗面。

第二天他搬到書房去睡，第四天就回日本去了。

3.「沒有愛」和「無所可愛」

魯迅和朱安的婚姻，用他自己的話來說是「沒有愛」和「無所可愛」。「母命難違」，面對寡母，魯迅萬般無奈，只能唯命是從。他曾對許壽裳說，把朱安迎進周家，是「母親娶媳婦」，「是母親給我的一件禮物，我只能好好的供養她，愛情是我所不知道的」。其實，魯迅何嘗不知道愛情，他是出於對母親的孝順，不願讓母親為難，寧肯犧牲自己，吞下了「無愛結婚」的苦果。

「母親娶媳婦」幾成讖語。朱安從魯迅離開那日起就和婆婆生活了一輩子，等於是成了他母親的一個助手——這是她絕沒有想到的。她天天做針線、料理家務、侍候婆婆，終日盼著先生回來。日復一日，年復一年。

實際上，他們是掛名夫妻。但是，另一方面的事實是，他們雖然沒有圓房，但完成了婚禮所有的儀式，因此他們的婚姻做為一份社會契約是完整的。

4. 沉湎於拓片殘書

一九〇九年八月，魯迅從日本回國，在杭州一所師範任教。翌年七月，回到紹興，任紹興浙江省立第五中學教務長，後任學監，後又任紹興師範學校校長。

這段時間，魯迅雖然人在紹興，但卻住在學校，很少回家。星期日白天，他有時回去，但主要是為了看望母親；偶爾星期六晚上回家，也是通宵批改學生的作業或讀書、抄書、整理古籍。魯迅有意不與朱安接觸。

從日本回國後的這兩年，魯迅的心情十分沉鬱，「囚發藍衫」、不修邊幅的形象，使他顯得蒼老，而他實際上只不過剛剛三十歲。

他拚命吸菸、喝酒，近於自暴自棄。他在給自己的終生摯友許壽裳的信中說：「僕（我）

荒落殆盡。」又說：「又翻類書，薈集古逸書數種，此非求學，以代醇酒婦人者也。」魯迅整理了大量古典小說資料，編成後來的《古小說鉤沉》，守著自己的「家」編這樣的書，痛苦是雙重的，既有魯迅的，也有朱安的。他是為了逃避，逃避朱安，逃避無愛的婚姻。

正當魯迅在極度痛苦中尋求出路時，一九一一年十月十日，「辛亥革命」爆發了。翌年二月，已任國民政府教育總長的蔡元培邀魯迅到教育部工作。四月，中華民國臨時政府被迫遷往北平。五月初，魯迅離開紹興前往北平，開始了在北平長達十四年之久的生活，而這十四年中的前七年多，魯迅獨居，走過了三十一歲到三十八歲之間的歲月。朱安在紹興，伴隨著周老太太，度過了三十多歲到四十出頭這段生命。

魯迅到北京後，經濟狀況漸漸好了一些，開始在銀行存一點錢。他此時完全有能力把朱安從家鄉接來，但卻連想也沒去想這事。

魯迅孤寂地坐守青燈黃卷，沉湎於拓片殘書之中。他曾對郁達夫等人說過，他大冷天是不穿棉褲的，為什麼呢？據說是為了抑制性慾。魯迅蓋的棉被也是比較單薄的。

5. 朱安也曾努力

朱安也曾抱著感化魯迅的幻想，但由於兩人在文化、思想、性格等方面差距太大，努力

都歸於徒然。一九一九年十二月，魯迅已從日本回北京在教育部任職，他將母親接到北京來住，朱安也被接來了，但兩人仍分居。孫伏園曾談到這樣一件關乎朱安的事：「一天我聽周老太太說，魯迅先生的褲子還是三十年前留學時代的，已經補了多少回，她實在看不過去了，所以叫周太太做了一條棉褲，等魯迅先生上衙門的時候，偷偷地放在他的床上，希望他不留神能換上，萬不料竟被他扔出來了。」他扔出朱安所做的棉褲，與他對郁達夫所言，他願意受凍，是為了抑制性慾，是不是有一定的聯繫？何況，這棉褲又是朱安所做，如果是魯迅母親做的，如果是許羨蘇做的，如果是許廣平做的，大概不會如此。魯迅不願意接受朱安的照拂，內中的淡漠和厭煩情緒清晰可見。

朱安當然對魯迅也有所不滿。這應該是還沒到北京之前的事。據孫伏園說，有一次魯迅回紹興探親，朱安備席款待親友。席間朱安當著親友指責魯迅種種不是。魯迅聽之任之，一言不發，因此平安無事。事後魯迅對孫伏園說：「她是有意挑釁，我如答辯，就會中她的計而鬧得一塌糊塗；置之不理，她也就無計可施了。」

魯迅似曾也想開導朱安，但他們的精神思想相距太遠，談話幾乎無法進行。有一次魯迅告訴朱安，說有一種食品很好吃，朱安也附和說她也吃過，確實是好吃。魯迅不悅，因為魯迅說的這種食品是他在日本時吃過的，中國並沒有這種食品。朱安想湊趣，但適得其反。

6. 磚塔胡同的兩個箱子

一九二三年夏，魯迅和二弟周作人因家庭糾紛反目，同胞兄弟成了仇人，從此不再往來。在這種情況下，魯迅決定搬家。魯迅徵求朱安的意思：是想回娘家還是跟著搬家？朱安明確堅定地表示，願意跟著魯迅。

八月二日，魯迅在日記中寫道：「下午攜婦遷居磚塔胡同六十一號。」這次搬家是借住。遷到磚塔胡同，魯迅與朱安依然是分居一室。有時母親來住幾天。在這段日子，他們的日常生活由朱安安排。魯迅把足夠的生活費用交給朱安，並且跟以往一樣，親自給朱安的娘家寄錢。

同院住的雖然有「二房東」俞姓小姐妹，但魯迅和朱安還是感到比以往更彆扭，因為他們中間缺少了一個中間人周老太太。為了減少見面，他們甚至安排了兩個箱子，一個放要洗的衣服，一個是已洗乾淨的衣服。魯迅換洗衣服，都透過這兩個箱子來解決。

據魯迅當年的房東俞芳回憶，魯迅雖和朱安同桌吃飯，但很少說話。有一次俞芳問朱安：「大師母，妳不喜歡小孩嗎？你們怎麼不生個小孩？」朱安說：「大先生連話都不願同我說，我怎麼能有小孩？」不過朱安並不氣餒，她曾對俞芳說：「我想好好服侍他，一切都順著他，將來總會好的。」

在磚塔胡同近十個月的這段日子裡，是他們單獨接觸最多的時間，但是一切機會和努力均不可能挽回他們的婚姻，更何況魯迅根本就不想挽回什麼。隨著歲月的流逝，魯迅對朱安已經是連發脾氣的必要也沒有了。「將來」終於沒有特別好起來。

孫伏園、許欽文等人得知魯迅不幸的婚姻後，曾建議魯迅和朱安離婚，結束這種雙方都苦惱的掛名夫妻的生活，但魯迅沒有接受這個建議。魯迅深知，性格軟弱的朱安一旦被「休」回娘家，家人的歧視、輿論的譴責，很可能逼朱安走上絕路，後果不堪設想。況且，造成這種沒有愛情的婚姻的責任也不在朱安，她也是受害者。魯迅寧願好好供養朱安，陪她做一世的犧牲，也不願傷害雖然無愛但卻無辜的異性。

7. 蝸牛落地

當得到魯迅與許廣平同居的消息後，朱安徹底絕望了。她當時對俞芳說：「我好比一隻蝸牛，從牆底一點點往上爬，爬得雖慢，總有一天會爬到牆頂的。可是現在我沒辦法了，我沒力氣爬了，我待他再好也沒用。」朱安感到了蝸牛落地的傷痛。

有一次，朱安向周老太太說她做了一個夢，夢見大先生（魯迅）帶著一個孩子來了。她說夢時有些生氣。周老太太對朱安的生氣不以為然，由於舊時代早有納妾傳統，老太太對魯迅與許廣平的事並不感到吃驚，反而因馬上就能抱上小孫子而喜上眉梢，她盼望有一個魯迅的孩子在自己跟前「走來走去」。朱安在感情上是十分孤獨、十分無助的。

當然，這對朱安而言，也只是一時的閃念。她沒有過份的嫉妒之心。一九一四年十一月，她回娘家探視時，讓自己的兄弟給在北京的魯迅寫了一封信，建議他納妾，一來生活有人照應，二來也希望能生下一男半女。雖說朱安的建議在當時屬社會常規，但她發出這封信也真要鼓足勇氣。魯迅接信，在日記中寫了「頗謬」二字，並無回音。現在，真有了許廣平了，朱安從傳統的道德出發，很快就想開了，還為魯迅和許廣平有了兒子而高興。她對人說，先生的兒子也是她的兒子。直到晚年，她還說「我生為周家人，死為周家鬼」。

8. 服侍娘娘

朱安對魯迅的人品充滿了信心，她說：「看來我這輩子只能服侍娘娘（指魯迅的母親）一個人了，萬一娘娘歸了西天，從大先生一向的為人來看，我以後的生活他是會管的。」朱安生前反覆對人講：「周先生對我不壞，彼此間沒有爭吵。」

魯迅也確實如朱安所說，一直供養著朱安。當朱安身有不適，魯迅總是雇人力車，陪同她到外國人開的醫院去治療，並且扶她上下車，這使外國醫生看了也很感動。魯迅對朱安的

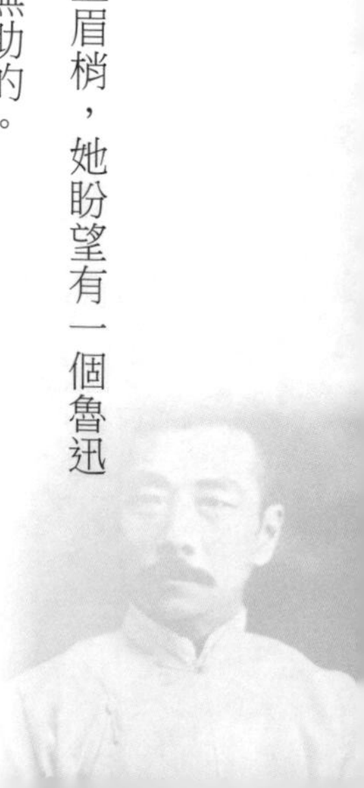

弟弟朱可銘很好，常寄錢給他，還幫他的兒子找工作。逢年過節，朱可銘也會將紹興的土特產送給魯迅。到上海以後，魯迅是按月給母親和朱安寄生活費的，查魯迅一九三二年四月十九日日記：「下午寄紫佩信，內附奉母親信，並由中國銀行匯泉二百，為五、六兩月家用。」據此可知，魯迅大約每月給北京家中的家用生活費為一百元。另據俞芳回憶，魯迅每月還給母親零用錢二十元，朱安女士零用錢十五元。

由此種種可以看出，魯迅與朱安一面是沒有愛情的婚姻，一面又都肯替對方著想。魯迅尊重朱安的人格，朱安信賴魯迅的為人。或許正是由於這種原因，這種沒有愛情的婚姻維持了三十年。

9. 哀悼陌生的丈夫

一九三六年十月，魯迅在上海逝世。消息傳到北京，朱安很想南下參加魯迅的葬禮，終因周老太太年已八旬，身體不好，無人照顧而未成行。她身披重孝，在住處的南屋陶元慶畫的魯迅像下，設置了祭奠的靈位，又供上文房用具和丈夫生前喜歡的菸捲、清茶和點心，無言地表達了對這個陌生丈夫的哀悼。

10.「魯迅遺物」要葬在大先生墓旁

魯迅逝世後，朱安和周老太太的生活主要是許廣平負擔，周作人也按月給一些錢。一九四三年魯迅的母親病逝，只剩朱安一個人了。周老太太病逝後，朱安拒絕周作人的錢，因為她知道大先生與二先生合不來。

雖然許廣平千方百計、克服困難給朱安寄生活費，但社會動盪，物價飛漲，朱安的生活十分清苦，每天的食物主要是小米麵窩頭、菜湯和幾樣自製的醃菜。很多時候，就連這樣的生活也不能保障。

在萬般無奈的情況下，她只好「賣書還債，維持生命」。

朱安登報要把魯迅的藏書賣掉，許廣平得知消息後，委託朋友去向朱安面談：不能把書賣掉，要好好保存魯迅的遺物。朱安尖銳地說：「你們總說要好好保存魯迅的遺物，我也是魯迅的遺物，為什麼不好好保存？」當來人向她講到了許廣平在上海被監禁、並受到酷刑折磨的事情後，朱安態度改變了，從此她再也未提出過賣書，而且還明確表示，願把魯迅的遺物繼承權全部交給周海嬰。

朱安生活困難的消息傳到社會上後，各界人士紛紛捐資，但朱安始終一分錢也沒有拿。許廣平對這一點十分讚賞。

朱安還是個明白人，還是有些骨氣的女人。

一九四七年六月二十九日，在凌晨這段時間裡，朱安孤獨地去世了，身邊沒有一個人。早一天，魯迅的學生宋琳（紫佩）去看望朱安。她已不能起床，但神態清醒，她淚流滿面地對宋琳說：請轉告許廣平，希望死後葬在大先生之旁；另外，再給她供一點水飯，唸一點經。她還說，她想念大先生，也想念許廣平和海嬰。

朱安死後次日，接三唸經，第三日安葬，葬在北京西直門外的板井寺柏樹林中，沒有墓碑，她像未曾存在過一樣消失了。她在北京度過了二十八年，在這個世界上生活了六十九個春秋。

四、北京時期的愛情

1.「女師大風潮」與「三・一八慘案」

在北京，魯迅的正式職業是教育部的官員，寫小說、雜感只能算業餘工作。自一九二〇年起，魯迅的社會角色又多了一種：大學教師。這年的八月，魯迅接到了北京大學校長蔡元培的聘書。以此為開端，魯迅先後在北京大學以及北京師範大學、北京女子師範大學等八所大、中學兼課。

一九二三年十月起，魯迅在北京女子高等師範學校（次年五月改為北京女子師範大學）兼課。在女師大，魯迅與許廣平從相識到相愛，他們一起經歷了「女師大風潮」和「三・一八慘案」。愛情在女師大萌芽，命運從這裡開始改變。

魯迅與許廣平相識於一九二三年十月，那時魯迅開始兼任女師大講師，每週講授一小時中國小說史，而許廣平是該校國文系二年級學生。由於魯迅課講得好，很多學生都喜歡魯迅，而許廣平尤甚，在每週三十多點鐘的課程中，她最盼望聽講小說史，上課時常選擇第一排座位。在學校，許廣平是一位聽課時喜好忘形而直率地提問的學生。魯迅提問，她常常率先舉手作答，這樣，魯迅對這位身材高大、言詞激烈的女學生也就自然而然給予了更多的注意。這種感情只是一種樸素的師生之誼，而促使這種感情「升溫」的則是「女師大風潮」。

一九二四年二月，楊蔭榆繼許壽裳出任女師大校長，上任後，她推行極富封建色彩的奴化教育，搞家長式統治，把她和學生的關係看成婆媳關係，禁止學生參加課外活動，尤其是政治活動，該校師生對她深為不滿。

一九二四年十一月，楊蔭榆無理勒令國文系預科三名學生退學，並辱罵為三名學生交涉的學生代表，激起全校公憤，醞釀已久的女師大風潮爆發了。許廣平回憶說：「風潮最初發

動，是因為去年江浙戰後回南的同學受戰事影響遲到，後來楊氏整頓校規，把遲到的從嚴處治，按章是改為特別旁聽的，而楊氏連座位也不給她們設立，自然更不給她們補考，按法律、規則成立在事情之後，自然不能約束以前發生的事，而況同是遲回的人，而對於她的同鄉，她的同鄉的好友，就一點也不妨礙，別人就嚴格對待，這如何能服眾？於是風潮勃起……」三個因戰事交通阻隔而未能按時返校的學生，被勒令退學顯然是不合理的。而對於同鄉之類的「不妨礙」，則是典型的有中國特色的「老子說了算」的風格。

女師大風潮擴大的又一原因，是公祭孫中山的活動引起的。一九二五年三月十二日，孫中山在北京病逝。北京各界人士將在中央公園舉行公祭。女師大學生自治會決定參加公祭，但楊蔭榆突然跳出來阻撓。她說：「孫中山是實行共產共妻的，你們學了他沒有好處，不准去！」這顯然是有違民心的倒行逆施。女師大學生衝破了她設置的障礙，不僅前往中央公園參加了孫中山的追悼會，而且公推學生自治會總幹事許廣平向楊蔭榆提出關於要求她立即去職的決定，發起了「驅楊運動」。

北洋軍閥段祺瑞政府鑑於當時的學潮此起彼伏，便頒佈訓令，嚴禁各學校的學生集會遊行。正在被女師大學生驅逐出校的楊蔭榆見有機可乘，便決定一九二五年五月七日在女師大舉行一次演講會，並準備親自主持這個會議，以便讓學生承認她校長的地位，如果學生反抗，即以「擾亂秩序」的罪名加以懲罰。不料當學生看見楊蔭榆出現在主席臺上的時候，全場譁然，學生堅持要求楊退場，楊蔭榆則聲稱要派員警來鎮壓學生，楊指使的黨羽也準備對學生大打出手。後經教員調解，以楊蔭榆退場而告終。但楊蔭榆不甘心失敗，貼出告示，說許廣平等六人「鼓動風潮，擾亂秩序，即令出校，以免害群」。這六人均是學生自治會成員，於是學生自治會也貼出告示，要楊蔭榆「以人格為重，幸勿擅入校門」。

事情形成僵局以後，楊蔭榆一面把開除學生的決定上報北洋軍閥教育部備案，一面則發表《致學生家長函》，並打電報給外地的學生家長，要他們把被開除的學生帶回家中。

在這聲震動北京、波及全國的學潮中，魯迅毅然站在學生的一邊，他兩次為學生代擬為驅逐校長楊蔭榆的呈教育部文，歷數楊蔭榆「溺職濫罰」，「心術叵測，敗壞學校」的劣跡，「懇即明令迅予撤換」。當楊蔭榆在報紙上發表歪曲事實、顛倒是非的《致全體學生公啟》、《對於暴烈學生之感言》之後，魯迅邀集馬裕藻、沈尹默、李泰棻、錢玄同、沈兼士、周作人七人聯名發表了《關於北京女子師範大學風潮宣言》，說明事實真相，揭露楊蔭榆的欺騙行徑。《宣言》中說：

……六人學業，俱非不良，至於品性一端，平素有絕無懲戒記過之跡，以此與開除論，而又若離若合，殊有混淆黑白之嫌。況六人俱為自治會職員，倘非長才，眾人何由公

> 舉？不滿於校長者倘非公意，則開除之後，全校何至譁然？所罰果當其罪，則本系之兩主任（按：當時女師大國文系主任為馬裕藻，由黎錦熙暫代，故曰「兩主任」）何至事前並未與聞，繼遂相率引退？可知公論尚在人心，曲直早經顯現，偏私謬戾之舉，究非空言曲說所能掩蓋也。同人忝為教員，因知大概，義難默爾，敢布區區，唯關心教育者察焉。

魯迅等人的《宣言》保住了許廣平等六名學生。楊蔭榆並不善罷甘休，於七月二十九日藉口校舍需在暑假中大修，強令學生搬出學校，目的是使學生不能聚集在校內反對她。七月三十一日夜間貼出佈告，宣佈解散學生自治會。七月三十一日日楊蔭榆去教育部與章士釗面商，要求解散反對她最堅決的四個班：預科甲、乙部，國文系三年級，教育預科一年級，章即表示同意。楊知道她這措施必遭學生反對，因而當天又致函員警廳：「敝校此次因解決風潮改組各班學生，誠恐某校男生來校援助，懇請准予八月一日照派保安員警三、四十名來校，借資防護。」員警廳得到執政府默許，同意派人。八月一日晨，楊蔭榆在數十名員警的簇擁下，帶了少量辦事人員來到女師大，強令學生離校，學生不從，於是發生軍警與學生扭打，哭聲、喊聲震天，校門前馬路交通阻塞。學校大門被緊鎖，校內已斷電斷水。

當楊蔭榆製造事端、破壞學校、迫害學生的時候，教育總長章士釗在八月六日的國務會議上提請停辦女師大，當即被通過，十日由教育部下令執行。隨後章士釗又決定在女師大校址另立女子大學，派他的親信、教育部專門教育司司長劉百昭負責籌備八月二十二日，劉百昭雇用流氓女丐毆曳女師大學生出校，摧毀學校，致使學生流離失所。

女師大學生聞訊，堅決反對教育部停辦女師大的命令，開會決定由學生公舉十一人，教員公舉九人（包括魯迅在內），組成維持會，在《京報》上刊出了《國立北京女子師範大學教育維持會成立啟事》，魯迅等向女師大全體教員發出成立女師大校務維持委員會的倡議信，並且和一些教員組成了校務維持會，在西城宗帽胡同租賃房屋做為臨時校舍，義務給被趕出學校的學生授課，表示支持。

許廣平後來在給一友人寫信時曾談及此事：「老友尚憶在北京當我快畢業前學校之大風潮乎，其時親戚捨棄，視為匪類，幾不齒於人類……至於師之一面，則周先生（你當想起是誰）激於義憤（的確毫無私心）慷慨挽救，如非他則宗帽胡同之先生不能約來，學校不能開課，不能恢復，我亦不能畢業，但因此而面面受敵，心力交瘁，周先生病矣。病甚沉重，醫生有最後警告，但他本抱厭世，置病不顧，旁人憂之，事關於我，我何人斯。你們同屬有血氣者，又與我相處久，寧不知人待我厚，我亦欲捨身相報……」「女師大風潮」如果沒有魯迅以及一些文化名人的介入，如果只是侷限於女師大而沒有使之成為當時的一個社會事件，許廣平等學生領袖很可能就被開除了。對於這一點，做為當事人的許廣平，心中是十分有數

的，她對魯迅有崇敬，有感激，有愛，可以說五味雜陳，故而萌生了「捨身相報」的念頭。對於這一點，張恩和先生說：「許廣平所說的要對魯迅『捨身相報』，決不是一種所謂的『報恩』思想。『報恩』思想即使化作了感情，也不能成其為愛情。真正的愛情是相互平等的，是不雜有其他考慮的；即使最初或有一點雜質，隨著感情的發展它也應該淨化和必然淨化。從魯迅和許廣平的發展情況看，也正如許廣平這封信中所說的，他們已經『相處』過一段時間，彼此已有較深的感情基礎，現在，突發的事變，外部情況的變化，更促進（或曰『促成』）了他們感情的飛躍，這實在是十分正常的事情，應該說沒有什麼不好理解。」此後不久，又發生了「三・一八慘案」。中國人對「三・一八慘案」並不陌生。一九二六年三月，在馮玉祥國民軍與奉系軍閥張作霖、李景林等作戰期間，日本帝國主義因見奉軍戰事失利，便公開出面援助，於12日以軍艦兩艘駛進大沽口，砲擊國民軍守軍，國民軍亦開砲還擊，於是日本便向段祺瑞政府提出抗議，並聯合英、美、法、意、荷、比、西等國，藉口維護《辛丑合約》，於三月十六日以八國名義提出最後通牒，要求停止津沽間的軍事行動和撤除防務等等，並限於四十八小時內予以答覆。北京各界為反對日本帝國主義這種侵犯中國主權的行為，於三月十八日在天安門集會抗議，會後結隊赴段祺瑞執政府請願；不料段祺瑞竟命令衛隊開槍射擊，並用大刀鐵棍追打砍殺，死四十七人，傷一百五十餘人。

慘案發生的當天下午，在女師大圖書館工作的許羨蘇趕到魯迅家裡，告訴了慘案發生和劉和珍、楊德群犧牲的事。魯迅和許廣平立刻趕到學校。許壽裳將自己目睹劉和珍、楊德群遭槍殺的慘狀告訴魯迅，魯迅悲憤交加。據許羨蘇回憶：「過了三天，我去看魯迅先生，他母親對我說：『許小姐，大先生這幾天氣得飯也不吃，話也不說。』幾天以後，他才悲痛地說了一句：『劉和珍是我的學生！』就這樣，魯迅先生氣病了。」魯迅接連寫了《無花的薔薇之二》、《「死地」》、《可慘與可笑》、《紀念劉和珍君》、《空談》等文字，痛斥屠殺者的血腥罪行和幫閒者的無恥嘴臉。

於是，魯迅上了北洋軍閥政府要通緝的「黑名單」。

魯迅與許廣平相識於「女師大風潮」之前，風潮發生後，他們並肩戰鬥，感情也隨著風潮逐漸走向「高潮」。「三・一八慘案」發生後，他們覺得，北京是讓人窒息的地方，他們的感情也要有一個相對好的歸宿。也就是這前後吧，他們下了南下的決心。

2.「害馬」來信，「嫩弟」響應

「女師大風潮」正在進行中，有張有弛，此時，許廣平開始了與魯迅的通信。

許廣平對魯迅的人格和學識十分仰慕。一九二五年三月十一日，魯迅收到了許廣平的第

一封來信。同在一個學校，又是師生之間，溝通的方式可以很多，選擇通信，就是選擇了一個特殊的方式。信中，許廣平以一個受了「快要兩年的教訓」的小學生身分，向魯迅傾訴了對學潮中有關人和事的懷疑和憤懣不平，以「惶急待命之至」的心情，希望魯迅「加以指示教導」。信中，許廣平向她尊敬的魯迅先生求教，「求救」：

在無可救藥的赫赫的氣焰之下，先生，你自然是只要放下書包，潔身遠引，就可以「立地成佛」的。然而，你在仰首吸那醉人的一絲絲的菸葉的時候，可也想到在蘁盆中輾轉待拔的人們嗎？

…………

先生，可有什麼法子能在苦藥中加點糖份，令人不覺得苦辛的苦辛？而且有了糖份是否即絕對不苦？先生，你能否……給我一個真切的明白的指引？

信的最後一段話在收入《兩地書》發表時被刪去。這段話是：

現在的青年的確一日日的墮入九層地獄了！或者我也是其中之一。雖然每星期中一小時的領教，可以快心壯氣，但是危險得很呀！先生！你有否打算過「救人一命，勝造七級浮屠」呢？先生！你雖然很果敢的平時是；但我現在希望你把果決的心意緩和一點，能夠拯救得一個靈魂就先拯救一個！先生呀！他是如何的「惶急待命之至」！

從信中看，許廣平是一個蠻有激情的青年學生，也有青春的惶恐和憂鬱，苦悶與徬徨，甚至，還有一些無助。編《兩地書》時刪去，我覺得有許廣平的因素，重讀此信，相對成熟以後的許廣平，或許覺得此信有點虛幻的絕望？或是稚嫩？

接著，她簡約地介紹了自己：

他自信是一個剛率的人，他也更相信先生是比他更剛率十二萬分的人。因為有這點點小同，他對於先生是盡量地直言的，是希望先生不以時地為限，加以指示教導的。

寫了這些，許廣平覺得意猶未盡，潛意識驅使她在已經署名並註明日期後，又特意加了一小段表明自己性別的話：

他雖則被人視為學生二字上應加一「女」字，但是他之不敢以小姐自居，也如先生之不以老爺自命，因為他實在不配居小姐的身分地位，請先生不要懷疑。一笑。

今天看來，許廣平的「蛇尾」，或許在佛洛德那裡可以找到答案，但這不是我們所要探究的，這裡略去不表。

魯迅在收到信的第二天，就給許廣平寫了回信。有人對魯迅在收到信後就回信這一點十分注意，認為似乎從中可以窺伺出一些什麼端倪。對此，張恩和先生持不以為然的態度，他說：「其實，這恐怕完全是一個偶然。也許這一天正好魯迅有點時間，沒有別的事情；也許這一天恰好魯迅心情有些抑鬱，正想和人談論談論，抒發自己的一腔苦悶。證據無他，只要看魯迅的回信就可以這麼認為。因為魯迅的回信完全是談論些十分嚴肅的人生問題，除了表露一些自己對黑暗現實的看法，此外並沒有說一些別的什麼話，流露出絲毫別的什麼意思和感情。」魯迅第一次回許廣平信，自然只能是這樣，倘若這封信就談一些非嚴肅的話題，比如，來一點以後才寫到的「害馬」、「小刺蝟」之類，那實在是不可思議的。然而，我們也不應該忽視了，魯迅這封信，要比他寫給一般學生的信都要長，甚至以「我」為例，談了很多切實的感受。他有與別的人第一次通信就寫這樣長、說這麼多的話的先例嗎？我相信魯迅是有預感的，預感到他與許廣平之間將發生什麼。我也相信，這是一種宿命，這是一種命運的安排。

魯迅一向認為，自己不是什麼青年「導師」，也指導不了什麼人。此時，對許廣平他也是老調重彈。他說：「我其實哪裡會『立地成佛』……假使我真有指導青年的本領——無論指導得錯不錯——我決不藏匿起來，但可惜我連自己也沒有指南針，到現在還是亂闖。倘若闖入深淵，自己有自己負責，帶著別人又怎麼好呢？」魯迅說的是大實話。然而，又畢竟是許廣平，說是指導不了，還是誠懇地指導了：

我再說我自己如何在世界上混過去的方法，以供參考吧——

一、走「人生」的長途，最易遇到兩大難關。其一是「歧路」，倘若墨翟先生，相傳是慟哭而返的。但我不哭也不返，先在歧路頭坐下，歇一會兒，或者睡一覺，於是選一條似乎可走的路再走……其二便是「窮途」了，聽說阮籍先生也大哭而回，我卻也像歧路上的辦法一樣，還是跨進去在刺叢裡姑且走走，但我也並未遇到全是荊棘毫無可走的地方過。不知道是否世上本無所謂窮途，還是我幸而沒有遇著。

二、對於社會的戰鬥，我是並不挺身而出的我不勸別人犧牲什麼之類者就為此。歐戰的時候，最重「壕塹戰」，戰士伏在壕中，有時吸菸，也唱歌，打紙牌，喝酒，也在壕裡開美術展覽會，但有時忽向敵人開他幾槍。中國多暗箭，挺身而出的勇士容易喪命，這種戰法是必要的吧。但恐怕也有時會逼到非短兵相接不可的，這時候，沒有法子，就短兵相接。

總結起來，我自己對於苦悶的辦法，是專與苦痛搗亂，將無賴手段當作勝利，硬唱凱歌，算是樂趣，這或者就是糖吧。但臨末也還是歸結到「沒有法子」，這真是沒有法子！

魯迅這封信的內容相當豐富。談了學風，談了女師大的事，又著重談了他的處世方法。許廣平給魯迅寫信，從魯迅一向的為人看，她相信魯迅一定會回信的。但是，魯迅是在收到她的信的當夜就給她回信，魯迅回信之快，內容之豐富，恐怕是她始料不及的。

自此，兩人通信頻頻。查閱《兩地書》和魯迅日記，到七月底，即開始通信以後不足五個月的時間裡，許廣平寫了二十七封信，魯迅寫了十九封，兩人之間平均三天就有一封信，可見他們感情發展之快。在信中，他們談學校、社會、人生、思想……無所不談。

楊蔭榆在開除許廣平等六人的佈告中稱：「開除學籍，即令出校，以免害群。」這「害群」係由「害群之馬」而來。此後，魯迅不時逗許廣平，稱其為「害馬」。許廣平到魯迅家去，魯迅母親也叫她「害馬」，連平時少言寡語的「師母」朱安，也會稱她為「害馬姑娘」。

隨著通信的頻繁，彼此稱呼的語氣逐漸親近起來，許廣平從自稱「小學生」變成了「小鬼許廣平」；到了五月份，許廣平即稱魯迅為「嫩弟」，而魯迅亦以「少爺」謔稱來給許廣平覆信；到七月，魯迅在信中稱許廣平為「仁兄大人閣下」，而許廣平的回信居然自稱「愚兄」，稱魯迅為「嫩棣棣」，下署「愚兄手泐」。「泐」是「銘刻」的意思，手泐即手書之意。此外，《兩地書》中，魯迅還有稱許廣平為「小刺蝟」的，許廣平則稱魯迅為「小白象」等。這些稱呼，可見他們情意深長。顯然，這時他們之間已經超越一般的師生關係了。

3.「你戰勝了」

隨著魯迅與許廣平間感情的升溫，魯迅內心的痛苦和矛盾衝突愈加激烈。用世俗的眼光看，兩人間確實有不少「不相配」、不和諧之處：許廣平二十七、八，亭亭玉立，風華正茂，大學尚未畢業；魯迅四十五、六，身材矮小；魯迅尊為先生，譽滿文壇，許廣平是學生，自然無所謂名氣；論經濟狀況，魯迅既不是家資殷實，也不是腰纏萬貫，相反，倒因為北洋軍閥政府欠薪和被章士釗革職，已是四處借貸。此外，還有家室之累。魯迅說：「異性，我是愛的，但我一向不敢，因為我自己明白各種缺點，深怕辱沒了對手，……」如何安排朱安，也令他萬分為難。朱安與世隔絕，目不識丁，沒有在社會上獨立謀生的能力，又受著「從一而終」的封建觀念束縛，不願意也不會接受與魯迅離婚。況且，在魯迅看來，她本人也是一個值得同情的舊式婚姻的受害者。魯迅的內心是複雜的，面對傳統觀念和世俗眼光，魯迅顯得有些猶豫；面對許廣平的青春風采、熾熱的情感，也曾有過遲疑乃至自卑。

魯迅一時難以掙脫舊式婚姻的枷鎖，內心孤寂寥落。許廣平熾熱的愛情，使魯迅痛苦、寂寞的心得到許多慰藉。在許廣平的鼓勵下，終於有一天，魯迅認為：「我可以愛！」儘管這句話，他是到了廈門以後才用文字寫出來的。然而，何時，用何種方式走出封建婚姻的樊籠，魯迅在思索著，等待著。

許廣平畢竟不是凡俗之輩。李允經說：「她自有獨特的眼光和新的觀念，她的擇偶標準不是金錢、地位這些庸俗的東西，她所追求的是革命的同道和心靈的契合。她由衷地熱愛魯迅，崇拜魯迅，她所傾倒的是魯迅淵博的學識、深刻的思想、傑出的才華和崇高的品德。在她的心目中，魯迅是嚴師、是戰士，又是有著共同語言的朋友和可以以身相許的伴侶。」熱戀中的許廣平寫下了《風子是我的愛》一文，她寫道：

淡漠寡情的風子，時時攀起臉孔，呼呼的颷叫起來，是深山的虎聲，還是獅吼呢？膽小而抖擻的，個個都躲避開了！穿插在躲避了的空洞洞呼號而無應的是我的愛的風子呀！風子是我的愛，於是，我起始握著風子的手。

奇怪，風子同時也報我以輕柔而緩緩的緊握，並且我脈搏的跳蕩，也正和風子呼呼的聲音相對，於是，它首先向我說：「你戰勝了！」真的嗎？偌大的風子，當我是小孩子的風子，竟至於被我戰勝嗎！從前它看我是小孩子的恥辱，如今洗刷了！這許算是戰勝了吧！不禁微微報以一笑。

它——風子——既然承認我戰勝了！甘於做我的俘虜了！即使風子有它自己的偉大，有它自己的地位，藐小的我既然蒙它殷殷握手，不自量也罷了！不相當也罷！同類也罷！異類也罷！合法也罷！不合法也罷！這都於我們不相干，於你們無關係，總之，風子是我的愛……呀！風子。

「風子」的本意是「風神」，也就是古代傳說中的風姨，是一個女神形象。這是許廣平有意反其性別來比喻魯迅。「風子是我的愛」，就是「魯迅是我的愛」。散文所描寫的風子與「我」的愛情，與現實中的魯迅和許廣平的愛情是一模一樣的。文中真實地揭示了這樣一個現實，由於「風子」（現實中的魯迅）「淡漠寡情」，「時時攀起臉孔，呼呼地颳叫起來」，它像「深山的獅吼」，而使「膽小而抖擻的」向「風子」的求愛者「個個都躲避開了」！文中還直率地表白了「我」向「風子」吐露了愛情和他們熱烈相愛的經過：「風子是我的愛，於是，我起始握著風子的手。奇怪，風子同時也報我以輕柔而緩緩的緊握，並且我脈搏的跳蕩，也正和風子呼呼的聲音相對，於是，它首先向我說：『你戰勝了！』」「我」竟不敢相信這是在夢中還是在現實中。當「我」清醒地悟到這不是夢，這是真實的現實的時候，「我」充滿著無限的喜悅說：「偌大的風子，當我是小孩子的風子，竟至於被我戰勝了嗎！從前它看我是小孩子的恥辱，如今洗刷了！這許算是我勝了吧！」「風子」接受了「我」給予的真摯的、熾熱的愛，此時此刻的「風子」，真像現實生活中被許廣平稱為「嫩弟」一樣；此時此刻的「我」，也真像現實生活中被魯迅稱為「小鬼」的許廣平一樣，他們都怕失去對方而緊緊擁抱著，彼此都聽到了對方急促的火熱的心跳。

這是一曲愛情的頌歌。它記述了許廣平和魯迅由親密的友誼闖入甜蜜的愛情天地。他們沒有說什麼海誓山盟之類的話，也沒有表示什麼要死要活的情，一切都樸素無華，自然而然，水到渠成。

他們定情於一九二五年的夏秋交替之際。許廣平有一次告訴于藍：兩人明確相愛，或叫定情，是她首先提出的。這一天的晚上，在魯迅西三條寓所的工作室——「老虎尾巴」，魯迅坐在靠書桌的籐椅上，許廣平坐在魯迅的床頭，二十七歲的許廣平首先握住了魯迅的手，魯迅同時也報許廣平以輕柔而緩緩的緊握。許廣平脈搏的劇烈跳蕩，正跟魯迅逐漸急促的呼吸聲相應。於是，魯迅首先對許廣平說：「妳戰勝了！」

許廣平不禁報以羞澀的一笑。接著，兩人熱烈地接吻。

在《風子是我的愛》一文中，許廣平把所愛的人比作風，是解凍的春風，是人們汗流浹背時的薰風，是梧桐葉落的秋風，是狂風怒號有似刀割的冬風。「有誰能夠禁止我不愛風子，為了我的藐小，否認我的資格呢？」倪墨炎先生認為，此文：「是一篇愛情的宣言書，也是對於世俗偏見的檄文。」此後，兩個有情人義無反顧，「一心一意向著愛的方面奔馳」。

五、擺脫黑暗，奔向希望

魯迅為什麼要離開北京？歸納起來，無非三個原因：一是當時革命的中心在南方，所以魯迅到南方投奔革命去了；二是因為「三・一八慘案」後躲避北洋軍閥的迫害；三是純粹為了愛情。

二十世紀八十年代以前，為了「神化」魯迅，魯迅研究極力向「左」靠，魯迅的南下，大多的時候被描述成是投奔革命（朱正的《魯迅傳略》是個難得的例外）；九十年代以來，為了讓魯迅走下聖壇，學者多主張魯迅南下純粹是私人行為，只是為了愛情。

我想，我們應該要有最切近魯迅事實的解答。

1. 革命的旁邊

我們先來解決一個問題：魯迅到廈門是為了投奔革命嗎？「文革」中編寫的魯迅故事、魯迅傳記，都是持這樣的看法。我以為，持這種觀點的人，不是搞學問，是搞宣傳。學問是一是一，二是二，一切要拿證據來；宣傳是只選擇他需要的，立了一個他需要的觀點，先入為主，為了證明他的觀點去找證據，沒有鐵證，那就採用模糊的辦法，大而籠之的就行了。

當時，中國的革命在南方，廈門是南方，魯迅去了廈門，所以他是投奔到革命的中心去了。他們就是這樣推論的。這樣的文章，如果寫了騙騙外國人，特別是離中國遠的非洲人，也許還說得過去，因為外國人對中國「革命地理」不是瞭解得那麼仔細。當年，中國的革命中心固然是在南方，但那是具體到了廣州這樣一塊地方，並不是所有的南方都是革命的中心。同樣是南方的廈門，絕對不是革命的中心，只能是革命的旁邊。是一個孤島，甚至是死島。不是嗎？魯迅感受到的廈門，除了自然景觀尚可（因為魯迅在日本時，也在海邊生活過，所以沒有特別的稀奇），諸如鄭成功的遺址等某些人文景觀讓他有一些感想外，其他的，基本上可以說魯迅的觀感是不佳的。

2. 北京的壓迫

第二個問題，既然魯迅不是為了投奔革命才去了廈門，那麼，他的南下，有沒有受北洋軍閥等北京黑暗勢力壓迫的因素呢？

我認為是有的。魯迅一生，有著深刻的逃避、躲避意識，當年在日本，他要學醫，東京可以，東京的周邊也可以，但是，他要躲避到沒有中國人在的偏遠的仙台去。在北京待久了，又經歷了那麼多黑暗的壓迫，魯迅自然會有「換一個地方生活」的打算，這有什麼奇怪的呢？

關於這一點，應是魯迅研究界的較為常見的說法。羅常培在《從廈門解放引起的感想——為魯迅逝世十三週年紀念作》一文中就持這樣的觀點，他說：「魯迅先生和我們一班人，從『三・一八』慘案以後，實在忍不住北洋軍閥黑暗勢力的壓迫，很想找一塊清靜的地方，暫時躲避起來做學問，於是就接受了林語堂的邀請結伴兒到了廈門。」因為「忍不住」黑暗勢力的壓迫，所以去了廈門；同時，也為了「做學問」。

關於離開北京，論者經常引用魯迅自己的一段話，或是做為證據，或是加以奚落。在《集外集拾遺補編・自傳》一文中，魯迅是這麼說的：

> 因為做評論，敵人就多起來，北京大學教授陳源開始發表這「魯迅」就是我，由此弄到段祺瑞將我撤職，並且還要逮捕我。我只好離開北京，到廈門大學做教授……

在《集外集拾遺補編・魯迅自傳》中，魯迅是這樣說的：

> 到一九二六年，有幾個學者到段祺瑞政府去告密，說我不好，要捕拿我，我便因為朋友林語堂的幫助逃到廈門，去做廈門大學教授……

以上兩段話，內容大同小異。對魯迅的話持肯定觀點的人，將其引用，做為魯迅受迫害從而南下的根據，這在二十世紀八十年代的魯迅傳記作品中較為多見；持否定意見的人，經

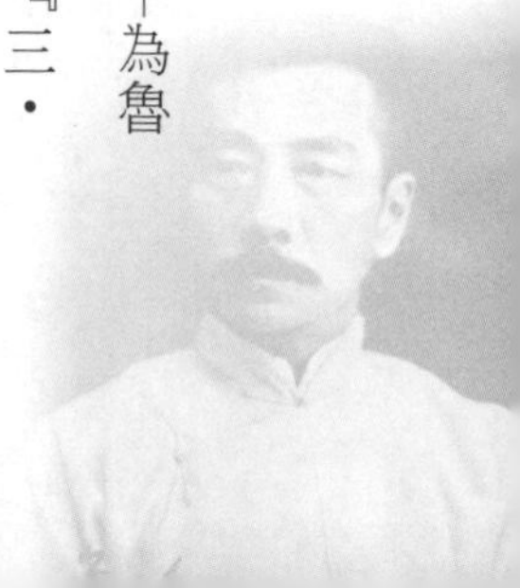

過考證，認為魯迅的話有不夠準確之處。朱正就曾對魯迅的話提出質疑：

> 魯迅為什麼要到廈門去呢？魯迅在他的《自敘傳略》裡做過解釋：寫雜文得罪了一些人，有人到段執政那裡告我，段祺瑞要抓我，我就逃到廈門來了。還有比自傳更權威的資料嗎！總的說當時北京的政治空氣不太好，使他想要離開，這是不錯的。可是具體說「三•一八」慘案發生在一九二六年三月十八日，到了四月份，馮玉祥隊伍退出北京前後，段祺瑞的執政府就倒臺了。魯迅是八月份離開北京的，那時段祺瑞已經倒臺四個月了。如果說離京是為了避開張作霖的迫害恐怕還符合當時政治形勢一些。

此後，有若干人根據朱正的考據，做了一些帶情緒化的發揮，說魯迅南下，除了為了許廣平，沒有別的考量，因為這些觀點沒有超出朱正的見解，就不引用了。

我得承認，魯迅這段話確實有言過其實的地方，但是，基本的事實是不錯的。

魯迅曾經上了「黑名單」，這不是空穴來風。「三•一八慘案」發生後，段政府發佈祕密通緝令，據一九二六年三月二十六日《京報》披露，「該項通緝令所羅織之罪犯聞竟有五十人之多，如……周樹人（即魯迅）、許壽裳……均包括在內，聞所開五十人中之學界部分，系（教長）馬君武親筆開列」。連林語堂這樣的自由主義者也上了「黑名單」，名單上有魯迅，有什麼奇怪呢？

以下事實也不是我們所能忽略的：

「三・一八慘案」發生的當天，魯迅正在寫雜感《無花的薔薇之二》，已經寫了三節，當他聽到發生大屠殺的消息後，立即在原題下連著寫了六節關於大屠殺的內容，語言之憤懣激烈，足見他當時的沉痛心情：

4

已不是寫什麼「無花的薔薇」的時候了。

雖然寫的多是刺，也還要些和平的心。

現在，聽說北京城中，已經施行了大殺戮了。當我寫出上面這些無聊的文字的時候，正是許多青年受彈飲刃的時候。嗚呼，人和人的魂靈，是不相通的。

5

中華民國十五年三月十八日，段祺瑞政府使衛兵用步槍大刀，在國務院門前包圍虐殺徒手請願，意在援助外交之青年男女，至數百人之多。還要下令，誣之曰「暴徒」！

如此殘虐險狠的行為，不但在禽獸中所未曾見，便是在人類中也極少有的，除卻俄皇尼古

拉二世使可薩克兵擊殺民眾的事，僅有一點相像。

6

中國只任虎狼侵食，誰也不管。管的只有幾個年輕的學生，他們本應該安心讀書的，而時局漂搖得他們安心不下。假如當局者稍有良心，應如何反躬自責，激發一點天良？然而竟將他們虐殺了！

7

假如這樣的青年一殺就完，要知道屠殺者也決不是勝利者。

中國要和愛國者的滅亡一同滅亡。屠殺者雖然因為積有金資，可以比較長久地養育子孫，然而必至的結果是一定要到的。「子孫繩繩」又何足喜呢？滅亡自然較遲，但他們要住最不適於居住的不毛之地，要做最深的礦洞的礦工，要操最下賤的生業……。

8

如果中國還不至於滅亡，則已往的史實示教過我們，將來的事便要大出於屠殺者的意料之外——

這不是一件事的結束，是一件事的開頭。

墨寫的謊說，決掩不住血寫的事實。

血債必須用同物償還。拖欠得愈久，就要付更大的利息！

9

以上都是空話。筆寫的，有什麼相干？

實彈打出來的卻是青年的血。血不但不掩於墨寫的謊語，不醉於墨寫的挽歌；威力也壓它不住，因為它已經騙不過，打不死了。

三月十八日，民國以來最黑暗的一天，寫。

此文發表於一九二六年三月二十九日《語絲》週刊第七十二期。魯迅把「三一八」看作「民國以來最黑暗的一天」，此時，段政府還沒垮臺。並不是所有的人都有勇氣像魯迅這樣直面慘淡的人生，正視淋漓的鮮血的。此後幾天，魯迅又寫了《「死地」》、《可慘與可笑》、《空談》等文章，內容都與「三•一八慘案」有關，不停頓地揭露和抨擊段政府和一些幫兇。特別是，魯迅寫了不朽名文《紀念劉和珍君》。這是魯迅在三月二十五日參加了女師大及北京各界代表公祭和追悼劉和珍、楊德群的大會之後，經過幾天痛苦沉思後於四月一日寫的一篇文情並茂的悼念文章。在這篇文章中，魯迅沉痛地說他「向來是不憚以最壞的惡意，來推測中國人的，

然而我還不料，也不信竟會下劣兇殘到這地步」，他憤怒地喊道：

慘象，已使我目不忍視了；流言，尤使我耳不忍聞。我還有什麼話可說呢？我懂得衰亡民族之所以默無聲息的緣由了。沉默呵，沉默呵！不在沉默中爆發，就在沉默中滅亡。

在「三・一八慘案」發生後，魯迅是否有危險的問題上，韓石山是有獨立見解的。韓石山說，魯迅在「三・一八慘案」發生後，上了被通緝名單，但沒有危險：「因為這期間，北京的政局發生了變化，製造「三・一八慘案」的段祺瑞政府垮臺了，張作霖的奉軍開進北京了。要說生命危險的話，段祺瑞、章士釗們，比魯迅還要危險。畢竟段祺瑞是下臺政府的首領，章士釗是下台政府的祕書長。」韓石山又說：「三・一八慘案期間，魯迅從沒有上街遊行，不過是事後寫了幾篇文章，罵的還主要是陳西瀅之流的人，怎麼會有人想著逮捕他呢？太不可思議了。」韓石山挖苦魯迅說：「先有通緝名單，再找下臨時避居的地方，一到緊要關頭，就躲了起來。合情合理，嚴絲合縫。」總之，韓石山認為，當時魯迅是沒有危險的，魯迅因為受迫害而南下的理由不能成立。

我要問的是，魯迅的這些文章主要是罵陳西瀅的嗎？還不夠激烈嗎？加上「女師大風潮」時的魯迅與章士釗們的鬥爭，不說魯迅有相當大的可能遭到軍閥的殺害，遭到逮捕的可能性是客觀存在的；魯迅有足夠的理由自保，有足夠的理由去躲一躲。倘若魯迅不躲，沒事則罷，如果有事，不是在等死嗎？不是送死嗎？

韓石山又說：「不能說三•一八慘案後，報上說段祺瑞政府要逮捕四十八個人，四月十七日奉軍入主北京後，奉軍就開始實行這個逮捕。」他的意思是，段祺瑞的逮捕計畫，張作霖沒有義務去執行。這話不能說完全沒有道理，軍閥和軍閥是有區別的。但是，儘管這樣，我們不能忘了，軍閥就是軍閥，這是個帶普遍性的共性化的存在。韓石山又說：「魯迅既非共產黨人亦非國民黨人，並未從事什麼實際的革命活動，也就談不上受反動當局的迫害。」事實是，不管段祺瑞還是張作霖，在對付革命黨上是一致的，也不論這革命黨是國民黨還是共產黨，甚至，他們還可以把不是革命黨的、只要反對他們的人都打成革命黨，給一鍋煮了，一鍋端了。不是嗎？張作霖佔領北京後不久，就以「宣傳共產赤化」的罪名殺害了《京報》主編邵飄萍和《社會日報》社社長林白水，京城人人自危，噤若寒蟬。我查了相關資料，邵飄萍和林白水倒真的「既非共產黨人亦非國民黨人」。韓石山自己也提到：「四月十七日奉直聯軍開進北京後，確曾有殺害記者、逮捕教授之惡行，北京城內大起恐慌。」邵飄萍、林白水，都死於軍閥之手。當時，「較有名之記者，均暫時退避」；「蔣夢麟等八校長，均暫避」……魯迅的名氣不會在「名記者」之下吧？魯迅的言詞不會比他們更溫和吧？「一到緊

要關頭，就躲了起來」，有什麼不合情合理呢？韓石山可以不喜歡魯迅，但不能脫離了當時特定的歷史環境，一味地貶損魯迅。

張恩和先生說：「這時的魯迅，真是悲憤到了極點，又的確如他自己所說，已經『出離了憤怒』。他真切地感到當時的北京實在『並非人間』。他遙望南天，一個念頭在他腦海中浮起：走吧！趕快離開這鬼地方，否則不被迫害至死，也會被窒息而亡，為什麼不找個地方能呼吸呼吸新鮮一點的空氣呢？」魯迅長期生活在北京，對北京的黑暗了然於胸，又發生了「三・一八慘案」，在這樣的情況下，一九二六年的四月前後，動了離開北京的念頭，這應該是在情理之中。到了魯迅南下時的八月，可能環境有所改變，魯迅的處境沒有那麼危險了，可是，魯迅在四月前後定下的決心也不想改變了。事實是：環境的黑暗、環境的壓迫，是促成魯迅決心南下的原因之一——注意，我是說原因之一，不是說是唯一的原因！

魯迅前後寫了幾個自傳或傳略之類的東西，內容大同小異。其中，相隔的時間還比較長。比如，《俄文譯本〈阿Q正傳〉序及著者自敘傳略》寫於一九二五年；《集外集拾遺編》中的《自傳》寫於一九三四年，此文沒有發表，是應美國人伊羅生之託，選編中國現代短篇小說集《草鞋腳》而寫的入選作者的小傳。兩篇小傳，主要是提供給外國人看的，目的是為了揭露中國的黑暗，北京的黑暗，正是黑暗的北邊，讓魯迅無法待下去了，所以南下。其中有一些帶宣傳性的語言，考慮到是給老外看的這個因素，我們是不是可以多一點理解呢？

我認為，魯迅南下有多種原因，北京的黑暗，絕對是其中原因之一。但是，北京雖然黑暗，魯迅畢竟在這裡生活了十四年，自然也有他留戀的東西，還有不少他的牽掛。就是說，從前十幾年的生活狀態看，從魯迅的承受能力看，北京的黑暗，如果要魯迅繼續承受下去的話，也不是不可以的。我要說的是，魯迅的南下，主要是為了開闢新生活，主要是為了許廣平。但是，即便是這樣，魯迅在自敘傳略和自傳中，有必要言明他是為了許廣平而南下的嗎？這畢竟是私人生活問題。我們將心比心，假設我們處在魯迅的位置，我們有必要把自己的事捅到報刊上去嗎？有必要對讀者叫喊：我是為了許廣平，所以到廈門去了！倘真這樣，也屬非理性嘛。既然不好言明南下的直接動因，隨便說一個或突出一個還算交代得過去的理由，特別是針對外國讀者，說的話帶一點宣傳色彩，冠冕堂皇一些，這有什麼特別不能容忍、不可理解呢？

3. 周作人帶來的「黑暗」

當然，魯迅除了逃脫政治的黑暗，社會的黑暗，我以為，還有家庭的「黑暗」。這有三層含意。一是周作人帶來的「黑暗」。魯迅是長子，在父親早逝的家庭，長子如父。其實，魯迅本來是有一個夢想的，就是三兄弟永不分家。所以，他省吃儉用，下苦力，賣了紹興的

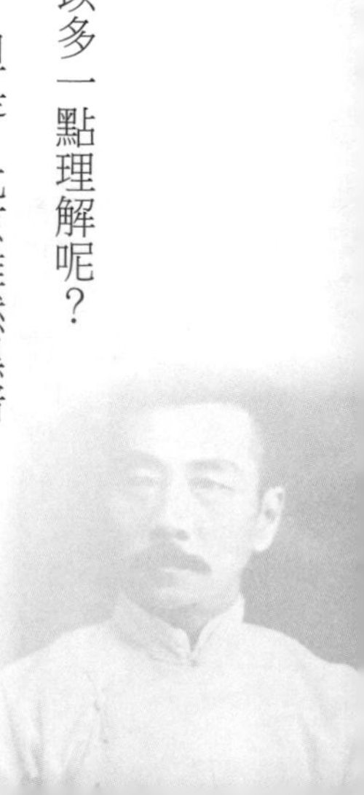

老屋，買了北京八道灣的房子。房子裝修，事無鉅細，一律魯迅操辦。魯迅看周作人、周建人，因為父親不在了，如同自己的孩子。為了不讓周作人勞心費神，在房子裝修期間，他甚至讓周作人回日本探親，房子裝修好了，才讓他回來。魯迅賺的錢多，又是獨身一人，他把所有的錢都交給了「當家人」周作人的太太羽太信子。對這個家，魯迅只知道維持，只知道奉獻，他用黃包車拖回來，羽太信子卻用小轎車拉出去。魯迅還是維持。可是，這樣一個魯迅，卻被昏頭昏腦、自私自利的周作人趕出了八道灣！為此，魯迅大病一場。親人的決絕，讓魯迅絕望。可以說，從周作人的反目，到許廣平出現之前，魯迅一直生活在極度的絕望當中。以我個人對魯迅的理解，以我對生活的體驗，我認為，如果沒有許廣平的出現，孤獨的魯迅，天天面對著無愛的朱安，他有極大的可能，很快抑鬱而亡。兄弟反目，一團黑雲壓著他的心窩，這是他心靈的黑暗。

4. 母親的「黑暗」

二是母親的「黑暗」。因為觀念、文化素養等等因素的影響，魯迅的母親不可能瞭解魯迅，更談不上理解魯迅，出於血緣、出於魯迅靈魂深處的傳統文化的影響，還因為家庭衰敗，做為長子的魯迅對母親非常孝順。但是，孝順不等於思想上、觀念上的認同，而不認同的孝順事實上包含著深刻的痛苦。我們在魯迅與他的母親的有關章節中已經看到，魯迅對母親唯命是從，甚至以犧牲自己一生的幸福為代價。同時，魯迅對母親多有責言。孝順、愛與觀念的衝突，構成了一團烏雲，也是魯迅靈魂深處的陰影。走，是解脫，可是，卻拖著沉重的歷史牽掛。當然，在這一點上，魯迅終於掙脫了母親的「黑暗」。魯老太太，也許因為她派定的朱安，給魯迅造成了一生的不幸，雖然她還想用母愛罩住魯迅，但終於還是放他到寬闊光明的地方去了。

5. 朱安的「黑暗」

第三自然是朱安了。如果魯迅沒有離開北京而與許廣平結合，朱安客觀上要代表整個舊社會，將魯迅，將魯迅的愛人，死死地罩住，然後，可以預見的事實是，三人一起走向滅亡。面對如此家的「黑暗」，魯迅能不走嗎？不走，他就是懦弱，他就是不愛許廣平。

事實上，魯迅別無選擇。

我以為，在北京時期，魯迅與許廣平已經確定了關係，他們甚至已經開始安排以後的生活了。如果他們要結合，留在北京有諸多的不合適。魯迅是孝子，他應該要考慮母親的態度。朱安長久服侍魯瑞，與婆婆的關係尚可，如果魯瑞要維護朱安，魯迅就要陷入為難尷尬的境

地。

魯迅也要考慮朱安的感受。我們可以說，魯迅沒有太把朱安當回事，但對朱安的人格還是尊重的，在朱安的眼皮下與許廣平結合，很難預料朱安會折騰出什麼事來。

魯迅還要為許廣平考慮。假設許廣平也住進了魯迅的家，家中有老母，有原配，那許廣平無疑是處於「妾」的地位，許廣平願意與否尚且不論，魯迅愛許廣平，是不會讓許廣平落入這樣的境地的。

如果離開北京，拉開距離，各位親人的為難也就沒有那麼突出了。

6. 經濟上的考量

此外，經濟上也應該有所考量。許廣平剛剛走入社會，說身無分文，應該不會有太大出入。退一步說，假設許廣平有錢——這是假設——做為大男人的魯迅，怎麼可能去用一個小女生的錢呢？魯迅購置八道灣房子的舊債未清，又新買阜城門的房子，又添新債；還要贍養母親和朱安，手頭不算寬裕。他們相約苦幹兩年，也不是只是說說而已。魯迅要安排一個新家，還要照顧舊家，確實需要錢。

說來也巧，林語堂邀請魯迅去廈大，一個月四百大洋，這不是小數目。林語堂是真紳士，對雞零狗碎的東西不會太留意，他不知道魯迅有一個許廣平，如果知道，或許會一併邀請許廣平同赴廈門的。魯迅呢，雖為新文化運動的大人物，但也不像當今所謂名教授，當被當作「人才」「引進」時，會提很多附加條件，給位子，調妻子，分房子，加票子，安排兒子，五子登科。魯迅不吭氣，大約沒有任何附加條件，默默地與自己的小情人在上海分手。

此外，當時廣州也沒人邀請魯迅去工作，如果有，我估計他自然會與許廣平一起去了羊城。倘若那樣，革命的文學史家倒真可以說魯迅是奔向革命中心了。

7. 有潔癖的真愛追求者

不過，我倒認為，他們一個去廣州，一個去廈門，簡直就是命運的安排。我們試想，如果他們同去廈門或廣州，看他們感情的熾烈程度，我估計三十天內必定同居，那也太快地從「城堡」外走進了「城堡」內，除了他們的愛情早日結出了果實外，那現代文學史或許將少了《兩地書》這奇葩，至少，《兩地書》沒有現在這樣光彩照人。眉頭緊鎖，「一」字形的鬍鬚又粗又硬——這是魯迅留給我們大多數人的印象。然而，在廈門的日子裡，魯迅卻留下了最柔軟的一面。魯迅倘和許廣平一起去了廈門，我們對魯迅的解讀，將永遠只能看到他的酷狀，而看不到他含蓄的、深沉的、熱烈的溫情。也正因為他們分手了一百多天，命運讓他們備受煎熬，

讓他們的愛情之花開得格外鮮豔，甚至可以說格外嬌豔。

魯迅是真愛的追求者。

胡適如果討厭一個人，或者說不喜歡一個人，還會和他打交道，胡適聲稱寬容比自由更重要。我想，從精神結構看，從思想氣質看，胡適是不會喜歡章士釗的，但他與章士釗也有過從。魯迅不時挖苦胡適，胡適也不會太喜歡魯迅，但在魯迅生前，他基本上沒有與魯迅翻臉。胡適肯定是不滿意江冬秀的，所以他在家外才不只與一個女人有感情上的糾葛，到了晚年，他甚至叫祕書在外面另尋住房，因為他無法容忍江冬秀沒完沒了的麻將聲。然而，胡適還是可以與江冬秀苟且，在無所謂愛情的婚姻中，過無愛的性生活，生孩子。對比之下，魯迅不僅在精神上有潔癖，在性愛上也有潔癖，他與朱安無愛，同在一個屋簷下，也不會受慾望的誘惑。他寧可大冷天不穿棉褲，只穿單褲，甚至在生理上進行自虐。

沒有愛情，魯迅絕對不會苟且。

8. 從尿尿問題看同居

魯研界曾經有魯迅與許廣平什麼時候同居的爭論，據說雙方都很較真，還傷了和氣。因為，是在某一時期某一地方同居，還是在另一時期另一地方同居，關乎是不是勾引女學生的問題。我覺得大可不必。魯迅與許廣平同居了，結為夫妻了，生了孩子了，相濡以沫、風雨同舟走了十年，這就是最大的事實，在這最大的事實面前，他們具體到什麼時候同居，有什麼意義呢?在這最大的事實面前，在《兩地書》面前，他們什麼時候同居，都是愛的自然結果。

不過，具體說到同居，憑我的生活經驗，憑我的直覺，我認為他們南下之前就已經走得很遠，遠到託付終身的程度。證據是，在《兩地書》中，魯迅有兩次對許廣平談了在廈門的小解即尿尿問題。一次是一九二六年九月三十日。魯迅說了晚上如何「小解」，「天一黑，就不到那裡去了，就在樓下的草地上了事」。另一次則是同年的十月二十八日，魯迅寫道：「這裡頗多小蛇，常見被打死著，顎部多不膨大，大抵是沒有什麼毒的，但到天暗，我便不到草地上走，連夜間小解也不下樓去了，就用磁的唾壺裝著，看夜半無人時，即從視窗潑下去。這雖然近於無賴，但學校的設備如此不完全，我也只得如此。」此時，魯迅甚至可以和許廣平談小解事，細加琢磨，以平常心推論，用老百姓的眼光看，他們的關係應是不同尋常了，難道不是嗎?!

9. 南下，南下，奔向希望

有了以上的分析，我們可以認定，魯迅的離開北京，雖然有表面的原因，雖然有多種原

因，但最根本的是為了許廣平，為了愛情。他們的愛情如果要有結果，只能離開北京。換言之，魯迅離開北京是為了躲避在京的母親和朱安。做為一個至孝的長子和甘願陪著無辜者做一世犧牲的受難者，他沒有勇氣在母親和朱安面前接納許廣平的戀情，或者說他不願面對面地傷害年老的母親和那位不幸的女人，那麼，唯一的辦法就是離開。

許廣平在《魯迅回憶錄》裡說過，來廈門之前，他們相約，暫時分開，各自為社會服務兩年，同時也為日後的生活積累一點必要的錢、兩年之後再相見。魯迅後來說：「我來廈門，雖是為了暫避軍閥官僚『正人君子』們的追害。然而小半也在休息幾時，及有些準備，……」魯迅和許廣平說得很清楚，之所以南下，一是因為社會的黑暗，二是為了自己的考量，分頭工作兩年，然後再安排一切。

我們讀魯迅，應該讀魯迅原著，看魯迅怎麼說，從魯迅本身尋找魯迅，探究魯迅，而不是從政治觀念出發，從時代背景出發，從主觀感受出發……不是的，我們應該從魯迅出發，才能回到魯迅那裡。從他離京的第一天起，就意味著他準備告別往日的生活而開始一種全新的生活。在魯迅的一生中，沒有任何一個時期像在廈門時那樣仔細思考過自己的個人生活問題。

我的結論是：魯迅去廈門，不是為了投奔革命，北京黑暗勢力的壓迫，家庭「黑暗」的壓迫，使他有了躲避黑暗的想法，有了許廣平的愛情，促使他將這一想法變成了客觀事實——他主要是為了愛情而南下的。

離開北京前，即一九二六年八月二十二日，女師大為紀念毀校一週年召開的集會上，魯迅發表告別演講，說了一段熱情洋溢的話：

> 我們所可以自慰的，想來想去，也還是所謂對於將來的希望。希望是附麗於存在的，有存在，便有希望，有希望，便是光明。如果歷史家的話不是誑話，則世界上的事物可還沒有因為黑暗而長存的先例。黑暗只能附麗於漸就滅亡的事物，一滅亡，黑暗也就一同滅亡了，它不永久。然而將來是永遠要有的，並且總要光明起來；只要不做黑暗的附著物，為光明而滅亡，則我們一定有悠久的將來，而且一定是光明的將來。

這段話也正是他離開廈門時的心情寫照，他正是懷著希望，懷著掀開新生活的希望，踏上南下的旅程。

黑暗給了魯迅黑眼睛，他卻用之來尋找光明、愛和希望。

四天以後，即八月二十六日，魯迅和許廣平同乘一趟列車南下，向著希望，南下。

第二章

還是打雜：「泱泱」與「鼓浪」

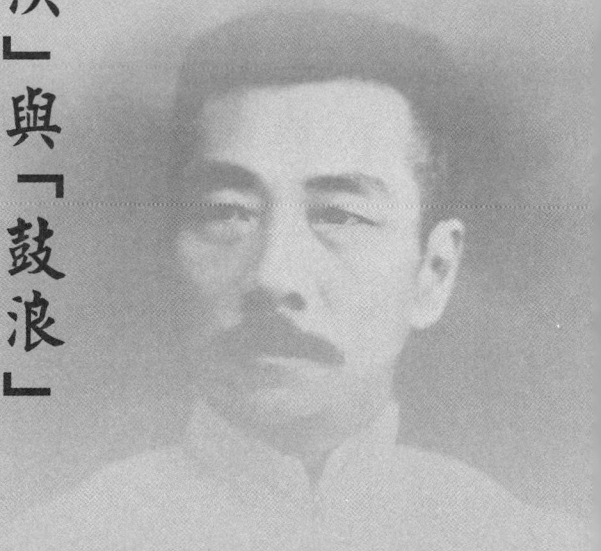

一、初到廈門

一九二六年八月二十九日，魯迅與許廣平同車抵達上海，與親友盤桓了兩天，九月一日深夜魯迅登上「新寧」號海輪，次日晨7時向廈門進發。一小時後，許廣平乘坐的「廣大」號海輪也跟著啟航開往廣州。魯迅身在「新寧」號上，心裡卻記掛著後面船上的許廣平，他後來在信中詢問她：「不知妳在船中，可看見前面有一隻船否？」

九月四日，客輪緩緩地開進了廈門港，停靠在太古碼頭。林語堂、沈兼士、孫伏園來接，魯迅隨他們坐船「移入」廈門大學。

1.「背山面海，風景絕佳」

廈門位於我國東南沿海——福建省東南部、九龍江入海處，背靠漳州、泉州平原，瀕臨臺灣海峽，面對金門諸島，與臺灣和澎湖列島隔海相望；廈門地處亞熱帶，雨量充沛，氣溫長年保持在二十度上下，草木茂盛，景色宜人；因遠古時為白鷺棲息之地，而有「鷺島」之稱。廈門的海，碧波粼粼，「海上的月色是這樣皎潔；波面映出一大片銀鱗，閃爍搖動；此外是碧玉一般的海水，看去彷彿很溫柔。」廈門風景秀麗，廈門大學坐落在廈門島上的海濱，「背山面海，風景佳絕」。一九二一年四月六日，廈門大學在同屬陳嘉庚的集美學校開學。五月，

曾任南京臨時政府衛生部部長的新加坡華人林文慶出任校長並掌校十六年至廈大改國立為止。

一九二五年，是陳嘉庚實業最鼎盛期，實有資產總額達一千兩百萬，使其雄心勃勃的「次期五年計畫」有了雄厚的經濟基礎。一九二六年，廈大以重金在全國延聘名師：教授月薪四百大洋，講師兩百大洋，助教一百五十大洋。其時，復旦大學的校長及專任教授最高也不過兩百大洋。

魯迅抱著「換一個地方生活」的想法，因好友林語堂的推薦，應邀來廈大擔任國文系教授兼國學研究院的研究教授，講授中國小說史和中國文學史。

魯迅對廈大的形容是：「硬將一排洋房，擺在荒島的海邊」。說的是廈大的第一批校舍，一字排開的群賢樓群，依次為囊螢樓、同安樓、群賢樓、集美樓、映雪樓。初時，魯迅借住廈門大學生物樓三樓，同住一層的先後有沈兼士、顧頡剛等。生物樓亦是國學研究院所在，原樓毀於日軍的炮火，現在是「修舊如舊」。

一九二六年九月二十五日，魯迅從生物館搬到了集美樓住。集美樓曾經是廈大的圖書館，樓下左邊是藏書庫，右邊是閱覽室。這是一座較大的兩層樓房，魯迅就住在樓上靠西邊第二間的房子裡。雖然魯迅是臥室兼工作室兼廚房及餐廳，但魯迅對集美樓的感覺頗佳。推開北窗，是五老峰和峰下的南普陀寺；推開門，樓前是一片廣場，相傳為鄭成功的演武場。樓上右手第一間是大屋，隔成兩間，由孫伏園和張頤住。孫常往廣州，張常去市區，所以樓上往往只有魯迅一人。

這裡是綠色的世界。在山坡和平原上，有成片成片的龍眼樹、甘蔗園；路旁的各種果樹，青翠欲滴；枝葉繁茂、根鬚發達的老榕樹，散佈在宅前院後，以及祠堂邊、古廟前；綠油油的稻田與小橋流水錯落有致地交織在一起。使魯迅更為驚奇的是，在暮秋初冬時節，廈門大學附近山坡上的野石榴，住處的大樓前面，有一種黃色的無名花，還一個勁地盛開著哩。一九二六年十二月三十一日，魯迅在給李小峰的信上說：「我那門前的秋葵似的黃花卻還在開著，山裡也還有石榴花。」這「秋葵似的黃花」，從魯迅九月一到廈門就在開著，一直開到十二月，而且「還有未開的蓓蕾，正不知道它要開到什麼時候才肯開完。」

廈門大學前那碧玉一般的海面，捲著一束束白色的浪花。每天清晨，不遠處的大擔、二擔、南太武山等島嶼，蒙著一層薄薄的晨曦。一艘艘小船，吃水很重，張著風帆，向鼓浪嶼駛去。

在浪花飛濺的沙灘上，有著各種美麗精巧的貝殼。退潮時，廈大附近的海灘上留下形狀各異的貝殼。有一次，川島見到魯迅從海灘上歸來，手裡還捧著不少小巧玲瓏的貝殼，顯然是從海灘上撿回來的。

廈門的山水，可謂得天獨厚，明媚秀麗。有同事給魯迅介紹說，山上的這塊石頭像老虎，那塊石頭像癩蛤蟆。這些都沒能引起魯迅的興趣。魯迅說：「我對於自然美，自恨並無敏感，

所以即使恭逢良辰美景，也不甚感動。」

2. 鄭成功遺跡

但有一個地方，卻打動了魯迅的心，那就是民族英雄鄭成功抗清的遺址，有「好幾天，卻忘不掉鄭成功的遺跡。」一九二六年魯迅到達廈門不久，就到廈門大學不遠處的一個古城牆參觀，聽說這城牆是民族英雄鄭成功修築，用來抗擊清兵的，這勾起魯迅的沉思，有好幾天魯迅都在思考這件事。

鄭成功，一六二四年生，福建泉州南安人，是明末清初一位抗清的民族英雄，戰績彪炳。他在臺灣打敗過荷蘭殖民者，指揮收復和開發臺灣島。在南明永曆帝時，在廈門、海澄等地，多次率兵打敗清軍。在閩南一帶，至今留有多處他的抗清遺跡。在廈門，有鼓浪嶼日光岩的鄭成功水操臺和廈門島上的這個古城牆。這兩處，魯迅都參觀過。讓魯迅感嘆的是這個偏僻的地方，是除了臺灣外，「是滿人入關以後我們中國的最後亡的地方」。而讓魯迅感到可悲的，是鄭成功親自指揮修築的古城牆，得不到應有的保護，任其荒涼、損壞，甚至古城牆城腳的沙，被人盜去賣給對面鼓浪嶼的人。一面是任意破壞民族英雄的遺跡，一面是熱衷於讀經，重金購藏經書。這使魯迅激憤不已。這就是魯迅所說的，剩下的「只有『而已』而已」。

二、魯迅講課，「粉絲」多多

在北京時，聽過魯迅講課的學生，後來都有類似的回憶：魯迅上課時，旁徵博引，娓娓道來，創見迭出，妙趣橫生，極受歡迎。詩人馮至說：「本是國文系的課程，而坐在課堂裡聽講的，不只是國文系的學生，別系的學生、校外的青年也不少，甚至還有從外地特地來的。那門課名義上是『中國小說史』，實際上講的是對歷史的觀察，對社會的批判，對文藝理論的探索。」因此，每當魯迅講課時，不僅課堂上座無虛席，連走道上也站滿了人，有人甚至坐在窗臺上。

魯迅是新文化運動的名人，青年學生的偶像。魯迅的到來，在青年學生中引起很大反響。一批北京大學、青島大學、金陵大學、南洋大學的學生也跟著轉學到了廈大。廈大學生更是三五成群地來到魯迅的住處看望魯迅。在魯迅的房間裡，堆滿書籍和稿紙的辦公桌旁，放著報紙的藤圓桌周圍，常常坐著來訪的青年。他們把魯迅看成引路的導師，抱著尋求真理、探索生活道路的強烈願望，提出各種問題，向魯迅虛心請教。房間裡不時傳出魯迅爽朗的笑聲和親切的話語。

魯迅在廈門大學主要講中國文學史和中國小說史，每週五節。此外，他還給國學院研究

生做專題演講，指導研究生學習，批改他們的作業，以及為國學院專刊、校刊撰稿等等，工作十分繁重。特別是他編寫中國文學史講義，因校圖書館存書不多，得自己設法到外地買書，向友人借書，相當費事。他在給許廣平的信上說：「看看這裡的舊存講義，則我隨便講講就很夠了，但我還想認真一點，編成一本較好的文學史。」

在廈門，和北京一樣，魯迅的課廣受歡迎。每當魯迅在清脆的鐘聲中走到同安樓教室的時候，學生們總是簇擁著，幫助拿粉筆、擦黑板。魯迅的課生動活潑，深刻動人，深受學生歡迎。俞荻回憶說：「本來在文科教室裡，除了必修的十來個學生之外，老是冷清清的。可是從魯迅先生來校講課以後，鐘聲一響，教室裡就擠滿了人，後來的只好憑窗站著聽了，教室裡非但有各科學生來聽講，甚至助教和校外的報館記者也來聽講了。」「甚至有許多人是靠倚牆隅，站著聽講的。學生除國文系全部外，不但有英文系、教育系的，而且也有商科、法科、理科的學生」。後來「連校內的助教，校外的報館記者，也都經常的來聽他的講課」。「他的從容的講學態度，他的娓娓動聽的言詞，常能夠吸引聽講的人，使他們樂而不倦」，「學生聽了上一課，巴不得馬上再聽下一課」。魯迅講課前，總是先把散發著油墨香的講義發給聽課的人。來的人數常常超過原來的預計，講義往往不夠分配。沒有拿到的人便認真記筆記，課後就趕緊借來抄。從北京上課場面就很熱鬧的情況看，俞荻和陳夢韶所言，應是可信的。

魯迅講課時，並不限於講義，而是圍繞著一個作家或作品，聯繫當時的歷史背景，進行深刻而全面的分析。他那清新獨到的見解，博大精深的內容，幽默風趣的語言，娓娓談來，如話家常，深深吸引著青年們的心。

魯迅在廈門大學講的文學史，從文學起源到漢朝司馬遷，共分十章。他一開始便批判了「倉頡造字」「文字得聖而傳」等英雄創造歷史的傳統說法，認為文字創造「綿曆歲時」「且由眾手」；還明確指出，「歸功一聖，亦憑臆之說也」。

據當時的學生俞荻回憶：「魯迅講學，並不像一般『名教授』那樣，只乾巴巴地一句一句地讀講義，枯燥無味地下定義。他的講話也和他的作品那樣地豐富多彩。他講到某時代的代表作家及其作品的時候，善於引證適當的、豐富的資料來詳盡地加以分析，雄辯地加以批判，說明什麼應當汲取，什麼應當摒棄。聽他講學，好像小學生聽老師講有趣的故事那樣，唯恐時間過得太快！」

魯迅在廈大講的中國小說史課，與中國文學史課一樣，在校內外產生了強烈的反響。儘管從許多史料看，場面非常熱鬧，但是，我還是有一點私人的想法，文學史或小說史也不是什麼特別好聽的課，這些粉絲，與其說是來聽課，不如說是慕名來「瞻仰」魯迅——至少，這是「熱鬧」的重要原因之一。

三、「泱泱」與「鼓浪」

1. 從不吝惜自己的心血

廈門青年在魯迅的關懷和幫助下，相繼成立了「泱泱社」和「鼓浪社」兩個文藝團體，並開始籌辦《波艇》月刊和《鼓浪》週刊。

魯迅興奮地寫信告訴許廣平說：此地「學生對我之感情似亦好，多說文科今年有生氣了」。許多本地的學生，有時星期天也不回家，留在學校裡，魯迅倘若上街，他們便隨同去當翻譯。魯迅的宿舍裡，經常有學生來請教各式各樣的問題，他們從魯迅的充滿熱情的談話中，汲取了前進的力量。

「泱泱社」辦的刊物叫《波艇》，用在波濤洶湧中行進的汽艇，寓意青年應在社會鬥爭的激流中，乘風破浪，勇敢地負起改革社會的責任。「鼓浪社」主編的《鼓浪》週刊，附在當地《民鐘日報》上發刊。命名「鼓浪」，不只是因為當地有個鼓浪嶼，而是帶有「鼓起新時代的浪潮」的意思。

魯迅過去在培養青年文學新軍上，從不吝惜自己的心血。廈門時期的魯迅，由於高長虹等人的折騰，很大程度上已經後悔自己對青年們的無私付出，至少有那麼一點「不值得」的感覺吧！然而，魯迅總是「心太軟」，當又有一些青年需要他的說明，需要喝他的奶的時候，他還是義無反顧地繼續無條件地無私地付出。在廈大，像在北京時一樣，他為文學青年「打雜」，在百忙中為上述兩個刊物改稿、審稿，還經常懇切地鼓勵學生不要怕自己的作品幼稚。他說，成人都是從小孩變來的。有時他還把寫稿的青年找來，提出自己的意見，啟發、引導他們把作品寫好。有一次，對一位學生說，你的這一篇，倒像一首抒情詩，只可惜帶點學生腔，但是你現在也只能如此。不過，以後還得多多閱讀各種名著，好擴大你的眼界，對社會生活也要多觀察，這樣你的題材就不會太狹窄了。

廈門的這一群青年，品性怎麼樣，不好妄言，魯迅在廈門待的時間甚短，與他們接觸不多，但他們事實上只是一般的文學青年或文學愛好者，其才情，甚至遠不及高長虹他們。今天看，廈大的文學青年沒有在文學史上留下任何痕跡——除了幾篇回憶魯迅的文章，因其史料價值，成為魯迅研究者不得不讀的文章之外。

廈門大學自一九二一年創立，一直到一九二六年秋的五、六年間，雖然也有學生提倡作詩的苔吟社、文學研究會和美術研究會等組織，並且出過些《文學週刊》、《美術週刊》、《青年之桴》等刊物，就像許許多多校園學生刊物一樣，隨著時間的消失很快消失了。魯迅到廈大以後，情況就不一樣了，魯迅支持的學生刊物，多少給後人留下了痕跡。儘管如此，

我還是要說，與其說這兩本刊物有什麼價值，不如說它的存在只是研究魯迅的需要；換言之，如果不是魯迅的參與，這些刊物肯定灰飛煙滅了，難道不是這樣的嗎？

「泱泱社」曾出版過《波艇》月刊兩期。「鼓浪社」主編《鼓浪》週刊，共出七期。這兩種刊物，魯迅都親自審稿、改稿並指導編印，還親自為刊物撰稿。許廣平在《欣慰的紀念》裡說：「自他到後，廈門大學研究文藝之風盛行起來了，冷清清的大房間裡時常有學生的足跡不斷來往。」魯迅透過這兩個文藝刊物，熱情地指導青年創作。他說：「他們想出一種文藝刊物，我已為之看稿。」「我先前在北京為文學青年打雜，耗去生命不少，自己是知道的。但到這裡，又有幾個學生辦了一種月刊，叫做《波艇》，我卻仍然去打雜。」一九二七年一月一日第一七〇期《廈大週刊》曾刊載文章介紹介紹「泱泱社」和「鼓浪社」：

本校學生近新組織兩文藝社。一名泱泱，一名鼓浪。兩社皆有定期出版物，鼓浪社編輯之鼓浪週刊。現附於鼓浪嶼民鐘報出版，每逢星期三出版一次。零售每份銅元二枚。業已出至第四期。內容豐富。類皆研究文藝作品。科學方面亦有所貢獻。出版以來，頗受讀者歡迎。其第一號早已售罄。因閱者之紛紛要求。該社擬再重印。聞不日即可出版。至泱泱社系出版一種月刊。名為波艇。不在廈門印刷。寄交上海北新書局代印代發。創刊號已印就。不日即可寄到。內容有採石君之波艇，卓治君之讓我也來說幾句話，俞念遠君之櫻桃花下之一夜，黑俠君之贈戰士，玉魯君之愛充滿了宇宙，孫伏園君之廈門景物記，洪學琛君之失望，魯迅君之通信，概屬錦文妙詞。想將來寄到，一般讀者當必以先睹為快也。

2. 關於《波艇》

我們重點介紹「泱泱社」和《波艇》。

有一次，俞念遠、謝玉生、崔真吾（筆名採石）、王方仁（筆名梅川）等幾個愛好文學的同學去看望魯迅，談起廈門的狀況時，感到生活太枯燥了，太單調了，太沉默了，迫切要求魯迅支持他們。魯迅聽了他們的介紹，翻閱了當地出版的刊物，又看到青年想改變現狀的迫切要求，決心幫助青年掃蕩一下腐朽的舊思想、舊文藝，為新思想、新文藝的發展開一條道路，所以欣然同意支援他們，這給青年們以巨大的鼓舞。不久，魯迅就積極地幫助他們籌備成立文學社團。

「泱泱社」及《波艇》誕生經過，據俞念遠早在一九三六年三月二十一日《我所記得的魯迅先生》一文中說：「有一次我和採石（崔真吾）、梅川、卓治（魏兆祺）等，去看魯迅先生。他對我們這一群年青的朋友，是非常和藹的。在這期間由魯迅先生的指導，我們產生了一個泱泱文藝；曾在北新書局出過二期《波艇》。」後來他在《回憶魯迅先生在廈門大學》

一文中又談道：「我們向魯迅先生說出我們的願望，想努力寫一點東西，想辦一個文藝刊物，並且希望他支持我們，他毫不躊躇地滿口答應『好的，好的！我一定來幫助你們！』」文章又說道：「我和謝玉生、崔真吾、王方仁、朱斐、洪學琛、卓治，在魯迅先生的幫助下成立了『泱泱社』，並出版《波艇》月刊。」

取名為「泱泱社」的文學社團成立了。「泱泱」兩字，形容知識的浩大深廣，含有青年人應該不斷進取的意思。「泱泱社」辦的刊物叫《波艇》，它寓意著青年應該在大風大浪中激流勇進，擔負起改革社會的責任。關於社團和刊物名的來源，泱泱社的成員們在《波艇》第一期和第二期的作品中曾有記述。《波艇》第一期上卓治的隨筆《唱罷了前面的歌，讓我也來說幾句話》中說：「第二天早晨，我們在海灘上找了一塊地方，大家圍坐著，繼續地談著我們的組織的名目和小刊物的名目……在海浪洶湧的滾來時我們得到了我們的社名；在想到漂浮在碧波裡的 Boat 時，我們得到了我們小刊物的名字。」《波艇》第二期上發表的採石與友人的文藝通訊《沙漠上的足音》中也提到：「我們的刊物定名為『波艇』是我從你的《水上》找來的。不過我好像在郭沫若（？）的詩裡看到過。」

一九二六年十一月二十七日《北新》第十五期刊載了關於《波艇》月刊的廣告：

廈門大學學生新組織一文藝社，將出版《波艇》月刊，託上海北新書局代印。《波艇》是純粹文藝的刊物，在廈門海浪洶湧的滾來時，想到漂浮在碧波裡的boat，就得到這個名字。

《波艇》創刊號，未見註明出版年月。魯迅同年十一月二十八日給許廣平的信中說道：「近來組織了一種期刊。」這裡所說的期刊，指的是《波艇》。可見那時《波艇》已編好，後來才寄給上海北新書局代印。據《語絲》第一一三期（一九二七年一月八日）廣告，《波艇》「不日出版」；又據《語絲》第一一四期（同年一月十五日）廣告，此刊物已出版，並附有創刊號目錄。因此可以斷定創刊號出版是在一九二七年一月十五日前後。刊物為三十二開本，第一期四十七頁，第二期從四十九頁開始，最多時達九十一頁。草綠色的封面上，畫了一幅線條簡單、構圖新穎的鋼筆畫：一個堅強有力的臂膀，緊握手中槳，在海浪洶湧滾來時，劈浪斬波，奮勇向前。刊物後邊登有北新書局、開明書店、語絲、莽原等廣告，第二期上的廣告竟達六頁之多，為我們瞭解當時文藝思想界的情況提供了參考資料。

《波艇》創刊號上的第一篇就是題為《波艇》的詩，其實也可認作發刊詞：

轟轟的雷聲，閃閃的電光，

風風雨雨打濕了我們的衣裳。
箭似的波艇穿過虹橋的中央。
我們不想借此呵升入天堂。
鉛青的天宇瀉著如水的寒光。
我們的波艇在銀波裡蕩漾。
兩岸的猿聲響徹我們的胸膛。
我們的豪氣呵屏絕了無謂的感傷。

青春的豪氣充斥字裡行間，表現了這些進步青年在魯迅幫助下，迫切要求接受新思想、新文藝的心情，內容積極向上，朝氣蓬勃。

《波艇》刊登的有詩、小說、劇本和雜感，大部分作者是「泱泱社」成員，此外還有廈門大學教師魯迅和孫伏園的作品。孫伏園的《廈門景物記》，主要介紹了廈門大學周圍的環境和閩南海島的自然景物，它可以幫助我們瞭解魯迅在廈門大學時的生活環境。「泱泱社」的成員「大抵尚幼稚」，寫出來的東西也很不成熟。「但為鼓動空氣計，所以仍然慫恿他們出版。」魯迅對他們的作品決不求全責備，而是耐心、認真地修改，提意見。如俞念遠的短篇小說《櫻花下之一夜》，魯迅曾提出這樣的意見：「你的這一篇，倒像一首抒情詩，只可惜帶點學生腔，但是，你現在也只能如此。不過，以後還得多閱讀各種名著，好擴大你的眼界；對社會生活也要多觀察，這樣你的題材就不會太狹窄了！」這篇小說經魯迅修改後，登在《波艇》創刊號上。其他作品中值得一提的是第二期上的短劇《收租》。劇本描繪了一個秋收的季節，由於旱災、風潮、雹冰的接連襲來，穀子歉收，可是地主照樣上門討租，把貧苦農民僅留下的三籮口糧也奪去！劇本的末尾，貧雇農李阿康發出了憤慨的控訴聲：「我們不是牛馬喲！我們是人！我不信我們應該如牛馬般的去做！」作品透過地主蔡祖光的催租、逼租，和李阿康的交租、欠租，揭示了當年農村深刻的社會矛盾，使劇本具有一定的思想深度。

《波艇》在一些「名人」、「學者」眼裡是微不足道的。他們也不願將自己的「大作」發表在這種小刊物上。而魯迅支援青年，將自己的《廈門通訊》和青年們幼稚的作品放在一起發表。這無疑是對文學青年的莫大鼓舞。當青年們拿到《波艇》創刊號，看到魯迅的文章時，心情是多麼激奮！

《波艇》飽含魯迅的心血。魯迅說他自己「為文學青年打雜」，「打雜」二字，表現了魯迅不怕麻煩，不怕瑣碎的精神。魯迅熱情地為青年看稿、審稿、改稿，指導青年編排、設計，並想方設法介紹出版。當時廈門印刷條件差，且地居僻遠海島，恐怕刊物發行後流傳不廣，

魯迅就託上海北新書局代為付印發行，一則想把《波艇》印得精緻些；二則想在那文化出版事業中心的上海發行便於銷行各地（現藏於上海圖書館的一本《波艇》，就是由上海書店從無錫古舊書店收購來的，可說明此刊物發行還是較廣的）。

要出版如此幼稚、如此無聞的刊物是非常困難的。魯迅先是把稿子寄給某書店出版，但遭到拒絕。他出於對青年的愛護和培養，雖經周折，仍多方設法，結果，將原定一九二六年十一月出版的《波艇》創刊號，拖延到一九二七年一月。魯迅對此非常氣憤，連聲罵道「市儈！市儈！」並對青年學生們說：「這種市儈，只要有利可圖，他們會若無其事厚著臉皮，又會來請我寫文章；那我只好不客氣地說，『沒有什麼空閒』！」據俞荻又說：魯迅「又費盡心血把稿子寄到北新書局去。」由於《波艇》創刊號幾經周折，終於找到上海北新書局出版。這樣一來，稿子雖然已經編好，刊物不得不推遲出版。至於《波艇》第二號出版時間，據查該刊，已標明是一九二七年一月十六日。《語絲》廣告《波艇》出版時間也是如此。

魯迅完全是為了鼓勵和扶持文學青年，其實，他在私底下對《波艇》等並不看好。上面說了，魯迅認為「泱泱社」成員寫作「大抵尚幼稚」，他又說：「近來組織了一種期刊（指《波艇》），而作者不過寥寥數人，或則受創造社影響，過於頹唐，或則像狂飆社嘴臉，大言無實，又在日報下添了一種文藝週刊（指《鼓浪》），恐怕也不見得有什麼好結果。」明知道不是什麼特別好的刊物，也不是什麼特別有才氣的作者，就好像一個老師面對學習成績不是那麼好的學生，仍然勤於澆灌，更可見魯迅的愛心是多麼的深廣！

由於魯迅離開廈門，這兩個刊物也停辦了。一九二七年一月二日，「泱泱社」的幾個青年，邀請魯迅到學校後邊南普陀西南的小山崗上去照相，在那小山上點綴著好像饅頭似的洋灰墳墓，周圍是魯迅喜愛的龍舌蘭，合影後還單獨照了一張，「是在草木叢中，坐在一個洋灰的墳的祭桌上」。魯迅對「泱泱社」青年說：這張照片要趕印在那本《墳》上去，因為《墳》裡有幾篇用古文寫的文章，這張照片就算表示那幾篇雜文是被埋葬了的墳。

《波艇》這株文藝幼苗，經魯迅精心培植後，在廈門文學青年中起了不小影響。泱泱社的成員都是文科系、國文系、教育系的學生，有的後來隨魯迅轉學到廣州讀書；魯迅到上海後，有的又先後來上海組織朝花社。

一九五七年初，廈門大學師生為了紀念魯迅，中文系文學創作社編印的刊物也取名《波艇》。魯迅如知道此事，一定會莞然而笑吧！

附：

《波艇》創刊號目錄

波艇　採石
讓我也來說幾句話　卓治
櫻花下之一夜　俞念遠
贈戰士　黑俠
愛充滿了宇宙　玉魯
她是　念運
失望　洪學琛
白采先生的片影　採石
廈門景物記　孫伏園
白話　卓治
廈門通訊　魯迅

《波艇》第一卷第二號目錄

鵜之死　黑俠
運動場裡　採石
薇娘　玉魯

我若是	念遠
收租	採石
廈門景物記	伏園
白話	卓治
沙漠上的足間	沙刹

3. 關於《鼓浪》

再介紹一下「鼓浪社」和《鼓浪》週刊。

《鼓浪》內容以文藝作品為主，也兼登科學性論文。《鼓浪》第一期出版後，很受讀者歡迎，初版立即賣完。在讀者要求下，只好再版一次。《鼓浪》週刊第六號一九二七年一月五日出版，正是星期三。該刊創刊號應在一九二六年十二月一日（星期三）出版。關於《鼓浪》週刊每逢星期三出版，可參閱《廈大週刊》第一七〇期登載《新組織之兩文藝社・泱泱與鼓浪》一文。其中說道：「鼓流社編輯之鼓浪週刊，現附於鼓浪嶼民鐘報出版，每逢星期三出版一次。」魯迅一九二六年十一月二十八日在《兩地書》中說：「又在日報上添了一種文藝週刊。」這裡所謂「添了」，是已為《民鐘日報》編好了《鼓浪》週刊。

《鼓浪》究竟出版幾期？長期以來，專家們一直認為《鼓浪》只出過六期，二〇〇五年，廈門文史專家洪卜仁先生發現了《鼓浪》第七期「送魯迅專號二」原件，不僅糾正了《鼓浪》只出過六期的說法，也修正了「送魯迅先生專號」只有一期的說法。由洪卜仁先生捐贈的《鼓浪》創刊號及第五、六、七期原件現在廈門大學魯迅紀念館展出，陳列於主題為「魯迅與廈門大學」的第二展室中。

4. 生發開去：關於魯迅與青年

由魯迅對廈門大學文學青年的愛護與扶持，我想到魯迅與青年這一命題，其實，魯迅對青年的愛護是一以貫之的。

魯迅經常幫助青年學生。許廣平說，魯迅為了幫助青年，「逐字逐頁的批改文稿，逐字逐句的校勘譯稿，幾乎費去先生半生工夫。」他常常花費時間替一些不認識的青年做種種事情，看稿、改稿、介紹稿子，甚至出錢替他們刊印作品，例如《豐收》、《八月的鄉村》、《生死場》便是魯迅出錢刊印的，他還為他們寫了介紹性的序言。即使像後來成為文壇巨匠的茅盾等人，也得到過魯迅的幫助。為了校勘他翻譯的《一個青年的夢》，魯迅不惜勞累，幾乎耗費了整晚的時間。

青年木刻工作者曹白，因為刻了一張盧那察爾斯基的肖像，就被國民黨反動派以創作「普羅藝術」、「鼓吹階級鬥爭而示無產階級必有專政一日」的「罪名」逮捕入獄，受盡嚴刑拷打。出獄後，他又為一個木刻展覽會刻了《魯迅像》和《魯迅和祥林嫂》，但檢查官卻抽出了《魯迅像》，不准展出。曹白把這張木刻像寄給魯迅。魯迅不僅覆信對曹白給予支持，還想將他坐牢之事寫成文章發表。並鼓勵曹白說：「人生現在實在苦痛，但我們總要戰取光明，即使自己遇不到，也可以留給後來的。」

李霽野萬分感慨地回憶說：「魯迅先生一生的生活克勤克儉。他對人卻慷慨大方，他在學費上幫助過我，在醫藥上幫助過素園，在困難時幫助過其他許多青年。」許欽文談到魯迅對青年的幫助時說：「我們從（魯迅）給李秉中的信，就可以知道魯迅先生是這樣幫助青年學生的，不但把自己僅存的二十元借給他，而且還從別處設法來解除他的困難。——魯迅先生當初在教育部裡收入不算少，可是他自己，經常穿著兩個膝髁上補綴得好像貼著膏藥的褲子，據說還是在日本留學時做的。他的錢，除擔負家用、買書以外，差不多就是幫助青年、代學生繳學費等用掉的。」許欽文的處女作《故鄉》，不但由魯迅編定，而且還是他用自己《吶喊》的版稅印成的。

當時，青年學生來找魯迅先生的人很多。魯迅不僅喜歡青年的訪問，也費盡苦心鼓勵和

培養他們。為了要給中國培養切實的翻譯工作者，他對李霽野翻譯的俄國安德列夫的劇本《往星中》十分重視，不僅仔細看了譯稿，並約李霽野面談，提出修改意見。為了給青年翻譯工作者創造出版條件，還在以後特地成立了未名社，而魯迅則是該社的主要出資人。因為要換取學費，李霽野想將自己翻譯的《黑假面人》賣出去。韋素園在給魯迅的信中順便提了一下，魯迅在回信中就提出自己可以先借錢給李霽野，書還是由未名社來印，待賣出後可以用收回的錢來還。

韋素園是李霽野的小學同學，也是魯迅的年輕朋友之一。當魯迅先生得知韋素園患的是肺病時，非常關心，去信勸他好好保養，不要過度勞累。他去醫院看望韋素園時，素園在談了幾個小時後才想起請先生吸菸。為了避免使病室裡有菸味，魯迅幾次搖頭說不吸了。直到素園再三說了對自己無妨，魯迅先生才走出病室，站得遠遠的急忙吸完了一根紙菸。

魯迅先生為了幫助青年，夜以繼日進行了大量的工作。他接待來訪的青年，鼓勵他們起來戰鬥；他給不少來信求教的青年寫了許多回信，告誡他們與舊勢力較量必須「鍥而不捨」；他帶領文學青年，創辦有戰鬥力的文藝週刊，讓他們為改造社會出力。從《魯迅日記》中也可以看出，魯迅幾乎每個白天都要接待青年學生，而到了夜晚，他除了自己寫作外，有很多時候還要負責校勘改寫青年的手稿。可以說，魯迅的生命有相當大的一部分是為青年們而燃燒。

……

魯迅愛護青年，但是從不遷就青年。魯迅始終愛恨分明，遇到原則性的問題，絕不妥協。有些青年和他接近，後來又離開了他；一些「學生」，變成了他的仇敵，魯迅無法抑止地在書信中論及：「我先前何嘗不出於自願，在生活的路上，將血一滴一滴地滴過去，以飼別人，雖自覺漸漸瘦弱，也以為快活。而現在呢，人們笑我瘦弱了，連飲過我的血的人，也過來嘲笑我瘦弱了。」魯迅沉重地寫下的這些字，使我們充分地體味到他對自己生命在無價值地耗費的悲哀。即便這樣，魯迅對青年的基本評價並沒有改變：「青年又何能一概而論？有醒著的，有睡著的，有昏著的，有躺著的，有玩著的，此外還多。但是，自然也有要前進的。」有些文學青年的劣跡，雖然也使魯迅感到失望，但他覺得，「不能因為遇見過幾個壞人，便將人們都作壞人看」。在培養青年文學新軍上，他明知「耗去生命不少」，但他從不吝惜自己的心血。

許廣平曾說，與其說魯迅是青年的導師，不如說是青年的朋友更合適些。魯迅在北京的時候，「生活單調得很，也寂寞得很，調劑他的生活，減輕他的寂寞從而取得新的精神，並可以向之學習的就是那些川流不息的青年們。只要他在家，敲門聲一響，他就準備接見去，

非有特別緣故，從不輕易回絕來客的」。許廣平認為，「魯迅的愛無邊，……他用精力去搞，用生命去換，挨罵挨揍，誓不回頭地去接受，去繼續工作」。魯迅的家，青年們「川流不息」，極言其多，如此之多，卻從不輕易回絕，不像某些名士，深居簡出，故作高深，拒人於千里之外。

許廣平又說：「在魯迅活著的時候，很多青年都來請求魯迅指導他們寫作，說明他們編選作品，校對稿件。有的青年往往字寫得很不清楚，蠅頭小字，有時還要複寫在薄薄的航空用紙上，很不容易看清楚。魯迅替他看稿的時候，沒有辦法，只好中間夾一張白紙，一字一句地往下來看，在這方面不知費去了魯迅多少精力。」在《三閒集》的末尾，魯迅曾經這樣說：「我在過去的近十年中，費去的力氣實在也並不少，即使校對別人的譯著，也真是一個字一個字的看下去，決不肯隨便放過，敷衍作者和讀者的，並且毫不懷著有所利用的意思。」從這裡我們就可以看出，他對青年的幫助是多麼誠懇！他說他幫助別人「毫不懷著有所利用的意思」！其實還不只如此，他有時為了幫助別人，完全不顧自己，忘記了自己，住在北京時期，有一次因為給向培良看稿子而吐了血，但是這些他還不肯對人說一句話，直到李霽野去看他，看他臉色不好，問到他的時候，他才對李霽野說了。魯迅真正是吃草擠奶，用血，用生命滋養著青年們！「他從不曾高高地坐在中國青年的頭上。一個不識者的簡單的信函就可以引起他胸懷的吐露；一個在困苦中的青年的呼籲也會得到他同情的幫忙。在中國沒有一個作家像他那樣愛護青年的。」

看看當今文壇，我敢說沒有一個可以與魯迅相比肩的大作家、大學者，但他們感覺好得很哩！前些日子在廣州幸會張夢陽、劉納，劉納說：現在的人也真是敢做，動不動就封自己為大師。張夢陽說：隨便一抓，就有一大把的大師。寫到這，我在想，當下氾濫成災的大師，有幾個願意像魯迅這樣為青年，甚至為一點不知名的青年，也知道永遠也不會有大出息的青年打雜？我要說的是，至少我沒看到！不僅沒有，他們在「剝削」著青年，自己出個題目，讓研究生、博士生為他們寫文章，然後以廉價的稿費「一次性買斷」，一部一部署著「大師」大名的大著，原來是學生們辛苦勞動的結果！至於讓學生輸入稿件、收集資料，那就更多了。當下有誰能像魯迅這樣，為學生抄稿、改稿，魯迅的血吐在學生的稿紙上，中國現代文學之花才會如此燦爛。當下的「大師」當中，不乏咒罵魯迅的人，不乏以咒罵魯迅而獲得博導地位的人，看著這些博導們，每次會議都帶著兩三女弟子遊山玩水，他們固然為婦女解放做出了應有的貢獻，可是他們罵魯迅，配嗎?!

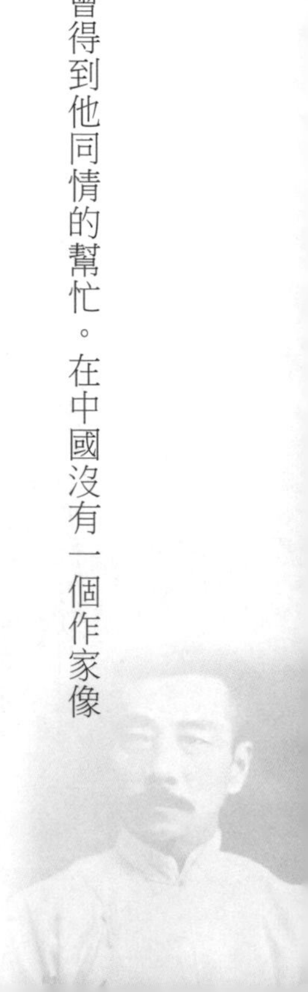

第三章

廈門四講

《魯迅日記》及相關的回憶錄記載，魯迅在廈門期間做了四場演講：一是一九二六年十月十四日在廈門大學週會上的演講；二是一九二六年十一月二十七日在集美學校的演講；三是一九二六年十二月十二日在平民學校的演講；最後是一九二七年一月八日在中山中學的演講。

魯迅是不喜歡演講的，據說，每次演講，都是不得已而去的。有一次，在給李小峰的信中，曾說到出外演講時的情形：「臨時到來一班青年，連勸帶逼，將你綁了出去。」儘管這樣，魯迅一生還是做了大幾十場的演講。吳作橋在《談談魯迅的演講》一文中說：「據可見的資料統計，魯迅一生共演講五十五次，其中的十六次演講有紀錄稿，並經魯迅校閱收入《魯迅全集》中去。」另據潘頌德「初步統計」，「魯迅一生共做了六十四次演講，但魯迅的演講稿大部分已亡佚，留存下來的，共十七篇演講稿。」

林辰說：「魯迅雖生長東南，而居北方甚久，說話雖較低緩，無慷慨激昂的音調，但吐字清楚，條理明晰，絕無倒南不北、纏夾不清之弊。」許壽裳說：「深入淺出，要言不煩，這是他演講的特色。」據當年他的學生們回憶，聽魯迅的演講，如同「聽先生對社會說話」，「是有高度藝術性的」，「是與寫雜感的風格相一致的」，「他的從容的講學態度，他的娓娓動聽的言詞」常能夠吸引聽講的人，「使他們樂而不倦」。魯迅演講完後，往往圍上來一群人，將魯迅抬起甚至往上拋，有時弄得魯迅頭昏目眩才肯罷手。一次，魯迅在廣州中山紀

念堂演講，距演講還有很長時間，禮堂裡已擠滿了人，稍遲來的人只得站在門口或外面，因此有人提議在露天演講，但早佔了禮堂座位的人不同意，竟至發生小小的爭執。直到魯迅走上講臺，親口答應堂內、堂外各講一次，才平靜下來。後來魯迅在禮堂內講完走出，連吸支菸的工夫也沒有，已圍上一大群人，把他擁上臺階，又開始講第二次了。又如，一九三二年十一月二十七日，魯迅應北京師範大學文藝研究社邀請去演講。事前，學生準備用學校最大的第五教室做會場，不料當日所有教室和辦公室全被學校當局上了鎖，演講就臨時改到風雨操場。能容納六、七百人的風雨操場早已擠得水洩不通，窗沿上也坐滿了人，還有人搭了長梯站在靠牆的地方，門外還是湧塞著大批的聽眾，由於聽眾實在太多，會場又改在露天操場，魯迅站在八仙桌上，向聽眾做了《再論第三種人》的演講。總之，魯迅的演講與他的文學創作一樣，是非常出色的。他的每一次演講，都聽者如雲，掌聲、笑聲盈耳不斷。

我們按時間順序，來介紹魯迅的「廈門四講」。

1.「少讀中國書，做好事之徒」及其他

一九二六年九月四日，魯迅應林語堂之邀，到廈門大學任教，因而與林文慶有了接觸和衝突。魯迅受聘於廈門大學期間，林文慶是校長兼國學院院長。川島是這樣描述他的：「廈門

大學的校長林文慶博士，長的樣子非常像從前日本大學眼藥的商標，或者不如說大學眼藥的商標像他。在新加坡以行醫致富，中國人而是入了英國籍的，基督徒而是信奉孔子的，包括福州話、廈門話和北京官話在內，能說十多種語言。」這段話雖屬外在描述，然亦不無象徵意義。林文慶和早期許多留洋份子一樣，有著「假洋鬼子」的二重性：一是固有的封建性，二是外來的洋性。

當年廈大，死氣沉沉。歸納起來，廈大也有兩面性：一是它的封建性，五四運動已過去七個年頭，這裡的報刊，用的還是文言文，學生成天背古書、寫古文，不能參加社會活動，不讓有一點活力；一是它的帶有資本主義社會色彩的銅臭氣。教授學者，繞著金錢，爭奪騙取，獻媚爭寵，斯文掃地，無聊又無恥。所以，當川島要來廈大時，魯迅於一九二六年十月二十三日寫信給他：「……要做事是難的，攻擊排擠，正不下於北京。從北京來的人們，陳源之徒就有。你將來最好是隨時預備走路，在此一日，則只要為『薪水』，念茲在茲，得一文算一文，庶幾無咎也……」應該說，魯迅初去廈大時，是懷著某種希望的，而去了一段時間，這種希望快速破滅，「念茲在茲」的是為了「薪水」了，並覺得待不下去，有了「走路」的念頭。

廈門大學的二樓禮堂，每星期要舉行一次週會。這裡的週會像教堂裡做禮拜一樣。校長林文慶是一個「尊孔」的英國籍中國人。他以《大學》中「止於至善」四字做為廈門大學的

「校訓」，並經常組織尊孔祭孔活動。孔丘的生日也被訂為廈大的重要節日，當天全校放假，「以示恭祝」。林文慶身為中國人，嫻於漢語並精通多種方言，卻反而以「國語非本人所長」為榮，演講言談，每喜用英語。如一九二六年十月三日，他在廈大「孔子聖誕紀念會」上就用英語做了《孔子的學說是否適用於今日》的演說。林文慶治校，以培養學生「人人為仁人君子」為宗旨，反對學生參加愛國運動。所以，每次在會上講的差不多都是「大學」、「中庸」，無非是「治國平天下」、「君子獨善其身」之類的大道理。林文慶還用英文寫了一本《孔教大綱》，供學生學習。有一些「唯校長的喜怒是伺」的教授，也跟著做《論孔教的真義》、《孔子何以成為聖人》一類的演講。對於如此週會，「很多學生並不感興趣，時常躲在宿舍或閱覽室裡看報紙，或讀自己喜愛的書」（陳夢韶語）。

不過，林文慶也為魯迅提供了演講的機會。一九二六年十月十四日早晨，在廈大群賢樓樓下的佈告牌上，貼出了一張學生指導處的佈告：「本日上午九時，特請國學研究院教授魯迅先生，在紀念週會上演講，希全體教職員學生，準時出席聽講，切切此布。」據目擊者俞荻稱，「十月十四日那一次週會卻和往常不同了。鐘聲還沒有響，男女學生都爭先恐後擁進群賢樓大禮堂，期待著魯迅先生來演講。」我想，俞荻所言，應是實況，且不說別的，在當時，衝著魯迅是新文化運動的名人、《阿Q正傳》的作者，就應該有很多的慕名者前來聽講。

九時正式開會，林文慶擔任主席。先由周忭民先生導唱校歌「箭與歌」，另有鋼琴伴奏：「自強自強，學海何泱泱！……鷺江深且長，致吾知於無窮。……籲嗟乎，南方之強！」歌聲停歇了，林文慶做了簡短的講話，略謂「魯迅先生乃新文化運動的首領，國內外聞名的文學家。到本校來已一個多月，大家老是盼著要聽他偉論。今早算是副了眾望，他到這裡來演講了，請大家肅靜，傾耳以聽。」說完，向坐在臺後的魯迅先生一揖，頓時，熱鬧的拍掌聲，響了起來。

魯迅先生在掌聲中站到了講臺邊，開始了他的演講。

魯迅的演講，不僅不提尊孔讀經，而是反其道而行之，希望青年學生「少讀中國書」，做「好事之徒」。

據陳夢韶《魯迅在週會上演說有關「少讀中國書」部分追憶》一文介紹，魯迅演講的內容大致如下：

> 今天我的講題是：「少讀中國書，做好事之徒。」我來本校是搞國學院研究工作的，是擔任中國文學史課的，論理應勸大家埋首古籍，多讀中國的書。但我在北京，就看到有人在主張讀經，提倡復古。來這裡後，又看見有些人老抱著《古文觀止》不放。這使我想到：與其多讀中國書，不如少讀中國書好。

尊孔、崇儒、讀經、復古，可以救中國，這種調子，近來越唱越高了。其實呢，過去凡是主張讀經的人，多是別有用心的，他們要人們讀經，成為孝子順民，成為烈女節婦，而自己倒可以得意恣志，高高騎在人民頭上。他們常常以讀經自負，以中國古文化自誇。但是，他們可曾用《論語》感化過製造「五卅」慘案的外國兵，可曾用《易經》咒沉了「三・一八」慘案前夕砲轟大沽口的侵略軍的戰艦？

你們青年學生，多是愛國，想救國的。但今日要救中國，並不在多讀中國書，相反地，我以為暫時還是少讀為好。少讀中國書，不過是文章做得差些，這倒無關大事。多讀中國書，則其流弊，至少有以下三點：一、中國古書越多讀，越使人意志不振作；二、中國古書越多讀，越想走平穩的路，不肯冒險；三、中國古書越多讀，越使人思想模糊，分不清是非。正是因為這個緣故，我所以指窗下為活人之墳墓，而勸人們不必多讀中國之書。

你們青年學生，多是好學的。好讀書是好的，但是不要「讀死書」，還要靈活運用。不要「死讀書」，還要關心社會世事，不要「讀書死」，還要注意身體健康。書有好的，也有壞的。有可以相信的，也有不可以相信的。古人說：「盡信書，則不如無書。」那是從古史實的可靠性說的。我說的有可以相信，有不可以相信，則是從古書的思想性說的。你們暫時可以少讀中國古書，如果要讀的話，切不要忘記：明辨，批判，棄其糟粕，取其精華。

魯迅三十分鐘的演講，不斷被陣陣掌聲打斷。這也屬正常，學生多有逆反傾向，老是聽著尊孔讀經的嗡嗡叫，偶爾聽到與其相針對的驚世駭俗之言，當然是大有快感的。

魯迅也不是故作驚人之言，他的思想是一貫的。魯迅說過，「我的演講，真是『老生常談』，而且是七、八年前的『常談』。」「老生常談」意有兩層，除了自謙的一層外，另一層則是指一些重要的基本的思想反覆出現，反覆強調。魯迅的這次演講，讓人不得不想起「青年必讀書」的往事。

一九二五年一月，《京報副刊》刊出啟事，徵求「青年愛讀書」和「青年必讀書」各十部書目。關於「青年必讀書」，當時梁啟超、胡適等大大小小的名流，都開出了一長串書單，無非是一些古老的典籍。魯迅應約也對後一項做了答覆。哪些是「青年必讀書」呢？魯迅寫了這樣一行字：「從來沒有留心過，所以現在說不出。」在「附註」中，魯迅則發表了他對讀書的極端見解：

我看中國書時，總覺得就沉靜下去，與實人生離開；讀外國書——但除了印度——時，往往就與人生接觸，想做點事。

中國書雖有勸人入世的話，也多是僵屍的樂觀；外國書即使是頹唐和厭世的，但卻是活人的頹唐和厭世。

我以為要少——或者竟不——看中國書，多看外國書。

少看中國書，其結果不過不能作文而已。但現在的青年最要緊的是「行」，不是「言」。只要是活人，不能作文算什麼大不了的事。

我是這樣理解《青年必讀書》的：

首先，魯迅是讀中國書的，他對中國古代文化有著非常深刻的理解，他對中國文學史有著很深的造詣。否則，我們就很難理解他何以寫出了《中國小說史略》、《漢文學史綱要》這樣的皇皇大著。中國書雖然有許多魯迅所抨擊的毛病，但不至於到不值一讀的程度。魯迅說，新文化並非從天而降，而是發達於對舊文化的反抗中，「所以新文化仍然有所承傳，於舊文化也仍然有所擇取」。魯迅還充滿信心地說：「將來的光明，必將證明我們不但是文藝上的遺產的保存者，而且也是開拓者和建設者。」歷史已經證明，許多高喊保存國粹、捍衛傳統文化的人，只不過是固守他已經習慣了的觀念，甚至只是為了自己或自己所屬集團的私利。「中國書」的命運，就像孔夫子在中國的命運一樣，只是他們手中的敲門磚或者別的什麼工具。而魯迅，雖然因激憤而口出不無偏頗之詞，然事實上他是祖國文化的開拓者和建設者，他被後人稱為「國學大師」，他的作品也成為「古典」，成為祖國文化的一部分。

那麼，魯迅為何出此驚人之語呢？「項莊舞劍，意在沛公」。我們與其說魯迅是對中國書的深惡痛絕，不如說是對那些提倡尊孔讀經、復古倒退的人的深惡痛絕。魯迅一針見血地指出他們是以「辯護古人」的手段來「辯護自己」。魯迅也是以其人之道還治其人之身，指桑罵槐，罵的是古書，矛頭所指，是那些搖頭晃腦的復古派。

魯迅的不讀中國書，還應理解為是一種策略。魯迅有過一個著名的比喻，他說，人們被窒息在一個鐵屋子裡，倘若你只要求開窗，衛道士們是絕對不允許的。你要把整個屋頂掀掉了，他們只好折衷同意你開窗了。中國書是固有文化，它具生命力的部分，絕不會因為魯迅號召「不讀」便喪失的。當時的迫切問題是要引進新鮮的帶海腥味的西方文化，要引進為勞苦大眾代言的馬克思主義。魯迅在《未有天才之前》的演講中指出：「自從新思潮來到中國以後，其實何嘗有力，而一群老頭子，還有少年，卻已喪魂落魄的來講國故了。」新思潮「何嘗有力」，便是魯迅對當時文化狀況的基本估計。為了讓新思潮「有力」，所以要提倡多讀外國書。魯迅的良苦用心是顯而易見的。這一點，胡適與魯迅倒是不謀而合。在一九三五年三月十七日出版的《獨立評論》第一四二期的《編輯後記》中，胡適云：「我是主張全盤西化的，但我同時指出文化自有一種惰性，全盤西化的結果自然會有一種折衷的傾向……舊文化的惰

性自然會使他成為一個折衷調和的中國本位新文化。」他甚至坦白交代了他接受「全盤西化」的真正動機：「古人說：『取法乎上，僅得其中；取法乎中，風斯下矣。』這是最可玩味的真理。我們不妨拚命走極端，文化的惰性自然會把我們拖向折衷調和上去的。」魯迅和胡適一樣，在接受外國書（西方文化）方面，其見解無疑具有歷史的眼光。

此外，我們還應該看到，所謂「青年必讀書」是針對一般青年而言的。人文學者固然要讀「中國書」，一般執著於「行」的青年，為什麼非要讀四書五經呢？魯迅是希望青年「要做好事之徒」的，號召青年同一切反對「革新」、主張「保古」的守舊勢力做鬥爭，他指出：「我們目下的當務之急，是：一要生存，二要溫飽，三要發展，苟有阻礙前途者，無論是古是今，是人是鬼，是《三墳》《五典》，百宋千元，天球河圖，金人玉佛，祖傳丸散，祕製膏丹，全都踏倒他。」魯迅希望那些「自囚在什麼室什麼宮裡」的「許多人」解放自己：「世上如果還有真要活下去的人們，就先該敢說，敢笑，敢哭，敢怒，敢罵，敢打，在這可詛咒的地方擊退了可詛咒的時代！」魯迅所希望的青年人，是「敢笑，敢哭，敢罵，敢打」的，有勇氣面對現實，鬥爭下去的。他所希望的青年人，也是腳踏實地，沉著肯幹的人，「能做事的做事，能發聲的發聲。有一分熱，發一分光，就會螢火一般，也可以在黑暗裡發一點光，不必等候炬火」。當代的青年，應該為了生存去發展，去戰鬥，而鑽進故紙堆中，是找不到求生存的祕方的。

不讀中國書，不死讀書，不讀書死，總之，要走出死氣沉沉的書房，那麼，幹什麼去呢？這就自然引出了問題的另一方面：「做好事之徒」。魯迅說：「世人對於好事之徒，每致不滿，以為好事二字，一若有遇事生風之意。其實不然。我以為今日之中國，卻欲好事之徒之多。蓋凡社會一切事物，唯其有好事之人，而後可以推陳出新，日漸發達。」魯迅從實際出發，鼓勵人們不要怕從小小的好事之徒做起。「個人的境遇不同，我不敢勸人人都做很大的好事者，只是小小的好事，則不妨嘗試一下。譬如對於凡可遇見的事物，小小匡正便是。」這與魯迅的一貫思想，也是一致的。早在五四時期，魯迅就曾批評過這種舊社會的壞習氣：凡是改革者，須一個斤斗便告成功，才有立足的處所，否則免不了標新立異的罪名，遭到人們的冷笑。魯迅深知這種冷笑對於改革者的害處，他再次提醒人們對有志於社會改革的好事者，不要冷嘲熱諷，一棍子打死。他說：「我們對於好事之徒，應該不可隨便加以笑罵，尤其對於失敗的好事之徒，更不要加以譏笑或輕蔑。」

魯迅的「做好事之徒」的思想，就是要青年學生關注社會人生，從自我做起，從點點滴滴做起，具體言之，就是要像五四時期的青年那樣，要像「女師大風潮」中的學生那樣，用一腔熱血，來推動社會改造的事業，要使自己成為對社會有用的人。

魯迅的演講結束後，會場立刻爆發出經久不息的掌聲。魯迅的思想與林文慶迥異。林文慶深感不滿，不尷不尬。他採取曲解法，淡化魯迅演講的意義，避開了少讀中國書的問題，接過「做好事之徒」的話頭，說：「陳嘉庚先生也正是好事之徒，所以才肯興學。沒有他的好事，就沒有這個廈門大學，你們也就不能到這裡來研究學問了。」魯迅說的是學生應該參加社會改造運動，林文慶扯的是技術操作問題。就好像有人說要從人文制度上改造中國，另一人便說「船堅炮利」也是改造中國。魯迅在致許廣平的信中也談了所謂陳嘉庚也是好事之徒的問題：「這裡的校長是尊孔的。上星期日（按：應為星期四）他們請我到週會演說，我仍說我的『少讀中國書』主義，並且說學生應該做『好事之徒』。他忽而大以為然，說陳嘉庚也正是『好事之徒』，所以肯興學，而不悟和他的尊孔衝突。這裡就是如此糊裡糊塗。」

魯迅以上演說的紀錄稿，以《魯迅先生演講》為題發表在一九二六年十月二十三日出版的《廈大週刊》一六〇期上，可是「少讀中國書」部分，因與林文慶的見解衝突，被腰斬，只登了「做好事之徒」部分。講詞大要：「……略謂世人對於好事之徒，每致不滿，以為好事二字，一若有遇事生風之意，其實不然，我以為今之中國，卻欲好事之徒之多，蓋凡社會一切事物，維其有好事之人，而後可以推陳出新，日漸發達。試觀哥倫布之探新大陸，南生之探北極，及各科學家之種種新發明，其成績何一非由好事而得來。即如本校，本是一片荒蕪之地，建屋以招學生，其實亦即好事，故我以為好事之徒，實不足病。嘗見本校之運動場上常常有人，圖書館之中閱者常座為之滿，當然是好現象。而西文閱覽室中之報紙雜誌，閱者寥寥，一若不關重要者然，此即不知好事也。不知西文報紙雜誌，雖無重大關係，然於課餘偶一翻閱，實而可增許多常識，故甚望諸位對著一切學科，皆隨時留心，學甲科者，對於乙科書籍，亦可稍稍涉獵，學乙科者，對著甲科書籍，亦可稍加研究，但自然以不礙正課為限，必如此，始能略知一切。畢業以後，可在社會上做事，唯個人之思想境遇不同，我不敢勸人人皆為甚大之好事者，但小小之事，則不妨一嘗試之。譬如對於凡可遇見之事物，小小匡正，小小改良便是，但雖此種小事，亦非平時常常留心不為功，萬一不能，則吾人對於好事之徒，當不隨俗而加以笑罵，尤其是對於失敗之好事之徒云云。」《廈大週刊》發表的這部分，顯然出自校刊編輯之手，與一些回憶文章有的相同，有的有互補，有的有出入，所以，我還是引用在此，供讀者參考。

忽略一方面，突出另一方面，雖然也是你說的，但意思已相去千萬里。對此，魯迅十分反感。他在給許廣平的信中說：「近來對於廈大，什麼都不過問了，但他們還要常來找我演說，一演說，則與當局者的意見一定相反，真是無聊。」週會，既然是一個演講的講壇，就應該允許各種思想在此自由發揮，如果只能按當局的意思說，那何止是無聊！魯迅從此再也不到

週會上演說。

魯迅與林文慶的衝突，除尊孔讀經、做好事之徒的矛盾外，還有對金錢的態度問題。魯迅一九二七年一月十二日致翟永坤的信中說：「據我所覺得的，中樞是『錢』，繞著這東西的是爭奪，騙取，鬥寵，獻媚，叩頭。沒有希望的。」當年廈大，就是這樣一個怪地方，在教育內容上，搞復古倒退；在行政管理和人際關係方面，卻瀰漫著拜金主義的濃厚氛圍。

林文慶之於魯迅之類的學者，其態度近乎主人對於母雞，我既然養了你，你就要下蛋。雞不下蛋，養雞何用？魯迅曾對許廣平說：林文慶「因為化了這許多錢，汲汲要有成效，如以好草餵牛，要擠些牛乳一般。玉堂蓋亦窺知此隱，故不日要開展覽會，除學校自買之泥人（古塚中土偶也）而外，還要將我的石刻拓片掛出。其實這些古董，此地人哪裡會要看，無非糊裡糊塗，忙碌一番而已。」此外，卓治《魯迅是這樣走的》一文，也記錄了林文慶要母雞下蛋的軼聞。他寫道：「院長（即自稱孔子門徒的林文慶）以為，最好能在年假時便可以看到教授或學員的研究的成績，魯迅告訴他，研究國學，並不是三日兩夜，便可以有所成的，半年的時間，不見得能有什麼成績吧！假若為裝潢門面起見，他可以先把自己的存稿《古小說鉤沉》（名字不見得真確，我的記憶是這樣的薄弱。）拿去付印。院長當時很慷慨的說了，大意是：只怕沒有稿子，有時便可立即付印，請就拿給他看。魯迅的稿子果然拿出了（可證他——魯迅——並未吹牛），來往不到半點鐘，這部稿子轉了回來，以後便沒有聲息，稿子也就到魯迅的箱裡去休息了……」以今天商品經濟大潮衝擊下的眼光看，林文慶也沒什麼大不對，無非希望被他雇傭的人早出成就。馬克思、恩格斯在《共產黨宣言》中指出：「資產階級抹去了一切向來受人尊崇和令人敬畏的職業的靈光。它把醫生、律師、教師、詩人和學者變成了它出錢招雇的雇傭勞動者。」魯迅未必明確自己的被雇傭地位，所以他對林文慶的功利和勢利，自然是不高興的。魯迅的鄙視林文慶，就像當今許多有操守之士鄙視拜金主義一樣，當然也是無可非議的。

陳敦仁《憶魯迅先生在閩南》一文，倒是記錄下了魯迅與林文慶在關於金錢問題上的一場正面衝突。他寫道：「國學研究所的預算經費原是十萬元，也要打個對折，縮減為五萬元了。魯迅先生為了這事，在會上和校長力爭。校長林文慶（生長於殖民地的醫學博士）說：『關於這事，是有錢的人，才有發言權的。』魯迅先生很氣憤，也很幽默，馬上從衣袋中掏出兩個銀角子（有人說是銅板，據參與會議的羅常培先生說是銀角），拍在案子上說：『我也有錢，我有發言權。』這對於只有金錢觀點，沒有信義立場的當日校長，自然無異是當頭一棒。」據說，當時林文慶十分狼狽，急忙收起那副儼然的神氣，尷尬地陪著笑臉，慌忙結束了會議。我以為，魯、林的這次衝突，既是正氣的勝利，也是幽默的勝利。

總而言之，魯迅對廈大，對林文慶，是失望進而厭惡的。一九二七年一月八日致韋素園的信中，魯迅就談了自己的感覺：「種種可惡，令人不耐，所以突然辭職了。」「總之這是一個不死不活的學校，大部分是許多壞人，在騙取陳嘉庚之錢而分之，學課如何，全所不顧。且盛行妾婦之道，『學者』屈膝於銀子面前之醜態，真是好看，然而難受。」當然，我相信當年廈大也未必「大部分是許多壞人」，包括林文慶，至多只能算是不健全的人吧！好在是私人通信，當時的廈大同仁未必看得到。

林文慶對魯迅的態度是矛盾的。為虛名計，想留他；為乾淨、省事計，願意放魯迅走。最後還是放魯迅走了。「儘管一面將辭職信和聘書還給魯迅先生，一面還是給他餞行，而且餞了兩回……都是非去吃不可的。」我們可以想像，林文慶在餞行宴席上，大約難免說了許多苦留之類的好話的，然而背地裡卻罵魯迅。魯迅說：「他待我實在是很隆重，請我吃過幾回飯；單是餞行，就有兩回。」然而背後卻「在宣傳，我到廈門，原是來搗亂，並非預備在廈門教書的，所以北京的位置都沒有辭掉」。這確實冤枉了魯迅，假如林文慶知道魯迅與許廣平「苦幹兩年」的相約，就不會信口開河，說他是來搗亂的。

當面一套，背後又一套，這就是林文慶，雖懂得若干門外語，但畢竟是一個典型的中國人。

魯迅原打算在廈大工作兩年，結果不到半年就憤而辭職，為了逃避無聊，也為了愛情——

他要到廣州與許廣平會合。臨行前，魯迅給林文慶寫了一封辭別信——

文慶先生足下：

前蒙惠書，並囑劉楚青先生辱臨挽留，聞命慚荷，如何可言。而屢叨盛餞，尤感雅意，然自知薄劣，無君子風，本分不安，速去為是。幸今者征輪在望，頃即成行。肅此告辭，臨穎悚息。聘書兩通並還。

周樹人啟。

一月十五日

這封信寥寥不足百字，但義正辭嚴，體現了魯迅獨特的精神風貌。

2.「聰明人不能做事，世界是屬於傻子」

魯迅先生來廈門大學任教職一事，哄傳福建全省，文藝工作者認為是福建文化界的福音。集美學校與廈大近在咫尺，集美學生中醞釀要求魯迅先生到集美講學。

集美學校的校長葉淵請魯迅到集美去演講，魯迅詢問林語堂，葉淵辦學的方法如何？林語堂說：「他辦學很謹嚴，不喜歡學生有什麼活動。」魯迅說：「既然是這樣，我最好不去。」

林語堂還是攛掇魯迅不妨去隨便說說。演講前一天，來邀請的集美學校祕書也說：「校長的意思是以為學生應該專門埋頭讀書的。」魯迅說：「那麼我卻以為也應該留心世事，和校長的尊意正相反，不如不去的好吧。」祕書說：「不妨，也可以說說。」

於是，決定十一月二十七日（星期六）那一天到集美學校演講一次。

集美學校派水產部小汽船到廈門港迎接魯迅先生，同來的有林語堂、蔣希曾。

上午八時左右，小汽船載魯迅先生等到集美來了。到了集美，葉淵想起魯迅是一個「思想前進的文人」，一定不能贊同他的守舊主張，恐魯迅的演說與他相左，特先請他們到校長會客廳小憩，談敘。校長還設午宴招待。魯迅說：「校長實在沉鷙得很，殷勤勸我吃飯。我卻一面吃，一面愁。心裡想，先給我演說就好了，聽得討厭，就可以不請我吃飯；現在飯已下肚，倘使說話有背謬之處，適足可以加重罪孽，如何是好呢？」

吃過午飯，集美學校各部師生約兩千餘人集合集美大禮堂，由校長葉淵主持開會，經簡單介紹後，魯迅開始演講。

魯迅照例講的是「聰明人不能做事，世界是屬於傻子」。魯迅開頭便說：「我在廈門的時候，聽說葉校長的辦學很拘束，學生極不自由，殊不敢加以贊同。本想不來，林玉堂先生卻慫恿我隨便說一些。剛才葉校長又請我吃飯。吃了人家的東西，好像要說人家的好話，但我並不是那樣的人。對於葉校長辦學的方法之錯誤，以及青年身心的發展，和參加社會的活動必要等等，我仍舊是非說不可的。」魯迅是吃了人家的也不嘴軟，該說的照樣說，足令葉校長露出「失望不安的情態」，「聽著直搖頭」。

不僅在廈門，魯迅一生在西安、廣州、上海、北京等，做過數十場演講。這些演講，大多是被別人一再邀請之後前往。場面之熱烈，待遇之優厚顯而易見，但魯迅身處恭維、殷勤的包圍圈，頭腦卻保持一以貫之的清醒，言論絕不受時勢的左右，只說自己「要說的話」，不管別人如何心機枉費。也正因此，才使他的演講和他的文章一樣，保持了一位獨立思想家的品格。

魯迅這次演講的題目是《生活的意義與價值》，內容大意如下：

> 人的生活的社會性表現在對社會事業有利，對大家生活有益；這樣生活是有意義的。如果有意義的生活過得越多，生活的價值就越大；例如：你的生活是在為國家民族的利益而奮鬥，那麼你的生活價值就更大了。
>
> 五四時期的學生運動，原是為山東半島問題，反對巴黎和會決議；實行內除國賊，外抗強權；繼而進行反封建、反帝運動；進而提倡民主與科學的精神，使全國思想界面貌煥然一新。這一群青年學生在運動中表現積極，在他們生活本身來說，有重大意義，對國家

民族來說，有重大價值。換句話說，五四運動是正義的、愛國的。可是，最近的五四運動氣氛淡薄了。

近來有些反「五四運動」精神的事件出現了，前些日陳濟棠在廣東提倡讀經，恢復古文；他是反動軍閥，不足為怪。……胡適之流搞什麼整理國故，開出什麼國學必讀書目，矇騙青年學生，埋頭讀書，不問國事。陳源、唐有壬「現代評論」派一夥，聯結「研究系」政客活動，阻礙革新，抨擊革命，認為學生革新運動不合時宜。這些自認為聰明人，把北方文化界弄得死氣沉沉。但是，有覺醒的青年學生總看到，這種黑暗情況繼續下去，中國人民的苦難將更加深重了。青年學生對黑暗事物終於起來揭露、攻擊，掀起群眾性運動。軍閥政府就來實行逮捕、監禁、殺害；胡適、陳源一幫聰明人認為這批青年學生是無知的傻子，不識時勢，自討苦吃。「三・一八」慘案是軍閥政府鎮壓學生運動的暴行，竟有買辦文人陳西瀅在《現代評論》上發表一篇《閒話》，誣衊愛國群眾盲目地被人引入「死地」。這真是下流、無恥極了！

但是，黑暗與暴力不可能永遠籠罩著中國。中國社會在發展，正義與不義是清楚的，那些聰明人睜著眼睛看不懂。青年學生總是知道，為著愛國和正義，為著真理就不含糊，自有堅定不移的鬥爭「傻勁」。為著正義和真理，為著民主和科學而奮起的傻子，卻大有人在。傻子和傻子結合起來，一起發傻地向前衝，社會才能進步。世界上的事業是傻子幹出來的。那些聰明人為著名利而鑽營，幹了不光彩的事情，把世界推入黑暗深淵，結果他們也跟著沉淪了。而世界仍然在我們傻子手裡，推向前進，世界是傻子的世界啊！

我們青年要以科學態度，狠狠地反擊暴力，撲滅黑暗，中國一定走向光明世界。這樣，我們的生活才有意義，才有價值。

從史料看，魯迅演講的內容與在廈門大學週會，或有不同之處，但精神實質是一樣的，即希望青年學生關心國家命運，留心世事，不要一味死讀書，要做好事之徒。當然，提法上有所不同，突出了「傻子」精神，提出了「世界是傻子的世界」的重要論點——這與魯迅的一貫思想也是一致的，魯迅說：「古人說，不讀書便成愚人，那自然也不錯的。然而世界卻正由愚人造成，聰明人絕不能支持世界，尤其是中國的聰明人。」魯迅這裡所說的「愚人」，正是指生活在社會下層的勞苦大眾，是那些勤勤懇懇、腳踏實地、埋頭苦幹和拚命硬幹的人。魯迅認為，聰明人，尤其中國的聰明人，自以為是地輕蔑地稱他們為「愚者」，所謂「勞心者治人，勞力者治於人」，認為世界應該由他們來主宰，勞苦大眾只能是他們役使的羔羊。然而，魯迅卻認為，聰明人不能做事，他們最終是什麼事也做不成的，世界是由傻子去支持，去推動，去創造，唯有民魂是值得寶貴的，唯有它發揚起來，中國才有真進步。

後來，集美學校鬧起了風潮，魯迅說：「來時靜悄悄，後來大熱鬧。」集美學生竟提出「打倒葉淵」的口號，全體罷課，電請校主陳嘉庚另請新校長，否則誓不復業（指學生）。葉淵氣急敗壞地說：「都是周樹人不好！對青年說話，哪裡可以說是不必想來想去的呢？」校潮洶湧了幾個月，那時的大學院院長蔡元培應陳嘉庚之請，親自南下調解，始漸平息。這件故事直到現在還流傳於閩南一帶。魯迅的為青年學生所信仰，與他的給予青年的激動力，於此可見一斑。魯迅去世後，林語堂回憶魯迅在廈門的情形時寫道：「當時的事實，分明是不利於他的。凡屬他所到的地方那裡便有青年學生們之顯著的活動，寫白話文的趨勢，非孔的空氣之增長，如此等等，都是難以否認的。」林語堂畢竟是知道魯迅的，他的概括還是相當全面的，魯迅在廈門的演講有個基調：一是學生要做好事之徒，積極參加社會活動；二是反對死讀書，特別是反對死讀古文；三是反對尊孔。

魯迅在《海上通信》中曾說及這次演講：「先前，那校長葉淵定要請國學院裡的人們去演說，於是分為六組，每星期一組，凡兩人。第一次是我和語堂。那招待法也很隆重，前一夜就有祕書來迎接。此公和我談起，校長的意思是以為學生應該專門埋頭讀書的。我就說，那麼我卻以為了應該留心世事，和校長的尊意正相反，不如不去的好吧！他卻道不妨，也可以說說。於是第二天去了……午後演講，我說的是照例的聰明人不能做事，因為他想來想去，終於什麼也做不成等類的話。那時校長坐在我背後，我看不見。直到前幾天，才聽說這位葉淵校長也說集美學校的鬧風潮，都是我不好，對青年人說話，哪裡可以說人是不必想來想去呢。當我說到這裡的時候，他還在後面搖搖頭。」為此，魯迅感慨萬分，說：「硬要我去」演說，「自然也可以的。但須任憑我說一點我所要說的話，否則，我寧可一聲不響，算是死屍。」據《魯迅日記》載，十二月二日魯迅因該校校長的索取，曾把演講稿寄集美學校，但由於和葉淵的見解不同，終於沒有登出，演講稿現已佚。

演講結束後，與林語堂仍舊坐汽船歸。

3. 「你們窮的是金錢，而不是聰明與智慧」

廈門大學平民學校是在魯迅的支持下，由廈門大學學生自治會於一九二六年十一月開始籌辦的。據一九二六年十一月二十七日《廈大週刊》第一六五期《學生會消息》：「本大學學生總委員會為提倡平民教育起見，現特組織平民學校。凡校內校役及工人皆可入校。其授課時間，訂每日下午六時半到七時半。茲將其各種科目，擔任教員及學生姓名組別等探志於後。……兩組合計四十三名。如該會能持之以恆，進行不懈，其有益於平民學識，誠非淺鮮也。」該校創辦之初，有四十餘名學生，學生大半是從附近招來的工農子女，還有廈門大學

裡從小失學的年輕工友，共分兩組，開設有國文、常識、尺牘、珠算等課程。共產黨員、廈大學生自治會主席羅揚才到該校擔任常識課。為了加強領導，廈大學生自治會特組織了一個負責平民學校工作的平民學校委員會。平民學校籌辦之始，魯迅就曾捐款五元。曾是廈大學生自治會幹部的李淑美有一段關於魯迅與平民學校的介紹：

廈大平民學校是一九二六年十一月建立的。這個學校是魯迅先生支持，由學生自治會主辦的。當時我是廈門大學附小教員，曾旁聽魯迅先生的小說史課。一天課後，我們五個人（其中曾天民、李遂囊等是廈大學生自治會幹部）一起去看魯迅先生。魯迅先生問我們：「學校裡和周圍的小孩子都上學讀書嗎？有沒有沒上學的小孩？」我們說：「學校工友和鄰近農民的小孩很多都沒有機會上學讀書。」魯迅說：「你們能不能幫他們，把他們組織起來，辦個平民學校，讓他們也有機會讀書。教員嘛，你們自己可以兼。沒有教室，能不能去借一間大房子？」我們幾個人覺得魯迅先生處處替工人、農民子弟著想，很受感動，決定按照他的話去辦，廈大學生自治會知道這件事後，就出面籌劃開辦工作。學生自治會幹部曾天民、李遂囊參加了，我也出了一份力量，主動幫忙解決房子問題。

當時我就到頂澳仔借了一間祖厝，房子破了，設法加以修理，據說錢是魯迅先生付的。平民學校每天晚上上兩個小時的課，七點到九點，我擔任音樂課和故事課。有一天上故事課時，我對學生說：「這學校是廈大魯迅先生幫助我們窮苦人的孩子辦的，我們要好好讀書，才對得起魯迅先生。」學生們都說：「哪一個是魯迅先生？他這麼好，我們都不認識他。」我就說：「什麼時候，我請他來和你們認識一下。」一天，我又去聽小說史課。下課時，我告訴魯迅先生：「小學生都說不認識你，希望見見你。」魯迅先生滿口答應：「好，好。」我們約定一個星期六下午見面。魯迅先生按時來了。他一進教室，學生就熱烈鼓掌，他也一直笑著。他說：「你們都是平民的小孩，沒有辦法讀書，現在有機會上學，就要好好用功，以後好為平民做事。」

魯迅先生很關心平民學校的學習情況，有一次，我跟他說，學生愛看點課外書。不久，他就買了一些小人書送給學生們看。魯迅先生快要離開廈門的時候，他還對我說：「我要走了，以後看不到你們了，學校要繼續辦下去。」同時，拿了一塊錢，叫我買一些紙，釘成簿子給學生們寫字，還要轉告他們，「希望他們長大後要為平民辦事」。

從這段回憶看，平民學校是魯迅倡議並支持創辦的。平民學校不是正規的學校，只是一所主要為校役、工人及附近農民孩子辦的夜校，「凡校內工友及工人，皆可入校」，這似乎應看成是廈大學生社會活動的一個組成部分。宣導這樣的事，是與魯迅的價值觀相吻合的。

在給《爭自由的波浪》作的「小引」中，魯迅正是以平民和「上等人」相對立的觀點，

讚頌了蘇聯十月革命的。革命是不是成功了？那麼就得看平民是否比先前抬了頭。至於中國是否會有平民的時代，他說無法斷定，但是他們代表了革命的希望，卻是的確的。魯迅分析中國平民為什麼得不到文化教育，主要的原因是「中國的工農，被壓榨到救死尚不暇，怎能談到教育」，「我們的勞苦大眾歷來只被最劇烈的壓迫和榨取，連識字教育的佈施也得不到，唯有默默地身受著宰割和滅亡」。同時，統治者害怕人民受了教育，不易受他們的愚弄，所以「為了自己的太平，寧可中國有百分之八十的文盲。」

魯迅從幼年起，就不時有農民進入他的生活。在魯迅家做「忙月」的農民章福慶的兒子運水，是魯迅少年時的夥伴。魯迅的母親和祖母的娘家都在農村，每逢掃墓、看會和走親戚，魯迅也跟著去農村小住。在皇甫莊、小皋埠等農村，他和農家孩子一起划船、捉魚、釣蝦，和他們一起放牛、放鵝、摘羅漢豆、看社戲等。後來又接觸過許多農民出身的學生、傭工等，使魯迅「和許多農民相親近，逐漸知道他們是畢生受著壓迫，很多苦痛」。他對農民深切同情，深明閏土、祥林嫂、華老栓等勞苦大眾識字不易。

從辦平民學校的廈大學生而言，魯迅是反對死讀書，主張學生多參加社會實踐的；從受眾而言，魯迅的基本思想之一，就是對下層人，對勞苦大眾的深刻同情，「哀其不幸，痛其不爭」，為什麼不幸？重要原因之一是沒有文化；為什麼不爭？重要原因之一是沒有覺悟。

如此，就不難理解魯迅支持創辦平民學校的思想動因為。

一九二六年十二月十二日，平民學校借廈大群賢樓大禮堂開成立大會，並邀請魯迅赴會演講。魯迅的演說時間很短，只五分鐘。我認為，魯迅或許考慮受眾有的沒有什麼文化，有的是孩子，不宜講太多，也不宜太深奧，所以才說得相對少。

魯迅演說的大意為：「今天，你們這學校開成立會，我十分高興。因為它是平民學校，我就不能不來，而且就不能不說幾句話。……我要說的是：你們都是工人、農民的子女，你們因為貧苦，所以失學，所以須到這樣的學校來讀書。但是你們窮的是金錢，而不是聰明與智慧。你們貧民的子弟一樣是聰明的，你們貧民的子女一樣是有智慧的。你們能夠下決心，你們能夠奮鬥，一定會成功，一定有前途。沒有什麼人有這樣的大權力：能夠叫你們永遠被奴役；也沒有什麼命運會這樣註定，要你們一輩子做窮人。你們自己不要小看自己，以為自己是貧民子女，所以才進到這平民學校來。」

魯迅的演說充滿熱情，感人肺腑，懇切地鼓勵這些被人看不起的貧苦學生起來掌握自己的命運。這種極熱情而富有鼓動性的話語，深深地打動了那些小學生的心靈，使他們銘記不忘。據說，當日聽過魯迅先生演講的學生中，幾十年後，還有許多人能夠把當時的話回憶起來。

我以為，雖然說話的語氣不很像魯迅的——魯迅說話一向是沉鬱的，幽默的，少有激越之

態——但內容與魯迅的精神實質頗為契合，上文說了，魯迅對勞苦大眾有著深切的同情，哀其不幸，痛其不爭，因而自然也希望閏土們有讀書學習的機會。陳漱渝先生曾經說過大意如此的這樣一段話：如果看到閏土的後代走進了大學殿堂，祥林嫂的夥伴們成為了建設國家的半邊天，華小栓和寶兒生病能得到及時醫治，《一件小事》中的人力車夫成為了北京「的哥」，愛姑們離婚、結婚手續得到了簡化，魯迅肯定會含笑於九泉。我是認同陳先生的觀點的，辦平民學校，就是希望閏土們能成為受教育的人。

那時有一位留學美國的教授，因為不滿魯迅講的這些話，便站到講臺上，對那些學生說道：「這個學校之所以對平民有益，就是你們做底下人認識了字，送信不會再送錯，主人就喜歡你們，要雇用你們，你們就有飯吃，不怕肚子挨餓。」這位教授結束了演講詞，走下講臺，喜洋洋地自以為所說的話很得體，但是魯迅先生聽了，卻認為滿口奴才話，很不舒服，立即憤然離席回去。魯迅在給許廣平的信中談到此事：「平民學校的成立大會要我演說，我去說了五分鐘，又恭聽校長輩之胡說至十一時。有一曾經留學西洋之教授曰：這學校之有益於平民也，例如底下人認識了字，送信不再會送錯，主人就喜歡他，要用他，有飯吃……我感佩之極，溜出會場……」魯迅是實在的，這個留學美國的教授也是實在的，魯迅的實在表現在，希望平民子女透過求知，掌握自己的命運，當一個真正意義上的人；教授的實在，是希望這些下層人坐穩奴才的位置，成為更受主子喜歡的更有用的奴才。

在魯迅的熱情幫助和學校師生的共同努力下，平民學校取得一定進展。《廈大週刊》第一七〇期曾有過這樣的記載：「本校學生會創辦之平民學校，開辦以來，教員皆踴躍服務，成績頗佳，近該會委員，擬再圖發展，以冀久遠。」

4.「革命可以在後方，但不要忘記了前線」

一九二七年一月八日應泱泱社成員、廈大文科學生兼中山中學教員謝玉生之邀，魯迅赴中山中學演說。

廈門中山中學是一所具有進步傾向的學校。該校是一九二五年三月孫中山逝世週年紀念期間，由進步人士莊希泉、許卓然發起並籌辦的。一九二五年九月正式開學後，由國民黨左派人士江董琴任校長，教員多數是共產黨員，如羅揚才等；學生約八十多人，幾乎都是共產黨員、共青團員或被集美學校開除的學生。中山中學培養了一批優秀的革命者，如福建安南永邊區領導人、共產黨員郭子仲（一九三四年犧牲）等，就是中山中學的學生。據當年在廈門參加革命工作的蘇節及廈門地方黨史的有關資料，廈門中山中學是一九二五年至一九二七年間廈門地下黨的活動據點之一。一九二七年四月，學校停辦。

中山中學師生聽說一月四日廈門大學已經開過大會，送別魯迅先生，知道魯迅先生不久即將赴粵。他們因平時欽敬這位偉大的文學家，想瞻仰他的手采，聆聽他的箴言。

魯迅對孫中山先生是很崇仰的。魯迅第一次公開談到孫中山，是寫作於一九二六年三月十日的《中山先生逝世後一週年》。這是他應國民黨北京黨部的機關報《國民新報》的約稿，為「孫中山先生逝世週年紀念特刊」而寫的紀念文章。魯迅認為孫中山是中華民國的「第一人」：「凡是自承為民國的國民，誰有不記得創造民國的戰士，而且是第一人的？但我們大多數的國民實在特別沉靜，真是喜怒哀樂不形於色，而況吐露他們的熱力和熱情。因此就更應該紀念了；因此也更可見那時革命有怎樣的艱難，更足以加增這紀念的意義。」接下來，魯迅把矛頭指向「幾個論客」：「記得去年逝世後不很久，甚至於就有幾個論客說些風涼話。是憎惡中華民國呢？是所謂『責備賢者』呢？是賣弄自己的聰明呢？我不得而知。但無論如何，中山先生的一生歷史具在，站出世間來就是革命，失敗了還是革命；中華民國成立之後，也沒有滿足過，沒有安逸過，仍然繼續著進向近於完全的革命的工作。直到臨終之際，他說道：革命尚未成功，同志仍須努力！」為了證明孫中山的「革命」精神，魯迅還專門引用了蘇聯共產黨領袖人物托洛斯基的觀點：「他是一個全體，永遠的革命者。無論所做的哪一件，全都是革命。無論後人如何吹求他，冷落他，他終於全都是革命。」此後，魯迅對孫中山還有許多積極的評價。因此，魯迅也就樂於到這以「中山」為名的學校，去跟那裡的革命師生談談，做為臨別的贈言。

魯迅先生到中山中學時，已近中午，就在校中用膳。吃畢，休息一下，全體師生已齊集在大禮堂裡了。魯迅先生便到大禮堂，登上講臺，於主席致介紹詞後，開始了他的題為《革命可以在後方，但不要忘記了前線》的演說，大意是：

今天我能夠到你們這學校來，實在很榮幸。你們的學校，名叫中山中學，顧名思義，是為紀念孫中山。中山先生致力國民革命四十年，結果，創造了中華民國。但是現在軍閥跋扈，民生凋敝，只有「民國」的名目，沒有「民國」的實際。因此，中山遺囑：「現在革命尚未成功。」大家紀念中山先生，在學校讀書，就要依照他的遺囑為國民革命事業繼續奮鬥。

你們很平靜地生活在這裡，這是後方，沒有炮火。但是，你們在這後方，也可以從事革命工作。你們應該把從中山先生書裡得來的道理，把從其他進步書裡得來的知識，當作革命武器，向著一切舊習慣，一切舊思想，一切人吃人的舊制度，猛烈開火！你們尤其不可忘記：革命是在前線。要效法孫中山先生，因為他常常站在革命的前線，走在革命最前頭。

日前，革命的形勢很好，不但漳、泉已經攻下，全閩也都攻下了。不但全閩攻下，長江以南的大半土地，也都撥雲霧而見青天了。革命發展很快，北洋軍閥註定要滅亡的，這是確的。但是你們不要高興的太早。你們在平靜的後方還有應該向它開火的無形的敵人，你們在必要的時候也可以到前線去消滅那些有形的敵人。這話我剛才已經說過了。但是你們還要做思想準備：全國統一了以後，你們的責任更重大。你們還有重要的革命工作。你們不但要有推翻「吃人」宴席的魄力，還要有趕走世間「妖魔」、造起地上「樂園」的志氣和勇氣。

我即將到廣州中山大學去，這是真的。我到中山大學去，不只是為了教書，也是了了要做「更有益於社會」的工作。希望你們畢業後要升學，能夠在那邊中山大學相見！

演說稿未發表，未收集。陳夢韶稱，演講稿前兩段是根據當時該校教員黃玉齋回憶整理的；後兩段是根據該校當時的學生沈惠然和田浩明的回憶整理的。

從這一演講稿看，魯迅對孫中山的評價是一致的，他對孫中山懷有敬意，對當時的北伐戰爭是肯定的、支持的，他希望青年學生效法孫中山，站在革命的前線，走在革命的前面。

魯迅對北伐戰爭的形勢一直是關注的，他對北伐軍在福建的進展也瞭若指掌。在他與許廣平的通信中，我們也可以看到，他經常把北伐的最新進展及時地告訴許廣平。

魯迅指出，雖然在後方，也應該向無形的敵人做鬥爭，向「吃人」的舊制度、舊傳統做鬥爭，此外，還有建設「樂園」的任務。

從總體上看，也是魯迅一貫思想的體現，要青年學生積極參加現實的鬥爭，做更有益於社會的工作。

魯迅演講畢，在接待室略坐，即由該校校長和謝玉生陪同，到學校裡外看看。在校內巡視後，便到學校前面，登上虎頭山的虎頭，俯瞰平靜蔚藍的海水；又到學校後面，走到虎頭山的虎尾，仰視對面巍峨雄壯的的鎮南關門，和「金壁輝煌」的鴻山寺。

謝玉生是湖南耒陽人，原南京金陵大學學生，一九二六年秋轉學廈門大學國文系，兼任廈門中山中學教員。當時廈門大學學生去任教的，除謝玉生外，還有與魯迅有過交往的共產黨員羅揚才。魯迅到廣州去，謝玉生也轉學中山大學，後回家鄉參加農民運動。他是魯迅的鐵桿追隨者，魯迅對他印象也頗佳。許廣平在《欣慰的紀念》裡寫道：「其間有一位姓謝的，是湖南人，以前曾做過教員，人很活動，文學造詣也相當的深。他到廣東不久，就離去了，似乎是回到他的故鄉去的，但去後資訊杳然，他好像是個做社會活動的人物，先生幾乎時常紀念著他，且疑心他已被黑暗捲去。」估計是的，如果謝玉生還活在世上，一定會有關於魯迅的文字行世。

門國華中學」。

中山中學，1928年以後，曾經一度改為「廈門嘉禾大學」，一九二九年停辦，又改為「廈門國華中學」。

5. 其他兩場演講

除了以上四次有明確史料紀錄的演講，還有兩次，可以留作備忘。

有回憶錄稱「魯迅到廈門美術專門學校演說」。汪毅夫等人曾於一九七九年八月十五日走訪了曾在廈門美術學校、廈門通俗教育社等處任教的洪熏元先生，在詢及魯迅在廈門活動情況時，洪熏元談起「魯迅到廈門美術學校演說」一事：

我於一九二六年至一九二七年在廈門美術學校教授「透視」課，這個學校校址在頂釋仔，校長是黃燧弼。教員約有十餘人，學生約有二、三十人。這所學校後來遷到了廈門中山公園現在的花展館裡。

大約在九月份（我記得天氣還很熱），魯迅到頂釋仔美術學校來演講，穿一件白色的長衫，有兩三個廈大的人陪他來。來了以後，師生們都很高興。魯迅在學校大廳裡站著講了一個多小時。內容大約是鼓勵大家要記住過去的國和現在的國，過去的家和現在的家，散沙的國家要變作團結的國家。魯迅演講中還講了美術，把美和術分開來講，演講是在上午，演講後在黃燧弼的飯廳裡小坐，魯迅並且認真地看了學生們的作品，高興地說：「廈門有這樣一所美術學校很難得。」」

洪熏元所記「魯迅到廈門美術學校演說」一事，魯迅日記、書信和文章均未述及，其他資料也未見記載。汪毅夫認為，「洪先生記憶尚很清楚，以及魯迅生前對美術教學和研究的重視、當時廈門大學學生有到廈門美術學校旁聽等情況來看，洪先生提供的線索值得我們進一步調查證實。我們又於八月十七日訪問了廈門美術學校第六屆畢業生葉永年先生。葉先生是1929年進入廈門美術學校學習的，他不曾聽說過魯迅到校演說的事，但他回憶說：『當時廈大有不少學生到美術學校旁聽，魯迅到校演說，是有可能的。』」

一個學生二、三十人的學校，魯迅去演說了「一個多小時」，我感覺不大可能。我估計，出於對美術的特別喜好，魯迅去過廈門美術學校，和學生圍在一起，對美術發表了一些看法，同時也欣賞了學生的作品，整個過程「一個多小時」，這似乎比較合乎情理。不過，像這樣的事情，魯迅日記一般會有記載，為什麼卻漏記了呢？現在看來，魯迅到底有沒有去美術學校演講，是不容易弄清楚了。做為一種可能性，把這史料保留下來，也許是必要的。

此外，一九二七年一月四日下午三時，廈門大學全體學生召開送別大會，送別魯迅先生。由全體學生事前公推一位代表，致送別詞。送別詞中有一段，引子貢推崇老師孔子「溫良恭

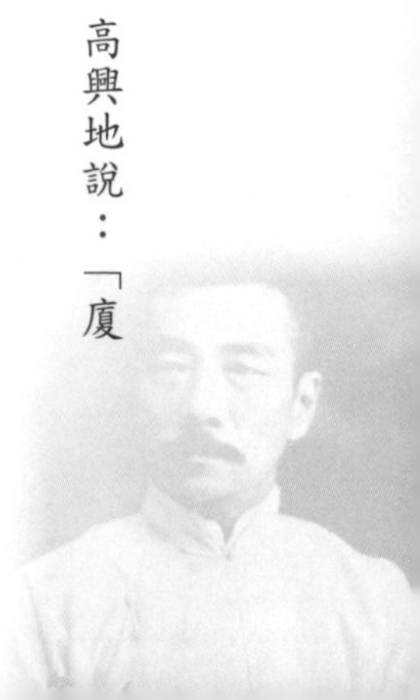

儉讓」的話，來稱讚魯迅。他從平日魯迅的言行，舉了許多例子來做證明，說魯迅對待同學是怎樣的和藹熱情，對待群眾是怎樣的良善慈愛，對待工作是怎樣的嚴肅謹慎，他對待自己又是怎樣的節制儉樸，對待同事又是怎樣的謙虛遜讓。這一段話的結論是：「以周夫子比之孔夫子，實在有過之而無不及」。學生代表致詞完後，就請魯迅講話。魯迅一登講臺，對學生代表所引《論語》「溫良恭儉讓」來稱讚他的話，首先表示謙遜。他說：「剛才你們同學代表，對我太過誇獎，我實在萬不敢當。不久以前，在北京，有人罵我是『學匪』，不但罵，還要通緝。此後，我也不能擔保，不會有人，還要加我以『小偷』的罪名。」他說這話時，會場上爆發出一陣笑聲。這次告別講話，可看作魯迅在廈門的最後一次演講，可惜，沒有什麼資料留下，魯迅還說了些什麼，不得而知。

第四章

廈門時期的《兩地書》講述

魯迅先生做為偉大的文學家，歷來以冷峻的面孔、戰鬥的姿態活在其崇敬者的心中，事實上，那僅是先生生活的一個方面。每個人都有多重性格，只看對象的不同而表現有所區別罷了。與所有的普通人一樣，魯迅同樣有熾熱的情感、纏綿的愛戀、無助的孤寂、憂人的愁煩，以及虛浮的幻想、瑣屑的計畫——一九二五年至一九二七年間魯迅與許廣平來往信函結集而成的《兩地書》，便是向讀者展現了如此這般的魯迅先生。

1.「平凡」的愛情

從許廣平一九二五年三月給魯迅寫第一封信，到這一年的八月上旬定情，他們感情發展的速度是非常之快的。相愛不久，為了他們的愛情能更自由地發展，他們不得不離開北京。在北京，因為魯迅因襲著歷史的重擔，他們是痛苦的；離開北京，熱戀的人，卻天各一方，他們還是痛苦。然而，他們別無選擇。

廈門時期，魯迅和許廣平幾乎天天要做「作業」，那就是寫信。魯迅的孫子周令飛做過統計，他們在四個月裡往返書信多達八十多封，差不多平均三十六個小時就寫一封信。有的信，一封裡面有好幾段，有的上午寫幾行，下午寫幾段，晚上再寫幾行，可以這麼說，在廈門期間，魯迅滿腦子都是許廣平，許廣平亦滿腦子都是魯迅。《兩地書》中的這些書信，可以說是魯迅和許廣平廈門時期最重要的「創作」（《兩地書》亦是許廣平一生中最重要的創作，我認為，她其他作品的價值，都沒有超過《兩地書》，不誇張地說，因為《兩地書》使她不朽）。

魯迅在《兩地書・序言》中，對這本書有過幾點說明。他說：「一個人如果一生沒有遇到橫禍，大家決不另眼相看，但若坐過牢監，到過戰場，則即使他是一個萬分平凡的人，人們也總看得特別一點。我們對於這些信，也正是這樣。先前是一任他墊在箱子底下的，但現在一想起他曾經幾乎要打官司，要遭炮火，就覺得他好像有些特別，有些可愛似的了。」信寫於二十年代中後期，這期間墊在箱底，魯迅到一九三二年才去整理。魯迅是因為「夏夜多蚊，不能靜靜地寫字」才去編這樣一本書的。此前似乎不很在意，於今重讀，敝帚自珍，有些可愛起來了。魯迅認為，「這一本書，在我們自己，一時是有意思的」，這說明，結婚這麼多年了，他還珍惜與許廣平的愛情，「我們以這一本書為自己紀念，……並且留給我們的孩子，給將來知道所經歷的真相。」魯迅重讀舊信時，不僅對《兩地書》重新編輯過，做了不少必要的技術處理，後來，還工工整整，親自抄了一份，做為紀念品，留給周海嬰。

一般說來，魯迅這樣性情的人，不會在許廣平面前有肉麻的示愛的表現，但是，魯迅以其默默的行動告訴後人，他愛許廣平，而且愛得很深很深——他要讓他的後人知道並記住他們的愛。魯迅還說：「其中既沒有死呀活呀的熱情，也沒有花呀月呀的佳句；文詞呢，我們都

未曾研究過『尺牘精華』或『書信做法』，只是信筆寫來，大背文律，活該進『文章病院』的居多」。《兩地書》確實沒有山盟海誓，也沒有花前月下，文字平實、素樸。與徐志摩或梁實秋的情書對比，魯迅的情書是黑白相片，而徐、梁的則如彩色相片。不過，魯迅致許廣平信，需要細細品評，彷彿青橄欖，越嚼越有味道。當然，我估計，年輕人大約不會有這樣的耐性，似乎要有一定閱歷的人，才能讀懂滿是滄桑的中年人的愛情。魯迅對自己的「情書」所持的也是平常心，「所講的又不外乎學校風潮，本身情況，飯菜好壞，天氣陰晴」，情況當然不完全是這樣，但也表達了另一面的事實，這是兩個心心相印的人之間的瑣碎和絮叨，期間流溢出來的愛點點滴滴，也實實在在。誠如魯迅所言，「如果定要恭維這一本書的特色，那麼，我想，恐怕是因為它的平凡罷。這樣平凡的東西，別人大概是不會有，即有也未必存留的，而我們不然，這就只好謂之也是一種特色」。

廈門時期的《兩地書》，除了關注北伐進展，偶爾議論國家大事，以及談一些女師大舊事外，大多的內容是傾訴別後的思念，愛的表示，相互的牽掛，彼此關心著對方的工作和生活，還有，就是傾吐塊壘，抒發憤懣，甚至發發牢騷等等。

我覺得，在廈門期間，也是魯迅為我們留下較多生活細節的一個時期，這些細節散落在《兩地書》中，很多細節關乎愛情，當然，也有與愛情無關的。有人譏笑魯迅為「名士派」，也許就因為這些生活細節不合他們的胃口，為風度翩翩的教授們所訕笑了。

從細節看人，看到的是最真實的，也最有趣味的。

那麼，我們就來看看廈門時期的《兩地書》所展示給我們的平凡的愛情吧！說實在的，還真是道道地地的兒女私情。

2. 在眾友人面前辭別

一九二六年八月二十六日，是魯迅和許廣平啟程南下的日子。上午許壽裳、荊有麟、金仲芸等朋友來話別。下午宋子佩、許欽文來，「同為押行李至車站」。三時至車站，許羨蘇、許壽裳、荊有麟、金仲芸、高歌、段沸聲、向培良、陶元慶、呂雲章、陸晶清、石評梅、董秋芳等故友、學生前來送行，場面不算太熱鬧，也不至太清冷。

魯迅日記中有「廣平同行」四字，一切磊落地暴露於光天化日之下。

魯迅的目的地是廈門，許廣平是廣州。倘若只是一般的師生關係，他們大可不必同行，如果按照路程計，許廣平往廣州的最佳路線應該選擇京漢路車直下廣州。很顯然，她是為了陪伴魯迅走一程。

在車站，魯、許不說什麼，大家也都不說什麼，但是，各有各的心思，比如，與魯迅特

別「近」的許羨蘇等，內心應該會有更豐富的滋味吧？

許廣平後來回憶說：「臨去之前，魯迅曾經考慮過：教書的事，絕不可以做為終生事業來看待，因為社會上的不合理遭遇，政治上的黑暗壓力，做短期的喘息一下的打算則可，永遠長此下去，自己也忍受不住。因此決定：一面教書，一面靜靜地工作，準備下一步的行動，為另一個戰役做更好的準備，也許較為得計吧！因此，我們就相約，做兩年工作再做見面的設想，還是為著以後的第二個戰役的效果打算。」許廣平的口氣有點煞有介事。魯迅不就是另找一份工作嗎？什麼戰役不戰役的，從魯迅的性情看，他不會喜歡這樣的文字的，如果許廣平的回憶錄像《兩地書》一樣經魯迅修改，肯定會將這些大而不當的話刪去。考慮到許廣平寫作回憶錄所處的特殊時代，她需要淡化什麼，強化什麼，我們也應該心知肚明，不好深究。

魯迅與許廣平的感情，也帶有古典色彩，要是一般人，要是現在的人，肯定一起去廈門，或是廣州，一起「苦幹」，總比分頭「苦幹」要有滋有味哩。先不說廣州，因為廣州當時沒有人邀請魯迅執教，如果魯迅請林語堂幫助解決許廣平的問題，憑魯迅當時的聲望，憑廈大的「求賢若渴」，應該不會特別為難。然而，他們選擇了天各一方。當然，這客觀上為後人留下《兩地書》。如果沒有《兩地書》，我們看到的都是魯迅「橫眉冷對」的一面，於今，讓我們看到了魯迅溫情脈脈的一面，「俯首甘為孺子牛」的一面。要說明的是，我是把「孺子」

當作「妻兒」解的。

3.「路線圖」

魯迅和許廣平在上海待了幾天，九月一日夜，魯迅登上「新寧」號，許廣平登上「廣大」號，一個往廈門，一個往廣州，就此別過。於是，《兩地書》掀開了新的篇章。

到了第二天早上，船才啟航。魯迅和許廣平分別在船上過夜。當時，沒有手機，否則，他們當互訴衷腸，一路上大約要花上千元的漫遊費的。這也不是沒來由的瞎猜測，與魯迅同房的姓魏或韋的，據說是同盟會的老會員，似乎是民黨中人，還算有話可說。魯迅想著以後要去廣州，便向這位廣東人打聽從廈門到廣州的走法，回答是，最好先由水路到汕頭，再由陸路到廣州。而許廣平呢，她心裡這樣想：但願這兩年過得快，快到民國十七年……她向魯迅表白：「臨行時所約的時間，我或許不能守住，要反抗的。」說是兩年，才剛分手，滿腦子想的都是快些團聚。臉上彷彿都沉得住氣，內心卻熾熱得很。魯迅和許廣平是有心靈感應的。在船上，她也向人打聽，從廈門到廣州，應該怎麼個走法。為了「免忘記，借供異日參考」，她把「路線圖」都訂好了。才分手，滿腦子考慮的竟都是相見的事。許廣平年少，熱情奔放，青春似火；魯迅年長，感情沉鬱，歲月卻也如歌。

4. 像熱帶植物一樣瘋長的思念

魯迅抵廈門後，在給許廣平的第一封信中寫道：「我在船上時，看見後面有一隻輪船，總是不遠不近地走著，我疑心就是『廣大』。不知妳在船中，可看見前面有一隻船否？倘看見，那我所懸擬的便不錯了。」魯迅在船上看海景，後面有船尾隨，想到的竟是許廣平坐的船！實看，許廣平坐的「廣大」，比魯迅坐的「新寧」要晚開一個多小時。一個多小時的距離，便是有了高倍望遠鏡，也無法了然。虛看，魯迅有翻譯過科幻和童話，如果用一點科幻和童話的思維，老夫聊發少年狂，或許後面的船竟然小了，再小了，幻化成心愛的美媚踏浪而至，千萬里追尋著「老夫」哩。魯迅的摯情十分內斂，絕對沒有徐志摩那樣的肉麻並要死要活，然而，如我這般上了年紀的人細細咬嚼，不也讀出了萬般滋味嗎？魯迅在許廣平面前表現出了最為溫情的一面，似乎還有點孩子氣，自然，仍舊少不了他固有的幽默。「我疑心就是廣大」，我以為應做雙關解，亦含自我調侃的風趣。

九月四日下午一時抵廈門。晚上，一切還未收拾，魯迅就給許廣平寫信了，信中除了說到上面提到的尾隨的船外，也描述了廈門大學及住所的景致，「此地背山面海，風景絕佳，白天雖暖——約八十七、八度——夜卻涼。四面幾無人家，離市面約有十里，要靜養倒好的。」信末，魯迅說：「我寫此信時，妳還在船上，但我當於明天發出，則妳一到校，此信也就到了。

妳到校後，望即見告，那時再寫較詳細的情形吧！因為現在初到，還不知道什麼。」魯迅是為了讓她一到校就能看到。

許廣平呢，九月一日與魯迅分手後就開始寫信了。一日，他們別過後，許廣平往先施公司，買皮鞋一雙，三元；信紙六本，一元……最值得一記的是，許廣平說：「不敢多買，因為我那天看見你用炒飯下酒，所以也想節省一點。」這句話折射出來的資訊至少有三：一、魯迅確實是一個非常節儉的人，魯迅當時的經濟也特別的不寬裕，這也是他南下賺錢的旁注；二、他們的關係已經非同尋常，簡直就是兩口子了；三、許廣平非常在意魯迅，魯迅的每一個細節都看在眼裡，他們已經有了「相濡以沫」的肝膽了。

許廣平在船上寫道：「現只我一人在房，我想遇有機會，想說什麼就寫什麼，管它多少，待到岸即投入郵筒……」魯迅用情，戀愛中的女人，其感情的熱烈程度多是超過男人。魯迅在船上看尾隨的船，做著奇想，許廣平則已一字一字地抒寫著情懷。一上船，就感到相約兩年，實在是太長了。滿心滿腹，都是牽掛，許廣平接著寫道：「……今晚獨自在船，想起你的昨晚來了。本來你昨晚下船沒有，走後情形如何，我都不知道，晚間妹妹們又領我上街閒走，但總是驀地一件事壓上心頭，十分不自在，我因想，此別以後的日子，不知怎麼樣？」當許廣平的船經過廈門時，「我注意看看，不過茫茫的水天一色，廈門在哪裡!?」因為廈門有了魯

迅，所以她要仔細端詳。許廣平這樣的學生領袖，竟也有三毛一樣的情懷，三毛在飛機上瞅著西安，心裡嘀咕著她心儀的某人。城市，在多情女子眼裡，被擬人化了。

5. 飲食與過節

初到甫定，便連續收到許廣平的兩封信。九月十四日，在致許廣平的信中，在這個好學生面前一向含蓄的魯迅，也按捺不住喜悅：「得到妳六日、八日的兩封來信，高興極了。」「高興」而至於「極了」，一般說來，這不像魯迅行文的語氣。魯迅說：「這幾天，我是每日去看的，昨天還未見妳的信……」天天去等信，這也是少年行徑，與人到中年的魯迅不太吻合。總之，因為愛，在許廣平面前，魯迅的言行多少有點反常了。

等許廣平的信，是魯迅廈門時期生活的重要內容。有時候一天收不到許廣平的信，他便坐臥不安；有時候，雙方一天都要寫兩封或幾封信：「今天下午剛發一信，現在又想執筆了。這也等於我的功課一樣，而且是願意做的那一門……我寄妳的信，總要送往郵局，不喜歡放在街邊的綠色郵筒中，我總疑心那裡會慢一些。然而也不喜歡託人帶出去，我就將信藏在衣袋內，說是散步，慢慢地走出去，明知道這絕不是什麼祕密事，但自然而然地好像覺得含有什麼祕密似的。待走到郵局門口，又不願投入掛在門外的方木箱，必定走進裡面，放在櫃檯下面的信箱裡才罷。」以致只要寫好了信，哪怕半夜三更，也必須即刻投進郵筒，方可安睡。

首先要報告的是飲食起居之類的瑣碎。九月十四日魯迅在致許廣平的信中說：「校內的飯菜是不能吃的，我們（指魯迅和孫伏園）合雇了一個廚子，每月工錢十元，每人飯菜錢十元，但仍然淡而無味。」十月三日致章廷謙的信中也談到廈門的飲食：「飯菜可真有點難吃，廈門人似乎不大能做菜也。飯中有沙，其色白，視之莫辨，必吃而後知之……吃它半年，庶幾能慣歟。又開水亦可疑，必須自有火酒燈之類，沸之，然後可以安心者也。否則，不安心者也。」十月十日，在致章廷謙的信中，魯迅再次強調：「飯菜仍不好。你們兩位來此，倘不自做菜吃，怕有『食不下嚥』之虞。」十二月十二日致許廣平信中，魯迅又寫道：「現在我們的飯可笑極了，外面仍無好的吃飯處，所以還是從本校廚房買飯，每人每月三元半，伏園做菜，輔以罐頭。而廚房屢次宣言，不買菜，他要連飯也不賣了。那麼，我們為買飯計，必須月出十元，一併買菜，以省麻煩，好在日子也已經有限了。」日子已經有限，暗示著魯迅要離開了。飯菜問題或許也是魯迅在廈門待不長久的原因之一？總之，也算是魯迅對廈門的一種感受。

九月十四日致許廣平的信中，魯迅還報告說：「我已不喝酒了，飯是每餐一大碗……」這種飲食起居之類的事，是耳鬢廝磨的夫妻之間才有的絮叨。過些天，許廣平給魯迅寫信時說：「不敢勸戒酒，但祈自愛節飲。」在北京時，魯迅在許廣平面前喝醉酒，還有了「醉打許廣平」

一幕。當時，許羨蘇說，這樣喝酒會出事的，生氣告退。現在，魯迅自己自覺了，許廣平也勸他節制。魯迅在十月十二日的信中談到喝酒問題時說：「我在北京，太高興和太憤懣時就喝酒，這裡雖然仍不免有小刺戟，然而不至於『太』，所以可以無須喝酒了，況且我本來沒有癮。」九月二十日致許廣平信中，魯迅說了吃飯和睡覺問題：「飯量照舊，這幾天而且更能睡覺，每晚總可以睡九至十小時；但還有點懶，未曾理髮……」魯迅還談道，「我現在如去上課，須走石階九十六級，來回就是一百九十二級」，我們許多人，在某層住了幾十年，未必知道有幾層樓梯吧？魯迅是一個很精確的有板有眼的夫子，這種秉性，有點像德國人。這讓我想起誰送他幾粒柑子，他也要在日記中記清楚。有時候，我幾乎會誇張地懷疑，他修剪鬍子的時候，剪去多少根，會不會也數一數？九月二十二日給許廣平寫信，說在廈門「不便則有之，身體卻好，此地並無人力車，只好坐船或步行，現在已經練得走扶梯百餘級，毫不費力了。眠食也都好，每晚吃金雞納霜一粒，別的藥一概未吃。昨日到市去，買了一瓶麥精魚肝油，擬日內吃它。」以上這些家常事，繁瑣得很，平平淡淡，卻也款款深情。這時的魯迅，有沒有一點像大孩子，給母親報告著在外的生活情況？妻子在丈夫眼裡，有時是母親，有時是愛人，有時是同志，有時就是妻子……人的角色變換，在魯迅身上，也能找到蛛絲馬跡。魯迅在許廣平面前，最像一個世俗的人，《兩地書》也沒有太多深刻的思想，也沒有太多花前月下的詩情畫意，仔細瞅了，我們能看到魯迅太陽穴附近的青筋，甚至可以看到血管裡面流著的血。

九月二十八日，許廣平給魯迅寫信，敘說了很多閒碎，其中幾句，是應該留下的：「看你在廈大，學生少，又屬草創，事多而趣少，如何是好？菜淡不能加鹽嗎？胡椒多吃也不是辦法，買罐頭補助不好嗎？火腿總有地方買，不能做來吃嗎？萬勿省錢為要！！！」三個感嘆號！噓寒問暖，像母親囑咐遊子，像賢妻問候征夫。魯迅人到中年方才遇有甘霖，收藏著「母親的禮物」，又有了兄弟失和的重創，有許廣平伴隨餘生，真乃老天有眼，魯迅幸甚！魯迅在十月四日的回信中說：「醬油已買，也常吃罐頭牛肉，何嘗省錢！！！」也用了三個感嘆號。

魯迅到達廈門時，是秋天季節，恰好是許多水果登場的日子，有香蕉、龍眼、甘蔗、柚子等，魯迅最愛吃的是福建的香蕉和柚子。他說：「我在此常吃香蕉，柚子，都很好。」有時，夜深了，魯迅就坐在燈下剝柚子，以排遣寂寞。讓魯迅感到好笑的，是到附近小店買東西時，當地人稱他為「北人」：「我被稱為北人，這回是第一次。」也是在這爿小店裡，魯迅學懂了兩句閩南話：「吉格渾」、「能格渾」。魯迅要買五根香蕉，店裡的胖老婆子就要「吉格渾」（一角銀）；買十根香蕉，要「能格渾」（二角銀）。魯迅感到閩南方言頗為有趣，趕緊寫信告訴了許廣平。

廈門製作精巧可口的點心，魯迅也很愛吃。他說：「這裡的點心很好」，但是不能放過夜，

一不注意，隔天就爬滿了紅色的小螞蟻。一個人在廈門生活的魯迅，常為生活中的一些瑣事束手無措，只能在深夜給許廣平寫信訴苦，「這裡的螞蟻可怕極了」。螞蟻讓魯迅頭疼，守著一碗白糖不知如何處理。「我現在將糖放在碗裡，將碗放在貯水的盤中」，過了半個多月，魯迅想出「四面圍水之法」，白糖總算是安全了，但如果偶然忘記了，「頃刻之間，滿碗都是小螞蟻」。因為害怕螞蟻，魯迅連喜歡的點心都不敢買了，「買來之後，吃過幾個，其餘的竟無法安放，常將一包點心和螞蟻一同拋到草地裡去」。

九月二十一日是中秋節。每逢佳節倍思親，孤島秋月，母親、愛人，還有兄弟，天各一方，魯迅心中或許五味雜陳？不過，從致許廣平的信中看，卻也平和，「昨天中秋，有月，玉堂送來一筐月餅，大家分吃了，我吃了便睡，我近來睡得早了。」看來，還真沒有才子見月傷懷之愁緒耶。

許廣平也沒有忘了中秋節，她早在九月十七日的信，就留下這樣一句：「祝你在新境度中秋鑑賞他們的快樂。」有情人天各一方，分別後頭一回過中秋，都提到了明月，卻沒有話要透過十五的月亮捎給對方，彼此都十分含蓄。

倒是到了九月二十三日，許廣平在信中再次談到這一年的中秋，有點纏綿：「……不斷的憶起去年今日，我遠遠的提著四盒月餅，跑來喝酒，此情此景，如有目前，有什麼法子呢？……

月是怎樣，沒有細看。」

6. 穿衣、剃頭及其他

十月二十六日廈門的報紙說魯迅「沒有一點架子，也沒有一點派頭，也沒有一點客氣，衣服也隨便，鋪蓋也隨便，說話也不裝腔作勢」。這是對魯迅的真實描述。

魯迅一般穿的是小袖子的長布衫，橡皮底布鞋，一般道學先生比不上他的樸素。他喜歡穿舊衣服，舊到甚至有了補丁，他還穿；衣服是布料的居多。

魯迅從北京往廈門的途中，在上海逗留了幾天。此間，夏丏尊等宴請魯迅，見魯迅穿的還是老舊的洋官紗。夏想起他與魯迅同事時魯迅的穿著，說：「周先生……衣服是向不講究的，一件廉價的羽紗——當年叫洋官紗——長衫，從端午前就著起，一直要著到重陽。一年之中，足足有半年看見他著洋官紗，這洋官紗在我記憶裡很深。民國十五年初秋他從北京到廈門教書去，路過上海，上海的朋友們請他吃飯，他著的依舊是洋官紗。我對了這二十年不見的老朋友，握手以後，不禁提出『洋官紗』的話來。『依舊是洋官紗嗎？』我笑說。『呃，還是洋官紗！』他苦笑著回答我。」魯迅的穿著，誇張點說是「五十年不變」的。

川島在《魯迅先生生活瑣記》一文中說了這樣一件事：

魯迅先生在廈門大學時，有一天邀我去吃午飯，吃他自己燒的干貝燉火腿，兩人還喝了一瓶多點啤酒。大家都吃飽了，可還剩著半鍋火腿和近一瓶已經開了蓋的啤酒。因為菜很好吃，而且酒餚都已現成，他約我再去吃晚飯。我辭出時，他正坐在書桌旁的躺椅上吸菸。等傍晚我又去時，一見面，就看見他棉袍前身中間燒了一個大洞，直徑約半尺左右，還穿著。原來穿在身上的一條褲子，中間也燒去一塊，換下來放在床邊。我初以為他自己溫菜使用酒精爐出的事，就問他這是怎麼回事？他說是手裡拿著香菸坐在躺椅上睡著了燒的。我問他身上燒傷了沒有，他答說沒有。再問他是否受燙驚醒，他也答說沒有。「那麼你怎麼會忽然醒來的呢？」我又問他。他說：「我也不知道，忽然醒來，已經是這樣一個局面了。」待飯罷，我就將這件遭受了火災的棉袍子拿回去，請家裡的女工給他縫補好，次晨送去。直到一九二八年八月間，魯迅先生給我的信中還提起這一位「在廈門給我補過袍子的大嫂」。後來又聽許大姐說，魯迅先生居上海時還穿過這件袍子。

魯迅先生的衣著儘管舊，甚至是破的，然而總是那麼整潔。說舊也不是像當時遺老遺少們穿的那種古怪樣子，只是他的一件衣裳穿著的年代比別人的要長久些。

對魯迅的「火燒棉袍」，有另一種說法，一九八七年四月十八日《團結報》發表盛配文章《掃膩粉呈風骨》一文，其中說道：「當年，我也聽到老師三次參加宴會的故事。一次是在宴請太虛法師時作陪吃醉了，歸來在籐椅上睡著，手指間的香菸將大衫前襟燒成一個大洞，驚醒後說了一句：『陪和尚喝酒是晦氣的，下次我再不陪和尚喝酒了。』」這裡，做為學生的作者，是「聽說」，而非實見。相較之下，川島的回憶當更可信。另外，魯迅陪太虛和尚喝酒竟喝醉了，這不太符合情理。當日，人們要魯迅與太虛和尚並排坐，魯迅不樂意，把哲學系的教授供上去了。太虛和尚也不喝酒吧，如此魯迅怎麼可能喝醉了呢？

……

魯迅不怎麼喜歡理髮，頭髮好像沒有多餘的時間常理似的。陳夢韶說他的頭髮「棘球似的」，「蓬蓬鬆鬆半年才剪一次」，他「枯瘦」，「長滿鬍鬚」。一次，魯迅在廈門街上走著，可能頭髮太長了吧，一個挑著擔沿門剃頭的人，望望魯迅，說：「你剃頭不剃頭？」我想，或許魯迅真的就請挑擔人把頭給剃了。魯迅自己修鬍子，並不囚首垢面。雪花膏、生髮油這一類化妝品，如果有人使用，他有時也會取笑的。

魯迅給朋友寄信，信封往往是用別人寄給他的信翻過來糊製的；寄書，那包書的紙，捆包的繩，都平整如新，然而也都是別人寄給他包書用過的。

不僅是穿衣，許廣平說過，魯迅的日常生活是徹頭徹尾、從內至外都是農民化的。

一九五〇年五月四日，許廣平用中央人民政府政務院祕書廳的公用信箋致信在蘇聯列寧

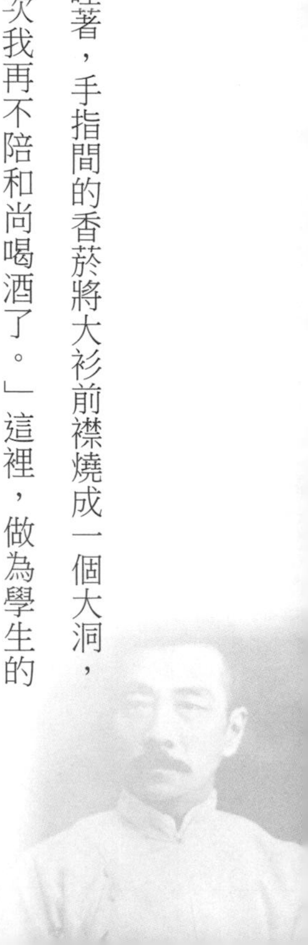

格勒列賓美術學院的李鐵根（原名向群），介紹了魯迅先生的外貌特徵：「他的面色類似一般勞動人民的黃黑色並稍帶些不健康的灰色，因為時常夜間寫作，少見陽光，更似工廠中的廠工。面形略方，鬚髮粗硬，有筆直而較大的（較一般中國人）鼻子。眼在五官中似略小，但有精彩而慈祥，可以彌補其小且調和其鬚髮與鼻子的剛直之氣。耳形亦較大，鬚眉為橫一字形。身材不算高，體雖瘦而骨架頗大，故亦不顯細小。衣帽多為深灰或藏青色，中裝長袍，但一直數十年不改的是西裝褲子。出門及日常手中愛拿的是一根香菸，有時也愛拿黑底紅線條的布包包書，尤其是在大學講授時手中經常拿這樣一個書包。」（原信刊於一九九六年十月十一日《長江日報》）

7.「邪視」

九月三十日，魯迅致許廣平信，特地給許廣平介紹了女學生，「聽講的學生倒多起來了，大概有許多是別科的。女生共五人。我決定目不邪視，而且將來永遠如此，直到離開廈門」。這裡，有點魯迅式的詼諧，還有一點中年人的頑皮，乍看是向許廣平示乖，細想應是示愛了。在九月二十五日的信中，魯迅就有類似的話，「來聽我的講義的學生，一共有二十三人（內女生二人）」，如此坦白交代，彷彿「懼內」，實際上是逗趣，也展現了魯迅率真的性情。

魯迅既是很有情趣的也是率真的人。

許廣平在後來的覆信中是這樣寫的：「這封信特別的『孩子氣』十足，幸而我收到。『邪視』有什麼要緊，慣常倒不是『邪視』，我想，許是冷不提防的一瞪吧！記得張競生之流發過一套偉論，說是人都提高程度，則對於一切，皆如鮮花美畫一般，欣賞之，願顯示於眾，而自然私有之念消，你何妨體驗一下？」從許廣平援引的張競生言論看，張競生大致的意思是這樣，人對一切美的東西懷有欣賞之心，「而自然私有之念消」，許的意思是，聽你講課的有五個女生，你也不妨欣賞一番嘛。

愛情是一種純屬個人的內在感情，具有明顯的排他性，因而戀愛的雙方一般都不會樂意自己的愛人像賞花般地鑑賞異性或被異性鑑賞。我們假設魯迅對許廣平說，他班上有五個美女，他上課走神，目不轉睛地盯著她們看……那會是一番怎樣的情景！

欣賞美與消除「私有之念」有什麼必然的聯繫呢？我看不出來，趙鑫珊有一本書叫《希特勒與藝術》，希特勒欣賞藝術，熱愛藝術，藝術是美的，但欣賞這種美，並沒有淨化他的靈魂。所以，魯迅認為張競生這一觀點在理論上雖然可以自圓其說，但畢竟太理想化了，嚴重脫離現實。

在隨後的覆信中，魯迅針對許廣平的話發了以下感想、感慨：「邪視尚不敢，而況『瞪』

乎？至於張先生的偉論，我也很佩服，我若作文，也許這樣說的。但事實怕很難，我若有公之於眾的東西，那是自己所不要的，否則不願意。以己之心，度人之心，知道私有之念之消除，大約在二十五世紀，所以決計從此不瞪了。」魯迅不無揶揄地指出，實踐張競生的主張，「大約當在二十五世紀」。魯迅的這些感慨，只不過說明張競生太過超前，他所提倡的，只有在未來社會才可能實行。張競生的思想毫無疑問是超前、前瞻的，但這在中國文化裡是沒有適宜土壤的。

8. 跳鐵絲欄・與豬決鬥

十月二十八日的信，是魯迅特別有趣味的信之一，充分表現了魯迅的「頑皮」習性。信中說，「樓下的後面有一片花圃，用有刺的鐵絲攔著，我因為要看它有怎樣的攔阻力，前幾天跳了一回試試。跳出了，但那刺果然有效，給了我兩個小傷，一股上，一膝旁，可是並不深，至多不過一分」。鐵絲攔花圃，卻要跳躍，卻要搗亂，這分明是孩子的行為，魯迅卻一時興起，試著衝擊，結果自然不妙。他也怕「害馬」怪罪，接著說，「這是下午的事，晚上就全癒了，一點沒有什麼。恐怕這事會招到誥誡，但這是因為知道沒有什麼危險，所以試試的……」對此，許廣平在十一月七日的回信中也幽了一默：「對於跳鐵絲欄，亦擬不加誥誡，因為我所學的是教育，而抑制好動的天性，是和教育原理根本剌謬的。」

……………

廈門有一種相思樹，枝丫曲直交錯，綠葉蓬蓬勃勃，廈大隨處可見。據說先前有一對夫妻，丈夫被迫遠渡重洋，外出謀生，臨行前在海邊種了一棵樹，相約三年以後再相見。妻子天天守在樹下，眺望著茫茫大海，盼望丈夫早日歸來。後來，人們便將這種樹稱為「相思樹」。

魯迅和許廣平，天各一方，過的也是兩地相思的苦日子。

魯迅是一個感情豐富的人，據說，他曾經為了愛情在相思樹下與豬決鬥。

最早提到魯迅與豬決鬥的是章衣萍。他在《談魯迅》一文中寫道：

> 大家都知道魯迅先生打過吧兒狗，但他也和豬鬥過的。有一次，魯迅說：「在廈門，那裡有一種樹，叫做相思樹，是到處生著的。有一天，我看見一隻豬，在啖相思樹的葉子。我覺得：相思樹的葉子是不該給豬啖的，於是便和豬決鬥。恰好這時候，一個同事的教員來了。他笑著問：『哈哈，你怎麼同豬決鬥起來了？』我答：『老兄，這話不便告訴你。』……」

後來，魯迅孫子周令飛在《魯迅是誰》一文中透露了「一些鮮為人知的內幕」，「道出了

祖父母戀愛階段的一段逸事」。他說，魯迅和許廣平於一九二六年八月離開北京，分別到廈門與廣州任教，並相約奮鬥兩年打下基礎，將來能夠生活在一起。不過，兩人分處兩地四個多月，飽嚐了人間的相思之苦；他們在四個月裡往返書信多達八十多封，差不多平均三十六個小時就寫一封信。廈門大學裡種有相思樹。一天，魯迅坐在樹下思念許廣平，看到一頭豬跑來吃相思葉，正在熱戀中的魯迅看到代表愛情的相思葉被豬吃，和豬當場展開決鬥。當時有位教員看到，他對那位教員說他與豬鬥的理由是不能告人的。魯迅最終受不了兩年約定的折磨，於一九二七年一月十八日辭去了廈門大學的工作到廣州與許廣平聚會。

周令飛所言，其實是脫胎於章衣萍的筆記，並不是什麼「鮮為人知」的東西。章衣萍說得含蓄，沒有說是因為相思，所以要與啃相思樹的豬決鬥，至於什麼原因，魯迅的回答是「不便告訴」。我以為，章行文是節制的，給讀者留有想像的空間。周令飛比較直白，一口咬定與豬決鬥是與許廣平有關。周令飛的演繹，有良苦用心在，就是還原一個有血有肉、也食人間煙火的魯迅。這則軼聞總體是可信的，但說魯迅坐在相思樹下想許廣平，也太過「小資」一點，你不是魯迅，怎麼知道魯迅在想許廣平呢？這至多是一個合理化的推論。許廣平說過，魯迅的根本特色是農民，我以為質樸的魯迅不會有這樣酸腐的思念。他看見豬在啃樹了，把豬趕跑了，大約事實就是這些。我相信，倘若這頭豬啃的不是相思樹，魯迅也一樣會把牠趕跑的。至於其他，應看作是周令飛的想當然耳，一個合情但不完全合理的美麗的假想。

9. 小解問題

在十月二十八日致許廣平的信中，魯迅談到小解即尿尿問題：「這裡頗多小蛇，常見被打死著，顎部多不膨大，大抵是沒有什麼毒的，但到天暗，我便不到草地上走，連夜間小解也不下樓去了，就用磁的唾壺裝著，看夜半無人時，即從視窗潑下去。這雖然近於無賴，但學校的設備如此不完全，我也只得如此。」這有前提，學校的設備不完整，草地上有蛇，所以只能如此。

這讓我想起一則軼聞。我在《魯迅這座山》一文中說了這樣一段話：「不久前，我在福建的一張小報上看到據說是廈門大學老工友的某老人對記者的談話。他說，魯迅住在廈大時，晚上起來撒尿，是從二樓直接往土牆上尿下來的，這位老人說，你不能這樣幹，魯迅說沒關係的，這土牆很快就會把尿吸收並蒸發了等等。這位老人當時是不是學校的工友，他與魯迅有沒有交往，總之，他所說是不是真實的，這都是問題。我們現在的某些人挖掘魯迅的這一類『史料』，是什麼意思呢？退一百步說，即使是真實的，可是，這又有什麼意義呢？這又有什麼了不起呢？如果這一類『史實』也有意義，那魯迅怎麼屙屎，大約也可以做一篇洋洋

灑灑的大文章了。」這樣看來，魯迅尿尿事，大約典出魯迅給許廣平的信，只是被人隨意「改寫」了。我看過一篇報導，當年，胡耀邦重走長征路，也是在田埂上尿尿。魯迅草地上尿尿，可以肥草，胡耀邦則是肥田了。男兒本性，不足多論也。

寫到這裡，我還有幾句題外話，魯迅的孫子周令飛說了這樣一段軼聞：魯迅五十多歲仍然童心未泯，一次，夜靜更深，外面的貓不停地叫春，屢屢打斷他寫作的思路，魯迅隨即拿起手邊的五十根裝鐵皮的香菸罐，對著可惡的貓發射。還有一次，他以橡皮筋發射紙子彈打亂尿尿的路人屁股。這樣看來，魯迅也不喜歡別人隨便尿尿。當然，孤島荒地與大上海，環境畢竟不一樣，還有，魯迅的年齡也不一樣了，這也許都會有不同的結果。

10. 「打手心」

除了感情交流外，魯迅也希望許廣平有所長進，就是希望其有所長進的話，也帶著特有的情感。十月四日致許廣平信，許廣平在9月28日的信中說：「……我的作品太幼稚，你有什麼方法鼓舞我，引導我，勿使我疏懶退縮不前嗎？」魯迅在這封信中答曰：「至於作文，我怎樣鼓舞、引導呢？我說，大膽做來，先寄給我，不夠嗎？好否我先看，現在太遠，不能打手心，只得記帳，這就已可以放膽下筆，無須退縮的了，還要怎麼樣呢？」十二月二日致許廣平信，再次提到了「打手心」。魯迅希望許廣平能學日文：「還有一個吃虧之處是不能看別國書，我想較為便利的是來學日本文，從明年起我當勒令學習，反抗就打手心。」魯迅表達愛情，沒有一句要死要活「哎呀呀」的話，「打手心」，卻含蘊愛的情趣，也符合師生戀這樣的特定情境。魯迅打許廣平的手心，像嚴父打閨女？像私塾先生打弟子？像哥哥牽過妹妹的手，欲打不忍，結果是一個吻？有趣。

十二月七日許廣平致魯迅信，其中幾句很有趣味：「英譯《阿Q》不必寄，現時我不暇看也不大會看，待真的阿Q到了廣州，再拿出譯本，一邊講解，一邊對照吧！那時卻勿得規避，切切！」這裡，魯迅成了阿Q！我做如是想：魯迅和許廣平緊挨著，魯迅唸英譯本《阿Q》，許廣平眼睛不看書裡，卻瞅著魯迅，魯迅發現了，說：「不專心，打手心。」許廣平伸出手，魯迅將要打，許廣平卻捏了一下魯迅的鼻子：「你這個阿Q呀！」這種推論，應該有一定的合理性吧？

11. 「玩玩的時候多」

魯迅一生都在忙碌著，廈門時期，有特別悠閒的時候，這在他生命歷程中，也許是唯一的。十月二十八日致許廣平信中，魯迅還談了自己工作的情況：「至於工作，其實也並不多，閒

工夫盡有，但我總不做什麼事，拿本無聊的書玩玩的時候多，倘連編三、四點鐘講義，便覺影響於睡眠，不容易睡著，所以我講義也編得很慢，而且遇有來催我做文章的，大抵置之不理，做事也沒有上半年那麼急進了，這似乎是退步，但從另一面看，倒是進步也難說。」在十一月三日致許廣平的信中，魯迅還說了類似意思的話：「我又在玩——我這幾天不大用功，玩的時候多……」魯迅一生中，難得有這樣的清閒，這樣的心態。他說，哪有什麼天才，我是把別人喝咖啡的時間都用到工作上。他常勉勵自己：趕快做！所以，廈門時期的「慵懶」，是魯迅一生中的特例。

12. 怎樣「辦公」

當然，也不只是許廣平關心著魯迅，魯迅也時時關心著許廣平。魯迅對許廣平體貼入微。九月二十日致許廣平的信中，聽許廣平說她的居住條件太差，魯迅囑咐道：「住室卻總該有一間較好的才是，否則，恐怕要瘦下。」十一月三日致許廣平的信中，他勸許廣平工作不要太賣力：「……做做也好，不過萬不要拚命。人固然應該辦『公』，然而總須大家都辦，倘人們偷懶，而只有幾個人拚命，未免太不『公』了，就該適可而止，可以省下的路少走幾趟，可以不管的事少做幾件，自己也是國民之一，應該愛惜的，誰也沒有要求獨獨幾個人應該做得勞苦而死的權利。」倘若人人都在偷懶，一個人或幾個人在「辦公」，如此，辦的就是不公，既是不公，自然也可以少辦甚至不辦。魯迅有時候也是相當世故的。

13. 背心與幸福

十一月十一日許廣平給魯迅寫信，其中說道：「我雖然忙，但也有機會可做瑣事，日前織成毛絨衣一件，是自己用的，現在織開一件毛絨小半臂，係藏青色，成後打算寄上，現已做了大半了。不見得心細，手工佳，但也是一點意思。」知識女性的許廣平，也像許多良家閨女一樣，為魯迅織絨衣，針針線線都織進了自己的牽牽掛掛。

十二月二日魯迅致許廣平的信中說，許廣平織的背心已經穿上，「很暖，我看這樣就可以過冬，無需棉袍了。」（寫到這，我想起在北京時，朱安為魯迅做了一條棉褲，悄悄放在魯迅床上，結果被魯迅扔到一邊。北京應該比廈門更冷吧？有了愛情，魯迅接受的不只是一件編織物，而是把一個人的心穿在身上了；沒有愛，溫情只會增加暴躁。唉，可憐的朱安，可憐的無愛的婚姻！）許廣平在十二月七日的回信中說：「穿上背心，冷了還是要加棉襖，棉袍……的。『就這樣可以過冬』嗎？傻子！」魯迅是生活很隨便的人，冬天衣服也不多穿，為了抑制性慾，甚至不穿棉褲。許廣平要進入魯迅的生活了，不免問寒問暖。我覺得，魯迅

或許可以不穿棉襖，「傻子」二字，有嬌有嗔，足以抗禦寒冬了。

在這封信中，魯迅發感慨說：「在金錢下呼吸，實在太苦，苦還罷了，受氣卻難耐。……我想此後只要能以工作賺得生活費，不受意外的氣，又有一點自己玩玩的餘暇，就可算是萬分幸福了。」魯迅對生活的要求不是很高，不為金錢所累，少受氣，有餘暇，這便是萬分幸福！無獨有偶，許廣平在十二月二十七日致魯迅的信中，也說了大同小異的話：「我只希望教幾點鐘書，每月得幾十元錢，自己再有幾小時做些願做的事，就算十分幸福了。」諸位看客，你說，他倆不是知音是什麼？

14.「直是放恣了起來」

十二月十九日許廣平給魯迅寫信，「廈大幾時放寒假？我現在閒著了，來的日期可先行通知，最好託客棧招呼，或由我預先佈置，總以預知為便，好在我是閒著的。」此前，許廣平算日子，說魯迅還有三十多天就到廣州了，實際是還有四十多天，她少數了十天。愛情讓女人變得弱智，連粗淺的數學題都搞不清楚。魯迅在十二月二十三日的回信中說：「我想先住客棧，此後如何，看情形再說，現在可以不必預先酌訂。」

一九二七年一月七日許廣平給魯迅寫信，談了她讀《墳》的《題記》的感想：「……你執筆可直是放恣了起來，你在北京時，就斷不肯寫出『倒不盡是為了我的愛人，大半乃是為了我的敵人』這樣的句子，有一次做文章，寫了似乎是『……的人』，也終於改了才送出去的。」隨著到廣州的時間臨近，魯迅也感到從戀愛而昇華到另一境界的時刻將很快來臨，所以才「放恣」了起來。許廣平接著說：「總之，你這篇文章的後半，許多話是在自畫招供了，是在自己走出壕塹來了，我看了感到一種危機，覺得不久就要爆發，因為都是反抗的脾氣，不被攻擊固然要做，被攻擊就愈要做的。」與其說許廣平看到「危機」，不如說她預感到了「爆發」。

一九二七年一月十七日魯迅在從廈門往廣州的途中，致許廣平信。在談到旅途情況時說：「……有一個偵探性的學生跟住我。此人大概是廈大當局所派，探聽消息的，因為那邊的風潮未平，他怕我幫助學生，在廣州活動。我在船上用各種方法拒斥，至於惡聲厲色，令他不堪，但是不成功，他終於嬉皮笑臉，謬託知己，並不遠離。……所以我當相機行事，……此外還有三個學生，是廣東人，要進中大的，我已通知他們一律戒嚴，所以此人在船上，也探不到什麼消息。」這封信是在「蘇州輪」上寫的，也是魯迅居閩期間的最後一封信。就要與許廣平見面了，也還是要寫。不過，這封信也可見魯迅的真性情，太過敏感，目前沒有資料顯示廈大當局有派人「偵探性」地跟蹤，廈大畢竟不是克格勃，用不著「一律戒嚴」的。

15.「牢騷已發完，舒服多了」

魯迅的文章有憤懣，有憎恨，可是，他私底下是不是有很多牢騷呢？在魯迅與其他人的往來中，我們看不到這樣的資料。就像談話要有對手一樣，發牢騷也要有對象的。我估計，北京時期的魯迅很難找到發牢騷的對象。他與母親，沒有太多的話說，沒有深談的基礎。周作人應該是談話對手，他們常在一起聊天，也一同去淘書，可惜，後來兄弟反目。即便是沒有反目的時候，魯迅身為長子，也還是有做為兄長的顧忌的。當然，魯迅有一些特別好的朋友，比如齊壽山、許壽裳、章廷謙等，是可以發一些牢騷的。

我們讀《兩地書》，似乎廈門時期魯迅對許廣平發的牢騷特別的多，也特別的瑣碎，甚至有不少的孩子氣。

牢騷是愛的一種，但與純粹的愛又有所區別，或者說，《兩地書》中的牢騷，是魯迅式的愛情，故而專闢一章。

a. 度日如年

魯迅從北京逃到廈門，原因之一就是要逃出「現代評論派」的世界。可是，他到了廈門，「正人君子」顧頡剛者流也先後到了，真是如影相隨。

這裡有必要介紹一下魯迅與顧頡剛的所謂恩怨。

魯迅在經歷了「女師大風潮」，與陳西瀅等現代評論派一場混鬥後，於一九二六年來到廈門。因為陳西瀅、徐志摩等，魯迅對諸如胡適這樣留學西洋的所謂「洋紳士」，以及顧頡剛之類熱衷於在研究室內搞考據的學院派，似乎都沒有了好感。

魯迅才到廈門不久，就不想久待，對廈門大學甚是失望。魯迅沒想到，顧頡剛等人也在廈門大學，他還是落入了「胡適派」或是「現代評論派」的「包圍圈」，有了某種「壓迫」感。

顧頡剛早期與魯迅似乎有些來往。有資料說，顧頡剛一九二〇年在北京大學哲學系畢業後，留校任圖書編目員兼國學門助教，與魯迅不和。為什麼不和呢？語焉不詳。魯迅在一九二六年六月十五日的日記中記道：「下午顧頡剛寄贈《古史辨》第一冊一本。」這似乎可以說明他們之間的關係還可以。然而，魯迅對顧頡剛的大著並無好感，認為顧頡剛「將古史『辨』成沒有」。

顧頡剛在一九二三年討論古史的文章，認為「禹是一條蟲」。他在對禹做考證時，曾以《說文解字》訓「禹」為「蟲」做根據，提出禹是「蜥蜴之類」的「蟲」的推斷。

「禹是一條蟲」，受盡了魯迅的奚落，《偽自由書・崇實》中，魯迅寫道：「禹是一條蟲，那時的話我們且不談罷……」《准風月談・我們怎樣教育兒童的？》寫道：「倘有人作一部歷史，將中國歷來教育兒童的方法，用書，做一個明確的記錄，給人明白我們的古人以致我

們，是怎樣被薰陶下來的，則其功德，當不在禹（雖然他也許不過是一條蟲）下。」在《故事新編・理水》中，針對顧頡剛對「鯀」字和「禹」字的解釋（顧認為鯀是魚，禹是蜥蜴），把顧頡剛稱為「鳥頭先生」——「鳥頭」是從「顧」字而來的。據《說文解字》，顧字從頁雇聲，雇是鳥名，頁本義是鳥頭。這裡，是利用小說進行人身攻擊了，鳥頭，讓人想起了《水滸》中的「鳥人」。

不過，《理水》雖然採用的是小說形式，但卻反映了魯迅對疑古派的系統看法。魯迅借鄉下人的口說：「人裡面是有叫阿禹的。況且『禹』也不是蟲，這是我們鄉下人簡筆字，老爺們都寫作『禺』，是大猴子……」接著魯迅又用許多筆墨正面描寫了這個很有些墨家風度的偉大政治家的風貌。不管在他身上披過多少神話色彩，在遠古曾出現過這樣一位偉大人物是無疑的。不論人們叫他禹還是禺，這不要緊，反正不會是一條蟲。

關於「禹是一條蟲」之說，後來顧頡剛說禹蜥蜴說只是一種「假定」。又在《古史辨》（第二冊）自序中說，「最使我惆悵的，是許多人只記得我的『禹為動物，出於九鼎』的話……其實這個假設，我早已自己放棄。」近年，報刊上有人重提了禹是蟲的問題。金性堯為顧頡剛做過辯解。他在《為「禹是蟲」進一解》一文中說：「……這一推論，固然穿鑿附會，大膽有餘，小心不足，使人難以信服，但他還是立足於學術領域，大家盡可批評，卻不必挖苦諷刺。還有一點，顧先生並沒有直白地說『禹是一條蟲』，這是別人歸納而成的，雖然按照顧先生的考證，會使人得到這樣的話柄，但原來的學術上的嚴肅問題，卻被當作謔畫化的笑料了。」（《文匯讀書週報》一九九三年九月十一日）但何滿子認為應該和當時時代結合起來看這個問題。他認為顧頡剛是胡適「少談論主義，多研究問題」，「進研究室」的忠實執行者。何滿子說：「他辨古史，主觀上可信其是誠心做學問，但以他和胡適的關係，即使不是公開回應胡適的不問現實政治的主張，也是這股風氣的助長者之一。」（《文匯讀書週報》一九九三年十月二日）

魯迅在廈門大學時，顧頡剛也在廈門大學任國學院教授兼國文系名譽講師，二人矛盾加深。在一九二六年九月二十日致許廣平的信中說：「在國學院裡的，朱山根是胡適之的信徒，另外還有兩三個，好像是朱薦的，和他大同小異，而更淺薄，一到這裡，孫伏園便要算可以談談的了。我真想不到天下何其淺薄者之多。他們面目倒漂亮的，而語言無味，夜間還要玩留聲機，什麼梅蘭芳之類。」朱山根即顧頡剛，他即便是胡適之信徒，也不算罪過；他推薦一些人，也只是在行使他的推薦權，魯迅不也推薦章廷謙和許壽裳嗎？淺薄與否是相對的，顧頡剛等在某方面是淺薄的，但不能否認他業有專攻。夜間玩留聲機，如果不影響別人，那是私人行為，魯迅愛聽社戲，別人愛聽京劇，完全是蘿蔔白菜，各有所愛。在我看來，這裡所言，是典型的牢騷。

一九二六年九月三十日魯迅在致許廣平信中說：「此地所請的教授，我和兼士之外，還有朱山根（按指顧頡剛）。這人是陳源之流，我是早知道的……他已在開始排斥我，說我是『名士派』，可笑。」一九二七年九月魯迅在《答有恆先生》一文中，又提到了顧頡剛：「一個教授微笑道：又發名士脾氣了。」所謂「一個教授」，即顧頡剛。魯迅在《朝花夕拾》的《小引》一文中有一句話：「後五篇卻在廈門大學的圖書館的樓上，已經是被學者們擠出集團之後了。」這裡的「學者們」，指的就是顧頡剛等人。

這些資料顯示，魯迅對顧頡剛的反感，原因之一，是因為顧頡剛「是陳源之流」，事實上，顧頡剛與胡適等「現代評論派」的人們，有著精神上的契合之處，他是屬於「學者們」的「集團」的。

關於所謂「胡適派」和「魯迅派」的「相排擠」，事實上應該至少是有其端倪的。魯迅在書信中多次提到，「只崇拜胡適之」的人，在廈大招兵買馬，廈大滿是「現代評論派」的人，搞得魯迅很是不爽；不過，這也不是什麼大不了的事，平心而論，魯迅自己也不是孤家寡人，不是也有孫伏園、章川島嗎？魯迅還費過腦筋，要把許壽裳弄來。什麼派不派，此派和彼派，固然有氣質上的不同，甚至價值觀上迥異，就像當年陳獨秀和辜鴻銘可以同處一校一樣，車走車道，馬走馬路，從實說來，還不都是謀一飯碗爾！別人不好說，魯迅就說得很明白，他是為了賺一些錢到廈門來的。因此，有趣的是，面對妄測，不論「胡適派」還是「魯迅派」，公開的場合，都予以徹底地否認。他們還同去《民鐘》報社，加以駁斥。從報社出來，「魯迅派」和「胡適派」還一起吃過飯。試想，魯迅和顧頡剛同坐在酒桌上，一個漫不經心，一個正襟危坐，多麼有趣！生活要比妄測豐富許多！

一九二六年九月二十三日，許廣平在致魯迅的信中，像大姐姐開導小弟弟一樣開導魯迅：「你為什麼希望『合同年限早滿』呢？你是因為覺得諸多不慣，又不懂話，起居飲食不便嗎？如果對於身體的確不好，甚至有妨健康，則還不如辭去的好。然而，你不是要『去做工』嗎？你這樣的不安，怎麼可以安心做工!?你有更好的方法解決沒有?或者於衣食抄寫有需我幫忙的地方，也不妨通知，從長討論。」魯迅少小離家，先南京而後日本，做為長子，只有他呵護於二弟，孝敬於母親，大約從來沒有受到過別人特別是異性的關愛吧！魯迅一到廈門就想離開，原因很多，在我看來，最主要的一條，就是想著他的「害馬」。廈大固然有許多不盡人意之處，因為急於見許廣平，因為愛和孤獨而不能安心，在這樣的情境下，把廈大的種種不是，無意間地給予擴大，或許也是有的。中年獲愛，沉鬱而熱烈，許廣平應該也是心知肚明，但說話還是比較含蓄，勸他安心「做工」。後來，就是九月三十日，魯迅是這樣回覆許廣平的：「我之願合同早滿者，就是願意年月過得快，快到民國十七年，可惜來此未及一月，卻如過

了一年了。」還真是度日如年哩，也可見，對廈大的牢騷，很大程度上也僅僅是牢騷而已。

b. 擔心對方的擔心

十月十五日，在致許廣平的信中談了一些吸菸、喝酒的日常生活後，魯迅說：「我在這裡不大高興的原因，首先是在周圍多是語言無味的人物，令我覺得無聊。」話不投機半句多，沒有談話對手，這是魯迅在廈門的大苦惱。但是，魯迅在北京，就有很多談得來的人嗎？雖有老朋友，但可視為同懷者有幾？況且，魯迅這樣的先知先覺者，能成為他的談話對手或知己的，寥若晨星。他在磚塔胡同的時候，天天面對的是朱安，境況和心境自然比廈門時期更糟。所以，在我看來，這種「廈門的無聊」，也只是對許廣平的一種絮叨，還是牢騷。「他們倘讓我獨自躲在房裡看書，倒也罷了，偏又常常尋上門來，給我小刺戟。」在十二月三日致許廣平的信中，魯迅也說：「到我這裡來空談的人太多，即此一端也就不宜久居於此。」十二月十二日的信中說：「我在這裡，常有客來談空天，弄得自己的事無暇做，這樣下去，是不行的……我的主意，是在想少陪無聊之客而已。……誰都可以直衝而入，並無可談，而東拉西扯，坐著不走，殊討厭也。」魯迅是名人，來鑑賞一番魯迅，大約也是當時的一種時尚，沾了一些名人氣，日後也可以有一些魯迅的韻事用來吹牛，這也是高雅的事情。不過，話說回來，倘若魯迅在廈大，同仁都不來拜訪，那是怎樣一種情境？這是不言自明的。《兩地書》

中，之所以那麼多「牢騷」，是因為魯迅在廈門無人可傾訴，又因為他確實已經把許廣平當作自己的親人，他說：「但因為無人可談，所以將牢騷都在信裡對妳發了。妳不要以為我在這裡苦得很，其實也不然的，身體大概比在北京還要好一點。」又要發牢騷，又擔心對方的擔心，客觀上也道明了在廈門並非「苦得很」，只不過是有了一個可以承載他的牢騷的人而已。第二天，也就是十六日，魯迅在致許廣平的另一封信中也說：「我的情形，並未因為怕妳神經過敏而隱瞞，大約一受刺激，便心煩，事情過後，即平安些。」很顯然，許廣平是自己的傾訴對象，但傾訴多了，又怕她太為自己擔心，於是，就有了這些坦露心跡的文字，他是為了讓自己的小情人放心，這些文字客觀上成了魯迅性格的寫照。如果有心理學家要研究魯迅的性格特徵，《兩地書》中有許多一手資料。他還對許廣平說了，在廈門，有人把他當作「寶貝」看，「和在北京的天天提心吊膽，要防危險的時候一比，平安得多……」

另外，在十一月二十日致許廣平的信中，魯迅說了他「牢騷」的另一面：「我其實毫不懈怠，一面發牢騷，一面編好《華蓋集續編》做完《舊事重提》，編好《爭自由的波浪》（董秋芳譯的小說），看完《卷葹》都分頭寄出去了。」牢騷雖甚，工作照幹。這裡，他有點像向家長彙報工作、向領導坦陳心跡了。

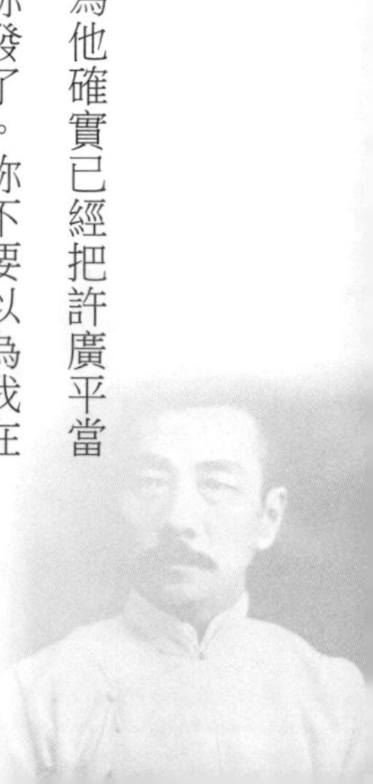

c.「靜一靜又會好的」

十一月七日致許廣平的信中，發了頗有人生感悟的「牢騷」：「中大的薪水比廈大少，這我倒並不在意，所慮的是功課多，聽說每週最多可至十二小時，而做文章一定也萬不能免，即如伏園所辦的副刊，就非投稿不可，倘再加上別的事情，我就又須吃藥做文章了。」魯迅擔心太忙，太忙了，心煩意亂，那是做不出文章的。魯迅而不做文章，那生活有什麼快感？

十一月九日致許廣平信，表示對到廣州教書「很有些躊躇」，因為聽到那裡很有些表面上裝作「同道」而暗地要弄手段的人。信中說：「恐怕情形會和在北京時相像。廈門當然難以久留，此外也無處可走，實在有些焦躁。我其實還敢站在前線上，但發見當面稱為『同道』的暗中將我做傀儡或從背後槍擊我，卻比被敵人所傷更其悲哀。我的生命，碎割在給人改稿子，看稿子，編書，校字，陪坐這些事情上者，已經很不少，而有些人因此竟以主子自居，稍不合意，就責難紛起，我此後頗想不再蹈這覆轍了。」有中國人的地方，情形總是相像，不論北京，還是廈門，抑或廣州，這一點魯迅應該是十分明白的。魯迅也有無處可走的焦躁，殊為可嘆！這裡，所謂「同道」，魯迅吃草擠奶，回報他的卻是「背後槍擊」，應視為三十年代魯迅感嘆於「同一營壘」中人的暗傷，故而取「橫站」姿勢的先聲。說是不想再蹈覆轍，做起來卻難，往近說，在廈門，魯迅不是依然為《鼓浪》、《波艇》等賣力嗎？就是到了將要離開廈門之際，還不忘為年輕人未必成熟的作品作序；往遠了說，魯迅到了上海之後，依然難改「舊習」，提攜過蕭軍、蕭紅等等，擺出來，恐怕是一長串的名字哩。會這麼說的，不一定這麼做，真要這麼做了，則未必說了。在十一月十五日給許廣平的信中，也可以證實這一判斷：「我憤激的話多，有時幾乎說：『寧我負人，毋人負我。』然而自己也往往覺得太過，實行上或者正與所說的相反。」我覺得，魯迅與許廣平通信中的許多牢騷話，除了表現了魯迅的性情外，有的，我們還不能太當真。魯迅自己也說，「靜一靜又會好的」。不讀《兩地書》，不知道什麼叫「相濡以沫」，任性的孩子不斷地牢騷著，寬厚的姐姐不停地撫慰著，這就是實實在在的愛情。

魯迅對那些利用自己的青年是不滿的：「在這幾年中，我很遇見了些文學青年，由經驗的結果，覺他們之於我，大抵是可以使役時便竭力使役，可以詰責時便竭力詰責，可以攻擊時自然是竭力攻擊，因此我於進退去就，頗有戒心，這或也是頹唐之一端，但我覺得這也是環境造成的。」

信末，魯迅說：「又是禮拜，陪了半天客，無聊得頭昏眼花，所以心緒不大好，發了一通牢騷，望勿以為慮，靜一靜又會好的。」也許，魯迅想用星期天做一些事，送走幾個舊客，又來若干新客，話不投機，卻不得不應付，這確實讓人頭疼，讓人煩躁！

八日，在昨天信的後面，又給許廣平補充了一些文字，其中說道：「牢騷已發完，舒服

多了。」顯然，許廣平成了他傾訴的對象，雖有不滿，雖有憤懣，說說也就好了。所謂愛人，有時就是發洩對象或出氣筒。

d. 許往汕頭的小風波

魯迅一到廈門，就想著要走，要去廣州。這期間，有一陣子許廣平有了要去汕頭的念頭，為什麼呢？許廣平在廣州的工作一直不十分順手，事多而又瑣碎，學生不時鬧事，同事也有是非，身心疲累。許廣平十一月七日致魯迅信說：「自從學潮起後，因我是訓育主任，直接禁罰他們，故已成眾矢之的，先前見我十分客氣，表示歡笑者，現亦往往不過勉強招呼，或故做不見，甚或怒目而視。總之感情破裂，難以維持……」此時，正好有一位原在北京時就認識的革命者李春濤來到廣州。李本來在北京當教授，這次是以代表身分來廣州開會。聽了許廣平說到在廣州的難處，李便邀許廣平去汕頭，表示「無論教書，做婦女工作，做報紙宣傳工作，（他）都可以想辦法。」許廣平萌發了去汕頭的想法，七日的信中還說，「此學期一日不完，我暫且負責一時，但一結束，當即離開，此時如汕頭還缺教員，便赴汕頭」。魯迅不高興了，我到了廣州，你卻去了汕頭，如果這樣，我在廈門還可以待下去的。一般魯迅收到許廣平的信，總是立即就回覆的，此信魯迅十一日收到，到了十五日晚上才回信。此事讓魯迅多了煩惱，多了揣想。

十一月十五日，魯迅致信許廣平。說中山大學的聘書已經收到，月薪二百八，「但我的行止，一時也還不能決定」。接著，魯迅說：「此地空氣惡劣，當然不願久居，而到廣州也有不合的幾點：（一）我對於行政方面，素不留心，治校恐非所長；（二）聽說政府將移武昌，則熟人必多離粵，我獨以『外江佬』留在校內，大約未必有味；而況（三）我的一個朋友或者將往汕頭，則我雖至廣州，又與在廈門何異。」關於（一），魯迅到中山大學後，確實兼了一二行政職務，忙得團團轉，自認為不是幹行政工作的料，所以很快辭職了。魯迅是有自知之明的。從社會的角度來說，讓魯迅這樣的人去做瑣碎的行政工作，當然是大材小用，用非所長。關於（二），這裡的熟人，大約是指可以談得來的人吧！魯迅在廈門的苦悶，很大程度上就因為無談話對手，而來他房間閒坐的又是一些無聊的人。所以，一些說得來的老朋友離開廣州了，他到廣州又有什麼意思呢？關於（三），魯迅說得很含蓄，甚至有點幽怨，「我的一個朋友」當然是許廣平，魯迅不直說許廣平而如此稱呼，話裡話外分明流露出按捺不住的牢騷情緒。亦可謂五味雜陳。妳去了汕頭，我到廣州，不是和在廈門也差不多嗎？話反過來說，可以這麼理解，就是因為許廣平在廣州，所以魯迅才去中山大學的。

這封信還表現了魯迅對未來的「無把握」、不確定。他說：「因此又常遲疑於此後所走

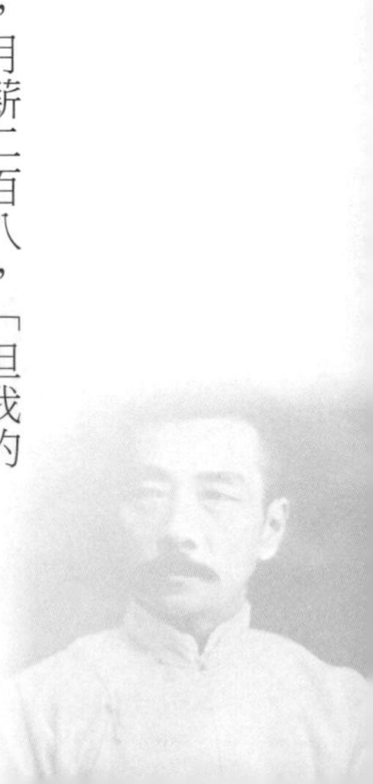

的路：（一）死了心，積幾文錢，將來什麼事都不做，顧自己苦苦過活；（二）再不顧自己，為人們做些事，將來餓肚也不妨，也一任別人唾罵；（三）再做一些事，倘連所謂『同人』也都從背後槍擊我了，為生存和報復起見，我便什麼事都敢做，但不願失了我的朋友。」對於（一），魯迅說「當先託庇於資本家，恐怕熬不住」。我推測，只有在失去許廣平的狀態下，魯迅才會「顧自己苦苦過活」。關於（二），魯迅說：「……我已經實行過兩年了，終於覺得太傻。」關於（三），魯迅說：「末一條頗險，也無把握（於生活），而且又略有所不忍。」末一條的關鍵字是「不願失去了我的朋友」。魯迅是不同意許廣平到汕頭謀職的，許廣平也只是與他商量，魯迅就彷彿失去了她一般。如此看來，魯迅非常在乎許廣平。未來的生活怎麼安排，很大程度上取決於許廣平。所以，信末魯迅甚至帶著懇求的口氣說：「所以實在難於下一決心，我也就想寫信和我的朋友商議，給我一條光。」魯迅人到中年，經歷了不幸的婚姻和兄弟失和等種種打擊，這才有了許廣平，他把許廣平看作他生命中的一條光。我想，魯迅與周作人決裂，大病一場；倘若失去許廣平，他甚至活不到五十六歲。他也曾預計自己是短命的。在十一月二十八日致許廣平的信中說：「……我一定於年底離開這裡，就中大教授職。但我極希望 H.M. 也在同地，至少可以時常談談，鼓勵我再做些有益於人的工作。」魯迅對許廣平是多麼的依戀！

許廣平在十一月二十二日致魯迅的信中，對魯迅以上所說各條，闡述了自己的看法：「你到廣州認為不合的幾點，依我的意見：一，你擔任文科，並非政治，只要教得學生好就是了，治校恐不怎樣看重；二，政府遷移，尚未實現，『外江佬』之入籍，當然不成問題；三，他行止原未一定，熟人也以在廣州者為多，較易設法，所以十之九是還在這裡的。……來信之末說到三條路，在尋『一條光』，我自己還是世人，離不掉環境，教我何從說起。但倘到必要時，我算是一個陌生人，假使從旁發一通批評，那我就要說，你的苦痛，是在為舊社會而犧牲了自己。舊社會留給你苦痛的遺產，你一面反對這遺產，一面又不敢捨棄這遺產，恐怕一旦擺脫，在舊社會裡就難以存身，於是只好甘心做一世農奴，死守這遺產。有時也想另謀生活，苦苦做工，但又怕這生活還要遭人打擊，所以更無辦法，『積幾文錢，將來什麼事都不做，苦苦過活』，就是你防禦打擊的手段，然而這第一法，就是目下在廈門也已經耐不住了。第二法是在北京試行了好幾年的傻事，現在當然可以不提。只有第三法還是疑問，『為生存和報復起見，便什麼事都敢做，但不願……』這一層你也知道危險，於生活無把握，而且又是老脾氣，生怕對不起人。總之，第二法是不顧生活，專戕自身，不必說了，第一、第三俱想生活，一是先謀後享，三是且謀且享。一知其苦，三知其危。但我們也是人，誰也沒有逼我們獨來吃苦的權利，我們也沒有必須受苦的義務的，得一日盡人事，求生活，即努力做去就是了。」

許廣平不愧為魯迅的紅顏知己，對魯迅的性情、處境等，分析得十分在理，還確實是可以為魯迅指「一條光」的人。

張恩和先生就許廣平欲往汕頭事，對魯迅的心理有一段分析，他說：

> 魯迅知道後，情緒受到影響。試想，魯迅下了最大的決心拋家別口不說，還丟下在北京拚搏了十幾年打下的堅實基礎，遠到這有點「蠻荒」味道南國，圖的不就是能和好不容易相知相愛的人在一起嗎？現在，許廣平突發去汕頭的念頭，並且又是受另一位男士之邀，魯迅心裡會做（能做）何種感想呢？他甚至想到許廣平會不會有什麼別的考慮。此時的魯迅，感到許多話想說又難以出口。因為以他和許廣平的關係，他當然是不希望許廣平去汕頭的，也不能理解許廣平為什麼會想起去汕頭；但是，僅以他現在和許廣平的關係（還只是相戀），他又不可能明白表示反對。此時此刻，他能夠不感到苦悶，不鬧一點情緒，不發一點牢騷嗎？

經許廣平解釋，魯迅自然很快消除了誤會。十一月三十日許廣平給魯迅寫信，向魯迅明確表示，「汕頭我沒有答應去，決意下學期仍在廣州」。魯迅去世以後，許廣平在《魯迅回憶錄》中說，當年之所以想去汕頭，是為了「走向革命，學習到更多的東西，同時，也為了離廈門近一些，與魯迅呼應較便」。這話有時代侷限，半真半假。我想，廣州就是革命的中心了，走向革命未必就要到汕頭；說是離魯迅近一些，這是可信的。因為一開始她就打聽，從廣州往廈門，汕頭是最近的路。

魯迅在得到許廣平表示不會去汕頭的回答後，十一月二十八日寫信給許廣平，表示決定赴廣州應中大之聘，「……我一定於年底離開這裡，就中大教授職」。這次小誤會，似乎也更堅定了魯迅離開廈門奔赴廣州的決心。

e. 性格分析

十一月十五日，許廣平致魯迅信，信中說出了自己對魯迅性格的理解：「你的性情太特別，一有所憎，即刻不可耐，坐立不安。」在第二天，即十一月十六日致魯迅的信中，許廣平進一步分析了魯迅的性格：「你的弊病，是對有些人過於深惡痛絕，簡直不願同在一地呼吸，而對有些人又期望太殷，不惜赴湯蹈火，一旦覺得不副所望，你便悲哀起來了。這原因是由於你太敏感，太熱情，其實世界上你所深惡的和期望的，走到十字街頭，還不是一樣嗎？而你硬要區別，或愛或憎，結果都是自己吃苦……」魯迅愛憎太過份明，為人太過敏感，所以在精神上特別痛苦。「其實世界上你所深惡的和期望的，走到十字街頭，還不是一樣嗎？」這句話正大可玩味哩。上個世紀五〇年代，章士釗和許廣平都是人大代表，又都是主席團成

員，「章」和「許」兩個姓氏筆劃相同，因此每次在主席臺上，都是比鄰而坐。章說：「我們很客氣嘛，誰都不提幾十年前的事了。」有一次服務員上茶先送許廣平，許廣平把茶讓給章士釗說：「您是我的師長，您先用。」章士釗說：「我和魯迅的夫人都和解了，坐在一起開會，魯迅如果活著，當然也無事了。」舉這個例子，是想說明，如果是魯迅開會要和章士釗坐在一起，從魯迅的為人、性情等綜合考量，魯迅至少是請假，而許廣平與章士釗，就如她所言「走到十字街頭」，場面上的客套還過得去。

許廣平對魯迅的愛，不是盲目的崇拜，而是建立在對魯迅深刻理解的基礎上，以上對魯迅「性格組合」的剖析，應該是十分精當之論，而這樣的言論，也只能出自許廣平。

十六日的信，除上文提到的說及魯迅的性格弱點外，提出要到廈門看望魯迅：「你願否我趁這閒空，到廈門一次，我們師生見見再說，看你這幾天的心情，好像是非常孤獨似的。還請你決定一下，就通知我。」許廣平這裡用「我們師生見見再說」，表達了女性因嬌羞而生的含蓄，如果這裡不用「師生」二字，那許廣平也太過於「解放」，少了許多味道。雖然小魯迅十幾歲，還是非常善解人意的，她還對魯迅說：「你有悶氣，儘管仍向我發，但願不要悶在心裡就好了。」對於許廣平要來廈門的想法，魯迅的真實心理我們不知道，我寧可推論為他是很高興她能來的，但是，在二十日的回信中，是這麼說的：「至於妳的來廈，我以為大可不必，『勞民傷財』，都無益處；況且我也並不覺得『孤獨』，沒有什麼『悲哀』。」戀愛中的男女，言不由衷的時候是有的，也不好深究。往實在一點說吧，大約魯迅覺得，自己很快就要往廣州去了，這一趟奔波倒是可以免去的。

16. 也不能省略的「重大話題」

從廈門時期魯迅與許廣平的通信可以看出，魯迅和許廣平之間除了訴說牽掛以外，也有重大話題，雖然這不是主要內容，不好任意放大，但是，完全忽略，也不是客觀的。他們離開了北京，還關心著北京發生的事，尤其關心他們一起戰鬥過的女師大。此外，魯迅對北伐戰爭是支持的，對當時的國民黨是認可的（這不排除許廣平是國民黨黨員的因素），甚至對蔣介石是不否定的。

一九二六年九月十四日，致許廣平信。魯迅在報上看到教育總長任可澄下令北京女子師範大學與女子大學合併為女子學院，遭到女師大師生的反對後，於四日派武裝軍警強行接收的消息，十分憤怒，在致許廣平的信中說：「看上海報，北京已戒嚴，不知何故；女師大已被合併為女子學院，師範部的主任是林素園（小研究系），而且於四日武裝接收了，真令人氣憤，但此時無暇管也無法管，只得暫且不去理會它，還有將來呢！」魯迅和許廣平都在女

師大待過，戰鬥過，對來自女師大的消息自然格外關注，這也算是一種舊時牽掛吧！當然了，遠在鷺島，魯迅明白，不僅無暇管，客觀上也管不了，所以，只希望將來能好起來。

魯迅對北伐是肯定的，是支持的。九月十四日致許廣平的信中，對北伐的順利進軍表示歡欣：「此地北伐順利的消息也甚多，極快人意。」十月十五日致許廣平的信中，魯迅通報了北伐軍的進展情況：「今天本地報上的消息很好，但自然不知道可確的。一，武昌已攻下；二，九江已取得；三，陳儀（孫之師長）等通電主張和平；四，樊鐘秀已入開封，吳佩孚逃保定（一云鄭州）。總而言之，即使要打折扣，情形很好總是真的。」我想，廣州的消息不會比廈門更閉塞，魯迅羅列這些，客觀上是魯迅關注這些，也是為了表明與年輕的國民黨員許廣平有共同的關懷。魯迅在信中多處強調北伐的勝利，在我看來，愛屋及烏，多少也有點「討好」做為國民黨黨員的許廣平。

魯迅在廈門感受到了別樣的「雙十節」。十月十日致許廣平信中說：「今天是雙十節，卻使我歡喜非常……北京的人，彷彿厭惡雙十節似的，沉沉如死，此地這才像雙十節。我因為聽北京過年的鞭爆聽厭了，對鞭爆有了惡感，這回才覺得卻也好聽。」又說：「聽說廈門市上今天也很熱鬧，商民都自動的地掛旗結綵慶賀，不像北京那樣，聽員警吩咐之後，才掛出一張污穢的五色旗來。此地的人民的思想，我看其實是『國民黨的』的，並不怎樣老舊。」

同是鞭炮，北京和廈門的聲音也是不一樣的，魯迅的感受頗為特別。一般地看去，魯迅對廈門並無好感，至少對廈大並無好感，這會兒，怎麼會有對「雙十節」的好印象呢？況且，廈門市區的情景，也不是他親睹。依我看，當年許廣平是國民黨黨員，魯迅多少也有點愛屋及烏的意思吧？

十一月二十五日致許廣平的信中，對當時廈大的學生運動深表關心。當時廈大的學生運動主要由共產黨人羅楊才領導。羅時任廈大學生自治會主席，又以個人身分擔任了廈大國民黨區分部書記。魯迅說：「本校學生中，民黨不過三十左右，其中不少是新加入者，昨夜開會，我覺得他們都沒有歷練，不深沉，連設法取得學生會以供我用的事情都不知道，真是奈何奈何。開一回會，空嚷一通，徒令當局者因此注意，那夜反民黨的職員就在門外竊聽。」後來，羅揚才注意到這點，利用學生自治會來「挽留魯迅」，發動了一場不大不小的學潮。

十月二十日致許廣平的信中，提到了蔣介石：「現在我最恨什麼『學者只講學問，不問派別』這些話，假如研究造炮的學生，將不問是蔣介石，是吳佩孚，都為之造嗎？」這裡，蔣介石和吳佩孚是一個對立面。魯迅否認北洋軍閥，這是沒有疑義的。技術是工具。為蔣還是為吳「造炮」？為什麼人的問題，是一個根本的問題。

第五章

廈門時期的文章講述

1. 京滬路上的見聞與雜感

——《上海通信》

魯迅一九二六年八月二十六日下午由北京啟程赴廈門。八月二十九日抵滬，三十日在上海孟淵旅社寫下這篇蠻有趣味的文章，載十二月《語絲》週刊第九十九期，署名魯迅。收入《華蓋集續編》。信是寫給李小峰的。信的內容是南下見聞，雖是見聞，描述的中國社會的種種怪現象，都關乎中國人的秉性。

魯迅描述了「穿制服」的「稅吏之流」和「有槍階級」的嘴臉。在天津車站，一個稅吏「突然將我的提籃拉住，問道『什麼？』我剛回答說『零用什物』時，他已將籃搖了兩搖，揚長而去了」。穿了制服，似乎就披上了一層政府的皮，就可以代表政府作威作福了。魯迅說，「幸而我的籃裡並無人參湯、榨菜湯或玻璃器皿，所以毫無損失」。提籃裡要真有，倒了也就倒了，破了也就破了，「制服」雖然是老百姓供的，但老百姓什麼時候對「穿制服的」有制伏的辦法呢？

此外，魯迅還與「有槍階級」有過「接洽」。當兵的也差不多，三、四個當兵的要看魯迅的行李，魯迅也得「給他解了繩，開了鎖，揭開蓋」，「有槍階級」這才「蹲下去在衣服

中間摸索。摸索了一會兒，似乎便灰心了……往外走出去了」。我想，魯迅的行囊除了書，大約沒有什麼寶貝。試想，如果確實有寶貝的話，情況將會怎樣呢？他們從魯迅這走開後，到別的地方，如果搜出了什麼寶貝，又會是怎麼樣呢？結論是不言自明的。

魯迅的「有槍階級」典出於高一涵的「無槍階級」。涵廬（高一涵）在《現代評論》第四卷第八十九期（一九二六年八月二十一日）的《閒話》中說：「我二十四分的希望一般文人收起互罵的法寶，做我們應該做的和值得做的事業。萬一罵溜了嘴，不能收束，正可以同那實在不敢罵的人們，鬥鬥法寶，就是到天橋走走，似乎也還值得些！否則既不敢到天橋去，又不肯不罵人，所以專將法寶在無槍階級的頭上亂祭，那末，罵人誠然是罵人，卻是高傲也難乎其為高傲吧！」天橋附近，是當時北京的刑場。高一涵的意思是，你罵「無槍階級」不算本事，如果真有本事，應該去罵「有槍階級」，應該到天橋去送死。魯迅向來主張「韌性戰鬥」，反對白白送死，反對與虎謀皮。所以，他說：「我並不想步勇敢的文人學士們的後塵，在北京出版的週刊上斥罵孫傳芳大帥」。魯迅的這一思想後來不僅沒有改變，還得到了強化。一九三三年，當周木齋要求大學生不應該逃難，要去抗戰時，魯迅是不以為然的。魯迅說：「大學生們將赤手空拳，罵賊而死呢？還是躲在屋裡，以圖倖免呢？我想，還是前一著堂皇些，將來也可以有一本烈士傳。不過於大局依然無補，無論是一個或十萬個，至多，也只能又向『國聯』報告一聲罷了。」

文中，寫了男女不能一室，一家人只能隔間而臥的怪現象，「我從七年前護送家眷到北京以後，便沒有坐過這車；現在似乎男女分坐了，間壁的一室中本是一男三女的一家，這回卻將男的逐出，另外請進一個女的去」。這是數千年男女授受不親在現代工具火車上留下的餘韻。中華精神文明在列車上得到淋漓盡致的體現，從中可知，途中，魯迅和許廣平是不在一個臥鋪車廂內的。戀人或許被分隔？距離產生了美感？

魯迅還寫了一個茶房因茶資太少，近乎敲詐卻能自我開脫，他認為，自己沒有做土匪，只是敲點小錢，還算有良心。就是說，我固然不地道，但許多人比我更壞，或許我敲詐得有道理？有比我更壞的，所以我不算太壞，我壞得不那麼壞。這是一個典型。魯迅只寥寥數語，做了勾勒，可惜沒有像阿Q那樣樹成一個典型。這樣的中國人真是太多了！

應該說，魯迅寫這篇文章時心境是好的，板鴨、插燒、油雞等，魯迅認為物美價廉，高粱酒「也比北京的好」，「就因為它有一點生的高粱氣味，喝後合上眼，就如身在雨後的田野裡一般」。魯迅一生有這樣好心境的時候應該不是太多。文末，一向不愛旅遊的他卻有這樣的感慨：「走了幾天，走得高興起來了，很想總是走來走去。先前聽說歐洲有一種民族，叫做『吉柏希』的，樂於遷徙，不肯安居，私心竊以為他們脾氣太古怪，現在才知道他們自

有他們的道理，倒是我糊塗。」我猜度，雖然有不少煞風景的事情，在旅途，還是感受到了快樂，這大約因為身邊有了許廣平吧！

2.「樂園」與失「樂園」

——《從百草園到三味書屋》

回憶性散文《朝花夕拾》在北京時就開始寫了，後五篇卻是完成於廈門，它們是：《從百草園到三味書屋》、《父親的病》、《瑣記》、《藤野先生》、《范愛農》。魯迅在《故事新編．序言》中，曾說及寫作這些文字時的情境和心境：「直到一九二六年的秋天，一個人住在廈門的石屋裡，對著大海，翻著古書，四近無生人氣，心裡空空洞洞。」「這時我不願想到目前，於是回憶在心中出土了。」《朝花夕拾》小引中還有如下說明：「……這回便輪到陸續載在《莽原》上的《舊事重提》，我還替它改了一個名稱：《朝花夕拾》。」「這十篇就是從記憶中抄出來的，……後五篇卻在廈門大學的圖書館的樓上，已經是被學者擠出集團之後了。」魯迅的文字，向來充滿著社會批判的色彩，《朝花夕拾》的大多文章，難得地例外，社會批判的鋒芒不能說沒有，應該說很淡很淡。四十六歲的魯迅，歷經了人世的滄桑，飽嚐了人情的冷暖，心中懷著愛情，以少有的憂鬱、抒懷的筆調，款款深情地敘說著童年往事。「朝花」，即清晨帶露珠、色香「自然要好得多」的鮮花，指魯迅青少年時的事；「夕拾」，是說直到中年以後才在回憶中把它們寫出來，藉以慰藉「夕時」「離奇和蕪雜」的心情。

《從百草園到三味書屋》寫於一九二六年九月十八日，最初發表於同年十月十日《莽原》半月刊第十九期，副題為「舊事重提之六」，後由作者編入散文集《朝花夕拾》。

作品寫了少年魯迅從「樂園」到失「樂園」的心靈感受。

魯迅的童年、少年時代，與自然最為貼近。少年魯迅嚮往的「樂園」是東關的迎神賽會、趙莊的社戲，以及「深藍的天空中掛著一輪金黃的圓月，下面是海邊的沙地……」「百草園」是紹興新台門裡周家的一個菜園子，是魯迅童年時期玩耍的地方，是魯迅早年生活的「樂園」。百草園裡有碧綠的菜畦，光滑的石井欄，高大的皂莢樹，紫紅的桑葚；還有鳴蟬在樹葉裡長吟，肥胖的黃蜂伏在菜花上，輕捷的叫天子（雲雀）忽然從草間直竄雲霄……這些都不必說，單是周圍的短短的泥牆根一帶，就有無限趣味。這裡有低唱的油蛉，彈琴的蟋蟀，有時會遇見蜈蚣，還有能從後竅噴出一陣煙霧的斑蝥；更有木蓮其果實如蓮房，何首烏根如人形者，據說吃了可以成仙；還有覆盆子，色味都比桑葚好得遠，又酸又甜。

冬天的百草園雖然比較寡味，但在雪後，按照閏土的父親傳授的方法，支起竹篩來捕鳥，

也是很有趣的。

相傳百草園裡還有一條赤練蛇，就又引出了長媽媽講的「美女蛇」吃人，終於被老和尚的飛蜈蚣治死的故事，真是又令人心驚，又令人神往。

百草園的生活豐富多彩，使「我」能盡情地玩耍，但卻又有「赤練蛇的故事」使「我」感到「做人之險」……魯迅熱愛生活，鍾情自然，童年往事歷歷如繪，百草園色彩繽紛，生機無限，是大自然濃縮到了魯迅的家中，從而使魯迅融入了自然，聆聽到了自然的美好與神祕。魯迅說：「其中似乎確鑿只有一些野草；但那時卻是我的樂園。」百草園的生活，給少年魯迅帶來多少快樂啊！

大約，人生總是從快樂起步，而漸漸地步入苦境。很快，魯迅十二歲了，他不能再到百草園無節制地玩耍了，因為家人要送他到「三味書屋」讀書。他只能懷著深情和他心愛的朋友告別，「我的蟋蟀們！」「我的覆盆子們和木蓮們！」

「三味書屋」位於魯迅故居附近，距「百草園」不遠，原是清朝末年紹興城內的一個私塾。「三味書屋」最初為「三餘書屋」，是借用三國時魏人董遇常叫學生利用「三餘」時間讀書而命名的。「三餘」為「冬者歲之餘，夜者日之餘，陰雨者時之餘也」。後將「餘」改為「味」，有一種說法是「詩書，味之太羹；史為折俎；子為醯醢；是為三味」。

「三味書屋」與「百草園」的生活迥然不同，形成鮮明的對照。百草園是玩的地方，是快樂所在；三味書屋則是用功的場所。從孩子的秉性來說，他們是天然地排斥苦讀的；站在孩子的立場看，進入了「三味書屋」也就告別了快樂的童年，我們不好說此後就是進入了人生的「苦海」，但至少是「樂園」的消失。

「三味書屋」部分，魯迅的學習生活是與私塾先生的言行聯繫在一起的，那麼，我們應該怎樣認識這個人物呢？

先前，是把私塾先生當做「維護封建教育制度和宣揚孔孟之道的一個典型腐儒」來看的，「先生所用的教材，是『仁遠乎哉我欲仁斯仁至矣』那套宣揚孔孟之道的東西。先生所採用的教法，是脫離兒童實際的死讀書，要學生啃那些誰也不懂的『厥土下上上錯』之類的東西。……」總之，魯迅對私塾先生很不滿意，但還不是深惡痛絕；在描述他的封建衛道者的形象的同時，也描寫他中毒很深，迂腐可笑。

到了二十世紀八〇年代以後，有論者更多地傾向肯定塾師的形象。認為他不是「典型腐儒」，他「思想開明，教學認真，態度和善，可親可敬」。徐元濟在《讀〈從百草園到三味書屋〉札記二則》中也指出，「先生」具有當時一般塾師的共性特徵，古板迂腐，但他也有一般塾師所不具有的優良品德，博學、質樸、方正、和藹可親。

其實，魯迅只是客觀描述，將童年、少年生活真實地從記憶中「抄」出來。至於怎麼解讀，得出什麼樣的結論，那是讀者自己的事了。

魯迅描述了什麼樣的事實呢？從作品中我們可以看到，魯迅的求知慾是很強的，從長媽媽那裡無法得到答案的「怪哉」為何物的問題，現在正好可以請教先生了。誰知先生的回答只有三個字：「不知道！」而且似乎很不高興，臉上還有了怒色。原來學生進了書屋，只需讀書，也只許讀書。讀書讀書，正午習字，晚上對課，永遠如此。

書屋後面也有一個園，雖然不能和百草園相比，總比書屋多些生氣。有時，學童們就陸續溜出去，到後園去折梅花，尋蟬蛻，捉了蒼蠅餵螞蟻……可是，先生在書房裡大叫：「人都到哪裡去了？」孩子們只好一個又一個陸續走回來，放開喉嚨讀書，人聲鼎沸，唸《論語》的，唸《幼學瓊林》的，唸《周易》的，唸《尚書》的，都有。上課上一半，可以溜出去玩，可見，先生對孩子們還是比較寬鬆的。

先生自己也唸書，卻不是「四書五經」，而是醉心於「痛快淋漓」的辭賦，在大聲朗讀中流露出內心的真實情感，讀著讀著，便「微笑起來，而且將頭仰起，搖著，向後面拗過去，拗過去」。當他意醉神迷時，事實上給了孩子們可乘之機。有幾個便用紙糊的盔甲套在指甲上做戲，魯迅則是畫畫。這是童年魯迅的興趣所在，用他的話說是：「書沒有讀成，畫的成續卻不少了。」《蕩寇志》和《西遊記》的繡像，都有一大本。

《從百草園到三味書屋》表現了少年魯迅熱愛自然、喜歡自由自在的生活，有著強烈的好奇心，喜歡追根究底的性格特點和天真可愛、活潑生動的內心世界。當然，作者對「三味書屋」的陳腐的教學方法也委婉地提出了善意的批評。魯迅在文中提出了如何理解和如何對待兒童的問題。孩子們總是覺得屋裡沉悶，而屋外有趣；他們希望自由，而不習慣於拘束。那麼，喜歡「百草園」而厭煩「三味書屋」，也就可以理解了。作品也印證了魯迅在兒童教育問題上「要注意教育方法」的觀點，要瞭解兒童，考慮兒童的特點，而不要用成人的做法去要求孩子。

3. 自然美、人文景觀與中國人的德行

——《廈門通信》

魯迅到廈門後寫的第一篇文章是《廈門通信》。載北新書局出版的《波艇》第一期。收入《華蓋集續編》。信是致許廣平的，抬頭「H.M.」，是「害馬」的羅馬拼音「Haima」的縮寫。這是魯迅對許廣平的戲稱，因她在女師大風潮中曾被楊蔭榆稱為「害群之馬」。

文章談了初到廈門的情況和觀感。

文中，魯迅聲稱，「我對於自然美，自恨並無敏感，所以即使恭逢良辰美景，也不甚感動」。確實，我們在魯迅作品中比較少見風景描寫，《故鄉》和《從百草園到三味書屋》中有一些。應該說，風景描寫非魯迅所長，魯迅也沒有這樣的興致。《廈門通訊》中寫道，自己住的樓「日夜被海風呼呼地吹著。海濱很有些貝殼，檢了幾回，也沒有什麼特別的」，魯迅一生中難得有撿貝殼的雅致，剛剛有了，卻立即感到「也沒有什麼特別的」。魯迅還寫道，「風景一看倒不壞，有山有水」，那些這個像什麼、那個像什麼，把景觀擬人化或活化的把戲，魯迅著實是不以為然的「這塊像老虎，那塊像癩蝦蟆……其實也不大相像」。魯迅對自然景觀的相對漠然。

那麼，他對什麼感興趣？用今天的話說，他只對人文景觀感興趣。對人文景觀，卻往往別有感慨，有好幾天，「卻忘不掉鄭成功的遺跡，離我的住所不遠就有一道城牆，據說便是他築的，一想到除了臺灣，這廈門乃是滿人入關以後我們中國的最後亡的地方，委實覺得可悲可喜」。魯迅有著歷史的情懷，歷史的滄桑感。可喜者，我想是因為鄭成功的抗清，以及收復臺灣，為中國民族的抗爭精神而喜。至於可悲，一是漢人終於被滿人征服；二是為了鄭成功的「寂寞」，魯迅寫道：「然而鄭成功的城卻很寂寞，聽說城腳的沙，還被人盜運去賣給對面鼓浪嶼的誰，快要危及城基了。」廈門大學附近的鎮北關是鄭成功為防禦清兵而建造的，靠近城腳的海灘鋪滿可做玻璃原料的白沙，當時有人把它偷運到鼓浪嶼，賣給臺灣人設立的貨棧，再轉運到日本佔領下的臺灣的玻璃廠。中國人是從不愛惜歷史文物的。鄭成功是愛國的，歷史舊城牆，應該做為「愛國主義教育基地」保存下來，可是，你愛國與我什麼相干呢？你這牆倒不倒與我什麼相干呢？我只管沙子是可以賣錢的，管你成功不成功，愛國不愛國，只要能賣錢，就拚命挖、挖、挖！這裡，魯迅還有一個對比，「臺灣是直到一六八三年，即所謂『聖祖仁皇帝』二十二年才亡的，這一年，那『仁皇帝』們便修補『十三經』和『二十一史』的刻板。現在呢，有些國民巴不得讀經；殿板『二十一史』也變成了寶貝，古董藏書家不惜重資，購藏於家，以貽子孫云。」臺灣被佔領，抗敵英雄的遺跡，國人不管，而也就是那些年的刻板之類，也許將要成為文物了，不惜重金購藏！於國，是極度的冷漠；於己，購藏古董有著極度的熱情。這就是國人！就像秋瑾的死，與我什麼相干呢？壞人才被槍斃，她被槍斃了，自然是壞人，我關心的只是用饅頭沾她的血，可以治癆病哩！就像雷峰塔，是哪朝哪代的文物我可管不了，因為雷峰塔的古磚可以避邪，人人去偷，去掏，管他文物不文物，不要說雷峰塔倒了，便是中國亡了，只要我家能避邪，不就萬事大吉了嗎？這就是國人！魯迅之所以關注古城牆這樣的人文景觀，思考的還是中國人的問題。

我要說一句題外話，現在修這個古城牆，那座古廟，還再造了雷峰塔，甚至把魯迅的舊居也重新築過，是很愛惜文物了嗎？也不是。你看雷峰塔中裝電梯，你看做為破落戶的魯迅故居竟然比曹雪芹家還要氣派，總之，與歷史相去十萬八千里。有人說，何必當真呢？還不是為了旅遊——終於還是為了利益，為了錢。

魯迅是應林語堂之邀來到廈門的。林語堂在《魯迅》一文中對當時廈大的周邊環境是這樣描寫的：「那地方的四周是中國人的公共墳地，並不是『神聖之野』（Campo Santo——按即義大利國內的一公葬場），絕不是呵，不過是一些小山，山上面遍佈一些土堆和一些張口於行人過道中的墳坑罷了，這正是普通的公共墳地之類，在那裡有乞丐的和士兵的屍體腐爛著而且毫無遮攔地發出臭氣來，而那知識界的空氣呢？比起來也只好得一點。」周邊是墳、腐爛，一如知識界的空氣。如果說魯迅在海邊也是一種旅行的話，那麼，他還真是一種思想的旅行。你看，他有時也去散步，白領們散步，一般是花前月下，魯迅卻「在叢葬中」漫步，甚至還在林語堂描述的墳墓中留影。文中，魯迅又發感慨了：「這是Borel講廈門的書上早就說過的：中國全國就是一個大墓場。」魯迅與林語堂所見略同，在墳叢中散步，從而想到了整個中國就是一個大墓場，想到了中國是死的中國，是無聲的中國。在廈門前後，魯迅發表了一系列反對讀古書、讀死書、死讀書以及不讀中國書的言論，在墳場上，魯迅還饒有興致地研究了墓碑文，結果發現，「很多不通」，比如，有的墓碑刻著「敬惜字紙」四字的，魯迅說，「不知道叫誰敬惜字紙」。魯迅認為文字應該平平實實、明明白白：「假如問一個不識字的人，墳裡的人是誰，他道父親；再問他什麼名字，他說張二；再問他自己叫什麼，他說張三。照直寫下來，那就清清楚楚了。而寫碑的人偏要舞文弄墨，所以反而越舞越糊塗……」中國的文人就是這樣，有話不好好說，偏偏要說得人人看不懂，彷彿越難看得懂學問越高。所以，魯迅認為「這些不通，就是因為讀了書之故」。

這篇文章，魯迅還不忘北京時的戰鬥，捎帶一槍，順便挖苦一下「現代評論派」，「我想編我今年的雜感」，因為這些雜感「刺得……正人君子們不大舒服」。《廈門通信》還真是一篇典型的「雜感」，內容很雜，思絮很雜，文中還感嘆，「只因環境的變遷，近來竟沒有什麼雜感」，廈門不像北京，魯迅與正人君子們短兵相接，熱鬧非凡，這裡「……太靜了，倒是什麼也不想寫」——這一點，魯迅在致許廣平信中多次提及，沒有刺激，所以寫不出文章。

魯迅這篇「通信」看似平和，卻與他的思想相一貫，有著深廣的憂憤。從某種意義上說，文章是心靈被刺激的結晶。受刺激的煩惱，卻開出了燦爛的文章之花；不受刺激從而寫不出文章，卻成了切實的煩惱。

唉，這樣的人生！

4.「S城人的臉」與尋找「別一類人們」

——《父親的病》與《瑣記》

a. 父親的病與中醫

一八九四年冬，魯迅的父親大吐血，先診為肺癰，後診為鼓脹，久治不癒，於一八九六年秋天去世，年方三十六歲。

父親的病和死，在魯迅心中沉澱了三十年。一九二六年十月，也是秋天，魯迅寫下了這篇懷念父親的文字《父親的病》，在文章中，魯迅說：「我很愛我的父親。」同時，又因為自己不能讓父親平靜離去，「就覺得這卻是我對於父親的最大錯處」，內心充滿了哀痛和愧疚。

父親給年少的魯迅留下了什麼印象呢？

雖然魯迅說出「我很愛我的父親」，我們認真體會，其實他對父親的情感十分複雜。除了《父親的病》，魯迅還在《五猖會》描寫過父親。《五猖會》中的父親以封建家長、父權代表的姿態出現，殘酷地虐殺兒童天性。父親的這種形象直接導致魯迅寫作《我們現在怎樣做父親》這篇文章，如果沒有這樣的切膚之痛，魯迅未必要革命革到老子身上。父親冷峻威嚴的神情冰解了兒童魯迅要去看迎神賽會的熱望。在這樣的時候強令兒子背《鑑略》，是為了釋放父權的威懾力。貌似強硬，正是因為他人生的不如意。很多資料顯示，魯迅的父親周伯宜性情抑鬱暴戾，由於魯迅祖父科舉作弊案發，周伯宜被拋出了傳統士大夫的生活軌道，仕途前程被徹底斷送。毫無成就感的父親周伯宜把威嚴用在孩子身上勢所必然。然而，魯迅並沒有說破，只是以「我至今一想起，還詫異我的父親何以要在那時候叫我來背書」的迷惑收束。他之所以對孩子嚴厲要求，是想要孩子走傳統仕途的道路，父親的希望是傳統的也是殷切的深厚的。魯迅做為周家長子、長孫，更應承擔一個家庭興衰的使命。父親只管自己意願的實現，對兒童天性的好奇和愛美則置若罔聞。

魯迅認為「有了子女，即天然相愛，願他生存；更進一步的，便還要願他比自己更好，就是進化。這離絕了交換關係利害關係的愛，便是人倫的索子，便是所謂『綱』。覺醒之人，此後應將這天性的愛，更加擴張，更加醇化；用無我的愛，自己犧牲於後起新人。」他所提倡的「天性之愛」正是父親沒有給予他的。

魯迅在回憶父親時，把內心深層真正的情感封閉起來，用白描的手法寫父親強令背書和父親的病兩件事，重提這段舊事，情感凝重而深沉。

父親遭受病痛的折磨，幼年魯迅則遭受人世炎涼，在尚未成熟的心靈中留下了極深的精神創傷。魯迅做為長子，承擔著幾乎全部的來自家庭的精神負荷。父愛成為可望而不可即的

東西。「烏烏私情，反哺其親」。父親在病魔折磨下已然成為弱者，反倒需要孩子照顧。成為「破落戶子弟」的魯迅，為了父親，必須在當鋪和藥店之間奔波。四年時間，年少的魯迅遍嚐人間冷暖，現實生活加速了他的成長和成熟。這樣做，是抱著能使父親康復的希望。然而，兩個「名醫」的惡劣醫風和江湖騙子般的醫術，終於葬送了父親。中醫醫死了魯迅年輕的父親，加速了他家的中落，對此，魯迅有切膚之痛。他到日本決定去學醫，是想用西方醫學來促進國人對於維新的信仰，戰爭時去當軍醫，而其中有個重要的原因，是年輕的魯迅很想以自己的醫學知識來「救治像我父親似的被誤的病人的疾苦」，用西方醫學來揭露那些掛著中醫招牌的騙子，以喚醒人們的覺醒。

《父親的病》與其說是寫父親，不如說是寫「名醫」是怎樣害死他的父親的。

在為父親延醫治病的過程中，有兩位紹興「名醫」給少年魯迅留下難以磨滅的印象。第一位，魯迅沒有說出他的名字，不過「他大概的確有些特別，據輿論說，用藥就與眾不同。所需的『藥引』更是難得，「『生薑』兩片，竹葉十片去尖，他是不用的了。起碼是蘆根，須到河邊去掘；一到經霜三年的甘蔗，便至少也得搜尋兩三天。」

怪藥治不得病，時間一拖就是兩年。這位「名醫」束手無策，為擺脫干係，另薦高人，那就是陳蓮河。陳蓮河的藥引更為奇特。最平常的是「蟋蟀一對」，旁註小字「要原配，即本在一窠中者」；還有「平地木十株」，就誰也不知為何物了，遍詢有關人士，最後才弄清楚就是普通稱為「老弗大」的。我想，「原配蟋蟀」肯定找尋不到，誰能保證某蟋蟀沒有嫖過娼？所以，在這樣的名醫手中，魯迅父親的病是肯定治不好的。

文中，魯迅寫道：「先前有一個病人，百藥無效；待到遇見了什麼葉天士，只在舊方上加了一味藥：梧桐葉。只一服，便霍然而癒了。」為什麼如此神速？「『醫者，意也。』其時是秋天，而梧桐先知秋氣。其先百藥不投，今以秋氣動之，以氣感氣，所以……」這是近乎巫術了。後來，陳蓮河症定魯迅的父親為水腫，魯迅接著寫道：「『踏破鐵鞋無覓處，得來全不費工夫。』藥引找到了，然而還有一種特別的丸藥：敗鼓皮丸。這『敗鼓皮丸』就是用打破的舊鼓皮做成；水腫一名鼓脹，一用打破的鼓皮自然就可以克伏它。清朝的剛毅因為憎恨『洋鬼子』，預備打他們，練了些兵稱做『虎神營』，取虎能食羊，神能伏鬼的意思，也就是這道理。」

兩個「名醫」都醫不好，於是，這樣推託：「我想，可以請人看一看，可有什麼冤愆……。醫能醫病，不能醫命，對不對？自然，這也許是前世的事……。」這是巫醫不分、裝神弄鬼了。魯迅的父親終於死於庸醫、巫醫之手。說陳蓮河們故弄玄奇、勒索錢財、草菅人命也不為過。

魯迅形象地敘述了他父親的病因被庸醫、巫醫所誤而致死的全過程，用事實揭露了他們

敲詐病人錢財的劣行。此外，在小說《明天》裡，魯迅以極其簡練的筆墨，勾勒了那位「指甲足有四寸多長」，滿口胡謅「火剋金」的中醫何小仙。她把人體的心、肺、肝、脾、腎五臟，硬是和讖緯學的金、木、水、火、土五行扯在一起，這樣來給人治病，那就不是什麼「保嬰活命」，而是「催嬰速死」。單四嫂的寶兒服了她的「藥」，不到半天就送了命。小說《兄弟》裡的白問山，也是一個看病「得看你們府上的家運」的儒醫。在雜文中，對那些宣揚「月經精液可以延年，毛髮爪甲可以補血，大小便可以醫許多病，臂膊上的肉可以養親」的儒醫，魯迅也進行了辛辣的嘲諷。魯迅在《吶喊‧自序》中說「中醫不過是一種有意的或無意的騙子」，雖然言詞太過激烈，但讀了魯迅《父親的病》，我們就不難理解魯迅的激憤了。

b. 關於衍太太

《父親的病》和《瑣記》都寫到衍太太。我覺得，衍太太雖然出現在兩篇作品中，但性格是一致的，是魯迅作品中一個十分鮮活的形象，其立體可感的程度甚至不亞於孔乙己。

魯迅有的文章的內容，似乎彼此相去甚遠，有的甚至游離「中心」，給人太散了的感覺。《瑣記》便是一個比較典型的例子。雖然題目規定了寫的是「瑣事」，然而，按照所謂「形散神不散」的原則，似乎是兩篇文章的內容硬湊成了一篇了。《瑣記》的前半部分是寫衍太太——若以作文專家的眼光看，把《父親的病》中關於衍太太的內容也抽過來，另組合一文，取名《衍太太》，那才是無懈可擊的文章——後半部分寫作者南京求學的經歷，雖有過渡，但應該說前後亦無照應，兩者是無論如何也揉不到一起去的。倘不是魯迅的作品，而是一般作者的文章，我們的編輯和作文專家，肯定要建議作者「一分為二」的了。然而，當《朝花夕拾》成為現代文學的經典之作以後，我們看《瑣記》，誰又會計較它的所謂前後內容的不一致的破綻呢？我們琢磨的不是這篇文章的組合問題，而是其中的衍太太的作為，以及在淹死學生的池子上面蓋起的關帝廟等等。魯迅對散文中的破綻也是持不以為然的態度，他說：「散文的體裁，其實是大可以隨便的，有破綻也不妨。」

衍太太是一個什麼樣的人呢？我估計，她是有了年紀了，大約四十五歲左右。因為有了年紀，有了頑童一樣的使壞；我還覺得她可能是一個寡婦，她的行為多少有變態的成份在；她能幹，同時也滑頭，因應能力相當快……

俗話說，老人如孩子。試想，她要沒有一定的年紀，對小孩子的勾當諸如吃水缸裡的結冰、幾個孩子的打鏇子比賽會有興趣嗎？她不僅有興趣，還在那裡湊熱鬧，鼓動孩子做大人眼裡的壞事。讓孩子吃冰，全不管吃了肚子會疼；讓孩子使勁打轉，也不論是否會跌倒……在體會孩子的樂趣的同時，她也有了惡作劇的快感。之所以說她是寡婦，或者說有寡婦心態，是她竟然把春宮畫給孩子看，這近於露陰癖，在孩子莫名的眼神中，她或許可以獲得某種滿

足。周作人說：「拿春畫給小孩看，一方面輕侮他的無知，一方面含有來斲傷他天真的意思，在事實上可常碰到，森鷗外在他的自敘小說《性的生活》（Vita Sexualis）中記著同樣的事情。」什麼人有周作人說的這樣的心態？我以為，只有性變態，至少性方面不健康的人才有這樣的心態。另外，她的話是那麼多、那麼多，也不論孩子是不是聽得懂、聽得進，可見她內心是很孤獨的，寡婦的內心都是孤獨的。她的話多是損人不利己的。周作人還談到她的能幹：「衍太太是平水山鄉的出身，可是人很能幹……」我認同周作人的判斷，一般說來，一個應變能力強的人總是能幹的。你看衍太太，一邊還在鼓動孩子「再旋一個」，「但正在旋著的阿祥，忽然跌倒了，阿祥的嬸母也恰恰走進來。她便接著說道，『你看，不是跌了嗎？不聽我的話。我叫你不要旋，不要旋……。」我想，如果衍太太有文化，當了某個行政長官的祕書之類，她一定極善權變，或許成為一個女強人了，也未可知。如果說「不要旋」之類的善變只是「壞」的話，她的性情中還有「惡」的成份，那就是教唆孩子偷家裡的東西，小孩沒偷，她卻已在外邊散佈流言，斷言某孩子已經偷了家裡的東西去變賣了。好在上天把衍太太困在S城，試想當年，她還年輕，也有幾分姿色，倘若她也和阿Q一樣革命了，倘若她又藉著某將軍的寵愛，一時成了風雲人物，卻也難說哩！尼采和叔本華都十分蔑視女人，如果他們讀了魯迅筆下的衍太太，我想，肯定會將其做為他們觀點的支持的。

衍太太還有一個行為，讓魯迅不時感到痛苦，那就是《父親的病》中，父親臨終前「我」的「叫」。父親喘得厲害，非常痛苦。魯迅寫道：「我的一位教醫學的先生卻教給我醫生的職務道：可醫的應該給他醫治，不可醫的應該給他死得沒有痛苦。——但這先生自然是西醫。」魯迅好像竟有了「安樂死」的念頭，「我有時竟至於電光一閃似的想道：「還是快一點喘完了吧……。」按照西方的觀點，人之將死，應該創造寧靜的氣氛，讓他盡量平和地離去。魯迅學的是醫學，確實有了安樂死的意識，主張給死者臨終前的寧靜。可以說魯迅是重西醫而貶中醫，欣賞西方的死亡倫理，痛恨中國人的陋俗。

魯迅是這樣記敘他父親死前的情況：

早晨，住在一門裡的衍太太進來了。……

「叫呀，你父親要斷氣了。快叫呀！」衍太太說。

「父親！父親！」我就叫起來。

「大聲！他聽不見。還不快叫?!」

「父親！！！父親！！！」他已經平靜下去的臉，忽然緊張了，將眼微微一睜，彷彿有一些苦痛……

「什麼呢?……不要嚷。……不……」他低低地說，又較急地喘著氣，好一會，這才

復了原狀，平靜下去了。「父親！！！」我還叫他，一直到他嚥了氣。

我現在還聽到那時的自己的這聲音，每聽到，就覺得這卻是我對於父親的最大的錯處。

在衍太太的催促下，少年魯迅屈服於所謂禮節大聲叫喚，使他父親臨死也不得安寧。此後，魯迅「……覺得這卻是我對於父親的最大錯處」，這大概是魯迅始終不能原諒自己的。魯迅對衍太太沒有好感，甚至有了惡感，所以把一切都攤到了她頭上。在周作人看來，這．細節是魯迅採用了「小說做法」。周作人《父親的病》則是這樣寫的：

……未幾即入於彌留狀態，是時照例有臨終前的一套不必要的儀式，如給病人換衣服，燒了經卷把紙灰給他拿著之類，臨了也叫了兩聲，聽見他不答應，大家就哭起來了。

這裡所說都是平凡的事實……沒有「衍太太」的登場……因為這是習俗的限制，民間俗言，凡是「送終」的人到「轉熬」當夜必須到場，因此凡人臨終的時節，只是限於平輩以及後輩的親人，上輩的人決沒有在場的。「衍太太」於伯宜公是同曾祖的叔母，況且又在夜間，自然更無特地光臨的道理，《朝花夕拾》裡請她出臺，鼓勵作者大聲叫喚，使得病人不得安穩，無非想當她做小說裡的惡人，寫出她陰險的行為來罷了。

《父親的病》寫於廈門，魯迅事實上已經和許廣平開始新的生活。張全之先生結合魯迅廈門時期的心境，對魯迅的懺悔心理進行分析，我認為很有新意：

過去，我們往往將魯迅在廈門的悲哀，歸因於他對黑暗政治的失望。我認為，這種悲哀還源於生活的變遷給他帶來的不安和內疚。做為長子，父親死後，他要代替父親支撐著漸趨衰弱的家庭。尤其重要的是，他要代替父親照料母親的生活，可是如今他要背叛甚至傷害自己年邁的母親了，那麼他內心的愧疚不僅是對母親的，而且也是對父親的。對母親的愧疚可以逃避，可以通過對母親生活的照顧（比如從經濟上）得到補償和化解，可是對亡父的愧疚卻無法補救，也無處可逃。在《父親的病》中，他說：「我很愛我的父親」，這是否反映了他面對父親亡靈時內心的虛弱與緊張？在這篇散文的結尾，他寫了父親亡故時，自己在衍太太的吩咐下大喊大叫的情節。周作人回憶說並無其事。魯迅為什麼要虛擬這樣一個情節呢？退一步講，即使確有其事，對一個孩子來說，也並非什麼罪過，便何況是在別人的指使下幹的。魯迅為什麼對此大做懺悔文章，並認為是「對於父親的最大的錯處」呢？我想，他對這一情節的強調，只是為了給當時（指寫這篇文章的時候）自己內心的愧疚之情尋找一條可以消解的管道，只是一個藉口，一個可以向父親公開懺悔的理由。其實內疚並非因此而起，但藉此可以使自己迴避心中真正的隱痛。當他寫這篇文章時，他

不會意識不到，「對於父親的最大的錯處」，並不是驚擾了父親臨終的安寧，而是自己的再婚。然而他不得不小心翼翼地繞過這一心理上的障礙。可喜的是，魯迅並沒有在內心的動盪中失卻前進的勇氣。在與許廣平頻繁的書信往來中，柔情輕訴的調侃和惺惺相惜的關懷，使他意識到「我可以愛」！他終於放棄了心靈的重負，為了他的「朋友」，去重新開闢生路了。

魯迅虛擬了一個可值得懺悔的往事，借題發揮，以此抒發此時難以言明的心中的鬱積。張仝之從魯迅寫作此文時所處的境況，以此推論出這樣的見解，我是深感佩服的。

我還想順便談一談散文的虛構問題。不可否認，這裡，魯迅確實以小說的手法寫散文。我的問題是：散文也可以像小說那樣有所虛構嗎？比如，魯迅這裡把在周作人看來不可能在場的衍太太抓來為他父親送終了。也許讀者要說，長輩不能為晚輩送終，這是很多地方都有的風俗，衍太太來送終，這不是不真實了嗎？可是，魯迅並沒有寫衍太太是他父親的長輩呀！衍太太的輩份和年齡都是模糊的。衍太太是魯迅作品中的藝術形象，而不僅僅是「於伯宜公是同曾祖的叔母」。這樣一想，就無所謂「不真實」的問題了。

事實上，在真實的基礎上做適當的虛構，是散文和其他藝術形式的共同點之一，甚至可以說也是散文自身的要素之一。何為的許多散文，就有著明顯的虛構。他的《第二次考試》

中的林教授「是虛構的」；《千佛山上的小樹》中的情節與原事也有出入；《春夜的沉思和回憶》中那位十五歲女孩向周總理要求的那枚紀念章，也是作者加上的。諸如此類的例子還可以舉出許多。

水過碗減少，何況是由真實的人而進入文學的人？我認為，要求創作沒有一點「走樣」，沒有一些虛構，所有形式的文章都無法做到。

聞一多在《冬夜評論》中說：「絕對的寫實主義便是藝術的破產。」這當然也包括了散文的破產。問題不在於散文能不能虛構，而在於虛構的內容是否有藝術的真實。沒有用心靈體驗過的「虛構」的情感，這才是散文寫作的大忌。

一些教科書認為，散文，尤其是寫真人真事的散文，不可以虛構，應該是真實的——這也是周作人的觀點。我對這一點一直心存疑惑，因為自己在寫作散文時，每每在真實的基礎上加油添醋，深知要做到貨真價實，比較困難。

當然，這是題外話了，因為關乎衍太太，這裡也稍做發揮。

c. 在中國的「洋學堂」

魯迅畢竟是文章老手。在《瑣記》中兩件不相干的事，經他撮合，竟然成了一對，彷佛鑰匙圈和一件小飾物，有了關聯，兩個也似乎天生就連在一起了。這裡起「關聯」作用的是

魯迅的這些話：「S城人的臉早經看熟，如此而已，連心肝也似乎有些了然。總得尋別一類人們去，去尋為S城人所詬病的人們，無論其為畜生或魔鬼」。魯迅在告訴我們，他之所以寫衍太太，是為了描繪S城人的臉，換言之，衍太太是S城人臉的代表。魯迅已經像厭煩衍太太一樣厭煩S城了，當然，S城中還有陳蓮河這樣的「名醫」等等，所以他要離開，要尋異路，去找尋別樣的人們。

《瑣記》的後半部分憶敘魯迅為了尋找「另一類的人們」而到南京求學的經過。作品描述了當時的江南水師學堂(後改名為雷電學校)和礦務鐵路學堂的種種弊端和求知的艱難，批評了洋務派辦學的「烏煙瘴氣」。作者記述了最初接觸進化論的興奮心情和不顧老輩反對，如飢如渴地閱讀《天演論》的情景，表現出探求真理的強烈慾望。

在《吶喊・自序》中，魯迅寫道：

……我要到N進K學堂去了，彷彿是想走異路，逃異地，去尋求別樣的人們。我的母親沒有法，辦了八元的川資，說是由我的自便；然而伊哭了，這正是情理中的事，因為那時讀書應試是正路，所謂學洋務，社會上便以為是一種走投無路的人，只得將靈魂賣給鬼子，要加倍的奚落而且排斥的，而況伊又看不見自己的兒子了。然而我也顧不得這些事，終於到N去進了K學堂了……

魯迅在令人窒息的紹興與「走異路」之間做出了選擇。這個選擇，應該說讓他看到了新的天地，「在這學堂裡，我才知道世上還有所謂格致、算學、地理、歷史、繪圖和體操」，魯迅在這裡學習了西方現代科學知識，特別是認真閱讀了赫胥黎的《天演論》，這些，為魯迅以後的思想發展抹上了一筆亮色。

然而，南京也是中國，水師學堂也罷，路礦學堂也罷，有中國人的地方，都難免有中國人的積習。可以說，魯迅筆下的洋學堂，也還是「烏煙瘴氣」：「功課簡單」；高班學生走在低班學生的前面「肘彎撐開，像一隻螃蟹」；桅杆下面張著網怕學生跌下來；游泳池因曾淹死兩個學生，早填平了，上面還造起一座關帝廟以鎮壓淹死鬼，每年七月十五都請和尚來放焰火、唸經……試想，淹死人就填了游泳池，水師而沒有游泳池，這樣的旱鴨子，安能禦敵！中國人就是經常做這樣因噎廢食的事。

魯迅也下過礦井的，「於是不到一年，就連煤在那裡也不甚了然起來，終於是所得的煤，只能供燒那兩架抽水機之用，就是抽了水掘煤，掘出煤來抽水，結一筆出入兩清的帳」。

魯迅寫道：

> 畢業，自然大家都盼望的，但一到畢業，卻又有些爽然若失。爬了幾次桅，不消說不配做半個水兵；聽了幾年講，下了幾回礦洞，就能掘出金銀銅鐵錫來嗎？實在連自己也

茫無把握，沒有做《工欲善其事必先利其器論》的那麼容易。爬上天空二十丈和鑽下地面二十丈，結果還是一無所能，學問是「上窮碧落下黃泉，兩處茫茫皆不見」了。

看來，走異路，逃異地，「上窮碧落下黃泉」，依然「兩處茫茫皆不見」，還是找尋不到「別樣的人們」。中國人的德行不是地域性的，S城的人們如此，南京的人們也大致如此。是中國人，就只會這樣，只能這樣。

5. 無處逃脫與心靈慰藉

——《藤野先生》

做為中國人的魯迅，自然生活在中國人之中。知識份子如孔乙己，勞苦大眾似阿Q，女人不是祥林嫂便如單四嫂子，至於革命者，一腔熱血，也只是成了愚者療病的人血饅頭……魯迅眼裡看到的是上層社會的墮落和下層社會的不幸，看到的是中國人虛偽、自私、冷血，有時甚至兇殘。魯迅說：我不憚以最壞的惡意來猜度中國人。很大程度上，魯迅是絕望於中國的遺老遺少和正人君子，絕望於勞苦大眾的愚昧和麻木。所以，走異地，尋異路，去尋找別樣的人們。

哪怕到了異國他鄉，也還是被醜陋的中國人包圍著。留學生，應該是社會精英吧！可是，骨子裡遺傳的還是民族的基因。在《范愛農》中，留學生抵橫濱，被關吏翻出一雙繡花的弓鞋來，讓魯迅有「這些鳥男人」之嘆。在《因太炎先生而想起的二三事》中，吳稚暉唾沫四濺地演講：「我在這裡罵老太婆，老太婆一定也在那裡罵吳稚暉……」魯迅感到沒趣，覺得留學生好像也不外乎嬉皮笑臉。「吳稚暉在東京開會罵西太后，是眼前的事實無疑，但要說這時西太后也正在北京開會罵吳稚暉，我可不相信。」在這篇《藤野先生》中，魯迅所看到的清國留學生的性狀是這樣的：頭頂上盤著大辮子，頂得學生制帽的頂上高高聳起，形成一座富士山的成群結隊的「清國留學生」，魯迅挖苦他們「實在標緻極了」；一到傍晚，就有人來中國留學生會館學跳舞，把地板弄得咚咚咚地震天響；還有的人並不讀書，只是租了房子，關起門來燉牛肉吃。「那時我想：燉牛肉吃，在中國就可以，何必路遠迢迢，跑到外國來呢？雖然外國講究畜牧，或者肉裡面的寄生蟲可以少些，但燉爛了，即使多也就沒有關係。……」這些中國人，把國內的腐朽沒落、不學無術的風氣帶到了東京，與許多這樣的中國人打交道，這不能不使他厭倦。「到別的地方去看看，如何呢？我就往仙台的醫學專門學校去。」

魯迅要躲避中國人，他似乎要到一個沒有中國人的地方去。

周作人有一段話是頗讓人沉吟的：「魯迅在東京看厭了清國留學生，便決計離開那裡，

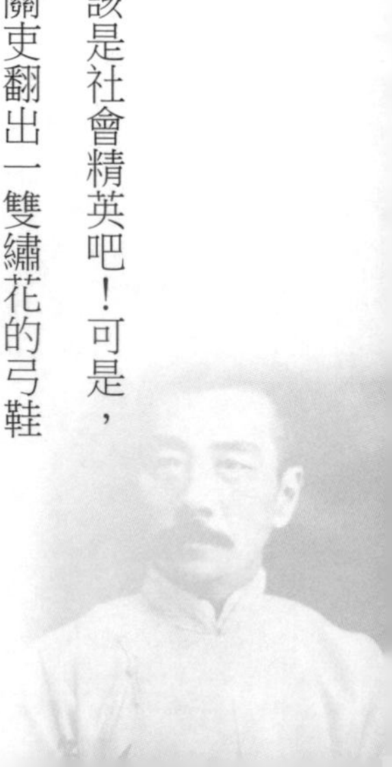

到日本東北方面的仙台，進醫學專門學校去。……本來在去東京不遠的千葉市，也有醫學專門學校，是同樣的組織，但是裡邊有些中國留學生，他覺得有戒心，便索性走得遠一點，到奧羽地方去吧，雖然天氣是冷得很。」魯迅也寫道：「仙台是一個市鎮，並不大；冬天冷得厲害；還沒有中國的學生。」中國人一般喜歡群居，特別是到了人生地不熟的地方，所謂「老鄉見老鄉，兩眼淚汪汪」，魯迅則不然，他實在太討厭中國人了——這一點，魯迅甚至是「五十年不變」，到了晚年，他有了「躲進小樓成一統，管他冬夏與春秋」的憤恨——為了躲避中國人，他寧可走得遠遠的，寧可忍受天寒地凍的每日每夜。

魯迅曾在好友齊壽山那裡聽過類似躲避中國人的故事。齊壽山是留學德國的。齊壽山說，顧孟餘從前在德國留學，他獨自走到慕尼黑去，因為那裡沒有中國留學生。但是不久他就失望了，不但來了一個同鄉，而且還在黃色的臉上戴了一副金色的假髮，這模樣實在不很好看。

無處可逃！魯迅和所有的人一樣，註定生活在煩惱的人間。沒有了清國留學生的身影，看不到他們的嬉皮笑臉，聽不到他們的咚咚響，聞不到他們的牛肉味……卻有了別的煩惱，有了帶痛感的刺激。這就是在魯迅的一生中起了轉折作用的「幻燈片事件」。

這還得從魯迅選擇了醫學說起。

在《父親的病》和《瑣記》等文章中，我們知道，因為父親被庸醫所害，魯迅對中醫有了因親人不幸命運而造成的深刻的偏見。魯迅「漸漸的悟得中醫不過是一種有意的或無意的騙子」。魯迅先是在《〈吶喊〉自序》中提到他學醫的動機，即，學成之後，「救治像我父親似的被誤的病人的疾苦，戰爭時便去當軍醫，一面又促進了國人對於維新的信仰」。在南京求學時，他無法選擇專業，這回在日本卻可以如願了。

可是，在沒有中國留學生的仙台，魯迅卻體會到了中國是一個弱國，所以中國人只能是低能兒的屈辱。在《藤野先生》一文中，魯迅透過「漏題事件」和「幻燈片事件」，揭露了日本人的民族偏見。魯迅寫道：「中國是弱國，所以中國人當然是低能兒，分數在六十分以上，便不是自己的能力了……」日本學生認為，魯迅之所以有相對好的成績，是因為藤野先生把考試題目「漏」給魯迅的結果。所以要魯迅「改悔」。當然，這只是針對魯迅個人的，魯迅做了應有的抗爭，「終於這流言消滅了」。至於「幻燈片事件」，那是針對中國人的，對魯迅的刺激自然更大更深。魯迅不僅在《藤野先生》中提到此事，實際上在早幾年的《〈吶喊〉自序》中就已經提到，事實上，魯迅對此是耿耿於懷的。

我們來「重播」一下歷史的「幻燈片」吧！在《〈吶喊〉自序》中魯迅寫道：

> ……正當日俄戰爭的時候，關於戰爭的畫片自然也就比較的多了，我在這一個講堂中，便須常常隨喜我那同學們的拍手和喝采。有一回，我竟在畫片上忽然會見我久違的許

多中國人了，一個綁在中間，許多站在左右，一樣是強壯的體格，而顯出麻木的神情。據解說，則綁著的是替俄國做了軍事上的偵探，正要被日軍砍下頭顱來示眾，而圍著的便是來賞鑑這示眾的盛舉的人們。

在《藤野先生》中，魯迅是這樣描述的：

……但我接著便有參觀槍斃中國人的命運了。第二年添教黴菌學，細菌的形狀是全用電影來顯示的，一段落已完而還沒有到下課的時候，便影幾片時事的片子，自然都是日本戰勝俄國的情形。但偏有中國人夾在裡邊：給俄國人做偵探，被日本軍捕獲，要槍斃了，圍著看的也是一群中國人；在講堂裡的還有一個我。

「萬歲！」他們都拍掌歡呼起來。

這種歡呼，是每看一片都有的，但在我，這一聲卻特別聽得刺耳。此後回到中國來，我看見那些閒看槍斃犯人的人們，他們也何嘗不酒醉似的喝采，——嗚呼，無法可想！但在那時那地，我的意見卻變化了。

兩段文字，小有不同，比如，一是說砍頭，一是說槍斃，但這無關大礙，基本的事實卻是一樣的。那麼，魯迅的意見有什麼變化呢？那就是棄醫從文。在《藤野先生》中，魯迅沒有重複《〈吶喊〉自序》裡提到的「意見」，我們在此還是應該引用的：「……我便覺得醫學並非一件緊要事，凡是愚弱的國民，即使體格如何健全，如何茁壯，也只能做毫無意義的示眾的材料和看客，病死多少是不必以為不幸的。」醫學關乎肉體，此時，魯迅從肉體關懷走向了靈魂關懷，他開始關注民族精神或是「國民性」了。「所以我們的第一要著，是在改變他們的精神，而善於改變精神的是，我那時以為當然要推文藝，於是想提倡文藝運動了」。

仙台的屈辱，使得中國少了一個醫生，而多了一個大文豪。魯迅躲避不成，終於又回到了中國人當中，他還是一個醫生，拿著解剖刀，在解剖中國人的靈魂。

從以上的講述，我們可以說《藤野先生》體現了魯迅的愛國情懷，讓我們看到了青年魯迅的血性。寫到這，我想起了魯迅那首著名的《自題小像》：「靈台無計逃神矢，風雨如磐暗故園。寄意寒星荃不察，我以我血薦軒轅。」這可以說是對青年魯迅的熱血情懷的高度概括。

文章名曰《藤野先生》，我們就不能不分析一番藤野先生這個人物了。有人說，這篇文章歌頌了藤野先生的崇高品格，歌頌了中日人民的傳統友誼等等，這些都是不錯的，因為文章內容客觀上可以做為這些見解的旁注。這是一篇情感真摯、文字樸實的優美散文。作者突出地記述藤野先生的嚴謹、正直、熱誠、沒有民族偏見的高尚品格，說「他的性格，在我的眼裡和心裡是偉大的，雖然他的姓名並不為許多人所知道」，表達了對藤野先生深情的懷念。

魯迅是孤獨的，生活在中國人的群體中，他感到孤獨；逃離了中國人的群體，卻有了別樣的孤獨。我們想像一下吧！一個中國人，生活在日本偏遠的小城，周遭多是懷有民族偏見的年輕人，魯迅備受奚落、排斥和屈辱，魯迅的孤獨肯定會開出痛苦之花的。正是在這樣的環境之下，有了對魯迅關懷備至的藤野先生，魯迅感受到了異樣的溫情，體會到了老師的知遇之恩。

藤野先生的外表是樸素的，「黑瘦」，「八字鬚」，「戴著眼鏡」，「穿衣服太模糊了，有時竟會忘記帶領結」，甚至有一回「管車的疑心他是扒手，叫車裡的客人大家小心些」。這樣一個對生活馬馬虎虎的人，對教學卻一絲不苟，嚴肅認真。

藤野對魯迅的關懷，魯迅寫了四件事。一是添改講義，二是糾正解剖圖，三是關心解剖實習，四是瞭解中國女人的裹腳。這四件事，讚揚了藤野先生的正直誠懇、樸實厚道、沒有民族偏見的優秀品格，刻劃出一位治學嚴謹的學者和循循善誘的教師的形象。

魯迅到日本之時，日本國力正盛，舉國上下瀰漫著鄙視中國人的風氣。然而，藤野先生對「我」卻特別熱情，特別友好。給「我」添改講義，是「每一星期要送給他看一回」，而且「連文法的錯誤，也都一一訂正」。這種手把手的扶掖，是超越了種族侷限、民族偏見，博大無私的世界情懷的表現。

藤野先生的治學是嚴謹的，他走進課堂，「挾著一疊大大小小的書」，都是從最初到現今關於解剖學的著作；「我」畫解剖圖時將血管移了一點兒位置，他和藹地幫「我」糾正。藤野先生的治學精神是執著的，他從解剖學的角度，對中國女人裹足「怎麼裹法，足骨變成怎樣的畸形」產生了困惑，認為「總要看一看才知道」。與此形成比照的是，「我」「那時太不用功，有時也很任性」，隨意地更改客觀對象的本來面目，藤野先生指出了問題後，「我」還不服氣。魯迅在無情地解剖別人的同時，更多的是冷峻地解剖自己身上存在著的「劣根性」。對於女人纏足的學理問題，中國人是不感興趣的，他們感興趣的僅僅是對所謂的「三寸金蓮」的鍾愛和嗜好，魯迅的「為難」也正源於此。藤野先生嚴謹的治學原則，科學的求是精神，折射到中國國民靈魂的最深處，國民的弱點一覽無遺。

早在一九〇七年，魯迅在日本論及國民性時就說：「當時我們覺得我們民族最缺乏的東西是誠和愛，——換句話說：便是深中了詐偽無恥和猜疑相賊的毛病。」在藤野先生身上，魯迅找到了當時「我們民族最缺乏的東西」。藤野先生的「誠」，就表現在他的處世態度、治學原則；藤野先生的「愛」，就源自他的世界情懷。

從藤野的四件事，魯迅甚至得出了藤野是「偉大」的結論：

有時我常常想：他的對於我的熱心的希望，不倦的教誨，小而言之，是為中國，就是

希望中國有新的醫學；大而言之，是為學術，就是希望新的醫學傳到中國去。他的性格，在我的眼裡和心裡是偉大的，雖然他的姓名並不為許多人所知道。

藤野「偉大」在哪裡呢？一是他對來自弱國的魯迅不抱民族偏見；二是，也是更為重要的是，他培養了魯迅的科學精神。魯迅寫道，他對藤野的批評有過不服氣。但是，血管的位置是解剖學的基礎，如果畫得不準確，醫學治療就沒有希望。藤野把中國傳統的習俗做為研究對象，如果不對裹腳引起的骨骼變形進行詳盡的研究，就找不到具有說服力的制止這種陋習的方法。以科學精神面對各種事物，魯迅是從藤野那裡學來的。

在這裡，魯迅把中國稱之為「小」，把學術稱之為「大」。近代科學精神是超越民族關係的。只有這種超越民族和國家的學術之「大」，才可能建設一個具有現代文明的新中國。魯迅「我以我血薦軒轅」的情懷是不容置疑的，然而，在藤野的教導下，魯迅懂得了還有比祖國更「大」的東西。超越民族利害關係的科學精神的重要性，魯迅是在仙台醫專學到的，是在藤野那裡學到的，所以說，藤野是「偉大」的。

在仙台一年半的留學生活，對魯迅的意義實在是太深遠了。文末，魯迅滿懷深情地寫道：「只有他的照相至今還掛在我北京寓居的東牆上，書桌對面。每當夜間疲倦，正想偷懶時，仰面在燈光中瞥見他黑瘦的面貌，似乎正要說出抑揚頓挫的話來，便使我忽又良心發現，而且增加勇氣了，於是點上一根菸，再繼續寫些為『正人君子』之流所深惡痛疾的文字。」藤野或許是魯迅在仙台唯一的也是最大的慰藉？藤野因為不朽的魯迅也不朽了。

魯迅的《朝花夕拾》帶有鮮明的自敘傳色彩，屬於回憶性散文（基於史學的自傳）。這是散文的一種門類，豐子愷、郁達夫、孫犁、汪增祺等人都寫過類似的散文。可是，在一次魯迅研究學術研討會上，有日本學者指出，長久以來，在日本，尤其在研究人員當中，大多數人把這一作品看作是小說。之所以看作小說，其理由是，其中有虛構的成份，或者說不是百分之百的真實。比如，有日本學者提出，「幻燈片事件」，魯迅在有的地方說是「槍殺」，在另一處則說是「斬首」。另外，他們做了大量的考據工作，查證了仙台醫專的大量史料，用科學的方法得出結論，說魯迅在上細菌學課時實際看過的有關時局的幻燈片中，可能沒有為俄軍當間諜的中國人被處死的畫面。他們的言外之意是：這一細節是魯迅出於民族主義情緒，用小說手法編造出來的。

對於這樣的結論，日本仙台市崇敬魯迅、熱心於日中友好的各界人士組織了「魯迅在仙台的紀錄調查會」，出版了《魯迅在仙台的紀錄》一書。其中也包括與魯迅看到的幻燈片有關的資料：一是在日俄戰爭時期出版的仙台地方報紙《河北新報》和《日俄戰爭記實》雜誌上，查出了日本軍隊在中國東北處決為俄軍做密探的中國人並有中國人圍觀的消息，為魯迅所看

的幻燈片提供了內容上的證據。此書還展示了魯迅在仙台留學時講細菌課的中川教授用過的關於日俄戰爭局勢的幻燈片，雖然其中未見魯迅所說的畫面，但以實物說明，魯迅在仙台時，該學校確曾用幻燈片宣傳過戰爭狀況。這些資料使人們有理由推測，魯迅所說看幻燈片的事，是確有其事的。魯迅的描述還是真實的。是的，這就夠了。散文創作也有生活的真實和藝術的真實的問題，也有實在的真實與抽象的真實的問題。在這一點上，如果某些日本學者不是別有用心的話，那他們犯了和周作人一樣的錯誤。周作人認為，魯迅父親將死時，衍太太授意魯迅大喊，這一細節是魯迅採用了「小說做法」。因為，真實的情況不是這樣的。他們的立論囿於散文不能適當虛構這樣的前提。事實上，散文與小說一樣，都要有一定程度的虛構，文學畢竟不是和生活畫等號的。這一點，我在本書講述《父親的病》和《瑣記》一文中已有分析，這裡就不重複了。

6. 終生的反抗者

——《〈華蓋集續編〉小引》

這是一篇短序。一開篇就談了作者在孤島上的感受，也可以說是牢騷吧：「秋來住在海邊，目前只見雲水，聽到的多是風濤聲，幾乎和社會隔絕。」本來，這樣的環境，是做學問的好處所。然而，魯迅的戰士氣質超越了學者氣質。我們可以說「思想家魯迅」、「戰士魯迅」，但如果說「學者魯迅」，雖然因為《中國小說史略》等，他可以是當之無愧的學者，但不免有怪異之感。北京的污濁讓他厭惡，於是盛產雜感，而廈門的與社會隔絕，又讓他無聊。本來在廈門這樣的環境，是可以讓他靜下心，就像當年在紹興會館一樣，做一點學問上的事，可是，在遠方，許廣平的青春像是一束火炬，在心底召喚著他哩！於是，儘管事實上有種種的不如意，便是一切順意吧！他也會想出種種的可惡和難以容忍，飛蛾赴火一般地奔向青春。中年人的感情，雖然含蓄，卻也沉鬱，如地火在運行，終究是要噴發的。

燈下無事，他便編書，編《墳》，編《華蓋集續編》等等。書編完了，總要留下一點文字，於是有了這篇《小引》，也還是雜感。他說：「這裡面所講的仍然並沒有宇宙的奧義和人生的真諦。不過是，將我所遇到的，所想到的，所要說的，一任它怎樣淺薄，怎樣偏激，有時便都用筆寫了下來。說得自誇一點，就如悲喜時節的歌哭一般，那時無非藉此來釋憤抒情，現在更不想和誰去搶奪所謂公理或正義。你要那樣，我偏要這樣是有的；偏不遵命，偏不磕頭是有的；偏要在莊嚴高尚的假面上撥它一撥也是有的，此外卻毫無什麼大舉。名副其實，『雜感』而已。」這段話，有點自貶的意味，也有點回應對他「淺薄」、「偏激」的攻擊的

意思。此外，有兩點是要提出來的，一是，魯迅指出，言為心聲，文章是為了「釋憤抒情」的。魯迅向來不為寫文章而寫文章，而是心裡有感受、有不平……了，所謂悲喜歌哭，噴薄而出。魯迅不像當下有的人，寫的文章未必是自己的心聲，寫的文章是沉浸於肉慾，服從於某種安排……所以，我常說，魯迅的文章是有痛感和帶血性的。魯迅說過，從水管裡流出來的是水，從血管裡流出來的才是血，一套《魯迅全集》，蒸騰著魯迅的血氣，飽含著魯迅的心血，這不是墨寫的文字，是魯迅激情和生命的凝聚。二是，魯迅也有率性而為的時候，那就是那段你要這樣，我偏要那樣的文字。人生本來有所謂「第一反抗期」和「第二反抗期」之說，而魯迅，他是終生的反抗者，反抗污濁，反抗無聊，反抗絕望……反抗一切可反抗的。公理和正義，已經為「公理和正義」的壟斷家所壟斷，掌握宣傳工具的，就是「公理和正義」的總批發商，你魯迅還有什麼「公理和正義」可言？既是如此，大家不是一眼了然，那是你們的「公理或正義」！所以，「我」「更不想」去「搶奪」了。如此，可以想見，被總批發商所壟斷的所謂公理正義是什麼貨色了，不要講你讓我磕頭，不要講你讓我遵命，便是「莊嚴高尚」，我也不相信。我不相信！那肯定是「假面」，所以，「我」自然要「撥它一撥」。

魯迅在《華蓋集》的《題記》中說過，他是交了「華蓋運」的，不時地「碰釘子」，正如他後來的詩所寫的「運交華蓋欲何求，未敢翻身已碰頭」，此書取《華蓋集續編》固然是文章的銜接，大約也隱含著他「華蓋運」的繼續吧！

魯迅，終生的反抗者，也是終生的「華蓋運」的承載者。

7. 在躊躇中築墳，在自剖時埋葬

——《墳》的前言後語

《墳》是魯迅在廈門編就的，是作者收錄文章時間跨度最大的一本集子，收一九〇七年至一九二五年所作論文二十三篇。《題記》寫於一九二六年十月三十日，《寫在〈墳〉後面》（以下簡稱《後面》）寫於十一月十一日，相隔十來天。兩篇文章有相近的地方，所以，就放在一起講述。

《墳》中有魯迅早年用文言寫作的《人之歷史》、《科學史教篇》、《文化偏至論》、《摩羅詩力說》等文章。收不收這些舊作，魯迅的心情是十分矛盾的。在《題記》與《後面》二文中，魯迅都表達了猶疑、躊躇的心情。

在《題記》中，魯迅說得很坦白，「將這些體式上截然不同的東西，集合了做成一本書樣子的緣由，說起來是很沒有什麼冠冕堂皇的。首先就因為偶爾看見了幾篇將近二十年前所

做的所謂文章」。在《後面》中魯迅說，「這不過是我的生活中的一點陳跡。……我也曾經工作過了」。寫文章的人似乎多有這樣的感受，雖有恍若隔世之感，但也有如見老朋友一般親切。「這是我做的嗎？」魯迅就有這樣的感覺。人總難免戀舊，「看下去，似乎也確是我做的。那是寄給《河南》的稿子……」但是，魯迅對自己的這些文章是不滿意的，很大程度上是持否認的態度：「因為那編輯先生有一種怪脾氣，文章要長，愈長，稿費便愈多。所以如《摩羅詩力說》那樣，簡直是生湊。倘在這幾年，大概不至於那麼做了。又喜歡做怪句子和寫古字，這是受了當時的《民報》的影響；現在為排印的方便起見，改了一點，其餘的便都由他。」魯迅看到了這些文章的問題：一是太長，有的地方是「生湊」而成的；二是多有「怪句子和寫古字」。可見，魯迅是有自知之明的。但是，同時又難免對自己的文章有偏愛。他說，「這樣生澀的東西，倘是別人的，我恐怕不免要勸他『割愛』，但自己卻總還想將這存留下來……」

書已經開印了，魯迅還在矛盾。他在《後面》中寫道：「電燈自然是輝煌著，但不知怎地忽然有淡淡的哀愁來襲擊我的心，我似乎有些後悔印行我的雜文了。」置身於光明中，心卻沉到了黑暗，就像置身於眾人之中，靈魂卻陷於孤獨。這種後悔，這種猶疑，在魯迅一生中也不多見，「我很奇怪我的後悔，這在我是不大遇到的」，他說。

魯迅為什麼這樣猶疑、躊躇呢？以下這兩件事實是我們必須注意到的：一是，魯迅反覆教導青年學生，要少讀或者竟不讀中國書，要多做好事之徒。在廈門大學，還做了相關的演講。二是，當時，上海開明書店出版的《一般》月刊有關於「做好白話須讀好古文」的議論，該刊一九二六年十一月第一卷第三號所載明石（朱光潛）《雨天的書》一文，其中說：「想做好白話文，讀若干上品的文言文或且十分必要。現在白話文作者當推胡適之、吳稚暉、周作人、魯迅諸先生，而這幾位先生的白話文都有得力於古文的處所（他們自己也許不承認）。」

《墳》是一部「古文和白話合成的雜集」，魯迅說，「只是在自己，卻還不能毅然決然將它毀滅，還想借此暫時看看逝去的生活的餘痕」。魯迅的《後面》中記述了這樣一件事：「還記得三四年前，有一個學生來買我的書，從衣袋裡掏出錢來放在我手裡，那錢上還帶著體溫。這體溫便烙印了我的心，至今要寫文字時，還常使我怕毒害了這類的青年，遲疑不敢下筆。我毫無顧忌地說話的日子，恐怕要未必有了吧！但也偶爾想，其實倒還是毫無顧忌地說話，對得起這樣的青年。但至今也還沒有決心這樣做。」魯迅記住了青年帶體溫的錢，怕自己的文章「……於讀者有害，因此作文就時常更謹慎，更躊躇」。而現在，自己卻把文言文收入《墳》中，所以，魯迅在《後面》中特別聲明，「去年我主張青年少讀，或者簡直不讀中國書，乃是用許多苦痛換來的真話，決不是聊且快意，或什麼玩笑、憤激之詞。古人說，不讀書便

成愚人，那自然也不錯的。然而世界卻正由愚人造成，聰明人決不能支持世界，尤其是中國的聰明人。現在呢，思想上且不說，便是文詞，許多青年作者又在古文、詩詞中摘些好看而難懂的字面，做為變戲法的手巾，來裝潢自己的作品了。我不知這和勸讀古文說可有相關，但正在復古，也就是新文藝的試行自殺，是顯而易見的」。

至於對朱光潛的「做好白話須讀好古文」，魯迅在《後面》中是這樣回答的：

新近看見一種上海出版的期刊，也說起要做好白話須讀好古文，而舉例為證的人名中，其一卻是我。這實在使我打了一個寒噤。別人我不論，若是自己，則曾經看過許多舊書，是的確的，為了教書，至今也還在看。因此耳濡目染，影響到所做的白話上，常不免流露出它的字句，體格來。但自己卻正苦於背了這些古老的鬼魂，擺脫不開，時常感到一種使人氣悶的沉重。就是思想上，也何嘗不中些莊周韓非的毒，時而很隨便，時而很峻急。

從文字表達到思想情感，古文讓魯迅有了中毒的感覺，感到「使人氣悶的沉重」。魯迅彷彿要說，倘沒有古文的羈絆，他的文字表達會更加明快，思想也會更加陽光。時而隨便，時而峻急，魯迅在直面自己，做了心靈的剖白。他的名言「我的確時時解剖別人，然而更多的是更無情面地解剖我自己」，就是出自這篇文章。那麼，在這篇文章中，他是怎麼解剖自己的呢？

第一，他認為自己的文章只是「小雜感」，並沒有刻意要推銷什麼主義。魯迅說：「但我並無噴泉一般的思想，偉大華美的文章，既沒有主義要宣傳，也不想發起一種什麼運動……」魯迅一有感想，就寫成文章，若從總體上把握，有時甚至會覺得不知道自己在做什麼——魯迅極為真誠地面對自己的心靈：「然而我至今終於不明白我一向是在做什麼。比方做土工的吧！做著做著，而不明白是在築臺呢還在掘坑。所知道的是即使是築臺，也無非要將自己從那上面跌下來或者顯示老死；倘是掘坑，那就當然不過是埋掉自己。總之：逝去，逝去，一切一切，和光陰一同早逝去，在逝去，要逝去了。——不過如此，但也為我所十分甘願的。」

第二，他認為自己在思想上也中過毒。魯迅說，「我自然不想太欺騙人，但也未嘗將心裡的話照樣說盡」，就是說，魯迅的話是有保留的。那麼，他保留的是一些什麼東西呢？魯迅認為他的思想中有「鬼氣」，他沒有發表的真實想法，比已經發表的要消極得多。「發表一點，酷愛溫暖的人物已經覺得冷酷了，如果全露出我的血肉來，末路正不知要到怎樣」。魯迅害怕自己的消極影響了接受他影響的人們，「……從此到那的道路。那當然不只一條，我可正不知哪一條好，雖然至今有時也還在尋求。在尋求中，我就怕我未熟的果實偏偏毒死了偏愛我的果實的人……」

所以，魯迅認為，自己不是也成不了也不願意成為青年的「前輩」和「導師」。「倘說為別人引路，那就更不容易了，因為連我自己還不明白應當怎麼走。中國大概很有些青年的『前輩』和『導師』吧！但那不是我，我也不相信他們。我只很確切地知道一個終點，就是：墳。然而這是大家都知道的，無須誰指引。」

雖然猶疑、躊躇，最終，魯迅還是決定將這些文章收入《墳》。在《題記》中，魯迅是這樣說的：「在我自己，還有一點小意義，就是這總算是生活的一部分的痕跡。所以雖然明知道過去已經過去，神魂是無法追躡的，但總不能那麼決絕，還想將糟粕收斂起來，造成一座小小的新墳，一面是埋藏，一面也是留戀。至於不遠的踏成平地，那是不想管，也無從管了。」在《後面》，魯迅是這樣說的：「然而這大約也不過是一句話。當呼吸還在時，只要是自己的，我有時卻也喜歡將陳跡收存起來，明知不值一文，總不能絕無眷戀。」敝帚自珍，俗話說，老婆是別人的好，文章是自己的好，也屬人之常情。魯迅是個厚道人，還是說出了自己對陳跡的眷戀。至於文章是不是「不值一文」，讀者心中自然有數。以上點到的那幾篇文章，用的雖然是讓他痛恨的文言，但所承載的思想卻是新的。一個時代的新人，偶爾穿一下長袍馬褂，也不會就成了復古派了。而很多復古的文章，卻用白話文寫的，就像清末的遺老遺少，有時也穿西裝，終究還是遺老遺少。魯迅的一張便條，對研究者都有研究價值，何況魯迅早期的這些文章呢？如果魯迅真的在矛盾、猜疑時放棄了，讓這些文章永遠地消失，那將是不可想像的憾事！「集雜文而名之曰《墳》，究竟還是一種取巧的掩飾。劉伶喝得酒氣熏天，使人荷鍤跟在後面，道：死便埋我。雖然自以為放達，其實是只能騙騙極端老實人的。」我理解，魯迅的意思是埋葬，但更是紀念。他自己也承認，看似放達，其實卻不。

魯迅還陳述了留下這些文章的理由。歸納起來，第一是其中幾個詩人曾經深深地感動過魯迅，「先前是怎樣地使我激昂呵」，然而，現在卻被人淡忘了，這是魯迅不忍拋棄舊稿的一個原因。魯迅從歷史進化觀出發，熱情介紹了達爾文的進化論，闡明人類社會發展變化的思想；詳細敘述西方自然科學發展演變的過程，說明科學對自然和社會的進步作用。他還介紹了西方勇於抗爭的「立意在反抗，指歸在動作」的「摩羅」詩人，希望中國有一批「精神界之戰士」，起來突破封建統治者的羅網。魯迅想重新喚起國人的激情。

第三，魯迅自信自己的文章還有人要看，魯迅的「粉絲」要看，而且要世世代代看下去，這是不言而喻的。不僅魯迅的「粉絲」要看，魯迅的敵人也要看。魯迅的骨子裡有「惡」的成份，因為有人憎惡他的文章，你愈是憎惡，我就愈要寫。魯迅在《題記》中說：「說話說到有人厭惡，比起毫無動靜來，還是一種幸福。」這裡，魯迅具有精神上的優越感，他不以被別人厭惡為痛苦，他的帶痛感的文章讓那些正人君子有了被暴露的痛感，這正是魯迅所高

興的。「天下不舒服的人們多著，而有些人們卻一心一意在造專給自己舒服的世界。這是不能如此便宜的，也給他們放一點可惡的東西在眼前，使他有時小不舒服，知道原來自己的世界也不容易十分美滿。蒼蠅的飛鳴，是不知道人們在憎惡他的；我卻明知道，然而只要能飛鳴就偏要飛鳴。我的可惡有時自己也覺得，即如我的戒酒，吃魚肝油，以望延長我的生命，倒不盡是為了我的愛人，大半乃是為了我的敵人，——給他們說得體面一點，就是敵人吧——要在他的好世界上多留一些缺陷。」魯迅甚至自比蒼蠅，在那些專營自己的五星級賓館，在賓館中寫著雅舍文學的人們眼裡，魯迅的戰叫，確實如蒼蠅嗡營，魯迅似乎為自己規定了任務，專門讓那些專門經營自己舒服的人不舒服，魯迅是上層社會的破壞者。在《後面》中，魯迅進一步強化了這一思想，讓「憎惡我的文字的東西得到一點嘔吐」：「我自己知道，我並不大度，那些東西因我的文字而嘔吐，我也很高興的。」又說：「先前也曾屢次聲明，就是偏要使所謂正人君子也者之流多不舒服幾天……給他們的世界上多有一點缺陷……」

這題記，還表現了魯迅前所未有的奮然前行的勇氣，說出了自己種種，也是為了「我的愛人」。在此前後，魯迅還說過「我可以愛」。一個中年人，一個社會名流，一個家裡還有「母親送的禮物」的舊生活的承載者，愛一個小自己近二十歲的女學生，魯迅猶疑、徘徊了許久，甚至可以說他是在歷史和未來之間猶疑和徘徊，此時，他終於「戰勝」了！——這一層意思，魯迅在這篇文章中，是比較突兀地捎帶一句，我也在這裡插上一段。

第四，有的文章是血寫的。魯迅在《後面》中，特別強調了一下《論「費厄潑賴」應該緩行》這篇文章：「最末的論『費厄潑賴』這一篇，也許可供參考吧！因為這雖然不是我的血所寫，卻是見了我的同輩和比我年幼的青年們的血而寫的。」魯迅的文章，不僅帶有痛感，而且還帶有血性。

此外，魯迅還為收錄在《墳》裡的文章辯護。這裡的文章，有的是罵正人君子的。《現代評論》第四卷第八十九期（一九二六年八月二十一日）署名涵廬（即高一涵）的一則《閒話》中說：「我二十四分的希望一般文人彼此收起互罵的法寶，做我們應該做的和值得做的事業。萬一罵溜了嘴，不能收束，正可以同那實在可罵而又實在不敢罵的人們，鬥鬥法寶，就是到天橋走走，似乎也還值得些！否則既不敢到天橋去，又不肯不罵人，所以專將法寶在無槍階級的頭上亂祭，那末，罵人誠然是罵人，卻是高傲也難乎其為高傲吧！」當時北京的刑場在天橋附近。高一涵的意思似乎是，文人罵文人，那算不上什麼本事，你如果真有本事，應該去罵「有槍階級」。魯迅將此看作是「誘殺」：「君子之徒曰：你何以不罵殺人不眨眼的軍閥呢？斯亦卑怯也已！但我是不想上這些誘殺手段的當的。木皮道人說得好，『幾年家軟刀子割頭不覺死』，我就要專指斥那些自稱『無槍階級』而其實是拿著軟刀子的妖魔。即如上

面所引的君子之徒的話，也就是一把軟刀子。假如遭了筆禍了，你以為他就尊你為烈士了嗎？不，那時另有一番風涼話。倘不信，可看他們怎樣評論那死於三・一八慘殺的青年。」魯迅是一向不主張送死，不主張跳出坦克車的，他提倡的是韌性戰鬥精神。

一部《墳》，魯迅是在躊躇中築墳，在自剖時埋葬，他自我感覺埋葬了，至於他《墳》中的文章，或「不遠的踏成平地」，或「又當化為煙埃」，魯迅當然「不想管，也無從管」，可是，它們卻在墳中涅槃，得以永生了。

8. 無從發牢騷的牢騷

——《廈門通信》（二）

本篇最初發表於一九二六年十一月二十七日《語絲》週刊107期。收入《華蓋集續編》。

此文既有對廈門景觀的感觸，更有對廈門工作的不適應而帶來的牢騷。

信是致李小峰的。

從接到的韋素園的信中，魯迅知道北京已經結冰了，然而，廈門還只穿一件夾衣。南國的四季是不分明的。「我的住所的門前有一株不認識的植物，開著秋葵似的黃花。我到時就開著花的了，不知道它是什麼時候開起的；現在還開著；還有未開的蓓蕾，正不知道它要到什麼時候才肯開完。『古已有之』，『於今為烈』，我近來很有些怕敢看它了。還有雞冠花，很細碎，和江浙的有些不同，也紅紅黃黃地永是這樣一盆一盆站著」。魯迅對一直開著的花不滿了，日日如此，就像一個人不停地對著你笑，乍看笑臉，自然是開心的，永遠的笑，如果再加上點虛情，你對這種笑，在單調之餘，也會有需要逃避的衝動吧！此信寫於十一月七日，到了十二月三十一日，魯迅寫《廈門通信（三）》時，仍不忘帶上一筆，「然而我那門前的秋葵花似的黃花卻還在開著」，魯迅在北方生活的日子要長一些，他的精神氣質中，更喜歡朔方的雪，喜歡北方的四季分明和冬的蕭索。四季如春的含糊，居久了，或許會讓魯迅有喘不過氣的感覺。我想，寫這些文字的時候，不排除魯迅有了思念北方的惆悵。

魯迅無法容忍自然的單調，這表明了他的性情；而他更無法容忍的是日常工作的單調。在廈門期間，他多次說到，當老師編講義不是他的所愛，甚至，對此十分厭煩。魯迅說：「我雖然在這裡，也常想投稿給《語絲》，但是一句也寫不出，連『野草』也沒有一莖半葉。」為什麼呢？因為沒有刺激。「嗚呼，牢騷材料既被減少，則又有何話之可說哉！」

當然，魯迅還是有「牢騷」可發的，他接著談了對工作的不滿：「現在只是編講義。為什麼呢？這是你一定了然的：為吃飯。吃了飯為什麼呢？倘照這樣下去，就是為了編講義。

吃飯是不高尚的事，我倒並不這樣想。然而編了講義來吃飯，吃了飯來編講義，可也覺得未免近於無聊。」工作為了吃飯，吃飯為了工作，當然是無聊的。從中我可以感覺到，編講義、做研究，不是魯迅所最愛。他的內心在躁動。他感到寫作才是他的最愛。「別的學者們教授們又做別論，從我們平常人看來，教書和寫東西是勢不兩立的，或者死心塌地地教書，或者發狂變死地寫東西，一個人走不了方向不同的兩條路。」應該說，魯迅的話是絕對了一點，也有既寫作又教書的人，比如葉聖陶等，這是不用證明的事實。這裡，魯迅只是強調自己無法做兩件事，如同同時走兩條方向不一的路。這折射出了一個資訊，魯迅不僅在廈大待不長久，就是以後去中大或別的什麼大，也不會待長久的；這還為魯迅晚年選擇自由撰稿人這一「坐家」行當，提供了根據。魯迅的心靈是自由的，雖然魯迅從事的職業已經很有彈性了，但他還是覺得那是羈絆。

魯迅是很瞧不起講義之類湊成的所謂著作的。涵廬（高一涵）在《現代評論》第四卷第八十九期（一九二六年八月二十一日）上發表的《閒話》中曾說：「報紙上的言論，近幾年來，最膾炙（膾炙）人口的，絕不是討論問題和闡發學理的一類文字，只是揭開黑幕和攻人陰私的一類文字。越是板著學者的面孔，討論學術問題的文字，看的人越少；越是帶著三分流氓氣，嬉笑怒罵的揭黑幕攻陰私的文字，看的人越多。」又說：「社會上既歡迎嬉笑怒罵的文字，叫人家認《小晶報》為大雅之聲明呢？」對此，魯迅在這篇文章中寫道：「我很佩服這些學者們的大才。不知道你可能替我調查一下，他們有多少正經文章的稿子『藏於家』，給我開一個目錄？但如果是講義，或者什麼民法八萬七千六百五十四條之類，那就不必開，我不要看。」嬉笑怒罵的文章，是不是就是揭黑幕攻陰私，魯迅不去說它，而對板著臉的所謂「學理」文章，魯迅也是不要看的。魯迅所蔑視的講義衍生而成的所謂學術著作，當下還很盛行哩。這幾年，風調雨順，教授也高產。我時不時讀一些教授們的文章，確實深奧，而且雄辯。這些文章的特點是像教授的文章，看了讓人發愣。如要弄懂，非得花九牛二虎之力不可。可是，好不容易讀進去了，突然發現，其實也沒有什麼東西。把通俗的道理深奧了，這就是學問。沒有多少東西，又假裝很有貨色，這就是某些教授的文章。與某些教授文章有異曲同工之妙的是不少所謂的學術著作，這些著作就是教授副教授的授課講義。從授課講義到學術著作，它們的聯繫與區別，這是一個值得研究的問題。授課講義可以成為學術著作，但授課講義不等於就是學術著作。講義面對的是學生，內容是通俗的，傳授的是基本知識。學術成果應是最先鋒的，言前人、時人所未言。對學生講，既要講最新的知識，更要講最基本的知識。把最基本的東西變成一本書，這是學術著作呢還是授課講義？文章的最後，魯迅感嘆說：「現在是連無從發牢騷的牢騷，也都發完了」，孤島的死寂，讓魯迅無話可說！

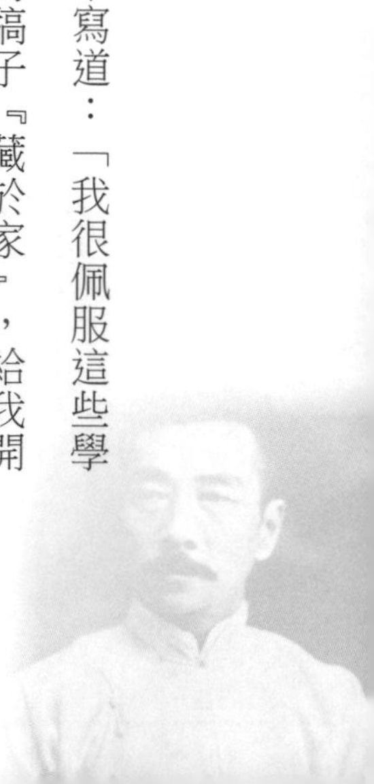

魯迅這篇文章，看上去鬆鬆散散，從編講義到自然景觀，說亂扯一通也可以，這正是寫信這種文體的自然，然而，不論是關於講義，還是關於景觀，他都表達了對單調的厭煩。由此可見，魯迅的心是年輕的，他渴望豐富多彩。有的人，外表花花綠綠，內心卻單調無比。從這封信中，我看到外表素樸單調的魯迅，內心世界是無比的繽紛。

9. 論今宜鑑古

——《〈爭自由的風波〉小引》

本篇寫於一九二六年十一月十四日，最初發表於一九二七年一月日北京《語絲》週刊第一一二期，並同時印入《爭自由的波浪》一書。

《爭自由的波浪》，俄國小說和散文集。原名《專制國家之自由語》，英譯本改名《大心》。董秋芳從英譯本轉譯，一九二七年一月北京北新書局出版，為《未名叢刊》之一。內收高爾基《爭自由的波浪》、《人的生命》，但兼珂《大心》，列夫•托爾斯泰《尼古拉之死》等四篇小說；列夫•托爾斯泰《致瑞典和平會的一封信》和未署名的《在教堂裡》、《梭斐亞•卑羅夫斯凱婭的生命的片斷》等三篇散文。

對俄國革命後發生的一切，魯迅認為，遊覽者的評論或褒或貶，對同一件事同一個人甚至有相反的觀點，都不足為奇，因為「遊覽的人各照自己的傾向，說了一面的話」。當年，北京的報紙竭力抹黑十月革命，「大抵是要竭力寫出內部的黑暗和殘酷來」，「這一定是很足使禮教之邦的人民驚心動魄的吧」，然而，魯迅認為這也「毫不足怪」，為什麼呢？在魯迅看來，現在的一切要觀照歷史，「俄皇的皮鞭和絞架，拷問和西伯利亞，是不能造出對於怨敵也極仁愛的人民的」。俄皇曾經那麼殘暴地鎮壓人民，人民自然要有一些「黑暗和殘酷」，所謂革命的暴力。

由俄國，魯迅談到了中國，「中國是否會有平民的時代，自然無從斷定」，這裡的「平民的時代」，指的是社會主義時代。「然而，總之，平民總未必會捨命改革以後，倒給上等人安排魚翅席，是顯而易見的，因為上等人從來就沒有給他們安排過雜合麵」。魯迅的眼光是很「毒」的，你「上等人」不把平民當人，平民吃不飽，穿不暖，飢寒交迫，平民打下了江山，如何指望平民讓你繼續過上等人的生活呢？中國還真有了魯迅說的「平民的時代」，工人階級和貧下中農掌握政權以後，地富反壞右有了自己應有的下場——歷史離我們不遠，記憶難以抹殺。

魯迅認為，這本書「在中國還是很有好處的」，好處在哪裡呢？可以看看俄國人是怎樣

爭得自由的。「以前的俄國的英雄們，實在以種種方式用了他們的血，使同志感奮，使好心腸人墮淚，使劊子手有功，使閒漢得消遣。總是有益於人們，尤其是有益於暴君，酷吏，閒人們的時候多；饜足他們的凶心，供給他們的談助。」這裡，魯迅談到了革命者和革命的同情者，以及革命的敵人和那些革命的市儈旁觀者。革命成功，是英雄們的鮮血換來的，英雄的事蹟激勵後來的同志們感奮前行，使革命的同情者流淚。同時，也滿足了統治者的「凶心」，也讓小市民們有了談資——魯迅對革命的看客，始終給予特別的關注，特別多的筆墨：「英雄的血，始終是無味的國土裡的人生的鹽，而且大抵是給閒人們做生活的鹽，這倒實在是很可詫異的。」俄國有沒有人血饅頭？我們不得而知。人民的愚昧，正是滋生專制的土壤，為了鞏固專制統治，就要讓人民更其愚昧。所以，加強輿論鉗制，就成了從沙皇到希特勒共同的使命，是維護他們穩定統治的與坦克車一樣的重要工具。魯迅說：「如但兼珂的慷慨，托爾斯多的慈悲，是多麼柔和的心。但當時還是不准印行。這做文章，這不准印，也還是使凶心得饜足，談助得加添。」沙皇統治者看似強大，實則極為脆弱，脆弱到害怕「柔和的心」，連「慷慨」和「慈悲」都要加以禁止的程度。

「只要翻翻這一本書，大略便明白別人的自由是怎樣掙來的前因，並且看看後果，即使將來地位失墜，也就不至於妄鳴不平，較之失意而學佛，切實得多多了」——魯迅的這些話，彷彿是說給革命的對象們聽的，好讓他們先有思想準備？

10. 時代與人的命運

——《范愛農》

本篇最初發表於一九二六年十二月二十五日《莽原》半月刊第一卷第二十四期。《范愛農》一文追敘作者在日本留學時和回國後與范愛農接觸的幾個生活片段，描述了范愛農在辛亥革命前不滿黑暗社會、追求革命，革命後又備受打擊迫害的遭遇。范愛農革命前是消沉的，革命後復歸於消沉，作者表現了對革命的失望和對這位正直倔強的摯友的同情和悼念。

魯迅寫范愛農，從寫范愛農的「很可惡」開始。那時的范愛農，看上去似乎已經相當世故了。他的先生徐錫麟因刺殺安徽巡撫被殺，還「被挖了心，給恩銘的親兵炒食淨盡」，在日本的青年學子「吊烈士，罵滿州，此後便有人主張打電報到北京，痛斥滿政府的無人道」。當時，分成兩派，一派主張要發，一派主張不要發。魯迅似乎是主張發電的。范愛農則相反，他帶著「鈍滯的聲音」說：「殺的殺掉了，死的死掉了，還發什麼屁電報呢。」魯迅從這聲音中聽出了「冷」。「我非常憤怒了，覺得他簡直不是人，自己的先生被殺了，連打一個電

報還害怕，於是便堅執地主張要發電，同他爭起來」。事情過了近二十年，魯迅以頗帶調侃的語調說了自己當時對范愛農的觀感：「從此我總覺得這范愛農離奇，而且很可惡。天下可惡的人，當初以為是滿人，這時才知道還在其次；第一倒是范愛農。中國不革命則已，要革命，首先就必須將范愛農除去。」這幾句話，讓我想起了魯迅說阿Q，中國倘不革命，阿Q便不做，既然革命，阿Q便如何如何……在日本時，革命黨人也曾叫魯迅去刺殺滿清高官，遭魯迅拒絕，因為他說他如果死了，母親怎麼辦？在廈門寫這文章時，魯迅已經更為「世故」，他是不主張請願的。因此，我從這段調侃的話甚至讀出了魯迅自嘲的意味。我的直覺，在周作人那裡得到印證，他說：「魯迅本來是不到同鄉會的，這回特別跑去，所說范愛農的情形正如本文所說，但事實上他似乎不是和愛農有相反的意見，只是說愛農的形狀、態度、說話都很是特別罷了。那時激烈派不主張打電報，理由便是如愛農所說，革命失敗，只有再舉，沒有打電報給統治者的道理，痛斥也無用，何況只是抗議呢！其時梁任公一派正在組織政聞社，蔣觀雲也參與其間，他便主張發電報，要求清廷不亂殺人，大家都反對他，范愛農的話即對此而發的。」

此後，他們在紹興相遇，一見如故，常來常往，舊事重提，原來，不僅在魯迅眼裡范愛農是「很可惡」的，魯迅在范愛農眼裡也讓人「討厭」。作品追憶了七、八年前魯迅到橫濱去接新來留學的同鄉的情形，魯迅正年輕，看見關吏從衣箱中翻出一雙繡花的弓鞋來，便很不滿，「心裡想，這些鳥男人，怎麼帶這東西來呢」，好一個「鳥」字，既可讀出魯迅心態的年輕，還能看出他的野性。還有，新生們「雍容揖讓」，「連火車上的坐位，他們也要分出尊卑來……」魯迅當年不經意間搖頭，被范愛農們認為是「看不起我們」。正因為有此「討厭」先例，所以，在發電報問題上，范愛農才與魯迅擰著來？

魯迅和范愛農是性情相投的朋友，他們經常在一起喝酒，「醉後常談些愚不可及的瘋話，連母親偶然聽到了也發笑」。魯迅要去南京教育部工作，范愛農雖然「很贊成」，卻「頗淒涼」，性情相投的朋友遠去了，心裡自然淒涼。後來，范愛農窮愁潦倒，時常用孔乙己一樣的腔調說：「也許明天就收到一個電報，拆開一看，是魯迅來叫我的。」可見，范愛農對魯迅十分牽掛。魯迅也曾為他在北京謀事，這也是他非常希望的，然而沒有機會。一天晚上，在喝醉酒之後，范愛農失足溺死於河中。文章的末尾，魯迅寫道：「現在不知他唯一的女兒景況如何？倘在上學，中學也該畢業了吧！」有點惆悵，有點傷感，更多的是牽掛。朋友之情，躍然紙上。

魯迅的文章相對比較「散」，不時地「捎帶一槍」。《范愛農》刻劃了范愛農的形象，寫出了作者與主人公之間無奈和傷感的溫情。魯迅是將范愛農放在特定的時代背景下來描摹

的。就是說，范愛農的悲劇，在特定的時代得到了展現，很大程度上也是時代的悲劇。魯迅寫范愛農，同時也為我們保留下了辛亥革命前後的活的歷史影像。文中有一個重要的細節，即對光復後的紹興換湯不換藥的描述。這其實已埋下了范愛農悲劇的伏筆。魯迅其後又用了很多筆墨寫光復後紹興的現實，其實就是在探討造成他的朋友悲劇命運的原因。革命前的范愛農是消沉的，革命如酒，使他有一度的興奮。紹興「光復」的第二天，范愛農「就上城來，戴著農夫用的氈帽，那笑容是從來沒有見過的」。他用從來未曾有過的笑容來表達他對革命的期望。這一天，酒也不喝了，說是「要去看看光復的紹興」。范愛農心裡產生的希望越大，失望也就越大。希望一革命，便發生翻天覆地的變化，這是知識份子的幼稚病。革命粗淺層面的表現，就是多了一些彩旗和鞭炮，政權機構換了一夥中國人。此外，還能怎樣呢？比如戊戌變法，也就一百零三天，要蓋一座大樓，也還來不及呢，能有多大變化！推翻一個政權有時就是一夜之間的事。從某種意義上說，革命是容易的，而革命以後的建設，特別是世道人心的變化，民族靈魂的再造，需要一百年以上。因為懷著不切實際的幼稚的希望，自然是迅速的破滅和更深刻的絕望。魯迅和范愛農到革命後的大街上一逛，馬上有「然而貌雖如此，內骨子是依舊的」感嘆。為什麼呢？「因為還是幾個舊鄉紳所組織的軍政府，什麼鐵路股東是行政司長，錢莊掌櫃是軍械司長……在衙門裡的人物，穿布衣來的，不上十天也大概換上皮袍子了，天氣還並不冷」。總之，你方唱罷我登臺，紹興依舊死氣沉沉。范愛農自然又成了革命前的范愛農，甚至更消沉，更絕望。一位覺醒的知識份子，但是無法在黑暗社會立足，他的內心是痛苦、悲涼的。如鐵屋子中睡著的人被弄醒了，他是醒後無路可走的絕望。「他後來便到一個熟人的家裡去寄食，也時時給我信，景況愈困窮，言詞也愈淒苦。終於又非走出這熟人的家不可，便在各處飄浮」，如此，他活像一個孔乙己了。范愛農死了。生前，范愛農在給魯迅的信中有這樣的話：「如此世界，實何生為，蓋吾輩生成傲骨，未能隨波逐流，唯死而已，端無生理。」魯迅疑心他是自殺，應該說，這是與他的命運邏輯相吻合的合理推測。

文章還為我們留下了《越鐸日報》的歷史痕跡。軍政府出了錢給魯迅他們辦報，報人卻要監督軍政府。「開首便罵軍政府和那裡面的人員；此後是罵都督，都督的親戚、同鄉、姨太太……」錢用完了，再去要，王金發也只是「有些怒意，同時傳令道：再來要，沒有了！」今天看，王金發還是不錯的，你們辦報罵我，我還照樣給你送去五百元。我們看希特勒，不要講送五百元，他根本就不讓你辦報，所有的報紙一律得聽他的，戈貝爾一會兒安排這樣的宣傳計畫，一會兒安排那樣的宣傳計畫，全國的報紙都得聽從於他們的招呼，不同的聲音，經過書報檢查官的檢查，一律刪去。王金發真是比黨衛軍中辦黨衛報的人強多了。當然了，報館最終還是被「搗毀」了。我揣摩，王金發們的心態是，我給你錢辦報，是希望你成為我

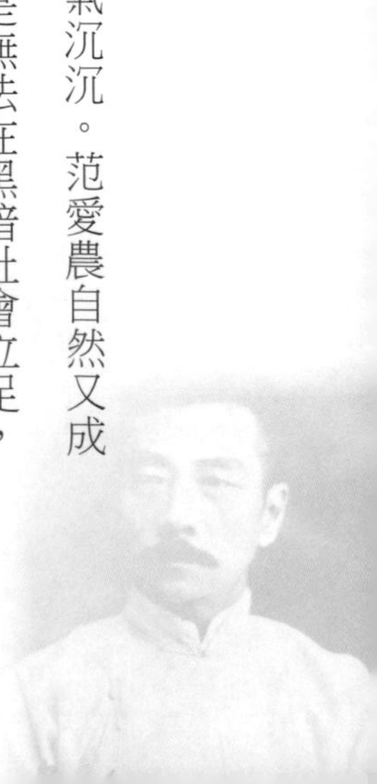

的喉舌，小罵大幫忙也是可以的，可是，你老和我作對，那我的錢連打水漂都不如，結局只能一個，那就是「搗毀」。

11. 因憤恨而決絕

——《所謂「思想界先驅者」魯迅啟事》

魯迅的言行總是有其思想基礎。青年時期的魯迅，在讀了嚴復翻譯的《天演論》後，把進化論做為武器，是進化論使他猛烈抨擊吃人的封建制度和封建禮教，大聲「吶喊」；是進化論使他堅信將來必勝於過去，青年必勝於老年；是進化論使他鼓勵青年「掃蕩這些食人者，掀掉這筵席，毀壞這廚房」。正因如此，魯迅在談話中說：「那個時候，它（指進化論）使我相信進步，相信未來，要求變革和戰鬥。」瞭解了這種情況，我們便會理解先前他之所以心甘情願為那個並不太熟悉的青年補靴子，就是因為他相信進化論，相信「青年人必勝於老年人」；就是因為他認為只要為青年人辦事，就是創造美好未來的實際行動。

「補靴子」是一種象徵，雖然後來對進化論起了疑心，雖然失望於若干青年，然而，終其一生，魯迅是不斷地在為青年做著「補靴子」這樣的活計——比如，我在此書魯迅與高長虹的部分就寫道，魯迅為高長虹改稿，甚至把血吐到了原稿上。

青年多有「咬」魯迅的例，高長虹是一個典型。這裡，似乎也有必要介紹一下高長虹。魯迅南下，為了許廣平，而魯迅、許廣平之外，還有一個與他們相關的高長虹，有一個關於「太陽、月亮和夜」的帶詩意的傳說。

魯迅到廈門時，高長虹並沒有來廈門，但在《兩地書》中，魯迅居廈期間，卻有著影影綽綽的高長虹的影子。關於魯迅與高長虹的關係，我在《太陽下的魯迅——魯迅與左翼文人》一書中有相對詳盡的介紹，這裡只談「太陽、月亮和夜」的問題。

魯迅與高長虹的關係，似乎有個人恩怨的色彩，因為它牽涉了一個敏感的問題，即他們與許廣平的關係。

實際上這是一場誤會。

事情緣於高長虹發表在一九二六年十一月二十一日《狂飆》週刊第七期上的愛情詩《給——》，詩中有這樣的句子：「我在天涯行走，太陽是我的朋友，月兒我交給他了，帶她向夜歸去。夜是陰冷黑暗，他嫉妒那太陽，太陽丟開他走了，從此再未相見。」

此外，高長虹在《時代的命運》一文中說：「我對於魯迅先生曾獻過最大的讓步，不只是思想上，而且是生活上……」所謂「生活上」的「讓步」指什麼呢？是不是指「太陽」把「月

亮」讓給了「黑暗」呢？高長虹公開這麼表示，至少讓人容易產生誤解。

當時，社會上對魯迅的一舉一動都是十分關注的。尤其是「女師大事件」後，關於魯迅，以及魯迅與許廣平之間的關係，有過不少流言。因此，有好事者將這首詩杜撰為高、魯、許之間的「愛情糾紛」。是誰選中這首詩製造「流言」的，不得而知，而把這「流言」告訴魯迅的，是韋素園。一九二七年一月十一日，魯迅在給許廣平的信中說：「那流言，是直到去年十一月，從韋素園信裡才知道的。他說，由沉鐘社裡聽來，長虹的拚命攻擊我是為了一個女性，《狂飆》上有一首詩，太陽是自比，我是夜，月是她，他還問我這事可是真的，要知道一點詳細。我這才明白長虹原來在害『單相思病』，以及川流不息的到我這裡來的原因，他並不是為《莽原》，卻在等月亮。」

我們暫且不管「流言」是不是道出了高長虹的真心，卻深深地傷害了魯迅，也激怒了魯迅。魯迅一九二六年十二月二十九日覆信韋素園說：「關於《給——》的傳說，我先前倒沒有料想到。《狂飆》也沒有細看，今天才將那詩看了一回。我想原因不外三種：一，是別人神經過敏的推測，因為長虹的痛哭流涕的做《給——》的詩，似乎已很久了；二，是『狂飆社』中人故意附會宣傳，做為攻擊我的別一法；三，是他真疑心我破壞了他的夢……」魯迅雖然分析了三種可能，然而，他對第三種可能特別的「憤怒」。他接著寫道：「果真屬於末一說，則太可惡，使我憤怒。我竟一向在悶葫蘆中，以為罵我只是因為《莽原》事，我從此倒要細心研究他究竟是怎樣的夢，或者簡直動手撕碎它，給他更其痛哭流涕。」

在給韋素園寫信的同一天，魯迅也給許廣平寫了一封信，信中說：「北京似乎也有流言，和在上海所聞者相似，且云長虹之拚命攻擊我，乃為此。」「用這樣的手段，想來征服我，是不行的。我先前的不甚競爭，乃是退讓，何嘗是無力戰鬥。現既逼迫不完，我就偏又出來做些事，而且偏在廣州（按：當時許廣平在廣州供職），住得更近點，看他們躲在黑暗裡的諸公其奈我何？然而這也許是適逢其會的藉口，其實是即使並無他們的閒話，我也還是要到廣州的。」一九二七年一月十八日，魯迅抵達廣州。不久，魯迅和許廣平由廣州去上海，他們在上海有了家。

這裡，魯迅明確道出了高長虹若真是如流言所說，那是害了「單相思病」，這表明魯迅對自己愛許廣平以及許廣平也愛自己的確信。同時，若是高長虹真的以為魯迅破壞了他的夢，那麼魯迅便要「動手撕碎它，給他更其痛哭流涕」。有人說，從這段話看到了魯迅的兇狠。那麼，我要問，魯迅要把自己之所愛斯文地拱手相讓，才不兇狠嗎？我倒覺得，從這段話看，魯迅雖然已年近半百，但為了愛其所愛，依然雄風不減。

一個敢愛的老人比一個敢愛的青年，需要更多的更大的勇氣。

至於所謂「生活上」的「最大讓步」，魯迅在《新時代的放債法》一文中做了答覆：

你如有愛一個人，也是他賞賜你的。為什麼呢？因為他是天才而且革命家，許多女性都渴仰到五體投地。他只要說一聲「來！」便都飛奔過去了，你的當然也在內。但他不說「來！」所以你得有現在的愛人。那自然也是他賞賜你的。

高長虹的話沒有點明，魯迅也沒有言破，你知我知，彼此彼此。不過，一有對比，讀者自然就可以意會了。

當然，應該說魯迅這裡有過多的激憤，假如他知道了高長虹後來說的本無此事之類的話時，大約也會感到自己是與風車作戰吧！儘管這樣，我還是理解魯迅的激憤的。倘若我們考慮到有流言說他勾引了女學生，有人指責他拋棄了原配夫人朱安等等，這些背景，我對魯迅的激憤，只能理解為他對許廣平的愛是深厚的，因為深厚，所以是珍惜的。

這裡，似乎有必要提一下許廣平對魯迅的愛的過程，否則，不足以說明是「月兒」跟著「黑夜」走呢？還是「太陽」把「月兒」交給了「黑夜」。一九二五年十二月十二，許廣平以「平林」為筆名，在魯迅主編的《國民新報》副刊上發表了《同行者》一文。許廣平在文章中熱情稱讚魯迅用「熱烈的愛，偉大的工作，要給人類以光、力、血，使將來的世界璀璨而輝煌」，並表示她不畏懼「人世間的冷漠、壓迫」，不畏懼「戴著『道德』的面具專唱高調的人們」給予的「猛烈地襲擊」，「一心一意的向著愛的方向奔馳」。許廣平在另一篇散文《風子是我的愛》中，也用含蓄的方式表達了她對魯迅的愛情，並向舊傳統、舊禮教發出了挑戰：「不自然也罷，不相當也罷，合法也罷，不合法也罷，這都與我們不相干。」後來，許廣平在一封致友人信中，還曾回顧了她跟魯迅建立愛情的經過。

魯迅是愛許廣平的，許廣平也是愛魯迅的。一部《兩地書》，是他們相愛的千古確證。

在魯、許、高的關係中，高只能遺憾地成為多餘者。事實本來就是這樣。一九三八年高長虹從歐洲回國後，在重慶《國民公報》星期增刊上發表的《一點回憶——關於魯迅和我》一文中說：「我那時候有一本詩集，是同《狂飆》週刊一時出版的。一天接到一封信，附了郵票，是買這本詩集的，這人正是景宋。因此我們就通起信來。前後通了有八、九次信，可是並沒有見面，那時彷彿覺得魯迅同景宋的感情是很好的。因為女師大的風潮，常有女學生到魯迅那裡。後來我在魯迅那裡同景宋見過一次面，可是並沒有談話，此後連通信也間斷了。以後人們所傳說的什麼什麼，事實的經過卻只有這麼簡單。景宋所留給我的唯一的印象就是一副長大的身材。她的信保留在我的記憶中的，是她說她的性格很矛盾，彷彿中山先生是那樣的性格。青年時代的狂想，人是必須加以原諒的，可是這種樸素的通信也許就造成魯迅同

我傷感情的……原因為。」景宋即許廣平。在後幾句中，最主要的是「青年時代的狂想，人是必須加以原諒的」這一句，而且高長虹也承認正是這種「狂想」，成了他和魯迅「傷感情」的一個原因。他們的信沒有留下來，我們無法知道高、許是否有過戀愛。退一步說，即使「太陽」和「月亮」在八、九封信中曾經相愛，而後「月亮」又愛上了「黑夜」，這也絕不是「太陽」「讓步」的結果，而只能說是一種命運。

一般說來，魯迅對來自青年的攻擊，是罵不還口的，魯迅認為他們還太嫩，對他們多持寬容的態度。魯迅在廈門時期，高長虹是遠在異地卻像蛇一樣「糾纏」著他的一個人，一方面是遠在北京的《莽原》等的紛爭，另一方面就是「月亮」問題。高長虹是魯迅用血滋養過的、同一戰壕的戰友，但他卻冷酷無情地傷害魯迅，魯迅自然是格外的灰心甚至傷心。也許正是從高長虹身上，魯迅看出了高長虹們雖然年輕，卻不一定都是好的，轟毀魯迅進化論思想的，肯定不只是高長虹，也肯定包含了高長虹。

魯迅從北京到上海，高長虹還拜訪過魯迅，關係是好的。魯迅居廈期間，從書信到文章，多次談及高長虹，可以說態度是從厭煩到厭惡。就是在廈門的這段生活，結束了魯迅與高長虹的一段友誼。做為後人，我為他們感到惋惜，他們以後再也沒有見面的機會，如果有，我覺得或許有修好的可能。

高長虹有很多毛病，但畢竟是有追求有激情的詩人，在他身上，沒有陰謀，他罵魯迅，但沒有為了集團的利益見風轉舵地再去捧魯迅，與魯迅分手以後，他就淡出了文學界。革命文學等論爭中，魯迅對某些人的厭惡，大大超過了對高長虹的厭惡，但後來有的還重歸於好，比如成仿吾等。這是題外話了。

這則關於高長虹的「啟事」不長，我照錄於下：

> 《新女性》八月號登有「狂飆社廣告」，說：「狂飆運動的開始遠在二年之前……去年春天本社同人與思想界先驅者魯迅及少數最進步的青年文學家合辦《莽原》……茲為大規模地進行我們的工作起見於北京出版之《烏合》、《未名》、《莽原》、《弦上》四種出版物外特在上海籌辦《狂飆叢書》及一篇幅較大之刊物」云云。我在北京編輯《莽原》、《烏合叢書》，《未名叢刊》三種出版物，所用稿件，皆係以個人名義送來；對於狂飆運動，向不知是怎麼一回事：如何運動，運動甚麼。今忽混稱「合辦」，實出意外；不敢掠美，特此聲明。又，前因有人不明真相，或則假借虛名，加我紙冠，已非一次，業經先有陳源在《現代評論》上，近有長虹在《狂飆》上，迭加嘲罵，而狂飆社一面又錫以第三頂「紙糊的假冠」，真是頭少帽多，欺人害己，雖「世故的老人」，亦身心之交病矣。只得又來特此聲明：我也不是「思想界先驅者」即英文 Forerunner 之譯名。此等名號，乃是

他人暗中所加，別有作用，本人事前並不知情，事後亦未嘗高興。倘見者因此受愚，概與本人無涉。

廣告多少有言過其實之處。我想，高長虹無非是想借重於魯迅，讓他們的「狂飆」事業吸引更多的眼球，讓他們出版的書刊相對好賣一些。但是，這樣浪用魯迅名字的廣告，卻事先不給魯迅看一眼，總有不妥；另外，高長虹一邊罵魯迅，一邊又不經商量地借用魯迅的聲望，這無論如何是不夠厚道的。別人送魯迅「思想界的權威者」，這與魯迅本無相干，可是，高長虹卻藉此討伐魯迅；既如此，自己為什麼又給魯迅加了一頂「思想界先驅者」這樣大同小異的紙冠呢？只能說是為了實用。另外，他還毀謗魯迅是「世故的老人」，既然是「世故的老人」，像高長虹這樣的「狂飆詩人」是不放在眼裡的，又如何一起做書、辦刊呢？高長虹自稱與魯迅有百多次的交往，也自信魯迅這塊牌子他是可以自由使用的。他或許認識了魯迅的忠厚面。是的，打著魯迅旗號的也不只是高長虹，便是此後的馮雪峰或「奴隸總管」們打著魯迅的旗號，魯迅也未必去登一則啟事。而且，關於高長虹的啟事同時在《莽原》、《語絲》、《北新》、《新女性》等期刊上發表，實在可見魯迅的決絕。對於「狂飆運動」，魯迅不知道「如何運動，運動甚麼」，拉開了自己與高長虹的距離。闡明事實是重要的，我以為，魯迅的決絕，還在於廣告內容之外的高長虹的言行實在太讓魯迅失望甚至絕望，用魯迅的話說，他們對魯迅是「迭加嘲罵」。

在與《所謂「思想界先驅者」魯迅啟事》寫於同一時期的《〈阿Q正傳〉的成因》一文中，魯迅自比「疲牛」，他說：「譬如一匹疲牛罷，明知不堪大用的了，但廢物何妨利用呢，所以張家要我耕一弓地，可以的；李家要我挨一轉磨，也可以的；趙家要我在他店前站一刻，在我背上貼出廣告道：敝店備有肥牛，出售上等消毒滋養牛乳。我雖然深知道自己是怎麼瘦，又是公的，並沒有乳，然而想到他們為張羅生意起見，情有可原，只要出售的不是毒藥，也就不說什麼了。但倘若用得我太苦，是不行的，我還要自己覓草吃，要喘氣的工夫；要專指我為某家的牛，將我關在他的牛牢內，也不行的，我有時也許還要給別家挨幾轉磨。如果連肉都要出賣，那自然更不行，理由自明，無須細說。倘遇到上述的三不行，我就跑，或者索性躺在荒山裡。即使因此忽而從深刻變為淺薄，從戰士化為畜生，嚇我以康有為，比我以梁啟超，也都滿不在乎，還是我跑我的，我躺我的，決不出來再上當，因為我於『世故』實在是太深了。」這段文字某種意義上可以做為魯迅對高長虹和高長虹們的態度的一個旁注。魯迅吃草擠奶，為青年們嘔心瀝血，感到累極了，疲乏極了。有的要他耕地，有的要他轉磨，比如孫伏園要他寫文章，廈門的青年們要他幫助改稿。趙家要他在店前做廣告，就好比高長虹要借魯迅的名。魯迅雖然是「公牛」，高長虹們卻要他做牛乳的廣告，魯迅也知道其中不

太實在，但理解「他們為張羅生意起見，情有可原，只要出售的不是毒藥，也就不說什麼了」。可見，魯迅是善解人意的，魯迅是寬厚的。但是，如果遇到魯迅說的「三不行」，自然要拒絕，要反抗。事實上，「三不行」中，「嚇我以康有為，比我以梁啟超」、「因為我於『世故』實在是太深了」等，都是針對高長虹說的。高在《狂飆》週刊第一期（一九二六年十月）《走到出版界》的《革革革命及其他》一則內，說「魯迅是一個深刻的思想家，同時代的人沒有能及得上他的。」但不久在《狂飆》第五期（一九二六年十一月）《走到出版界》的《一九二五北京出版界形勢指掌圖》內，卻攻擊魯迅已「遞降而至一不很高明而卻奮勇的戰士的面目，再遞降而為一世故老人的面目」了。文中還以康有為、梁啟超、章太炎等人為例，以見「老人」之難免「倒下」，說：「有當年的康梁，也有今日的康梁；有當年的章太炎，也有今日的章太炎……所謂周氏兄弟者，今日如何，當有以善自處了！」顯然，在魯迅心目中，高長虹列入了「三不行」，所以，雖然高長虹出售的也不是「毒藥」，魯迅也要登啟事說明不是「合辦」，「不敢掠美」，「事前並不知情，事後亦未嘗高興」，「概與本人無涉」等。

魯迅在青年面前有點「賤」，他嘴上說得很決絕，不願意再浪費生命，可是，他的心總是太軟了。當他在廈門遇上比高長虹還沒有才氣的青年時，還是繼續「打雜」，還是浪費了許多生命。魯迅不像那些戴著教授徽章的正人君子，嘴上說著一套一套愛護青年的話，青年如果有不同見解了，甚至要讓其退學等等。他們從來不做「打雜」的事，動輒以青年導師自居，指引著青年前進的方向。比較之下，魯迅的心眼是多麼實誠！魯迅說過，「現在不再給人去補靴子了，不過我還要多做些事情。只要我努力，他們變猴子和蟲豸的機會總可以少一些，而且是應該少一些。」這句話表明，魯迅眼中，雖然青年有好壞，但只要是青年的事，他一樣樂於代勞，甚至叫去補靴子，也不推辭。「然而此後也還為初上陣的青年們吶喊幾聲」魯迅甘為青年服務，雖有對青年不滿的時候，但總體上是無怨無悔的，「俯首甘為孺子牛」，魯迅一生都在做青年的牛。

12. 阿Q的「人格」等問題

——《〈阿Q正傳〉的成因》

本篇最初發表於一九二六年十二月十八日上海《北新》週刊第18期。

我把魯迅的這篇文章與西諦（鄭振鐸）的《「吶喊」》對比著讀，可以肯定地說，魯迅的文章就是針對西諦的，是西諦文章引發的聯想或讀後感。

西諦對魯迅的《吶喊》，特別是《吶喊》中的《阿Q正傳》給予極高的評價，稱「《吶喊》

是最近數年來中國文壇上少見之作，那樣的譏誚而冗摯，那樣的描寫深刻，似乎一個字一個字都是用刀刻在木上的。」西諦把魯迅的作品歸為譏誚和諷刺一類，他認為，在中國文學史上從來就沒有好的諷刺作品，「中國的諷刺作品，自古就沒有；所謂《何典》不過是陳腐的傳奇，穿上了鬼之衣而已，《捉鬼記》較好，卻也不深刻，《儒林外史》更不是一部諷刺的書，《官場現形記》之流卻是破口大罵了；求有蘊蓄之情趣的諷刺作品，幾乎不見一部」。雖然不盡妥貼，比如《儒林外史》就受到魯迅的好評，但我理解西諦抑古是為了揚今，是極言魯迅在諷刺文學上取得了前無古人的成就。西諦云，「自魯迅先生出來後，才第一次用他的筆鋒去寫幾篇『自古未有』的諷刺小說。那是一個新闢的天地，那是他獨自創出的國土，如果他的作品並不是什麼『不朽』的作品，那末，他的在這一方面的成績，至少是不朽的」。雖然這話有點酸，似乎是說，或許魯迅的作品不是那麼「不朽」，但他的諷刺作品肯定是不朽的。客觀上，在西諦的心目中，把魯迅的作品與魯迅的諷刺作品做了區別。或許正是出於這樣的「區別」，西諦認為，「《阿Q正傳》確是《吶喊》中最出色之作」，「……在中國近代文壇上的地位卻是無比的；將來恐也將成為世界最熟知的中國現代的代表作了」。

對於西諦的褒獎，魯迅未置一詞。魯迅對別人吹捧他的好話，似乎不是特別在意，而是側重於問題的探討。我以為，在這篇文章中，魯迅肯定了西諦之應該肯定之處，對不同見解，也做了自己的說明。魯迅文中摘錄了西諦文章的這樣一段話：

> 這篇東西值得大家如此的注意，原不是無因的。但也有幾點值得商榷的，如最後「大團圓」的一幕，我在《晨報》上初讀此作之時，即不以為然，至今也還不以為然，似乎作者對於阿Q之收局太匆促了；他不欲再往下寫了，便如此隨意的給他以一個「大團圓」。像阿Q那樣的一個人，終於要做起革命黨來，終於受到那樣大團圓的結局，似乎連作者他自己在最初寫作時也是料不到的。至少在人格上似乎是兩個。

從這段話看，西諦似乎不相信像阿Q這樣的人也會參加革命，他不就是一個落後的農民嗎？他的做革命黨應該是不可能的；因為他不可能做革命黨，那樣的「大團圓」也是於情理不符合的，所以阿Q的人格「似乎是兩個」；西諦估計，魯迅在開始寫作時，甚至也「料不到」會是這樣的結局。

西諦沒有投身革命的實際經驗，基本上是一介書生。或許，他對革命黨的印象，應該都是像孫中山、宋教仁、黃興那一派人物，有革命理想，有文化素養，有犧牲精神，像阿Q這樣調戲吳媽和小尼姑的小痞子，如何與革命黨扯在一起？這不是生生糟蹋了革命黨嗎？

革命黨也是寶塔，有基座，有塔尖。我估計他是用塔尖的革命黨人的形象來衡量阿Q，

所以對阿Q的革命深感費解。可以說，阿Q是革命的基礎，在中國近代史上，無論是孫中山的資產階級革命，還是毛澤東的無產階級革命，都離不開阿Q這樣的基礎份子。這裡，沒有必要進行革命黨的階級成份分析。孫中山是訴諸暴力的。反革命的軍隊需要炮灰，革命的軍隊客觀上也需要炮灰，阿Q和阿Q們在革命中的位置，往往就是炮灰。魯迅是從紹興這樣的小縣城走出來的，見過、感受過革命黨中的阿Q們，所以，與其說魯迅讓阿Q參加了革命，不如說參加革命的阿Q讓魯迅不得不這麼寫。從魯迅的人道主義情懷看，從魯迅對革命的深切同情看，魯迅或許主觀上想給阿Q更多的美化，然而不行，做為事實的阿Q使得魯迅只能如此。只能如此！

毛澤東畢竟是革命的老手，他對阿Q的革命性和落後性都有深刻的認識，他在與馮雪峰的談話中，在《論十大關係》中，都談到阿Q，認為魯迅在這篇小說裡面，主要是寫一個落後的不覺悟的農民。他專門寫了「不准革命」一章，說假洋鬼子不准阿Q革命。其實，阿Q當時的所謂革命，不過是想把「秀才娘子的一張寧式床先搬到土穀祠」，想跟別人一樣拿點東西而已，當然，還對若干女人想入非非。毛澤東認為，阿Q是個落後的農民，缺點很多，但他要求革命。看不到或者不理會這個要求是錯誤的。魯迅對群眾力量有估計不足的地方，但他看到農民的要求，毫不留情地批評阿Q身上的弱點，滿腔熱情地將阿Q的革命要求寫出來。毛澤東之所以會對阿Q有這樣的評價，我們可以從他的《湖南農民運動考察報告》中找到答案。「痞子運動」與阿Q的革命有很多相似之處，在「好得很」與「糟得很」的爭論中，毛澤東的結論是「好得很」，所以，阿Q的革命性應該得到充分的估計。魯迅說：「據我的意思，中國倘不革命，阿Q便不做，既然革命，就會做的。我的阿Q的運命，也只能如此，人格也恐怕並不是兩個。」革命造就了阿Q，時代造就了人。我們從後來的文學作品看，像阿Q這樣的人，不少被殺頭了，不少死於戰場，但也有若干人在革命隊伍中百鍊成鋼，甚至成了將軍。我們從某些老革命黨人老時的作態，甚至可以捕捉到他們少時的影影綽綽的阿Q相。魯迅說，「民國元年已經過去」，「但此後倘再有改革，我相信還會有阿Q似的革命黨出現」。孫中山革命的革命隊伍中，有阿Q同志流血犧牲；毛澤東革命的革命隊伍中，也有阿Q同志前仆後繼。就是到了改革開放時期，還出現了一個陳奐生，我估計，他先是成了農民企業家，現在也許是什麼上市公司的董事長了。有種種毛病的阿Q是革命的基礎，魯迅認為，阿Q參加革命，並不算「辱沒了革命黨」，革命黨根植於中國，自然少不了阿Q這樣的革命者。

至於阿Q的結局，是魯迅始料不及還是始料已及？是不是如西諦所言，「似乎連作者他自己在最初寫作時也是料不到的」？其實，作者料得到還是料不到有什麼關係呢？阿Q的命運只能如此，阿Q的命運也不能以作者的意志為轉移。作家的意志要順應生活的邏輯和人物

性格的邏輯。福樓拜不忍心讓包法利夫人服毒，托爾斯泰不打算叫安娜臥軌……但兩位大師都屈從於生活的邏輯，兩位夫人不得不死！對於這一問題，《紅日》的作者吳強說過一段頗有見地的話：「我以為一個作者沒有權利按照自己的意圖去隨意支配人物，作者的意圖必須和人物的內心願望相一致。我這樣覺得，當我的自由權利和人物的性格要求統一的時候，我的筆觸和我的心情才順暢如流。如果與這種情景相反，不是由作者按生活規律賦給人物以性格，而又根據人物性格去表現人物，就是說，讓作者的自由限制了侵犯了人物的自由，隨意支配了人物的思想行動，那就必然使客觀的存在為作者的主觀意念所代替。」有人強調作家的意志自由，並在這種觀念指導下臆造了違背生活邏輯和人物性格邏輯的粗劣作品，顯然，《阿Q正傳》不是屬於這樣的作品。

魯迅的表白，似有矛盾之處。他說：「其實『大團圓』倒不是『隨意』給他的……」魯迅又說：「『大團圓』藏在心裡……」既是如此，魯迅對整篇作品的結構和人物命運，應該是了然於胸的。可是，魯迅接著卻說：「至於初寫時可曾料到，那倒確乎也是一個疑問。我彷彿記得：沒有料到。不過這也無法，誰能開首就料到人們的『大團圓』？不但對於阿Q，連我自己將來的『大團圓』，我就料不到究竟是怎樣。終於是『學者』或『教授』乎？還是『學匪』或『學棍』呢？『官僚』乎，還是『刀筆吏』呢？『思想界之權威』乎，抑『思想界先驅者』乎，抑又『世故的老人』乎？『藝術家』？『戰士』？抑又是見客不怕麻煩的特別『亞拉籍夫』乎？乎？乎？乎？乎？」這裡，魯迅生發開去，說自己的結局怎樣，尚且不清，如何對阿Q了然？我是這樣理解的，就像魯迅就是魯迅一樣，阿Q就是阿Q，只要中國有革命，阿Q是註定要參加革命的，然而，參加革命後的結局卻不一定一樣，或許阿Q成了將軍呢？也未可知。就是說，阿Q參加革命，這一點是確定的，「人格」不可能是兩個；阿Q是不是要被稀裡糊塗地殺死，或許魯迅初時也把握不定。所以魯迅接著說：「但阿Q自然還可以有各種別樣的結果，不過這不是我所知道的事。」不過，魯迅還是以當時的社會新聞為例，證明阿Q現在這樣的結局，也是符合生活的邏輯。

魯迅在這篇文章中，為我們提供了相當豐富的資訊。除了與《阿Q正傳》相關的內容外，值得一提的至少還有兩點：一是魯迅的文章是擠出來的還是湧出來的問題；二是周樹人與魯迅的關係問題。

魯迅說：「我常常說，我的文章不是湧出來的，是擠出來的。聽的人往往誤解為謙遜，其實是真情。」我也一樣以為魯迅的文章是擠出來的。他一生寫的文章不算多，當下一些美女酷哥的文章，一下就是大幾十萬字，一年還可以出好幾本長篇，那才叫「湧出來」。魯迅的「擠」，一是他是在別人的催促之下，才勉強為文，是被別人「擠」出來的，「不過是依

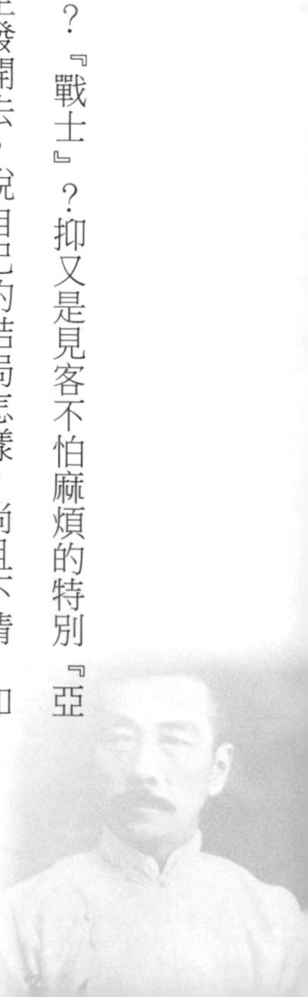

了相識者的希望，要我寫一點東西就寫一點東西」。五四時期，是錢玄同的催促；這回的寫《阿Q正傳》，雖然「阿Q的影像，在我心目中似乎已有了好幾年，但我一向毫無寫他出來的意思」，是因為孫伏園的催稿，魯迅才一章一章地寫下去，「伏園雖然還沒有現在這樣胖，但已經笑嘻嘻，善於催稿了。每星期來一回，一有機會，就是：『先生，《阿Q正傳》……。明天要付排了。』於是只得做……」二是魯迅對自己的文字格外認真，他的作品負載形象，負載思想，甚至負載歷史，十分沉重。從水管裡流出來的都是水，從血管裡流出來的才是血。魯迅的作品是從血管裡流出來的，是他深沉的生命體驗的結果。魯迅還多次表達過與不是「湧出來」的意思相近的話，在《並非閒話（三）》中，魯迅談到自己的作品時說，「至於已經印過的那些，那是被擠出來的。這『擠』字是擠牛乳之『擠』……」這裡，也用了一個「擠」字，還強調是「擠牛乳」的「擠」；魯迅曾對許廣平說過，我好像一隻牛，吃的是草，擠出的是牛奶，是血。魯迅還說過，哪裡有什麼天才，我是把別人喝咖啡的時間也用來工作的……

從這篇文章中，還可看出魯迅對文章和虛名的淡泊，看出魯迅的一種情懷。魯迅說，他寫文章從不為了圖虛名，「我所用的筆名也不只一個：LS，神飛，唐俟，某生者，雪之，風聲；更以前還有：自樹，索士，令飛，迅行。魯迅就是承迅行而來的，因為那時的《新青年》編輯者不願意有別號一般的署名」。後來，「魯迅」走俏了，也「不很有人知道魯迅就是我」，

「我就從不曾插了魯迅的旗去訪過一次人」。後來的「魯迅即周樹人」，是別人查出來的。魯迅說：「這些人有四類：一類是為要研究小說，因而要知道作者的身世；一類單是好奇；一類是因為我也做短評，所以特地揭出來，想我受點禍；一類是以為於他有用處，想要鑽進來。」別人知道了「魯迅即周樹人」，那是魯迅管不了的。對比時人，名片上印了一大堆的頭銜，一有小名，唯恐天下不知。實在可笑！這讓我想起了另外一件事，魯迅居滬時，常把草稿紙用作便紙，許廣平不同意，將其精心收藏，魯迅還是不以為然，還是依然故我。可見，魯迅不是那種特別自戀的人，而那些特別自戀的人應該從魯迅的風範中得到某種啟示？

13. 對「滑稽輕薄的論調」的答辯

——《關於〈三藏取經記〉等》

這是一篇關於《三藏取經記》版本等問題的答辯詞。

日本著作家德富蘇峰在一九二六年十一月十四日東京《國民新聞》發表文章，「糾正」魯迅《中國小說史略》的「謬誤」，文章題為《魯迅氏之〈中國小說史略〉》。

魯迅在《中國小說史略》中認為：「則此書或為元人所撰，未可知矣。……」蘇峰氏的

意思，無非在證明《三藏取經記》等是宋槧。其論據有三：一、紙墨字體是宋；二、宋諱缺筆；三、羅振玉認為是宋刻。

魯迅說，以上三條，除紙墨「因確未目睹，無從然否外」，蘇峰氏的結論皆不能讓魯迅信服。

所謂缺筆，是指從唐朝開始的一種避諱方式，即在書寫或鐫刻本朝皇帝或尊長的名字時省略最末一筆。關於紙墨字體和缺筆，魯迅闡述了自己的觀點：「某朝諱缺筆是某朝刻本，是藏書家考定版本的初步祕訣，只要稍看過幾部舊書的人，大抵知道的。何況缺筆的驚字的怎樣地觸目。但我卻以為這並不足以確定為宋本。前朝的缺筆字，因為故意或習慣，也可以沿至後一朝。例如我們民國已至十五年了，而遺老們所刻的書，儀字還「敬缺末筆」。非遺老們所刻的書，寧字玄字也常常缺筆，或者以寧代寜，以元代玄。這都是在民國而諱清諱；不足為清朝刻本的證據……所以我以為不能據缺筆字便確定為某朝刻，尤其是當時視為無足重輕的小說和劇曲之類。」

羅振玉固然是權威，但任何權威的觀點，不能就簡單化地做為結論，更不能將其結論做為衡量是非的標準。魯迅指出：「羅氏的論斷，在日本或者很被引為典據吧！但我卻並不盡信奉，不但書跋，連書畫金石的題跋，無不皆然。即如羅氏所舉宋朝平話四種中，《宣和遺事》

我也定為元人作，但這並非我的輕輕斷定，是根據了明人胡應麟氏所說的。而且那書是抄撮而成，文言和白話都有，也不盡是『平話』。」

雖然魯迅的結論隱含有不確定性，用了「或」與「未可知矣」這樣富有彈性的字眼，為進一步的深化研究留有廣闊空間。但是，德富蘇峰的觀點也站不住腳。魯迅的讀書方法與胡適有相同之處，那就是於不疑處有疑。「我的看書，和藏書家稍不同，是不盡相信缺筆、抬頭，以及羅氏題跋的。因此那時便疑；只是疑，所以說『或』，說『未可知』。我並非想要唐突宋槧和收藏者，即使如何廓大其冒昧，似乎也不過輕疑而已，至於『輕輕地斷定』，則殆未也。」魯迅是大膽質疑，當然還要小心求證。但是，關於版本問題，是與史料、文物的發掘有關，在沒有充分證據之前，當然應該有所假設、推測等。魯迅說：「但在未有更確的證明之前，我的『疑』是存在的。待證明之後，就成為這樣的事：魯迅疑是元刻，為元人作；今確是宋槧，故為宋人作。無論如何，蘇峰氏所豫想的『元人著作的宋版』這滑稽劇，是未必能夠開演的。」

魯迅認為，「凡一本書的作者，對於外來的糾正，以為然的就遵從，以為非的就緘默，本不必有一一說明下筆時是什麼意思，怎樣取捨的必要。但蘇峰氏是日本深通『支那』的耆宿，《三藏取經記》的收藏者，那措辭又很波俏，因此也就想來說幾句話。」因為是日本的「耆宿」，又是書的收藏者，夠權威的，話語「波俏」似有輕飄隨意之態（比如，他說魯迅「輕輕地斷定」

等），用魯迅的話說，就叫「滑稽輕薄的論調」，故而魯迅一一予以說明，也算答辯。

此後，鄭振鐸取王國維的觀點，根據《大唐三藏取經詩話》卷末記明「中瓦子張家印」，而斷定其為宋槧，魯迅一樣不以為然。這些年，研究古代漢語的學者，從語言現象認為可能是北宋的作品，甚至還可以上推到晚唐五代。這些，與魯迅的觀點一樣都還只是推測，未成定論。

14. 不是英雄時代的英雄

——《奔月》

每次讀《奔月》，我都有魯迅在「使壞」的感覺，用今天的話說又叫「惡搞」，畢竟，魯迅的性情中有頑皮的成份在。

《奔月》與《故事新編》中的其他作品一樣，歷史不是歷史，神話不是神話，現實不是現實，四不像，可以說是魯迅式的荒誕小說。細細探究了，它有歷史的影子，不能說不是歷史；它有神話的根脈，不能說不是神話；它有現實的碎片，終究還是為現實服務的。

好好的羿的故事，卻被魯迅解構成了英雄的無奈，英雄的末路。

我查了《現代漢語詞典》，羿的條目是這樣寫的：「上古人名，傳說是夏朝有窮國的君主，善於射箭」；《奔月》對羿是這樣注釋的：「羿亦稱夷羿，我國古代傳說中善射的英雄。據古書記載，帝嚳時有羿，堯時和夏朝太康時也有羿，他們都以善射著稱，而事蹟又往往混為一人。《尚書・五子之歌》唐朝孔穎達疏引賈逵等人的話，以為『羿』是善射之號，非復人之名字」。如此看來，傳說中的羿，大概是集古代許多善射者的事蹟於一身的人物，是一位極具陽剛氣質的極有力度的英雄，是正義戰勝邪惡的化身。

在《奔月》中，魯迅似乎也不否認他曾經有過的豐功偉績，他曾以無畏的勇氣，射烈日，搏封豕，殺長蛇，拯民於水火。正是他的善射，殺盡一切害人蟲，全無敵。這造成了什麼樣的局面呢？這時的羿已經沒有九個太陽可射，他已經生活在無聊而空虛的時代裡，他所面對的不再是九個太陽和兇猛的動物，而是他的虛榮的妻子嫦娥和滿目的淒涼。羿嘆息道：「我的箭法真太巧妙了，竟射得遍地精光。」遙想當年，因為他的善射，吃的食物也多，「熊是只吃四個掌，駝留峰，其餘的就都賞給使女和家將們。後來大動物射完了，就吃野豬和山雞；射法又高強，要多少有多少」。這造成的直接後果是，沒有了猛獸，再也沒有東西可射，英雄無用武之地。換一句話說，羿已經因為自己的戰績，讓英雄時代進入了非英雄時代。

非英雄時代的特徵是，不僅沒有九日可射，羿整天只能與烏鴉、麻雀打交道。烏鴉是打回來了，可是，日復一日的「烏鴉炸醬麵」（讀到這裡時，我想起魯迅對廈門大學伙食的抱怨，嫦娥「又是烏鴉炸醬麵，又是烏鴉炸醬麵」的喋喋不休，或有魯迅對廈大伙食的感慨和體驗？），讓嬌妻嫦娥日復一日地抱怨。至於麻雀，因為弓太強，箭頭太大，射碎了，一團糟。烏鴉與麻雀，這是一種象徵。在沒有了烈日等可射的時光，羿無可避免地落入了天天與烏鴉和麻雀戰爭的無聊。

大砲打蚊子。羿在無聊的世界，英雄末路，只能和烏鴉與麻雀之類糾纏，無法施展拳腳。他的妻子嫦娥，本來似是美麗、勤勞的化身，在《奔月》中，簡直就是一個寄生蟲，自私挑剔，只知吃喝、打牌，沒有好吃好喝的，就一味嘀咕，折磨得羿要跑大老遠的路，去射烏鴉。而射到烏鴉的結果，最多就是繼續著單調乏味的「烏鴉炸醬麵」。她從月宮來到人間，也許是因為性苦悶，看羿力氣是如此之大，就嫁給了他。可是，嫦娥只能同享樂，不能共患難，感受了體驗了羿的力度，性苦悶問題解決了，隨即而來的則是天天「烏鴉炸醬麵」的單調和乏味。曾經光彩照人的射日英雄羿一無可射之物時，就只是一個普通的、與世界格格不入的窩囊廢，他甚至不能令他的妻子滿意，雖每天討好妻子，奔波忙碌，卻還是遭到了背叛和拋棄。嫦娥一方面是不堪忍受人間的貧窮生活，但另一方面，她與羿的感情並不那麼牢靠，所以偷了羿的仙藥，不辭而別，獨自升天，飛回她的月宮去了！當英雄聽說妻子升天後，「他急得站起來，他似乎覺得，自己一個人被留在地上了」，此時的英雄完全暴露了他做為普通人的惶恐與脆弱。此時的羿，大有「棄我去者，昨日之日不可留；亂我心者，今日之日多煩憂」之感慨。他生氣了。

《奔月》所敘述的是羿最為潦倒時候的故事，昔日射日的輝煌業績也不再使他光彩照人，只有當他發現嫦娥棄他而去的時候才略顯當年雄姿——

> 他忽然憤怒了。從憤怒裡又發了殺機，圓睜著眼睛，大聲向使女們叱吒道——
> 「拿我的射日弓來！和三枝箭！」

使女從堂屋中取下那強大的弓，拂去塵埃，「他一手拈弓，一手捏著三枝箭，都搭上去，拉了一個滿弓，正對著月亮。身子是岩石一般挺立著，眼光直射，閃閃如岩下電，鬚髮開張飄動，像黑色火，這一瞬間，使人彷彿想見他當年射日的雄姿」。然而，他發出的箭，只讓月亮一抖，「但卻還是安然地懸著，發出和悅的更大的光輝，似乎毫無傷損」。我想，不是羿無力射月，當初，他射了那麼多顆太陽，怎麼可能不把月亮射下來呢？然而，我疑心他是故意讓箭頭射偏了，因為他畢竟還愛著嫦娥。羿只好故作鎮靜，吩咐使女端上晚餐，說：「明

天再去找那道士要一服仙藥，吃了追上去罷了。」他是念夫妻之情，故意讓箭從月邊擦過。可不是嗎，雖然嫦娥天天抱怨，畢竟一日夫妻百日恩，射日英雄也習慣了溫柔之鄉的庸常生活，看來，沒有女人的日子，就是羿，也無法過的。不是英雄的時代，讓英雄也變得氣短了。

除了羿與嫦娥的關係，羿周遭也多是無聊，甚至墮落。養雞的老太婆，不知羿是何人，認為他是騙子。在沒有英雄的時代，人們不僅不相信英雄，還可能把英雄當作騙子或狂人。英雄配駿馬，可是，羿的馬「自然而然地停在垃圾堆邊」，這是有悖常理的，駿馬無論在文學作品、民間傳說中，乃至在生活中都是英雄的旅伴，是文學作品藉以襯托英雄形象的重要手段。英雄落魄久矣，連他的駿馬都習慣了垃圾邊上的生活；反過來，駿馬都能容忍與垃圾為伍，英雄安能不過庸常的生活？

羿的學生逢蒙是無聊的世俗社會的另一個代表人物。他從羿那裡學會了箭術卻恩將仇報，欲致羿於死地。

逢蒙的形象既是抽象的，又承載了實有的內涵。

說他抽象，他首先是魯迅《奔月》這篇小說裡的一個人物，是小說總體結構的一個不可分割的組成部分。羿遇到逢蒙時，正是羿射殺了黑母雞，遭受老婆子奚落之後。周海波在《英雄的無奈與無奈的英雄》一文中評論說：「逢蒙是跟隨過羿學習箭法的，到頭來卻用學來的箭法試圖射殺老師。問題不在於逢蒙是否射死了羿，而主要在於學生逢蒙射殺羿這件事情本身，讓羿感到了做師父的無奈，也感到了學生的無聊。倘若說羿是一位英雄的話，那麼，他以『齧鏃法』對付了逢蒙射來的暗箭，表現出這位英雄的些許特點。但羿在對付逢蒙時的瀟灑，也透露出他的絕望，那是一種看透人生和人的本質後的絕望，也是心靈的無奈。英雄面對如此的場面，也許是他始料不及的。」雖然，魯迅對逢蒙有實有的承載，但如果我們僅僅把他看作是高長虹，那麼，這很大程度上就脫離了小說本身了。

說是實有的內涵或實有的承載，那就是魯迅對高長虹開的一個小玩笑。這與魯迅所翻譯的芥川龍之介的作品一樣，「從含在這些材料裡的古人的生活當中，尋出與自己的心情能夠貼切的觸著的或物」。這篇小說寫於高長虹誹謗魯迅的時候，其中逢蒙這個形象就含有高長虹的影子。魯迅在《兩地書・一一二》中曾說起寫《奔月》的緣由，對於自己以這篇小說影射高長虹等人供認不諱：「直待我到了廈門，才從背後罵得我一個莫名其妙，那時就做了一篇小說，和他開了一些小玩笑。」他在致李霽野的信中又說：「尚鉞有信來，對於我的《奔月》，不大舒服，其實我那篇不過有時開一點小玩笑，而他們這麼頭痛，真是禁不起一點風波。」既然魯迅要「開玩笑」，說逢蒙的形象緣於現實生活中的高長虹，或魯迅自以為是的高長虹，也是有根據的。

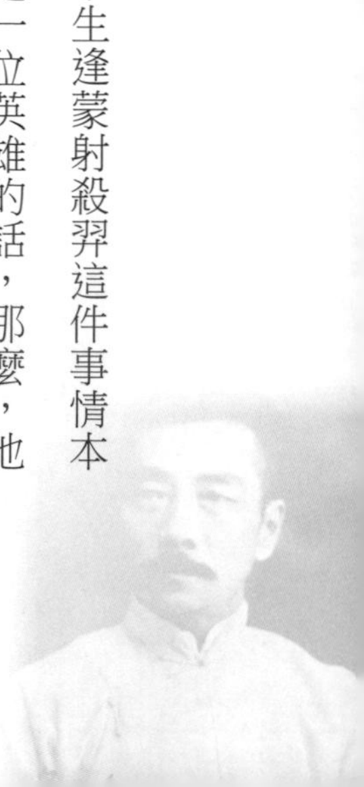

以下這些片斷，可以引起熟悉魯迅史跡的人們的聯想。

「哈哈，騙子！那是逢蒙老爺和別人合夥射死的。也許有你在內吧；但你倒說是你自己了，好不識羞！」

「阿阿，老太太。逢蒙那人，不過近幾年時常到我那裡來走走，我並沒有和他合夥，全不相干的。」

「說誑。近來常有人說，我一月就聽到四、五回。」

這讓人想起高長虹與《莽原》等的關係，以及他們的「狂飆運動」。高長虹曾利用魯迅的名字進行招搖撞騙，如登在當年八月《新女性》月刊上的狂飆社（他和向培良等所組織的文藝團體）廣告中，即冒稱他們曾與魯迅合辦《莽原》，合編《烏合叢書》等，並暗示讀者好像魯迅也參與他們的所謂「狂飆運動」。

逢蒙見羿已死，便慢慢地蹩過來，微笑著去看他的死臉，當作喝一杯勝利的白乾。

剛在定睛看時，只見羿張開眼，忽然直坐起來。

「你真是白來了一百多回。」他吐出箭，笑著說，「難道連我的『齧鏃法』都沒有知道嗎？這怎麼行。你鬧這些小玩意兒是不行的，偷去的拳頭打不死本人，要自己練練才好。」

「你真是白來了一百多回」，是針對高長虹在這篇《一九二五北京出版界形勢指掌圖》中自稱與魯迅「會面不只百次」的話而說的。

「唉，」羿坐下，嘆一口氣，「那麼，你們的太太就永遠一個人快樂了。她竟忍心撇了我獨自飛升？莫非看得我老起來了？但她上月還說：並不算老，若以老人自居，是思想的墮落。」

「這一定不是的。」女乙說，「有人說老爺還是一個戰士。」

「有時看去簡直好像藝術家。」女辛說。

「放屁！——不過烏老鴉的炸醬麵確也不好吃，難怪她忍不住……」

「若以老人自居，是思想的墮落」等語，引自高長虹《一九二五北京出版界形勢指掌圖》：「須知年齡尊卑，是乃祖乃父們的因襲思想，在新的時代是最大的阻礙物。魯迅去年不過四十五歲……如自謂老人，是精神的墮落！」「有人說老爺還是一個戰士」，「有時看去簡直好像藝術家」，也是從《指掌圖》中引來：「他（按指魯迅）所給予我的印象，實以此一短促的時期（按指一九二四年末）為最清新，彼此時實為一真正的藝術家的面目，過此以往，

則遞降而至一不很高明而卻奮勇的戰士的面目。」

此外，如「去年就有四十五歲了」、「即以其人之道，反諸其人之身」、「你打了喪鐘」等，都能在高長虹攻擊魯迅的文章中找到類似的話。

我感覺，魯迅寫這篇作品時，是面帶微笑的，到了得意處，也許拿菸的手都抖動起來哩。只有心靈自由的人，才會有這種跨越時空的調侃，才會讓古今對接。

從某種意義也可以說這是影射、洩憤之作。現實的故事，竟然也可以搬進所謂的歷史小說中。先前，毛澤東說：利用小說進行反黨，這是一大發明。利用歷史小說，進行捎帶一槍的現實還擊，這似乎也是一大發明。魯迅對這樣的手法是不陌生的，當年林紓以文言小說的形式，寫作《荊生》、《妖夢》，攻擊陳獨秀、胡適、錢玄同。其中《荊生》的田必美，據說影射陳獨秀；金心異，影射錢玄同；狄莫，影射胡適。荊生則是林紓自況。

當然，這種影射文學，必須做很多注釋工作，如果沒有注釋，讀者是想不到那麼多的。特別是，隨著時間的流逝，實有的內涵或實有的承載都會淡去，讀者所關注的，也只是作為藝術品的《奔月》本身。

15. 把學生「騙來」等等無聊事

——廈門通信（三）

此文最初發表於一九二七年一月十五日《語絲》週刊第114期。信還是致李小峰的。

魯迅在廈門經常有的一個念頭是無聊，無聊到無文章可寫的程度。信的開頭，談了他寄給李小峰的兩篇文章，說的也是平常話，問李收到沒有。這兩篇文章是《〈走到出版界〉的「戰略」》和《新的世故》，寫了文章，自己卻很不以為然，「其實這一類東西，本來也可做可不做」，既然可做可不做，為什麼又做了呢？是「因為這裡有幾個少年希望我耍幾下」，具體說來，是卓治等人「睜大著眼睛對我說，別人胡罵你，你要回罵。還有許多人要看你的東西，你不該默不作聲，使他們迷惑。你現在不是你自己的了」。在致許廣平的信中，魯迅也提到此事：「記得先前有幾個學生拿了《狂飆》來，力勸我回罵長虹。說道，你不是你自己的了，許多青年等著聽你的話！」這裡，一個「耍」字，道盡了魯迅對自己抨擊對象的不屑，他根本不把這樣的「對手」當回事，有一點「玩」文章的味道，有一點王朔的味道。可寫可不寫，魯迅還是寫了，應有不辜負少年人的善意在。對卓治們而言，他們不忍心魯迅被高長虹蹧蹋，

高長虹在《一九二五北京出版界形勢指掌圖》中說「魯迅是一個直覺力很好的人，但不能持論。如他對自己不主張批評，我不反對。但如因為自己不能批評，便根本反對批評，那便不應該了」。魯迅說：「但別人批評，我是不妨害的。以為我不准別人批評者，誣也；我豈有這麼大的權力。」事實上，魯迅既沒有對自己不主張批評，也沒有反對別人批評他或別的什麼人。高長虹經常語無倫次，信口雌黃。我想，魯迅的「可寫可不寫」，似乎也包含著對手不值得一駁的意思在。卓治們認為魯迅不只是屬於他自己的，這所說的也是一個事實，魯迅是一個公眾人物，自然有許多「粉絲」。對此，魯迅沒有十分受用之態，卻有許多莫名無奈。「我聽了又打了一個寒噤……嗚呼，一戴紙冠，遂成公物，負『幫忙』之義務，有回罵之必須。」之所以說是「紙冠」，就在於它對魯迅而言沒有任何實在的意義，魯迅曾經說過，身後名不如即時一杯酒，魯迅對自己的虛名（未必虛）是不甚在意的，所以「……不如從速坍臺，還我自由之為得計也」。當然了，魯迅的內心還是矛盾的，不屑於做，還是做了，而且還做了不少，總之，他是心不死，心太軟，禁不住、耐不住少年們種種善意和非善意的企盼和蠱惑。魯迅的心是不死的，一九三六年，就是他人死了，他的心還鮮鮮跳著，用熱血滋養著來者。

這封信表達了魯迅的一個重要的編輯思想：「倘要我做編輯，那麼，我以為不行的東西便不登，我委實不大願意做一個莫名其妙的什麼運動的傀儡。」在魯迅看來，編輯要有自己的價值取向，要有自己的取捨標準，要有自己的信念和追求。你有寫作的自由，我有取捨的標準，你寫得再好，與我的取向有矛盾，我仍可以放棄。所以，魯迅辦的刊物有靈魂，這刊物本身，就是魯迅編輯思想和魯迅個性品格的表現。魯迅辦的刊物，肯定不像有的出版物，自己很不喜歡的東西，甚至自己很討厭的東西，自己以為達不到發表水準的東西，但因為某種「運動」的需要，不得不遷就，終於還是「傀儡」。

此外，這封信還談了廈大別的二三事。

一是把學生「騙來」事。這事也讓魯迅感到要「打寒噤」。魯迅認為，廈大「百無可為」，打算「溜之大吉」，可是，學生卻有意見了。他們或是衝著廈大「革新」的消息來的，或是衝著魯迅等名人來的。一九二六年六月和八月，上海《申報》和《時事新報》先後發表廈門大學「革新消息」，介紹該校創辦人陳嘉庚增撥基金和經費，大規模地擴充學校，並增設國學研究院。如八月四日《時事新報》刊載《廈門大學最近之發展》一文說：「不數年間，廈大當可望為中國完善大學之一，除廣築校舍購備儀器圖書等外，該校校長林文慶，目下最注意者，為延聘國內外名宿，使學生得良師之誘導……且以（已）聘定北大沈兼士、周樹人（魯迅）、顧頡剛以整理國學……果能如此致力進行，加以經費充裕，將來國學研究院定有相當成績，為吾國學術界別開生面也。」同一期間，《申報》和《時事新報》還多次刊登廈門大

學新聘教授周樹人等人的行蹤。正是這些帶廣告性質的報導，吸引了一些學生。他們大老遠地轉學到廈大，結果既看不到「革新」的新氣象，「現在不到半年，今天這個走，明天那個走，叫他們怎麼辦？」這使魯迅「夾脊樑發冷，啞口無言」，雖然廣告不是魯迅登的，「將他們從別的學校裡騙來，而結果是自己倒跑掉了，真是萬分抱歉」，魯迅說：「不料『思想界權威者』或『思想界先驅者』這一頂『紙糊的假冠』，竟又如此誤人子弟。」青年學生衝著「我」的名號來到廈門大學求學，卻因「我」的走掉而浪費了不少青春，於是，「我」對那些憑白無故獎勵名號者，從來就不會感恩戴德，反而要責備其以虛假廣告蠱惑民眾。一所大學，廣告是難免要做的，不好深責；一些名人，難免有些「粉絲」，不足為奇。不久，魯迅到了廣州，又有若干學生跟著去了，還有的一直跟到了上海，有什麼辦法呢？

二是印書稿事。魯迅告訴李小峰，他最初的意思，是要在廈門待兩年的，「除教書之外，還希望將先前所集成的《漢畫象考》和《古小說鉤沉》印出」。魯迅知道，這兩本書因為太專業，看的人很少，自己印不起，如果印了，肯定折本，「唯有有錢的學校才合適」。或許魯迅想，這是資本家辦的學校，大約是有錢的吧！誰能料到，資本家更吝嗇，《漢畫象考》無疑是印不成了，後來的預算也大打折扣，林語堂與林文慶爭，林文慶還說著大話：只要你們有稿子拿來，立刻可以印。於是，魯迅把《古小說鉤沉》拿出去，但是，立刻被打了回來。

如此廈大，魯迅只能把原來計畫的時間減為一年，爾後再減為半年。魯迅離開廈門大學的原因是多方面的，這也是原因之一。

三是添顧問聯絡感情事。其實，這事與印書有一點關係，這是魯迅即興發揮的一點雜感。廈門大學用於資助學術研究的經費是不足的，然而，在人際關係方面的折騰卻花費不少。魯迅寫道：「前天開會議，連國學院的週刊也幾乎印不成了；然而校長的意思，卻要添顧問，如理科主任之流，都是顧問，據說是所以聯絡感情的。」理科主任，卻要當國學院的顧問，一般情況下，這是因人而廢事，因為國學與理科的關係是不大的。那為什麼還要掛這樣一個頭銜呢？是「聯絡感情」的需要。這是中國積習之一，這個也要顧問，那個也要顧問，把一些一無相干的人安到專業的位置上，固然無法成事，很多時候還將壞事！所以魯迅不無氣悶地問道：「……為什麼研究國學，就會傷理科主任之流的感情，而必用顧問的繩，將他絡住？」國學院要聯絡理科主任的感情，那麼，將來成立「理學院」大約也要聯絡國學院主任的感情了，也要拉什麼人來當顧問了。如此聯絡來聯絡去，人的感情或許是照顧到了，事情卻難辦成。中國，就是這樣的人情世界，而不是紮紮實實的辦事的地方。魯迅說「我真不懂廈門的風俗」，要逃到廣州去。其實，這哪裡是「廈門的風俗」，這實在是「中國的風俗」，魯迅到了廣州，不也一樣碰到一大堆類似的問題嗎？魯迅無處可逃，最後，只能回到家裡，當專業寫手，「躲

進小樓成一統」。

幽默是心靈自由的表現。有時候，幽默和嚴謹是很難扯在一起的。然而，在這篇文章中，魯迅信手拈來的一筆，卻使幽默的自由和嚴謹的規範聯繫到了一起。文章寫完了，魯迅在心境很自由的狀態下，在信的末尾「捎帶一槍」，說到了廈大的柝聲：

這是學校的新政，上月添設，更夫也不只一人。我聽著，才知道各人的打法是不同的，聲調最分明地可以區別的有兩種——

托，托，托，托托！

托，托，托托！托。

一般說來，文章寫這種柝聲，無甚趣味，不說是多餘的話，也肯定只能算是閒筆。然而，魯迅話鋒一轉，來了大的趣味，「打更的聲調也有派別，這是我先前所不知道的」，讀到這讓人忍俊不禁，苦笑中似也體會到了魯迅的冷幽默。魯迅的文筆真是自由的！可是，只要我們結合全文，能感受到這種自由不是扯淡，形散而神不散，與文章的主旨緊扣。這篇文章講了對文章的選擇問題，講了對「思想界權威者」的不同見解問題等等，總之，是對許多問題歧見的辨析。既然有辨析，自然就有「派別」，柝聲尚且如此，更遑論其他！所以魯迅將其「當作一件新聞」，「奉告」給朋友的。當我們想到很多隆重的爭論，也無非如「托，托」和「托托」一樣時，是不是可以體會到魯迅把煞有介事消解為有趣一笑的在智慧上的優越感呢？

16. 一千個哈姆雷特

——《〈絳洞花主〉小引》

這篇文章是魯迅離開廈門的前一天寫的，時間是一九二七年一月十四日，十五日就登上了去廣州的「蘇州號」輪船，十六日開船。本文載上海北新書局一九二八年出版的《絳洞花主》劇本前，署名魯迅。一九三八年五月收入由許廣平編定的《集外集拾遺補編》。

《絳洞花主》是廈門大學教育系四年級學生陳夢韶根據《紅樓夢》改編寫成的劇本。「絳洞花主」，賈寶玉的別號，見《紅樓夢》第三十七回。《絳洞花主》劇本的目錄為：小引；序幕；第一幕：晤聚；第二幕：鬧塾；第三幕：緣巧；第四幕：談讖；第五幕：嬌玩；第六幕：埋香；第七幕：問病；第八幕：討宴；第九幕：歸省；第十幕：反抗；第十一幕：詭計；第十二幕：焚稿；第十三幕：閨思；第十四幕：蟬脫。魯迅臨別，還為一個學生留下這樣一篇雜感式的「小引」，這是對青年學子的愛護。

在《小引》中，魯迅首先談了《紅樓夢》的社會價值即「命意」問題：「單是命意，就因讀者的眼光而有種種：經學家看見《易》，道學家看見淫，才子看見纏綿，革命家看見排滿，流言家看見宮闈祕事……。」這段話成了魯迅關於《紅樓夢》的著名論述。關於《紅樓夢》的命意，舊時有各種看法。清朝張新之在《石頭記讀法》中說，《紅樓夢》「全書無非《易》道也」。清朝梁恭辰在《北東園筆錄》中說，「《紅樓夢》一書，誨淫之甚者也。」清朝花月癡人在《紅樓幻夢序》中說：「《紅樓夢》何書也？余答曰：情書也。」蔡元培在《石頭記索隱》中說：「作者持民族主義甚摯，書中本事在吊明之亡，揭清之失。」清朝「索隱派」的張維屏在《國朝詩人征略二編》中說它寫「故相明珠家事」，王夢阮、沈瓶庵在《〈紅樓夢〉索隱》中則說它寫「清世祖與董小宛事」。便是在今人中，對《紅樓夢》命意的理解，也有種種的。桂向明點到，「新索隱派」劉心武提出所謂「秦學」，認定秦可卿是康熙廢太子的女兒，賈府則捲進明兩個政治集團的宮廷鬥爭，有點像只看見「宮闈祕事」的流言家。著名紅學家蔡義江說「老索隱派所認定的影射對象還實有其人其事，而新索隱派連影射的對象也是虛妄的」，劉心武拒絕批評，我行我素，成為文壇另一景觀。道學家尤其可笑，陳其元認為《紅樓夢》比《金瓶梅》更淫，他在《庸閒齋筆記》中寫道：「淫書以《紅樓夢》為最，蓋描摹癡男女情性，其字面絕不露一淫字，令人目想神遊，而意為之移，所謂大盜不操戈矛也。」《紅樓夢》「大旨言情」，檢視此書，寶玉最鍾愛的女性為黛玉、晴雯，可是他們的關係潔白如玉，何淫穢之有？同樣的一件事情，或是一個人，在不同的人眼裡，就會得到不同的感受，也就是心理學中的認知的差異。這通常與個體的經驗、個性、知識以及所處社會環境有關。真是見仁見智，有一千個讀者就有一千個哈姆雷特。

那麼，魯迅眼裡的《紅樓夢》是什麼樣的呢？接下來，魯迅談了賈寶玉：「在我的眼下的寶玉，卻看見他看見許多死亡；證成多所愛者，當大苦惱，因為世上，不幸人多。」賈寶玉小小年紀，見多了死亡，這是《紅樓夢》描述的客觀事實之一。魯迅眼裡，至少此時不在意宮闈祕事或是其他，這體現了魯迅的生命和死亡意識。因為關注生死問題，又因為懷著「愛」關注，世上不幸人多，所以有了大苦惱。面對現實世界，面對苦難，無計可施。紫鵑獲准跟著惜春修行之後，給寶玉磕頭；寶玉唸了聲：「阿彌陀佛！難得難得！不料妳倒先好了！」襲人痛哭不止，說「願意跟了四姑娘去修行」。寶玉笑道：「妳也是好心，但是妳不能享這個清福的！」這一切說明，寶玉出家的「主意定了」；他認為出家是「好事」，是「小歡喜」。寶玉說的「享這個清福」，與地藏庵的姑子說的修行人「雖說比夫人、小姐們苦多著呢！只是沒有險難的了」，同是一個意思。出家人「沒有險難」，享受「清福」，這是佛家宣揚的「六根清靜」的境界。寶玉曾對林妹妹說過：「妳死了，我做和尚。」於是，不得不走上「愛

人者的敗亡的逃路」，求得「小歡喜」而少「罣礙」。

魯迅文章的最末一段，對《絳洞花主》給予肯定：「百餘回的一部大書，一覽可盡，而神情依然具在；如果排演，當然會更可觀。我不知道劇本的做法，但佩服作者的熟於情節，妙於剪裁。燈下讀完，僭為短引云爾。」魯迅曾對《絳洞花主》劇本作者說過：「你的劇本可做《紅樓夢菁華》讀」。這跟《小引》所寫，是一致的。

不過，應該說，魯迅是出於對青年學生的愛護，說的是客氣話，我們上面已擺出劇本的目錄，大約可見劇情一斑，在我看來，一部《紅樓夢》，是不可能透過一部劇本便「一覽可盡」的，這是題外話，打住。

17. 離開廈門時的雜感

——《海上通信》

本篇最初發表於一九二七年二月十二日《語絲》週刊第一一八期。信還是致李小峰的。

這封信寫於從廈門往廣州的途中，寫於輪船中，寫於海上。魯迅寫這封信時，心情是平和的，甚至有點解脫了的愉悅。「船正在走，……小小的顛簸自然是有的，不過這在海上就算不得顛簸；陸上的風濤要比這險惡得多」。陸上的風濤，自然是指廈大的種種經歷。船在前行，風波一律扔在身後了，遠去！

信中，魯迅對離開廈門之前若干往事進行追記。說了學生對他的挽留和餞行，說了因為他離去而生的種種謠言和種種猜測，說了學校過去的風潮和現今的風波。所有一切，都是對魯迅出走進行猜測。歸納起來，有的說是「討還房子」問題，有的說是「胡適派」和「魯迅派」相排擠問題，有的說魯迅在北京還留著位置，搗亂以後還要回去的問題，還有的說是為了「月亮」之故。

文中，魯迅有一感嘆：「我先前只以為要飯碗不容易，現在才知道不要飯碗也是不容易的。」魯迅要走了，不管真情還是假意，學校當局要做足文章，一而再再而三地挽留，挽留不住吧，吃了這一餐再吃那一餐，反覆餞別。魯迅的出走，實是為了許廣平，但還是找了託詞，「是說自己生病」，學生方面「給我開了幾次送別會，演說，照相，大抵是逾量的優禮」，魯迅「請他們不要惜別，請他們不要憶念」，「不料一部分的青年不相信」，由挽留魯迅不成，轉而責問學校，釀成風潮。當時，廈大國學研究所暫借生物學院三樓做為國學院圖書或古物的陳列所，時任廈門大學祕書兼理科主任的劉樹杞曾授意別人討還房子。以後，魯迅辭職，有人以為是被劉樹杞排擠走的，因而發生了「驅逐劉樹杞」、「重建新廈大」的風潮。其實，

魯迅何至於因為這樣的小事而出走呢？如果學生們當時讀了《兩地書》中相關信件，就應該完全可以感受到，魯迅主要是為了私生活而離開廈門的。魯迅不能有私生活嗎？魯迅不能因為私事離開廈門大學嗎？魯迅在這封信中，還是說了風潮的事「不知怎地終於發生了改良學校運動」，就是說，原因魯迅也不太清楚，然而，廈大還真需要「改良」！

關於所謂「胡適派」和「魯迅派」的「相排擠」，事實上應該至少是有其端倪的。魯迅在書信中多次提到，「只崇拜胡適之」的人，在廈大招兵買馬，廈大滿是「現代評論派」的人，搞得魯迅很是不爽；不過，這也不是什麼大不了的事，平心而論，魯迅自己也不是孤家寡人，不是也有孫伏園、章川島嗎？魯迅還費過腦筋，要把許壽裳弄來。什麼派不派，此派和彼派，固然有氣質上的不同，甚至價值觀上迥異，就像當年陳獨秀和辜鴻銘可以同處一校一樣，車走車道，馬走馬路，從實說來，還不都是謀一飯碗爾！別人不好說，魯迅就說得很明白，他是為了賺一些錢到了廈門來的。因此，有趣味的是，面對妄測，不論「胡適派」還是「魯迅派」，公開的場合，都予以徹底地否認。他們還同去《民鐘》報社，加以駁斥。從報社出來，「魯迅派」和「胡適派」還一起吃過飯。試想，魯迅和顧頡剛同坐在酒桌上，一個漫不經心，一個正襟危坐，多麼有趣味！生活要比妄測豐富許多！

林文慶把魯迅弄到廈大，他賺足了面子，所以登廣告，都把魯迅抬出來。我想，倘不是魯迅，把一群洋樓扔在孤島上的廈門大學，大約當時不會有太大的知名度吧！雖不好說魯迅抵廈大有如易中天一樣把廈大折騰得沸沸揚揚，熱鬧非凡，但可以毫不誇張地說，因為魯迅，抬高了廈大的知名度，抬高了廈大的文化品位。然而，有一利必有一弊，魯迅成了林文慶的燙手山芋。魯迅為什麼要走呢？這洋博士或許百思不得其解，想來想去，想當然地嘰咕，說魯迅到廈門，「原是來搗亂，並非預備在廈門教書的，所以北京的位置都沒有辭掉」。這樣的推測，可見他與魯迅是向來無溝通的。如此說來，魯迅應該回北京，魯迅卻去了廣州。事實足以讓林校長啞口。

「月亮說」，多少還是有點道理的，雖然魯迅在這裡把它當作「別種的謠言」。這話是黃堅（白果）說的，魯迅「不肯留居廈門，乃為月亮（指許廣平）不在之故」。黃堅曾是北京女子師範大學的職員，對魯迅和許廣平的事，大約略有耳聞。我想，假設林語堂知道魯迅和許廣平的戀情，假設他也推薦許廣平到廈大，或許魯迅會在廈門待長一些日子？也未可知。歷史不能假設，我們從事實出發，魯迅之離開廈門，雖然不好說唯一的原因，但最主要的乃是為了許廣平。只有廣州才有「月亮」，有什麼辦法呢？

這封信也展示了魯迅性格執著、不苟且的一面。集美學校的校長請魯迅去演講，事先打過招呼，演講前好飯好菜款待，魯迅吃了也不嘴軟，該怎麼說還得怎麼說。魯迅說：「我的

處世，自以為退讓得盡夠了，人家在辦報，我決不自行去投稿；人家在開會，我決不自己去演說。」就是說，無論是發表文章還是演講，魯迅都是應人之約，而不是一種自覺的行為。魯迅是被別人拉稿，是被別人拖去演講的。所以，魯迅接著說，「硬要我去，自然也可以的，但須任憑我說一點我所要說的話，否則，我寧可一聲不響，算是死屍。但這裡卻必須我開口說話，而話又須合於校長之意。我不是別人，哪知道別人的意思呢？『先意承志』的妙法，又未曾學過。」魯迅自然不是那種揣測別人的意志而於事先便去逢迎之輩。如此魯迅，葉淵之流大搖其頭也是自然而然的事。他們在後面罵魯迅，有什麼奇怪呢？他們不罵，那才叫奇了怪了。

魯迅在北京有了種種經歷，可謂老戰士了。廈門的這些，在魯迅眼裡如同雕蟲小技，屬小兒科，魯迅說：「但從去年以來，我居然大大地變壞，或者是進步了。」魯迅見多了，承受多了，自然有了更大的韌性。「雖然受著各方面的斫刺，似乎已經沒有創傷，或者不再覺得痛楚；即使加我罪案，也並不覺得一點沉重了。這是我經歷了許多舊的和新的世故之後，才獲得的。我已經管不得許多，只好從退讓到無可退避之地，進而和他們衝突，蔑視他們，並蔑視他們的蔑視了。」曾經痛過，痛到了無痛。之所以痛，或許還在乎什麼；不再覺得痛楚，是全不在乎一切，要衝突就衝突吧！這是一種大無畏。魯迅蔑視他們，蔑視可蔑視的，這是一種境界；魯迅知道，被蔑視者也一樣蔑視著蔑視者，魯迅「並且蔑視他們的蔑視了」，你表面的恭敬也罷，你正面的切實的蔑視也罷，你的微笑和你的冷嘲，總之，你的一切，只要你是可蔑視之人，我就蔑視你的一切。這裡，魯迅為我們展示了堅韌的無畏的蔑視蔑視者的獨戰者的形象。雖然有許廣平的溫情，雖然有素樸的自然人的一面，但如果有誰要把魯迅的戰士形象，根據墮落社會的需要，改造成一個紳士，那麼，他就是對魯迅的最切實的背叛——而不僅僅是所謂的解構。

上面說了，魯迅寫這封信時，心情相當平和甚至愉悅。脫離廈門的無聊是一個原因，許廣平在召喚是另外一個原因。魯迅的文字，總體而言是平實自然的，這封信中，卻有了少見的雕琢，末尾，他寫道：「海上的月色是這樣的皎潔；波面映出一大片銀鱗，閃爍搖動；此外是碧玉一般的海水，看去彷彿很溫柔。」這樣「一幅神異的圖畫」，在魯迅的文章中不多見，給人似曾相識之感，那就是《故鄉》：「深藍的天空中掛著一輪金黃的圓月，下面是海邊的沙地，都種著一望無際的碧綠的西瓜，其間有一個十一二歲的少年，項帶銀圈，手捏一柄鋼叉，向一匹猹盡力的刺去，那猹卻將身一扭，反而從他的胯下逃走了。」我以為，海上的魯迅，有了少年的情懷，只是，此時的「童年的小夥伴」隱去了，海上皎潔月色下的人物駐在魯迅的心底，她也碧玉一般，在魯迅的心底不時閃爍搖動，那就是許廣平。看上去彷彿很溫柔的「海

水」，魯迅說，「我不信這樣的東西會淹死人的」。如果是徐志摩，寫到這裡也就罷了，留下一片和諧。魯迅畢竟滿是野性，最後，他又「使壞」了，彷佛一個頑皮的孩子，拿著一根木棍，攪碎了水中的柔月，攪碎了靜美：「但是，請你放心，這是笑話，不要疑心我要跳海了，我還毫沒有跳海的意思。」大家手筆，就是如此放蕩不羈，文字的不和諧，滿是無拘無束的大器。這樣的氣派，只有天才才可駕馭，倘若庸才也如此弄墨，相信立即被編輯的紅筆勾去了。

第六章

別了，孤島

1. 離開廈門，不是為了「革命」

說魯迅南下廈門是為了投奔革命，如果生拚硬湊，也勉強還有文章可做，但倘說魯迅從廈門抵廣州，也是為了革命，或者說，是為了到革命中心，那就近於胡扯。一九二六年十二月二日致許廣平信中，魯迅說：「我並不在追蹤政府，許多人和政府一同移去，我或者反而可以閒暇些，不至於又大欠文章債……」這樣的話，魯迅多次說過，「政府」北伐去了，魯迅反而感到輕鬆，更可見魯迅不是為了所謂要到革命中心參加革命，要是這樣，他就應該和許廣平一起去廣州，而不是到了革命的旁邊孤島廈門，後來魯迅到廣州時，北伐軍已經走得很遠，廣州也已經成了革命的旁邊了。

2. 不滿學校當局

說魯迅要離開廈門，自然免不了要說說魯迅對廈門的不滿，似乎只有不滿意了，選擇離開才順理成章。那麼，魯迅對廈門，具體到對廈門大學有些什麼不滿呢？

魯迅不滿校長林文慶的尊孔讀經和言而無信。

校長林文慶雖是一位留洋的碩士，對魯迅也很恭敬，但卻一味主張尊孔讀經，魯迅多次提到「校長是尊孔的」，這在本書有關林文慶部分已有說明，這裡就不重複。

林文慶同時又希望有立竿見影的「成績」。一九二六年十月四日，魯迅在致許廣平的信中，談了對林文慶的觀感：「……對於我和兼士，倒還沒什麼，但因為化了這許多錢，汲汲要有成效，如以好草餵牛，要擠些牛乳一般。玉堂蓋亦窺知此隱，故不日要開展覽會，除學校自買之泥人（古塚中土偶也）而外，還要將我的石刻拓片掛出。其實這些古董，此地人哪裡會要看，無非糊裡糊塗，忙碌一番而已。」在此後的致許廣平信中，魯迅還說了大同小異的話：「我們在此，當局者也日日希望我們從速做許多工作，發表許多成績，像養牛之每日擠牛乳一般。」「此地人」看不看，這無關緊要，校長要實績，要熱鬧，這也是見怪不怪的事。中國人的很多精力，就是花在這種既騙人又騙己的勾當上的。

十一月十八日魯迅致許廣平信，說了在廈大的兩件事。一件是，「國學院也無非裝門面，不要實際。對於教員的成績，常要查問，上星期我氣起來，就對校長說，我原已輯好了古小說十本，只須略加整理，學校既如此著急，月內便去付印就是了。於是他們從此沒有後文。你沒有稿子，他們就天天催，一有，卻並不真準備付印的。」

十一月二十五日林文慶邀午餐，搞了一個「談話會」。就削減國學院預算經費一事，魯迅支援林語堂，向林文慶提出強硬抗議，迫使林文慶取消前議。卓治在《魯迅是這樣走的》一文中記載此事說：「不久又遇到了國學院預算案的減少問題……國學院之於院長（按指林

文慶）之流似乎有些看不慣，如他們想用白話文格式，或者是比較簡易的格式，而院長之流，卻以為還是『等因』『准此』……的好。所以一眼望到，便想法子，來在少無可少的原有預算上找尋，魯迅覺得太不平了，便這樣的提出一些反對的話頭，大意是：預算並不為多，加增之不增，反要減少，現在成立將近半載，國內外各處，送來許多東西，我們卻連一種刊物也還沒有出得，現在要減少預算，研究的成績紀錄，既不願印行，連刊物也要視為『莫須有』的，有中化無的消滅，那麼我們來到這裡半年，人們將謂我們是來白吃飯的。同時這種似乎騙人的行為，的確有些放心不下。」

二十五日這一天，魯迅致許廣平信中也談到國學院事，說：「因為校長要減少國學院預算」，「今天和校長開談話會，我即提出強硬之抗議，以去留為孤注，不料校長竟取消前議了」。然而「維持預算之說，十之九不久又會取消，問題正多得很」。

林語堂說的相對具體一些。他認為，魯迅離開廈門有兩個原因。一是林文慶的裁減國學院的經費，造成魯迅的研究成果不能出版，這是違背了原先的約定。林說：「他曾經對我說，他的主意是想在這個地方致獻兩年的工夫於學問的研究，其著作則由這大學付款出版，這本是那學校的當局們所滿口答應的。他所得的結果卻是用了他一腔熱誠走去上當，或者他是不知不覺地上了他的一個朋友並敬愛他者的當。那已經允許的預算竟成畫餅，魯迅的專心研究兩年之計畫便如人類的一切脆弱的希望一樣地結局了；就是他所在的那機關的經費也核減了；那機關實在是靠不定的。」二是魯迅引發了學生的躁動，林語堂說：「空氣嚴重起來了；有些讕言和攻擊居然說魯迅實在不曾辭去他北京的職務，說魯迅是故意地不遠數千里而來使這平靜的地方發生風潮，——用了什麼魔怪的引力呢，他們可沒有說。當時的事實分明是不利於他的，凡屬他所到的地方，那裡便有青年學生們之顯著的活動，寫白話文的惡趨勢，非孔的空氣之增長，如此等等，這都是難以否認的。是的，當時的事實是大不利於他的。」魯迅到廈門，有學生追隨，離開廈門，也有學生跟隨。魯迅在廈門的幾場演講，與教育當局所希望所要求的，不說南轅北轍，也相距甚遠。說魯迅沒有辭去北京的職務，到廈門來搗亂，這正是林文慶的話。魯迅在廈門是不開心的，這勉強可以說是魯迅離開廈門的原因之一吧！

3. 不滿拜金氛圍和某些人的無聊、無恥

魯迅不滿學校的拜金氛圍和某些教師的無聊、無恥。一些教授金錢至上，「大概因為和南洋相距太近之故吧！此地實在太斤斤於銀錢，『某人多少錢一月』等等的話，談話中常聽見；……某人每日薪水幾元，大約是大家都念念不忘的」。十一月十八日在致許廣平的信中，魯迅說了「一件可笑可嘆的事」，魯迅記得很詳細：「下午有校員懇親會，我是向來不到那

種會去的，而一個同事硬拉我去，我不得已，去了。不料會中竟有人演說，先感謝校長給我們吃點心，次說教員吃得多麼好，住得多麼舒服，薪水又這麼多，應該大發良心，拚命做事，而校長如此體貼我們，真如父母一般……我真要立刻跳起來，但已有一個教員上前駁斥他了，鬧得不歡而散。」高校教員，也如此肉麻，匪夷所思！日記記載「林玉霖妄語，繆子才痛斥」。林玉霖，林語堂之兄，當時任廈門大學學生指導長。哲學系教授繆子才（名篆，江蘇泰興人）立即予以駁斥，說：「我們都不是婦人、孩子，怎麼可以這樣比喻呢？」魯迅接著說：「還有稀奇的事，是教員裡面，竟有對於駁斥他的教員，不以為然的。他說，在西洋，父子和朋友不大兩樣，所以倘說誰和誰如父子，也就是誰和誰如朋友的意思。這人是西洋留學生，你看他到西洋一番，竟學得了這樣的大見識。」魯迅感慨良多，「我才知道在金錢下的人們是這樣的」！魯迅說，「我決計要走了」，「……即使無噉飯處，廈門也決不住下去的了」。可見，魯迅對廈大的風氣是多麼的深惡痛絕。他還說：「……我近來忽然對於做教員發生厭惡，於學生也不願意親近起來，接見這裡的學生時，自己覺得很不熱心，不誠懇。」

此外，在魯迅眼裡，學校的教員互相傾軋，學術氛圍淡薄。一九二六年十月二十一日，在致許廣平的信中，魯迅談到了廈門大學教師間相互的排斥、擠軋：「……這學校，就如一部《三國志演義》，你槍我劍，好看煞人。北京的學界在都市中擠軋，這裡是在小島上擠軋，地點雖異，擠軋則同。」這是至理名言，中國人不僅愛搞階級鬥爭，實際上更愛搞同級鬥爭，有中國人的地方就有擠軋。十月二十三日致許廣平的信中，對於廈門大學的派系鬥爭做了描述，說：「……有些教授，則唯校長之喜怒是伺，妒別科之出風頭，中傷挑眼，無所不至，妾婦之道也。我以北京為污濁，乃至廈門，現在想來，可謂妄想，大溝不乾淨，小溝就乾淨嗎？」

魯迅認為這學校不死不活，沒有希望。在給友人的信中說：「此地很無聊，肚子不痛而頭痛。」「總之這是一個不死不活的學校，大部分是許多壞人，在騙取陳嘉庚之錢而分之，學課如何，全所不顧。且盛行妾婦之道，『學者』屈膝於銀子面前之醜態，真是好看，然而難受。」「來信問我在此生活，我可以回答：沒有生活。學校是一個祕密世界，外面誰也不明白內情。據我所覺得的，中樞是『錢』，繞著這東西的是爭奪、騙取、鬥寵、獻媚、叩頭。沒有希望的。」「此後，則或作或譯，殊難定，因為此間百事須自己經營，繁瑣極了，無暇思索；譯呢，買不到一本新書，沒有材料。這樣下去，是要淹死在死海裡了，薪水雖不欠，又有何用？我決計於學期末離開，或者可以較有活氣。」魯迅卻對廈門大學過於濃厚的商人氣息或政治氛圍有所不適。

關於廈門大學的無聊和無恥，由對兩個人的態度，以及由此產生的場景，是值得一提的，那就是太虛和尚及馬寅初。

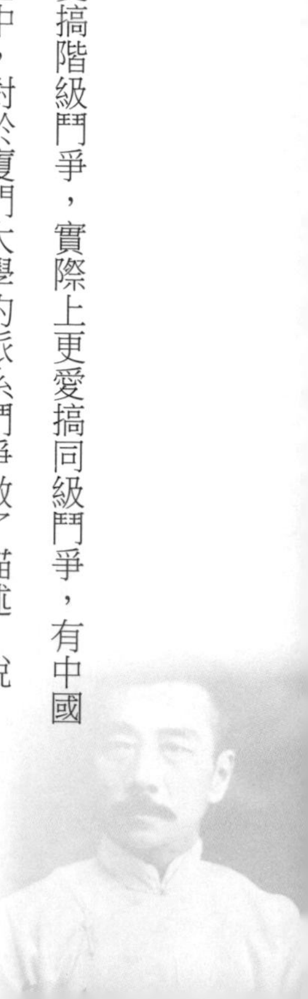

魯迅固然是名人，在廈門大學卻遭遇了另外兩個名人。他寫道：

這幾天此地正在歡迎兩位名人。一個是太虛和尚到南普陀來講經，於是佛化青年會提議，擬令童子軍捧鮮花，隨太虛行蹤而散之，以示「步步生蓮花」之意。但此議竟未實行，否則和尚化為潘妃，倒也有趣。一個是馬寅初博士到廈門來演說，所謂「北大同人」，正在發昏章第十一，排班歡迎。我固然是「北大同人」之一，也非不知銀行之可以發財，然而於「銅子換毛錢，毛錢換大洋」學說，實在沒有什麼趣味，所以都不加入，一切由它去吧！

魯迅是不會去湊這樣的熱鬧的，只能由它去。然而，我們今天揣想，同樣是名人，在廈大受到的卻是不一樣的「禮遇」。照理說，魯迅的名氣要比太虛和尚大一些，也要比當年還沒有遭毛澤東痛斥的馬寅初大一些。然而，魯迅到廈門時，不說冷冷清清，卻也平平淡淡。為什麼呢？雖然廈大有不少北大同仁，從教員而言，你名氣再大，不就是教員嗎？而且，身為同類，你的巨大存在，客觀上是對我的沉重壓力，所以，不把你放在眼裡，就是把你消解了。消解了你，那你就和我站在同一地平線上了，我就沒有了存在的壓力；於學校而言，你魯迅名氣再大，不就是我花四百元錢請來的雇員嗎？所以，你在我的麾下行走，不來叩首，那是你的名士風度，也就罷了，怎麼可能熱熱鬧鬧地迎接你呢？

馬寅初就不一樣了，太虛和尚就不一樣了。

先從馬寅初說起。

馬寅初（一八八二—一九八二），浙江嵊縣人，著名的經濟學家、人口學家和教育家。早年留學美國，獲經濟學博士學位。一九一五年回國。先後在北京大學等多所高等院校任教。馬寅初和梅蘭芳一樣，與魯迅隔行，既無私交也無私怨。

我以為，要搞清楚魯迅的「罵」馬寅初，有必要介紹一下魯迅在廈門大學的一些經歷和感受，離開了這一特定的背景，魯迅的「罵」就成了不好理解的孤立現象了。

魯迅是一個偉人，但偉大的是心靈，他外在的一切都是平凡的。他的生活方式以及言談舉止，都沒有超出當時中國人的想像力。當年《廈聲日報》的記者是這樣描述魯迅的：「沒有一點架子，也沒有一點派頭，也沒有一點客氣，衣服也隨便，鋪蓋也隨便，說話也不裝腔作勢……」在我看來，這是符合魯迅的為人風格的。魯迅先生有著偉大的靈魂，有著對勞苦大眾深厚的愛心，正是由於此，先生有著一顆平常心。

這樣一個魯迅，來到了如他形容的「硬將一排洋房，擺在荒島的海邊」的廈門大學。當時學校的教員中，很多是留學外國的博士、學者。他們不是西裝革履，便是長袍馬褂，態度

軒昂，衣冠楚楚，魯迅與他們是格格不入的。魯迅在致許廣平的信中說：「我以北京為污濁，乃至廈門，現在想來，可謂妄想，大溝不乾淨，小溝就乾淨嗎？」

當時的廈大曾發生了一件「可笑可嘆的事」。學生指導長林玉霖在一次懇親會上，大發「學校像一個大家庭」的妙論。他肉麻地說：「『懇親』二字，是懇切親密的意思。我們的老校長好比家長父親，教員好比年長的大哥，同學好比年幼的弟妹，整個學校，就像一個大家庭……」他越講越得意，竟然恬不知恥地說：「首先是，我們大家要感謝林校長，給我們點心吃。其次是，我們教員吃得多好，住得多麼舒服，薪水又這麼多，應該大發良心，拚命作事，不要忘了父親般的林校長的恩……」我想，如此無聊低級的「高論」，魯迅聽了，一定如芒刺在背。這時，哲學系一個教授站起來慷慨陳詞，予以批駁。可是，居然還有人起來辯護：「在西洋，父親和朋友大體上不兩樣，倘說誰和誰是父子，也就是誰是誰的朋友。」話音剛落，立刻引起一陣哄笑。這是一場無聊的會，魯迅只好退場。後來，他諷刺說：「這人是西洋留學生，你看他到西洋一番，竟學得了這樣的大識見。」

川島在《和魯迅先生在廈門相處的日子裡》一文中說：

魯迅先生收在《故事新編》裡，於一九三五年十一月寫的一篇《理水》中說：文化山上，聚集著許多學者，只聽得上下在講話：

「古貌林！好杜有圖！古魯幾哩……OK！」

那也就是當時廈大的面影之一。平常叫人，太太則必「馬丹」，先生是「海爾訥」。即使是一個口吃不會說話的人，見了人時，至少也得拉著手說一個「古貌林……貌林」。乍聽實在彆扭，這種空氣，就是廈門的海風，一時也吹不散的。

從以上資料看，廈大的空氣讓人窒息、作嘔。廈大的某些學者、教授們，他們西裝裡裏著的至少是無聊的靈魂。做為思想家的魯迅和作為平常人的魯迅，當然是不屑和「假洋鬼子」之類的人為伍的，魯迅說：「我是不與此輩共事的。」

就是在這樣的背景下一九二六年十月中旬，馬寅初做為當時的中國銀行總長來到了廈大，學校當局興高采烈，忙得不亦樂乎。所謂「北大同人」，又是列隊歡迎，又是大擺宴席。魯迅蔑視這種繞著名人、要人和鈔票打轉的風氣。他在給許廣平的信中說：「所謂『北大同人』，正在發昏章第十一，排班歡迎。我固然是『北大同人』之一，也非不知銀行之可以發財，然而於『銅子換毛錢，毛錢換大洋』學說，實在沒有什麼趣味。所以都不加入，一切由它去吧！」有的人不明底細，還要拉魯迅去陪馬寅初照相。魯迅說：「道不同不相為謀。」拒絕了。校長林文慶更不知趣，他宴請馬寅初時，又來邀魯迅作陪。魯迅在通知單上簽了一個「知」字。林文慶非常高興，他以為魯迅這下給他面子了。可是，魯迅還是沒去。魯迅後來解釋說，我

那個「知」字，是「不去可知矣」。

魯迅在《擬豫言》中是這麼諷刺馬寅初的：「有博士講『經濟學精義』只用兩句，云：『銅板換角子，角子換大洋。』全世界敬服。」與致許廣平信的內容大致相同。

所謂「銅子換毛錢」之類，可能是指馬寅初曾在演說中談到的主幣、輔幣的換算問題。這無關緊要。林文慶之流為什麼對馬寅初這麼殷勤，表現得這麼無聊呢？當時，據說「學校資金缺乏，決定裁減國學院的經濟預算」，似乎無米下鍋之際，來了個雪中送炭之人。對此，我是這樣推測的：林文慶大約想在馬寅初這位財神爺身上撈一點油水，請他出點贊助費之類的吧！

馬寅初來了，「北大同人」為什麼就要列隊歡迎呢？如此，非「北大同人」又該做何感想呢？魯迅也是「北大同人」，當初先生到廈門時，也未必有人「列隊歡迎」吧！倘若馬寅初不是銀行總長，而是一個普通的「北大同人」，這些洋博士們又當如何呢？列隊之類的煞有介事，終於還是無聊。

魯迅的拒絕與馬寅初接觸，一方面是拒絕加入林文慶之流無聊者輩；一方面則是因為馬寅初當時是中國財經界的名流，並且由此參政，似乎是一個「紅人」，而魯迅向來不趨炎附勢，且對聞達者有著一種幾乎是超越理性的排斥。所以，他對馬寅初不僅冷漠，而且熱諷。

因此，我要說，魯迅不參加「列隊歡迎」的兒戲，是為了逃避無聊；魯迅的「罵」馬寅初，與其說是「罵」，不如說是反抗無聊。

其實，馬寅初與魯迅的性格有某些相同之處，他們都耿直不阿，有硬骨頭精神。新中國成立前，馬寅初到處發表文章、演講，激烈抨擊國民黨專制統治；新中國成立後，他提出著名的「新人口論」，屢遭厄運，蒙不白之冤而死。魯迅、馬寅初今生無緣，若是有緣，在我看來，他們也許會成為好朋友的。

另一場熱鬧，是關於太虛和尚的。

一九二六年十月二十一日晚，南普陀寺及閩南佛學院公宴太虛和尚。太虛和尚（一八八九—一九四七），本姓呂，浙江崇德人。曾任世界佛教聯合會會長，中國佛教總會會長，廈門南普陀寺住持等職。這年十月從美國講佛學回國，在廈門逗留。

南普陀寺和閩南佛學院公宴太虛，「亦以柬來邀」，請魯迅作陪。起先，他決計不去，但校裡的職員卻硬要他去，說否則他們將以為本校看不起他們。魯迅不得已「赴之」，「坐眾三十餘人」。孫伏園在《魯迅先生眼中之太虛法師》一文中對此事有記錄，「南普陀寺，柬約紳商學僧界領袖，舉行隆重之歡宴。與大師同席者，林文慶、周樹人（魯迅）、孫貴定、張頤（真如）、沈士遠、莊澤宣、顧頡剛、陳定謨、羅培常、繆子才等」。關於這次宴會情形，

魯迅在《兩地書・六零》中曾說：「我決計不去，而本校的職員硬要我去，說否則他們將以為本校看不起他們。個人的行動，會涉及全校，真是窘極了，我只得去。……入席，他們要我與太虛並排上坐，我終於推掉，將一位哲學教員供上完事。太虛倒並不專講佛事，常論世俗事情，而作陪之教員們，偏好問他佛法，什麼『唯識』呀，『涅槃』哪，真是其愚不可及。……其時又有鄉下女人來看，結果是跪下大磕其頭，得意之狀可掬而去。」這位被「供上」的哲學教員是兼任佛學院講師的陳定謨教授。

魯迅對太虛和尚倒沒有多說什麼，在魯迅眼裡，太虛似乎還比較隨和、隨俗，說的也多是「世俗事情」，總之，有平常心。孫伏園在《魯迅先生眼中之太虛法師》介紹了魯迅的態度：「魯迅對大師之印象，為『和易近人，思想通泰』。」我想，太虛說的多是「世俗事情」，所以給了魯迅「和易近人」的印象。

如果說魯迅有什麼不滿的話，那也是針對廈大當局和那些圍著名人團團轉的人們。魯迅是懂佛的，他側重的是佛的境界與內涵，對那些帶有宗教儀式色彩的「步步生蓮花」之類，不免調侃幾句，「和尚化為潘妃，倒也有趣」。此其一。其二，婦人的下跪磕頭，那是帶有迷信色彩的愚昧之舉了，魯迅當然覺得可笑。其三，張口「唯識」閉口「涅槃」的人，實際上是不懂佛的，但又要假裝很懂，很內行，很專業，總之，是那種什麼都懂一些又什麼都不懂的通才或是聰明人的賣弄，這種人，在魯迅眼裡是只配圍著名人打轉的「其愚不可及」的寶貝。精通文學的人，不大愛與人談文學；精通佛學的人，談的也大多是佛學之外的。一個業餘作者，碰到大作家，請教的多是文學問題；一個佛外之人，當然很想知道佛內境界。上面說了，魯迅是懂佛的，他關於佛的論述不在少數，然而，他卻躲得遠遠的了。

曹聚仁在《魯迅評傳》中，有談到魯迅見太虛和尚這一幕，他有另一種說法，認為魯迅與太虛之間用「隔膜」二字乃是最好注釋，曹聚仁認為，「太虛法師本來是政治性的和尚，和天主教之有于斌，伯仲之間。他在中國官場的地位很高，對於佛法研究，卻淺薄得很」。曹聚仁對太虛的態度要比魯迅偏激許多。至於太虛到底是什麼樣的和尚，此後他與魯迅並無來往，不說也罷。

4.「《現代評論》色彩，將瀰漫廈大」

魯迅自我感覺在廈大被「現代評論派」包圍，被排擠。魯迅感覺對廈大的不適應，還因為廈大有太濃厚的「現代評論派」的色彩。十月十六日在致許廣平的信中談到：「現代評論派」「在國學院大佔勢力」，「從此《現代評論》色彩，將瀰漫廈大」，「這樣，我們個體，自然被排斥……他們實在有永久在此之意，情形比北大還壞」，認為廈大「毫無希望」，並說，

「我現在很想至多在本學期之末，離開廈大」。顧頡剛是國學院的教授，公開稱他只佩服胡適和陳西瀅。顧頡剛「……安排的羽翼，竟有七人之多」國學院的教職員本來寥寥，七人實在不能算少；魯迅從北京來之前，正與陳西瀅有一場「惡鬥」，聽了這樣的話，不能不感受到一種群體的壓力。川島認為，魯迅提前離開廈大，是包括魯迅在內的「從北京來的一夥人當中……自己內部鬧開了。」陳夢韶認為，魯迅「被排斥，所以走掉的」。道不同，不相為謀。周遭盡是自己不喜歡的人，工作的滋味可想而知。不過，我以為魯迅也有多慮的一面，他低估了自己客觀上的巨大存在，且不說那七個人，便是七十個人，其實，其奈魯迅何?!況且，林語堂那時還一心向著魯迅。

特別應該一提的是，顧頡剛推薦的黃堅（《兩地書》中叫「白果」）的兩三件事。黃堅曾在女師大當過楊蔭榆的「走卒」，憑著這一點，魯迅對他大約就不會太有好感。此人對較小的職員，氣焰不可擋，嘴裡都是油滑話。十月上旬，學校希望魯迅把他收藏的碑碣拓片，在國學院的古物展覽會上展示，魯迅答應了。但籌展中，只給魯迅一張小書桌和小方桌。魯迅只得把展覽物攤在地上，伏在那裡一一選出。等到魯迅選好，拿到會場去的時候，又不叫人幫助。孫伏園自告奮勇，同去陳列。高處則在桌上放一張椅子，由魯迅站上去掛。中途，黃堅闖了進來，硬把孫伏園叫去了。沈兼士看見魯迅獨自張掛，過意不去，便過來幫忙。他已喝了一點酒，跳上跳下，弄得大吐一場。魯迅對黃堅的刁難十分氣憤，說他佔了個「裏理的位置，正如明朝的太監，可以倚靠權勢，胡作非為，而受害的不是他，是學校」。

一天，黃堅突然帶了兩個人走進魯迅的宿舍，眼睛溜來溜去，露出一臉假笑：「嘿嘿，先生，昨天吳教授的少爺已到，需要從這裡搬去兩張椅子。」說完，動手便要搬。

魯迅火了，反問道：「倘若他的孫少爺也到，我就得坐在樓板上嗎？」這意外的詰問，使黃堅啞口無言，自討沒趣地走了。過後，他在背後說魯迅：又發名士脾氣了！

魯迅聽到這話，質問說：「難道廈門的『天條』似乎是名士才能多一個椅子?!」

我以為，魯迅衝著黃堅發火，很大程度上是衝著「那一群人」也就是「現代評論派」們發火的。本來，這兩件事也沒有什麼大不了的，如果換一個人，比如不是黃堅，而是孫伏園，或者章廷謙，我估計魯迅反應不會這樣激烈。討厭這一群人，討厭這種類型的人，所以他們的一舉一動，看了都不順眼。一般人，碰到此類事也許會隱忍，魯迅則不然。這就是魯迅。魯迅說：「我是不與此輩共事的，否則，何必到廈門。」

第三件事，那可以把黃堅的性格完善起來了。黃堅知道魯迅很討厭他，如果是一個厚道人，別人討厭自己了，或是迴避接觸，或是保持沉默，可是，黃堅似乎各種人都對付得了，各種場面都能應付得來。魯迅要走了，他逢人便說：「我是他的學生呀，感情當然很好的。」

並且張羅酒席，為魯迅餞行。更奇妙的是，「學生」歸「學生」，餞行歸餞行，攻擊依然不停，說魯迅之所以不待在廈門，是因為廈門沒酒喝，「月亮」不在云云。

這幾件事，足可見黃堅的油滑，魯迅是一向討厭這樣的人的，而這樣的人在廈大又不在少數。魯迅與他們打交道，感到無聊甚至痛苦，此處不留爺，自有留爺處，為什麼不走？

魯迅之去廣州，自然是為了與許廣平在一起。當許廣平要去汕頭時，魯迅就表示不去廣州了，就留在廈門，就是證明。當然，很多事情不是一因一果的，往往一果多因。魯迅之去廣州，除了為許廣平外，自然還有別的原因，或說是別的引力。只強調一面或是一點，未必是客觀的。除了以上所敘，還有一點，魯迅到廣州也還是想做一些事的。十一月七日致許廣平的信中，就談了到廣州以後的設想：「其實我也還有一點野心，也想到廣州後，對於『紳士』們仍然加以打擊，至多無非不能回北京去，並不在意。第二是與創造社聯合起來，造一條戰線，更向舊社會進攻，我再勉力寫些文字。」魯迅已經是戰士的魯迅，所以，他到哪裡估計都免不了戰鬥。與創造社聯合，是魯迅美好的願望。創造社中人，比如郁達夫，氣味與魯迅頗為相投。另外，創造社中人多有日本留學的經歷，魯迅大約覺得，與他們相對容易談得來吧！任何情況下，魯迅絕對不會說與新月社「造一條戰線」的。這是題外話了。

此外，在廈門生活不習慣，語言不通、飲食不適等，也是魯迅不想久待的原因。這在上面的有關章節中已有介紹。

5. 為愛而來，為愛而往

我曾經杜撰一個詞，叫「社會接觸不良症」。比如傅雷，有幾次到社會工作的經歷，有的是幾天，最多是幾十天，他一生無法適應社會，只能回到書齋。我覺得，魯迅多少也有「社會接觸不良症」的。在社會上工作，他內心總是比較痛苦。魯迅一生，雖有在社會上工作的經歷，但時間都不長。（他在教育部工作，是個例外。這可能因為在教育部基本上是個閒差，所以他還能待下去。他可以到那麼多所學校兼職，就是證明。）到廈大、中大，魯迅待的時間都很短，為什麼這麼短就「開路」呢？魯迅難以適應這個社會。到上海後，一直到死，魯迅的身分是職業撰稿人了。社會的原因我們是要深究的，以廈門而言，那就是我們以上說的廈大的無聊、無恥等等。但是，我們不得不承認，同樣的環境，有的人就很適應，如魚得水，比如黃堅，魯迅那麼厭惡他，在酒桌上，他還可以嬉皮笑臉地說魯迅也是他的老師。

廈大雖然有上面所言種種不盡人意之處，但這種不利的環境，也不是魯迅所無法忍受的。我們要看到問題的另一面。魯迅離開廈門的原因或許可以找出好幾條，但促成魯迅一定要走的只有一個原因，那就是為了許廣平，更確切地說，是為了他們的愛情。

魯迅沒有過與相愛的人分別的經歷。我估計，在北京時，他與許廣平約定分頭工作兩年，是沒有想到兩年時間會這麼地難熬的。實際上，他到廈門不久，就有了要走的念頭。當然，廈門的不如意也是有的，也可以說有不少。但是，當年在北京，應該說他也有類似的境遇，他也還能隱忍。沒有許廣平在廣州，他或許會待得稍長一些？

關於要離開廈大的事，他是反反覆覆地說的。十月十日，魯迅致許廣平信。信中，談了沈兼士「歸心如箭」事，「兼士當初是未嘗不預備常在這裡的，待到廈門一看，覺得交通之不便，生活之無聊」，所以剛落足就想走了。魯迅說：「此地的生活也實在無聊，外省的教員，幾乎無一人做長久之計，兼士之去，固無足怪。」以沈兼士要走，談到許多人都要走，所以魯迅的決計要走，是必然的。沈「歸心似箭」，魯迅又何嘗不是呢？

許廣平是善解人意的，許廣平是深愛魯迅的。既然魯迅在廈門不開心，她也主張魯迅離開廈大。十月十八日，許廣平致魯迅信，信中說：「中山大學停一學期，再整理開學，文科主任的郭，做官去了，將來什麼人來此教授，現尚未定。你如有意來粵就事，則你在這裡的熟人頗不少，現在正是可以設法的時候，但這自然是你現在的事萬難再做下去的話。」許廣平密切關注著中山大學的情況，郭沫若參加北伐去了，也許魯迅來是合適的？她盼著魯迅到廣州做事。

十月二十一日許廣平致魯迅信，其中說道：「倘有人邀你的話，我想你也不妨試一試，重新建造，未必不佳。我看你在那裡實在勉強。」對魯迅在廈門不放心，還是希望他能到廣州來。十月二十三日，許廣平再次希望魯迅能到廣州來：「廣州情形雖云複雜，但思想言論，較為自由，『現代』派這裡是立不住的，所以正不妨來一下。否則，下半年到哪去呢？上海雖則可去，北京也可去，但又何必獨不赴廣東？這未免太傻氣了。」又說：「也因希望你來，故說得天花亂墜……」十月二十七日，許廣平給魯迅寫信，又說到讓魯迅來廣州事：「我希望你們來，否則，郭沫若做官去了，你們又不來，這裡急不暇擇，文科真不知道會請些什麼人物。」又說：「以中大與廈大比較，中大較易發展，有希望，因為交通便利，民氣發揚，而且政府也一氣，又為各省所注意的新校。你如下學期不願意再在廈大，此處又誠意相邀，可否便來一看。」

魯迅要離開廈門，許廣平希望他能到廣州，只要有條件，自然就能成行。中山大學也正好需要魯迅，所以，離開廈門，奔向廣州，很快成了戀愛中的他們的共識。十一月二十五日致許廣平的信中，魯迅說：「我自然要從速離開此地，……」但是，「再在這裡熬半年，也還做得到的……」對此，許廣平在十二月二日的回信中說：「過去的有限的日子，已經如此無聊，再『熬半年』，能保不發生別的意外嗎？單為『玉成』他人而自放於孤島，這是應當的嗎？我著實為難，廣大當然也不是理想的學校，所以你要仍在廈大，我也難於多說。」有點抱怨，字裡行間可見許廣平是多麼希望魯迅能早日來到廣州啊！

許廣平處處為魯迅著想。在給魯迅的信中，說到自己到中大當「中大女生指導員」事，因自己被別人疑為「共產黨」，恐怕連累魯迅，「則似以我不在你的學校為宜。但如果你以為無妨，就不妨向伏園先生說說，我是沒有什麼異議的」。一九二七年一月二日致許廣平信，信中說，他辭去廈大的一切職務，「這事很給學校當局一點苦悶：為虛名計，想留我，為乾淨省事計，願放我走，所以頗為難。但我和廈大根本衝突，無可調和，故無論如何，總是收得後者的結果的。」信中還說：「想來二十日以前，總可以到廣州了。妳的工作的地方，那時當能設法，我想即同在一校也無妨，偏要同在一校，管他媽的。」好一個「管他媽的」，魯迅不再猶疑，而有了大無畏的英雄氣概！魯迅難得罵人，這一罵，居然罵出了愛的深度，妙！

去中山大學的事很快最後敲定。十二月二十三日致許廣平的信中說，中大委員會來信，「言所定『正教授』只我一人，催我速往。那麼，恐怕是主任了。不過我仍只能結束了學期再走，擬即覆信說明，但伏園大概已經替我說過。至於主任，我想不做，只要教教書就夠了。」這一天，許廣平也同時給魯迅寫信，其中說道：「你那些在廈門購置的器具，如不沉重，帶來用用也好。此地的東西，實在太貴，而且我也願意看看那些用具，由此來推見你在廈門的生活。」話說得漫不經心，在我看來，實際上是戀愛中聰明女子的承諾，就是暗示魯迅，我們或許可以如此這般了。

初時所議，魯迅到中山大學的薪水要比廈大少，但魯迅並不在乎，雖然他南下時就是為了賺錢，雖然他因兩次購房等還負債。十一月二十日，給許廣平的信中說，中山大學薪水雖少，「但我並不計較這一層，實收百餘元，大概已經夠用，只要不在不死不活的空氣裡就好了。」錢多錢少，魯迅不是很計較的，心情好，精神狀態好，這最重要。魯迅還是想做一點有益於社會的事的：「到中大後，也許不難擇一並不空耗精力而較有益於學校或社會的事。」對比廈大，魯迅說：「至於廈大，其實是不必請我的，因為我雖頹唐，而他們還比我頹唐得厲害。」魯迅在談到林語堂辭職事時說，「勸他不少爛在這裡」，一個「爛」字，道盡了魯迅對廈大的絕望，廈大是夠爛的了！在十一月二十五日致許廣平的信中，魯迅說了這樣一句話：「至於我，再在這裡熬半年……」一個「熬」字，也足可看出魯迅在廈門期間精神上的痛苦。

我有一個假設，假設魯迅沒有和許廣平戀愛，他不牽掛廣州，那麼，魯迅待廈門幾年，或許就做成了他計畫要做的《中國文學史》等專著。就是說，魯迅的下半生，有可能不是一個雜文家，而成為一個純粹的學者了。雖然魯迅反覆說，當教師與寫文章是有矛盾的，但是，當老師與搞學術研究卻是不矛盾的。畢竟，魯迅也兼職當了好幾年教師了，當教師期間還有了《中國小說史略》

我們知道，從他們一踏上往廈門和廣州的旅程，就想著、安排著見面，反抗著自己訂下

的兩年的時間。許廣平早在赴廣州的船上就寫信給魯迅說：「臨行之預約時間，我或者不能守住，要反抗的。」魯迅在去廈門的船上也在打探從廈門往廣州的最近路程。一個是四十多歲的成熟的中年男子，一個是二十好幾的大姑娘，他們都有過感情上的挫折，又經歷了共同的戰鬥歷程，說他們是烈火乾柴也不為過。

志同道合的戀人，如今天各一方，使魯迅備嚐相思之苦，只得頻頻鴻雁傳書，互訴衷腸。我覺得，廈門期間寫的信，可以看出，魯迅與許廣平不僅有了愛情，甚至也有融融的親情。他們事無鉅細，娓娓道來，絮絮叨叨，魯迅一生中從沒有如此柔軟、溫馨。

倪墨炎說：「魯迅離廈門去廣州，第一的原因，當然是為了提早結束他和許廣平商定的當初的『合同』，是為了早日結束『兩地相思』。」張恩和也認為，魯迅提前離開廈門最主要的原因是為了許廣平，為了開闢新的生活。張恩和說：「以前許多提法，說魯迅是為了更好革命才提前到廣州，這把很私人的問題革命化了。魯迅是個普通的有血性的人，而不是神。」韓石山說，魯迅和許廣平要「開始一種新的生活」，「這是一個正常人的明智選擇，為了自己的生計，為了自己的幸福，原本是無可厚非的。硬要添上那麼多政治的含意，不是魯迅的過錯，是後世的研究者們的多情。」我深為贊同倪張韓的觀點。

魯迅為了愛情離開北京來到了廈門，如今，還是為了愛情，他前往廣州。

魯迅離開廈門了，自然要對魯迅這一時期的工作做一「小結」。林辰在談到魯迅在廈門的工作時指出：「魯迅是決不會灰頹，決不會解怠的。」在廈門，魯迅「一面發牢騷」，一面做了大量的工作。最重要的當然是教學和《兩地書》中的文字，此外，還寫下了大量的作品，完成了好幾部書的編輯、校訂工作。他寫了五篇「舊事重提」，一篇《故事新編》、《華蓋集續編的續編》、《漢文學史綱要》，還有《華蓋集續集》的《小引》、《墳》的《題記》及《後記》、《〈爭自由的波浪〉小引》、《〈絳洞花主〉小引》、《〈走到出版界〉的「戰略」》、《新的世故》等共十七萬多字。還編了《墳》、《華蓋集續編》，校閱了《爭自由的波浪》和《卷葹》等書。他還不斷做著翻譯和輯錄的工作，如鶴見佑輔的《說幽默》等便是譯於此時……在短短一百三十五天中，教書之餘，還做了如許工作，收到這麼多的成績，魯迅的工作效率，實在是驚人的。

第七章

十年攜手　以沫相濡

1. 「大夜瀰天，璧月澄照」

南國廈門的熱風，催熟了魯迅與許廣平的愛情，愛在廣州結果了。高長虹曾自比太陽，魯迅是夜，許廣平是月亮。為了回應高長虹的挑釁攻擊，魯迅直言自己就是「夜」，既然是「夜」，「當然要有月亮的」。在一篇文章之後，魯迅有意寫了一句：「時大夜瀰天，璧月澄照，饕蚊遙嘆，余在廣州。」「大夜瀰天，璧月澄照」，極富詩意，暗示著夜已擁抱了月，月已融入了夜。喜悅之情，溢於言表——魯迅一生難得有這樣的快感。

為了便於讀者瞭解魯迅、許廣平的生活情況，我在這裡安排一節他們十年攜手的情況簡介。雖然與廈門無涉，但魯迅的廈門生活，主要是愛情生活，此後，都是他們愛情延伸的結果。

一九二七年一月十八日，魯迅抵達廣州；同年九月二十七日離開廣州。此後，魯迅寓居上海，直到去世。

2. 沒有名份，但有愛……

愛是家的靈魂。魯迅曾經有家，那就是他和朱安的家，但因為沒有愛，這個家只有物質的存在，而沒有愛的歸宿。所以，從本質意義上講，魯迅沒有自己的家。魯迅像浮萍，像落葉，他離「家」出走了，到廈門流浪。許廣平是魯迅的家，許廣平的溫情使得魯迅孤苦的靈魂有

了歸宿。如果說，沒有許廣平之前的魯迅過的是不時自虐的苦行僧一般的生活，那麼，有了許廣平以後，他的最後十年，也有了正常的溫馨的帶著人間煙火味的生活。

雖然有愛，但許廣平沒有正式的名份。許廣平是一位具有獨立人格的女性，她和魯迅對新型的家庭有一個共同的認知，認為兩性的結合，「是除了當事人之外，沒有任何方面可以束縛，而彼此間的情投意合，以同志一樣相待，相親相敬，互相信任，就不必有任何的俗套。我們不是一切舊禮教都要打破嗎？所以，假使彼此間某一方面不滿足，絕不要爭吵，也用不著法律解決，我自己是準備著能自立謀生的，如果遇到沒有同住在一起的必要，那麼馬上各走各的路」。事實上，在與魯迅生活在一起的日子裡，許廣平確實是能極其坦然地接受自己與魯迅的這種「同居」現狀的。許壽裳在《魯迅年譜》中一九二七年十月項下寫道：「與番禺許廣平女士以愛情相結合，成為伴侶。」許廣平定稿時，將這行文字改成六個字：「與許廣平同居」。呂曉英評論說：「在許廣平看來，只要雙方情投意合，兩情相悅，又何必在意那一紙婚姻的『契約』。這與其說體現了許廣平心胸之開闊，思想之前衛，不如說顯示了許廣平善解魯迅的心意，懂得如何為他排憂解難。」沒有愛，有了名份，比如朱安，有什麼用！有了愛，沒有「名份」，比如許廣平，又有什麼關係！

沒有「名份」的許廣平不僅是魯迅生活的伴侶，同時，還擔當起了他的助手的責任。

許廣平寫了一首詩，真實地描述他們神聖的結合：

我們的心換著心，
為人類工作，
攜手偕行。

……

在深徹瞭解之下
你說，「我可以愛。」
你就愛我一個人。
我們無愧於心，
對得起人人。
此刻——
有些人忽然要來清算，
橫給我們罪名。
說什麼：「每星期都有信」

好似我從中作梗。
卑鄙的血液染黑了黑夜，
封建的思想盤踞著神經。
他們想拿法律，
殺害普天下人。

在亞當夏娃的心目裡，
戀愛結合神聖；
在將來解放的社會裡，
戀愛，再——
志同道合，成就婚姻。

那言語不通，
志向不同，
本來並不同住的，
硬說「佳偶」，

就是想污蔑你的一生。

真理或有時存在，

我將依著進行，

所有那些狡計，

讓他發昏。

這首詩在魯迅去世後，發表於《中流》一九三七年第一卷第十一期。詩中，可以看出許廣平堅定的愛，在流言和誹謗中挺立不屈並奮然前行的精神。

許廣平精心經營著有愛的家，讓家充滿著愛。

許廣平對魯迅的飲食起居的照顧可謂無微不至，完全地解除了魯迅的後顧之憂。我們已經介紹了魯迅獨自一人在廈門時的生活情況。魯迅常常為飯菜煩惱，坐在椅子上吸菸竟沉沉睡去，以致菸頭燒了棉襖……種種跡象顯示，魯迅的生活自理能力不是很強的，獨自一人，他只能湊合著過日子。有了許廣平，終於享受到了愛情的甘露。許廣平覺得他以前的生活太苦了，她要以女性細膩的心、靈巧的手，讓魯迅活得好一些。她悉心照料魯迅的起居、飲食，盡力使他不受到無謂的干擾。她精打細算，勤儉持家，自己做棉鞋，打毛衣，縫衣服。連魯

迅的換洗衣服也不請保姆，一概由她自己操持。有客人來家吃飯，她也親自下廚，比如陳賡將軍來訪，史沫特萊、蕭紅辭行……都是由許廣平治饌招待。有許廣平的照料，與過去相比，據章川島說，魯迅的氣色變好了，也比較注意衣著了，「人也胖了一些」。魯迅多次在朋友面前快樂地感嘆：「現在換件衣服，也不曉得向什麼地方拿了。」魯迅過的是「衣來伸手，飯來張口」的生活。

3. 得力的助手

許廣平成了魯迅最得力的助手。她為魯迅查找資料和參考書、校對文稿、抄寫稿件、收寄郵件、接洽出版印刷事宜等等，事無鉅細，許廣平一一辦得周到、妥貼。她偶有一得，也常常能對魯迅起到啟發、補充，甚至激勵作用。她曾深情地回憶說：「每次文章寫完盡給我先看的，偶然貢獻些修改的字句或意見，他是絕不孤行己意。很願意把它塗改的。」魯迅的重要談話，她注意記錄與整理，以便編輯成書。對魯迅的文稿，她精心保管，哪怕是棄置的零章片頁，也要保存下來。

做為曾經叱吒風雲的學生領袖，做為有文化的覺醒了的時代女性，許廣平有著對人生理想的追求，有著較強的社會工作能力（與魯迅結合前，她是「女師大風潮」的弄潮兒；新中國成立後，她在政務院工作），居滬歲月，她被困在家中，「他的工作是偉大的，然而我不過是做個家庭主婦罷了」，每念及此，難免也會「悲不自勝，責備自己讀了書不給社會服務」，也想再到社會上工作。初到上海時，許廣平曾託許壽裳謀職，並已有了眉目。可是，魯迅需要她這樣一位助手，知道她想去工作後曾為難地說：「這樣，我的生活又要改變了，又要恢復到以前的一個人幹的生活中去了。」為了這話，為了魯迅的事業，許廣平放棄了。

許廣平是寂寞的，整日被家務所淹沒，像一臺不停運轉的機器。她自己也這樣說：「除了理家，除了和魯迅先生對談，此外我自己是非常孤寂的。」她從一個「女活動家」到「家庭婦女」的角色轉變，這種精神上的孤寂是必然的。她終於從一個五四新女性，回歸到相夫教子的傳統女性的生活軌道上去了。

4.「今晚的月亮真好」

對於許廣平獻給他的無私的、真摯的、熱烈的愛，魯迅深有體察，懷有深切的感激。魯迅平時工作很忙，很少有時間和許廣平相對晤談。他經常是晚上工作得很晚，當他收拾好東西準備就寢時，發現許廣平已經酣然入睡。為了做一些彌補，他便盡量在許廣平入睡前，在床邊陪她聊聊天。這時，電燈是不開的，在窗外路燈的映照下，屋裡更顯一番情趣，夫妻二

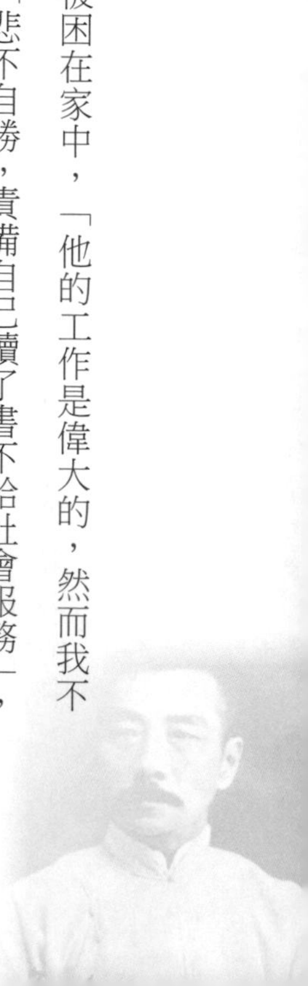

人都感到生活的溫馨和寧靜。如果窗外是皓月當空，光灑屋宇，魯迅還會說上一句雙關的話：「妳看，今晚的月亮真好。」這是一句只有許廣平才聽得出其中滋味的話，她當會感受到格外的幸福。當他察覺到許廣平疲倦時，會催她趕快休息，抱歉自己不斷工作而沒有更多的時間陪她。於是，臨睡前他會說：「我陪妳吸一根菸好嗎？」他靠在床頭，與她交談大事小事、國事家事。他懷著感激的心情，對勞累了一天的許廣平說：「我要好好替中國做點事，才對得起妳。」

有時，魯迅伏案工作，許廣平坐在邊上看報或做手工，當兩人都感到累了時，便放下工作，一邊飲茶，一邊談天，或者吃些零食。有時，他們也到外面散步，或者一起看畫展，一起看電影。為了感謝和紀念許廣平的支持和幫助，魯迅發表譯著時，特意用「許霞」或「許遐」為筆名，因為許廣平的小名叫「霞姑」。

5. 魯迅的病與死

一九三六年，魯迅一直被病魔所糾纏，身體日漸衰弱。六月五日以後，連堅持了幾十年的日記也中斷了。期間一時頗虞奄忽。許廣平更加忙碌了，服侍吃藥，量體溫，做體溫曲線表，還得帶海嬰，稍有空閒，就得擠出時間看魯迅尚未看完的清樣。吃飯，魯迅只能單獨在樓上吃，許廣平總是把最好的肉、魚，最嫩的蔬菜，選三、四樣端上去，希望他多吃一點，增加一些營養。可是魯迅往往吃不下，又端了下來。「周先生的熱度高，什麼也吃不下，連茶也不想喝，人很苦，很吃力。」她這樣對人說。看到魯迅病成這樣，許廣平在樓下哭了，一俟到樓上，馬上擦乾眼淚，不讓魯迅看見自己的淚眼。

周海嬰的《魯迅與我七十年》中《父親的遺產》一節，寫了作者對母親左上臂內側的「傷疤」的探究：

> 我漸漸長大開始懂事時，有一回偶爾發現母親左上臂內側深深凹下去，似乎被剜去了一塊肉。我當時撫摸著傷疤問母親，她只回答這是過去的瘡疤。到我長成十幾歲的小伙子，又一次問母親，她才告訴我：那時年少單純，見父親重病纏身，久治不癒，想起書中讀過的「二十四孝」中有一孝，叫「割股療親」，以報養育之恩。我母親便如法炮製，硬是將臂上一塊肉割下來熬成湯藥，讓父親喝了。可見傳統的「知恩圖報」思想是如何深刻地在母親頭腦裡紮了根。

既然是周海嬰說的，我沒有理由不相信。儘管許廣平是一個年輕的知識女性，但是，人在十分無助的時候，有的會喪失理智和理性，這是可以理解的。我以為，此事魯迅肯定不知道，

從現有的資料看，魯迅臨死前的理性還是非常堅強的，他如果知道這樣的事，一是會痛罵許廣平，二是拒絕吃人肉。但是，這件事反映了一個客觀事實：許廣平非常非常地愛著魯迅，甚至到了可以為他獻出自己生命的程度。

一九三六年十月十七日，因胡風代為鹿地亙向魯迅請教有關魯迅著作翻譯中的疑難問題，魯迅擔心轉達不清楚，決定親自和胡風一起去訪鹿地亙，當面為其釋難解疑。許廣平試圖阻止，但她見魯迅主意已定，很難更改，便只匆匆在樓梯口追問：「衣服穿夠了嗎？」「車錢帶上了嗎？」這次外出因路上著了風寒，回家以後，天色已晚，到深夜，氣喘發作，許廣平立即讓內山完造請醫生來。醫生到時，魯迅跪坐，呼吸困難，臉色蒼白，冷汗淋漓，下身冰冷。醫生讓許廣平用熱水袋為魯迅暖腳，許廣平一直坐在病榻邊。

十月十八日，魯迅病情惡化。許廣平為他指手汗時，他就緊緊握住她的手，好幾次都這樣。他說話已很艱難，抑或預感到了什麼？想說又無法說，只能緊握她的手，牽掛著她？牽掛著生？十月十九日凌晨一點，病重的魯迅艱難地對許廣平擠出了這幾句話：「時候不早了，妳也該睡了。」這竟是他留給許廣平的最後一句話。只有許廣平知道她的魯迅還有多少事要做，還有多少文章沒寫完，還有多少構思沒有實現，可是年僅五十五歲的魯迅還是離去了。

許廣平肅然佇立在魯迅墓前，手裡捧著《致魯迅夫子》的墓偈，上面寫著：

魯迅夫子：
悲哀的氛圍籠罩了一切，
我們對你的死，有什麼話說！
你曾對我說：
我好像一隻牛，
吃的是草，
擠出的是牛奶、血。
你「不曉得，什麼是休息，
什麼是娛樂。」
工作，工作！
死的前一日還在執筆，
如今……
希望我們大眾，
鍥而不捨，跟著你的足跡！

人生朝露，唯愛長在。有的人死了，也就死了，魯迅死了，卻永遠活在許廣平的心中，活在她的靈魂裡，骨髓中。

6. 活在魯迅的世界

在《芥子園畫譜三集》首冊的扉頁上，魯迅題詩贈與許廣平：

十年攜手共艱危，
以沫相濡亦可哀；
聊借畫圖怡倦眼，
此中甘苦兩心知。

「此中甘苦兩相知」是魯迅和許廣平愛情生活的真實寫照。張恩和先生寫道：「這短短的四句詩，是怎樣簡練深刻地概括了他們相愛相戀共同生活的情況，也表明魯迅對許廣平是懷著怎樣的感激之情啊！攜手共艱危，以沫相濡濕，確實表明了當時生活的艱難，也確實表明了他們夫妻之間深厚的感情。」

許廣平在回憶這段生活時說：「從廣州到上海以後，雖然彼此朝夕相見，然而他整個的精神，都放在工作上，所以後期十年間的著作成績，比較二十年前的著作生涯雖只佔三分之一，而其成就，則以短短的十年而超過了二十年，這也許到了現在想起來，於萬分自愧中稍可聊以自慰的了。」由此可見，許廣平一直以幫助魯迅工作為慰藉，也正是由於許廣平的精心照料，魯迅才能全身心地投入創作，致使後十年的時間取得斐然的成就。完全可以這樣說，魯迅取得的巨大成就中有許廣平的一份功勞。許廣平不愧為魯迅的愛人，不愧為偉大的女性。

對於許廣平為魯迅做出的貢獻，周海嬰多次提及：「父親在跟母親共同生活的十年中，在寫作方面所取得的成績竟超過了此前的二十年，這就是對我母親自我犧牲所做出的巨大報償。如果沒有母親的精心照顧和協同作戰，父親就不可能做這麼多的工作，甚至可能會更早地被死神奪去生命。」「父親逝世前對社會的貢獻，是母親幾經權衡，以放棄自己的工作去協助父親而取得的。她的選擇是值得的。」

魯迅的朋友、美國女作家史沫特萊是這樣描述並盛讚魯迅與許廣平的夫妻關係：

> 無論是誰，凡知道他們的人，就知道他們的結合是建立在深深的愛和同志情誼之上的。他的夫人決不是臥室裡一件安適的家具，她乃是他的共同工作者，在某些地方她還是他的左右手。如果離開她，她的生命便不可想像。他縱然在病中和面對死亡的時候，除非有她作伴，他拒絕到任何地方去診治。……自從我來到中國，我很少或幾乎不曾見過男女

之間有這樣真摯的愛和這樣可敬的同志之誼。

魯迅去世後，許廣平感受到了前所未有的孤單和無助。她帶著幼兒，在苦境中掙扎。她把魯迅一生的朋友許壽裳也當作自己的親人，在一九四〇年四月一封寫給許壽裳的信中，她把魯迅去世後鬱積多年的苦水噴發而出，呼天搶地、肝腸寸斷的文字，讀來令人落淚！信很長，足有三、四千字。信中有這樣幾句：「先生、先生！此苦只有向先生訴矣！三餘年以來，生為了周先生死去，內心悲愴，白日勉為歡笑，清夜暗自垂淚：髮已半白，垂垂老矣。然仍力爭上流，不敢稍有辱沒周先生處。」

在艱難的歲月裡，許廣平搜集、整理並主持編輯了《魯迅全集》、《魯迅書信集》、《魯迅日記》以及其他許多魯迅的譯文。新中國成立後，她將魯迅的藏書和魯迅使用過的一些物品捐獻給了國家，幫助國家在北京和上海籌建了北京魯迅博物館和上海魯迅紀念館，為保護魯迅的文化遺產和魯迅的研究工作做出了不可磨滅的貢獻。

魯迅去世後，許廣平寫有大量的回憶、紀念和研究魯迅的文章，先後結集出版的有《欣慰的紀念》、《關於魯迅的生活》、《魯迅回憶錄》等。一九九八年一月，由周海嬰編定的《許廣平文集》由江蘇文藝出版社出版，目前為止，這是一套比較完整的許廣平著作。許廣平因其特殊的身分，對魯迅研究的歷史性貢獻是無人可以企及的，更是無人能夠取代的。新中國成立以後，因為受了時代的侷限，她的有關魯迅研究的文字中，雖然不乏拔高的成份，不得不為魯迅戴一頂紅帽子。但總體而言，她是把魯迅當作一個普通人來研究的，正如呂曉英所言，「她反對把魯迅奉為神，當成偶像，甚至化石。她筆下的魯迅為兄弟無私奉獻，與妻子情真意切，對幼子疼愛有加，思老母殷殷牽掛，待朋友既講立場原則又不糾纏於個人的恩怨」。

魯迅臨死前的一九三六年九月五日寫了一篇《死》的文章，研究者一般都將其看作是魯迅的遺囑。其中有一條：「忘記我，管自己生活。——倘不，那就真是糊塗蟲。」這一條應是專門針對許廣平的。然而，要忘記一個人，真是談何容易。對許廣平而言，魯迅是刻骨銘心的，甚至浸透進了骨髓和血液。她忘不了，她剩下的日子都生活在魯迅的世界裡。劉皓在《我所瞭解的許廣平及其心目中的魯迅》一文中提到這樣一件事：魯迅去世後，宋慶齡曾勸許廣平「再找一位情投意合的人」，並且好言開導。但許廣平說：她和魯迅先生的感情極深，對魯迅的懷念和眷戀之情始終如一。許廣平怎麼也忘不了魯迅，她只有沿著魯迅的道路繼續走下去。魯迅逝世時，許廣平僅三十六歲，她不但沒有改嫁，反而代替魯迅供養魯迅的母親和魯迅原配夫人朱安，並且撫養她和魯迅的兒子長大成人。總而言之，事實是，魯迅去世後，許廣平一直是一個人帶著孩子度日。

一九六八年三月二日，許廣平為追查一九六七年一月初「中共中央文化革命領導小組」

從文化部劫走的一千零五十四件魯迅書信手稿，寫信向中共有關方面報告，因激動而未能安眠，次日在董秋斯寓因談起此事而心臟病猝然復發，經搶救無效而在北京醫院逝世。

魯迅去世後，她活在魯迅的世界中；最終，她還是為了魯迅而死。

第八章

孤島上的不死之魂

就像魯迅把家遷到北京後再也沒有回過紹興一樣（雖然魯迅晚年居住的上海離紹興並不遠），魯迅離開廈門後就再也沒有到過廈門。

不過，有史料顯示，魯迅居滬期間，還關心過廈門的文學青年和他們辦的刊物。一九七九年，《文獻》第一輯刊登戈寶權寫的《談在美國發現的魯迅和茅盾的手稿》，介紹了魯迅一九三四年為美國友人伊羅生編譯的中國短篇小說選《草鞋腳》的經過和與此有關的若干封書信。文章在介紹該小說集全書目次之後，有一段話說：全書後面附有茅盾編寫的《中國左翼文藝定期刊物編目》，對《太陽》（月刊）、《文化批判》（月刊）、《創造月刊》、《奔流》（月刊）、《萌芽》（月刊）、《拓荒者》（月刊）等十九種期刊做了介紹，魯迅還在後面補寫了一條廈門出版的文藝刊物《鷺華》。關於《鷺華》的原注是：「《鷺華》（月刊），廈門出版，一九三三年十二月十五日出創刊號，一九二八年已有《鷺華》，附刊於日報上，不久停止。這是第三次的復活，內容也和舊的不同，左傾了。作品以小說、詩為多，也有評論及翻譯。」

《鷺華》主編蘇宿莽讀到這段文字，寫了一篇《魯迅與廈門「鷺華」月刊》，刊登在一九八八年第一期《新文學史料》。文章說，《鷺華》創刊後，他們把幾本第一、二期刊物託上海內山書店轉送魯迅先生，目的是請他指教，大約過了一兩個月，就收到從莫斯科航郵寄來一本《國際文學》英文版，封面打有「請交換」的英文印章，他們都很高興，琢磨了半天，一致認為必定是魯迅先生向外介紹的，因為那時《鷺華》只在閩南一帶發行，還沒有寄到外省去。這個生命短促的地方性刊物，竟然引起魯迅的重視，把它做為「中國左翼文藝定期刊物」向外國讀者介紹，可以看出魯迅對廈門左翼文藝的關注與愛護。

一九三六年十月十九日魯迅先生逝世後，十一月二十九日，廈門文化界舉行了隆重的追悼大會。據趙家欣回憶，中共廈門工委的尹林平（尹利東）、肖林（梁軒梧）以及共產黨的周邊組織「實藝研究社」成員魯夫（曾克裡）、柳青（戴世欽）、胡一川、鄭書祥、魯默、陳義生等組成籌委會，籌辦魯迅追悼會。先後有進步文化青年林東山、童晴嵐、馬寒冰、許印滴、趙家欣參加，正式成立籌委會。

籌委會研究追悼會主席人選。籌委中有的不便出頭露面，有的社會地位不夠，大家想到高雲覽，認為他是比較適當的人選。高雲覽熱愛和崇敬魯迅，經常向學生推薦魯迅作品，介紹自己名叫高法魯，是個傾向進步的知識份子，當時在中華中學任教務主任，平時不大參加社會活動，由他擔任追悼會主席，大會的舉行可能較少風險。透過當時《江聲報》副刊編輯、在中華中學兼課的籌委許印滴出面邀請，得到高雲覽的同意。

十一月二十九日上午九時，追悼會在廈門小走馬路青年會舉行。大門前懸掛「廈門文化界追悼魯迅先生大會」橫幅，門兩旁懸掛「魯迅精神不死」、「中華民族永生」楹聯，主席臺上

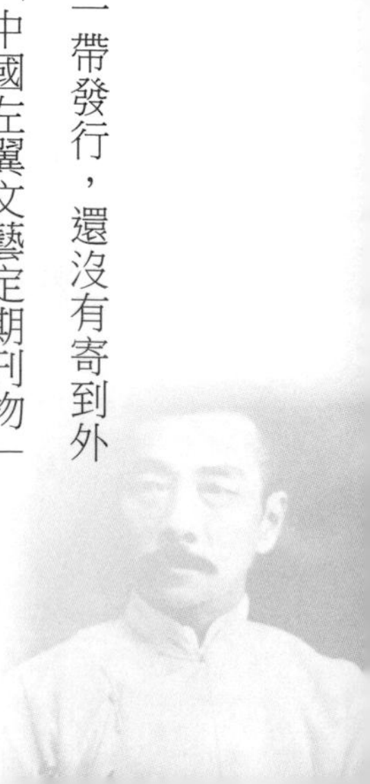

橫額為「低眉無寫處」五字，正中是魯迅遺像。花圈如林，輓聯環繞，輓聯中有「國步正維艱，野草熱風，塞外方悲烽火；斯文今又喪，徬徨吶喊，何人更作導師。」「朝花夕拾，應信靈魂長不死；南腔北調，從今吶喊更傳聲。」均巧取魯迅作品名入聯句。一千三百多人臂纏黑紗，擠滿了並不寬敞的禮堂。雙十中學軍樂隊奏哀樂，追悼會在莊嚴肅穆中進行。高雲覽致悼詞，他沉痛地說：「現在魯迅先生死了，敵人們當然是在狂歡，因為他們已經失去了一個強硬的敵人……」馬寒冰曾經寫一篇文章《偉大的民眾祭》，為我們留下了歷史的剪影：

我們的偉大的導師魯迅先生逝世後，全國文化界，只要他不是漢奸，不是出賣靈魂的，誰不痛惜這位先知先覺者的早逝。他一生愛護著祖國，一生嚷著「民族解放」，但他終於不能親眼看著這老大民族的「解放起來」，而悄悄地被病魔抓去了。

據說，在許多地方是不容許我們這般未亡人對於這位導師致最後的敬禮，但廈門卻僥倖是個例外，我們終於在當局默許這家下，召集了這偉大的、悲壯的民眾祭。……

十一月廿九日——大會舉行的那天——早上，「青年會」的門口便「車如流水馬如龍」了。大家都懷著一個淒涼的心，來參加了這偉大的民眾祭。一進會場的門外，招待員便跑來請你簽名，簽過了後，又是兩位招待員走來，一位給你纏上黑紗，另一位送給你一張紀念書籤和閩南文藝協會的會報，然後再由一位招待員領你進了禮堂，這樣的依著程式的進場，誰也不會紛亂起來。

會場的佈置，是很簡單的。兩房掛著各界送來的輓軸，主席臺上高懸著「低頭無寫處」五個斗大的字，中央安放魯迅先生的遺像，兩房再配以李市長、林司令、周局長、鄭科長等的輓軸，靈臺下放劉局長、陳郵務局長等的花圈十餘件，再襯以白蠟燭，狀極淒涼，一進禮堂，誰都不期然而然地掉下了眼淚來！

……

那麼寂靜，連外面的聲音也可以依稀聽到，當唱輓歌的時候，我曾親眼看見一個小學生，年紀約莫十一歲左右，躲在椅子後在哭哩！誰都痛惜魯迅先生的逝世，誰都明白了中華民族損失了一個驍勇的鬥士！

……整整的三個鐘頭，大家都那樣緊張，那樣悲壯地在參加了這偉大的民眾祭。千三百多人，是謹向這位文學導師，致最後的敬禮！

追悼會的高潮是，全場合唱哀悼魯迅先生的輓歌。輓歌兩首，其一是：

天空裡殞落了一顆巨星，

黑暗中熄滅了一盞明燈，

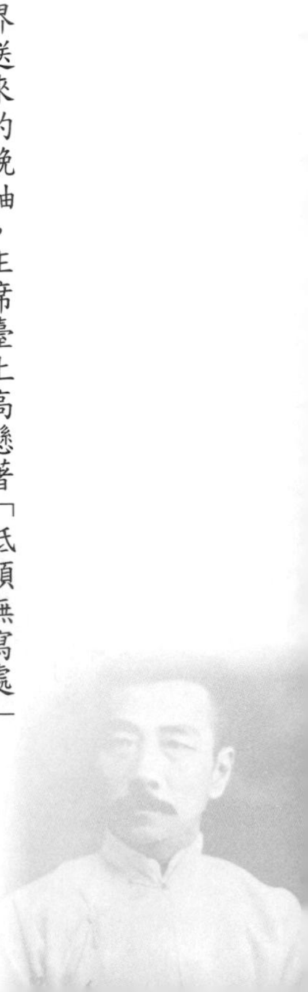

去了，永遠地去了，
您一代的文豪！
像孩提沒有了慈母，
像夜行失去了嚮導，
千萬人都在同聲哀悼，
從此我們只好擦乾眼淚。
踏著您光榮的足印向前走。
偉大的死者喲，
您的名字已經變成後來者的路標。

另一首悼歌是用《打回老家去》的曲譜唱的：

哀悼魯迅先生，
哀悼魯迅先生，
他是我們民族靈魂，
他是新時代的號聲，

喚起大眾爭生存！
他反抗帝國主義，
他反抗黑暗勢力，
一生到老志不屈，
始終為著革命而努力！
哀悼魯迅先生，
哀悼魯迅先生，
我們的導師！

歌聲從低沉到激昂，從歌詠隊到全場大合唱，歌聲使人群似潮的會場增添了激越悲壯的氣氛。

最後，大會一致通過閩南文藝協會、天竹文藝社、實藝研究社、廈門大學文藝週刊社、閩南新文字協會、南天劇社、中華中學現實週刊社聯合提出的三個議案：一、改大學路為魯迅路；二、電慰魯迅先生家屬；三、電勉綏遠抗戰戰士。

後兩項立即辦好，前一項石沉大海。

政治環境險惡，全國各地追悼魯迅活動，受到不同程度的阻撓破壞，廈門的追悼會得以

比較順利進行，主要是籌備工作細緻，爭取到市政當局某些比較開明領導人的默許，他們有的還送了花圈，因而參加人數多，氣氛熱烈，影響深遠。

會後，廈門市公安局長、軍統特務沈ＸＸ，報告國民黨省政府，說要逮捕追悼會發起人。此事被當時在福州的郁達夫先生知道了，他義正辭嚴，據理力爭，使十多個或更多的青年倖免於難。

追悼會後，人們將所製輓聯託人轉交上海許廣平女士收存，據廈門《江聲報》一九三六年十二月二十五日報導：「魯迅夫人許廣平，函廈門文藝界。謂各地追悼魯迅開會，多受壓迫未成。廈能充分籌備，官方亦多參加。諸先生熱誠，地方官明達，皆當致謝。」

一九八一年，為紀念魯迅誕辰一百週年，廈門大學魯迅紀念館到上海徵集文物，在魯迅故居首次發現了當年許廣平精心縫合在周海嬰床墊裡層的六幅廈門追悼會輓聯。

一九五二年，有關方面決定設立廈門大學魯迅紀念室，地點訂在集美樓。一九二六年九月四日至一九二七年一月十六日魯迅曾寓居於此。一九五六年宋慶齡、郭沫若先後為之題詞。一九七六年十月，為紀念魯迅誕生九十五週年、逝世四十週年和到廈門大學任教五十週年，進行全面整修和充實，擴展後命名為「廈門大學魯迅紀念館」，正式對外展出。該館共有五室，其中四室以六百多件文物和資料、照片，分別介紹魯迅在紹興、北京、廈門、廣州、上海各歷史時期的生平事蹟，其中在廈門部分是展出重點。

這裡，我想插進一段關於魯迅紀念館的也不完全的題外話。一九八八年一月十五日，上海《聯合時報》發表了記者黃平對新聞界知名人士、全國政協委員徐鑄成的採訪記（此文《魯迅研究月刊》一九八八年第七期有轉載）。徐鑄成對廈門大學建有魯迅紀念館，感到很奇怪。當年是林語堂建議廈大請魯迅來校講學的，魯迅在該校任教三個月，而林語堂是當年陳嘉庚創辦該校的得力助手，又是廈大國學研究室創辦人和奠基人。在該校任教長達四年，卻沒有任何紀念物，徐鑄成認為這很不公道。

廈門大學有魯迅紀念館和魯迅雕像而沒有林語堂的，這有什麼可值得奇怪的呢？徐鑄成說魯迅在廈大只有三個月時間（不只三個月，房注），而林語堂則待了四年（林語堂一九二六年下半年抵廈，一九二七年春離開，在廈門大學也只待了半年多。一九二七年離開廈大後，他到武漢國民政府外交部任祕書，七月去上海，開始專事著述。可以說林語堂與魯迅是前後腳離開廈大的。我不知道「四年」之說從何而來）。為誰建紀念館和塑雕像，是看誰對中國文化有更大的貢獻，看他在中國文化史上的地位，以及誰在學生心目中的地位高、對學生更有教育意義等等，而不是待的時間之長短。我們假設魯迅一天也沒有在廈門大學待過，難道廈門大學就不能建魯迅紀念館、塑魯迅雕塑？徐鑄成忘了，魯迅是屬於整個中國的，而不只

是因為他來了廈門大學，廈門大學才建他的紀念館、塑他的雕像。毛澤東沒來過福州，福州卻有他的雕塑，林森是福州鄉賢，也辦過一些好事，還當過國府主席……我們可不可以這樣問問題：福州為什麼只有毛澤東的雕塑而沒有林森的雕塑？廈大為魯迅建紀念館、塑雕像，是沒有任何可值得非議的，至於給不給林語堂建紀念館、塑雕像，那是另外一個問題。徐鑄成說，魯迅是林語堂向校方建議從而請來教學的。他是不是要表述這樣的意思：魯迅還是林語堂請來的，林語堂沒有紀念館之類，魯迅卻有，這不公平。倘若真是這樣想，那這種思維方式就太成問題了。林語堂是林文慶請來的，假如要建紀念館的話，是先建林語堂的還是先建林文慶的？徐鑄成還認為「林語堂是當年陳嘉庚創辦該校的得力助手，又是廈大國學研究室創辦人和奠基人」，如果因為行政上的貢獻，從而要給林語堂建紀念館的話，徐鑄成的話也未必確切。據我所知，「當年陳嘉庚創辦該校的得力助手」是林文慶，而不是林語堂，若講廈大事務誰的貢獻大的話，那首要人物便是林文慶。林文慶從一九二一年六月至一九三七年六月任廈門大學校長，主持校務長達十六年之久。廈大的群賢樓等「八樓」是他主持建設的；廈大的生物學院、化學院、煤氣廠、電燈廠、醫院以及二十餘座師生住宅等等，都是在他主持下興建、創辦的，要建也得建林文慶的紀念館，而不是林語堂的。

廈門大學魯迅紀念館是唯一一個非政府興辦、位於高校內部的紀念館。在過去的半個多世紀裡，學校先後多次對該館進行整修或調整。二〇〇六年，為迎接八十五週年校慶和開展魯迅紀念活動，在魯迅先生親屬及上海魯迅紀念館的支持下，學校對該館再次進行重修和佈置。同時，這也是為紀念魯迅在廈門大學任教八十週年、逝世七十週年而舉辦的重要活動。二〇〇五年四月七日，周海嬰受聘為該館名譽館長，他帶來的贈品為「兩地書」手稿複製品及魯迅當年寄給母親許廣平的明信片複製品。周海嬰稱，透過對《兩地書》的閱讀，他感到「廈大成就了父親的愛情」。由此，他提出建議，將來在廈大建立一個專門的紀念館，主題為「魯迅與許廣平」。這一願望在一年後得以實現。二〇〇六年重修後的魯迅紀念館增設了「魯迅與許廣平」專題展室，從而更加突出魯迅先生在廈的豐富史料。從北京到廈門，從廈門到廣州，再從廣州到上海，一只木製行李箱陪伴魯迅先生走過了生命的最後十年，成為魯迅與許廣平共同生活的一個重要見證。如今，這只珍貴的行李箱陳列於廈門大學魯迅紀念館新增的「魯迅與許廣平」專題展廳中。與此同時，魯迅與許廣平生活在一起時共同使用過的一些生活用品如指甲刀、毛線團等也將陳列於此。此外，在主題為「魯迅與廈門大學」的第二展室中，還增加了魯迅創辦的學生刊物《鼓浪》創刊號及第五、六、七號原件，這些珍貴資料由廈門文史專家洪卜仁先生提供，從而改變了《鼓浪》只出過六期的說法。

二〇〇六年四月三日，廈門大學舉行魯迅紀念館重修開館儀式暨魯迅國際學術研討會。

這是廈門舉行的又一次紀念魯迅盛會。校方邀請了一批國內外研究魯迅的有關專家與會。魯迅之子周海嬰、魯迅之孫周令飛做為特邀代表與會。

魯迅在廈門時期經歷了怎樣的思想演變，處於怎樣的一種生活狀態？魯迅為何提前離開廈門，與許廣平的情感歷程經歷了怎樣的波折？魯迅與中國文化存在著怎樣的複雜關係？魯迅在韓國、日本以及朝鮮的傳播狀態又是如何？這些話題都成為本次研討會的熱點。來自國內外的七十餘名魯迅研究專家、現代文學學者就「魯迅在廈門」、「魯迅與中國文化省思」、「國內外魯迅研究回顧與今後的開展」等主要議題進行深入的學術研討。

「魯迅從日本回國後從事教育工作，與學生親密無間，是位見解深刻、和藹可親、說話幽默的中文系老師，並不是永遠一副『橫眉冷對』的鬥士形象。」魯迅之子周海嬰在會上呼籲，大家應該懷念一個「有血有肉」的魯迅。「人們對於魯迅的看法，已經發生很大變化，這讓我們親屬感到很大的不安。隨著時間的推移，這種不安越來越強烈。」魯迅孫子周令飛說。做為魯迅的兒孫，擁有天然的和魯迅相關的聯繫，是他的親人。然而，當我們把魯迅的遺物捐贈出去時，當我們在各種場合談論起魯迅時，越來越感覺自己被當成了花瓶。周令飛說，越來越多的人不瞭解魯迅，不知道真實的魯迅。當人們提到魯迅時，總描述這樣一個形象：緊皺雙眉，神情凝重，喋喋不休，拿著匕首的革命者。現在的教科書，也一直把魯迅的這一形象加以強化宣傳推廣，卻忽略淡化了魯迅別的方面。當我們問起年輕一代，知道魯迅嗎？得到的答案是，知道，那個橫眉冷對千夫指的階級戰士。魯迅只剩下這麼一個殼，別的方面都已經淡化了，除了革命者似乎已經找不到別的詞來形容魯迅。魯迅的真實形象顯得遙遠而模糊。「事實上，生活中的魯迅是個非常愛開玩笑、風趣幽默、和藹可親的老師。」周令飛說，在不安和困惑很久之後，在魯迅去世七十週年之後，做為魯迅的子孫，第一次發出這樣的聲音，表達出這樣的看法。「我們就是希望能不斷還原歷史中真實的魯迅，讓魯迅真實地活在二十一世紀年輕人的心中。」

還原一個真實的魯迅，而魯迅在廈門時期所展示的是他一生中最富人性、人情和個性的風采，廈門看到了真實的真實到不無毛病的魯迅，而做為真實的個體存在，魯迅也將與這座城市、這個孤島同在。

附錄

魯迅廈門日誌

魯迅一九二六年八月二十六日啟程前往廈門，我根據魯迅日記、書信、年譜及傳記等，為其編一日誌，做為《孤島過客——魯迅在廈門的一百三十五天》一書的附錄。日誌從他動身的前一天編起。所引魯迅、許廣平往來書信，皆出自《兩地書》，讀者按日誌標明的時間查找，十分簡便，故不一一標出。

一九二六年

八月 二十五日

日記記載：「晴。收拾行李。」魯迅也可謂從容不迫，第二天要走了，而且原計畫要在廈門待兩年，這才收拾行李！估計行李不是很多吧？

二十六日

上午致鹽谷節山信，許壽裳、荊有麟、金仲芸等朋友來話別。下午致李小峰信，又有宋子佩、許欽文來，「同為押行李至車站」。三時至車站，許羨蘇、許壽裳、荊有麟、金仲芸、高歌、段沸聲、向培良、陶元慶、呂雲章、陸晶清、石評梅、董秋芳等故友、學生前來送行，場面不算太熱鬧，也不至太清冷。魯迅日記中有「廣平同行」四字，一切磊落地暴露於光天

化日之下。四時二十五分火車啟動，七時半抵天津，寓中國旅館。

許廣平回憶說：「臨去之前，魯迅曾經考慮過：教書的事，絕不可以做為終生事業來看待，因為社會上的不合理遭遇，政治上的黑暗壓力，做短期的喘息一下的打算則可，永遠長此下去，自己也忍受不住。因此決定：一面教書，一面靜靜地工作，準備下一步的行動，為另一個戰役做更好的準備，也許較為得計吧！因此，我們就相約，做兩年工作再做見面的設想，還是為著以後的第二個戰役的效果打算。」

二十七日

上午給齊壽山、許羨蘇寄明信片，大約說了到了天津將往上海之類的話。許羨蘇，紹興人，許欽文之四妹，周建人在紹興女子師範學校任教時的學生。魯迅南下後，她長住魯迅京寓，幫助魯迅母親理家。魯迅是孝順兒子，一路上不斷寄明信片給許羨蘇，實際上是向母親報平安。魯迅還是重友情的，只這麼點時間，邊上還一個許廣平，乃不忘給舊友寄明信片。

下午一時乘特別快車從天津往浦口。魯迅在隨後寫的《上海通信》中說：「我從七年前護送家眷到北京後，便沒有坐過這車；現在似乎男女分坐了，間壁的一室中是一男三女的一家，這回卻將男的逐出，另外請進一個女的去。」中華精神文明在列車上得到淋漓盡致的體現，從中可知，途中，魯迅和許廣平是不在一個臥鋪車廂內的。戀人或許被分割？距離產生了美感？

二十八日

下午二時半抵浦口，即渡江寓招商旅館。立即又給許羨蘇、許壽裳寄明信片，相當於我們現在打電話或發短信報平安。日記記載「同廣平閱市一周」，這是魯迅一生中一筆重要記載，用現在的話說，就是陪著許廣平逛街。我們試想，一個瘦小，一個高大；一個人到中年的師長，一個風華正茂的女生；一個大文豪，一個尚未成名的小女子，他倆逛著馬路，逛著商店，這大約別有一番風情！此後，魯迅有和妻兒一起看電影，大約沒有「閱市」這樣的情致了。

晚上十時登車，十一時發下關。

二十九日

早上七點抵上海，寓滬寧旅館，房間狹小，沒法住。去找三弟周建人，一起到滬寧旅館，搬到孟淵旅社。晚上許廣平到親戚家住，魯迅日記記載「持行李俱去」，這句話我的理解是，魯迅幫許廣平提著行李一起到了她親戚家，換言之，他把她送到了她親戚家——魯迅的情感是細緻的，溫婉的。

晚上和周建人一起到北新書局訪李志雲，又到開明書店訪章錫箴，再給許羨蘇寄了明信

片。

魯迅是一個時間抓得很緊的人，在上海這麼點時間，還做了這許多事，這讓我想起他老先生的兩句話，一是時間如海綿裡的水，只要肯擠，總還是有的；二是哪有什麼天才，我是把別人喝咖啡的時間都用到工作上了。

三十日

日記記載，上午許廣平來；中午李志雲、邢穆卿、孫福熙來；下午雪箴來。下午還和周建人到中洋茶樓飲茗，兄弟一起到茶樓喝茶，親情融融。晚上鄭振鐸在消閒別墅設宴，座中有劉大白、夏丏尊、陳望道、沈雁冰、胡愈之、朱自清、葉聖陶、周建人等文化界知名人士，可謂滿桌皆鴻儒。宴罷，劉大白、夏丏尊、陳望道等還到魯迅住處聊天。

真是叫忙裡偷「閒」，客寓旅館，還寫了一篇蠻有趣味的文章《上海通信》，載十二月《語絲》週刊第九十九期，署名魯迅。收入《華蓋集續編》。信是寫給李小峰的。信中描述南下見聞，雖是見聞，都關乎中國人的秉性。

三十一日

日記記載，午後許廣平來，接著高長虹、章錫琛來。李志雲來並贈糖三盒，酒四瓶。魯迅對朋友的贈與是很在意的，在魯迅日記裡，別人送的每一件小小禮物，他都會留下紀錄。

許廣平、高長虹、魯迅廈門時期有過「月亮、太陽和夜」的糾紛，現在三者同在，魯迅還不是知情者，高長虹心中是何滋味，我們不知道，但或許值得玩味？有魯迅傳記做了一些發揮，說高長虹已經聽到了魯迅與許廣平的一些傳言，但他絕不希望這樣的事發生，因此他想，「這怎麼會呢？」現在忽見廣平在此，不免有些氣萎。高長虹是狂飆詩人，不會說鮮花插在牛糞上這樣的俗語，但月亮被夜吞噬的感慨或許就萌芽於此時？也未可知。不一會兒，許廣平見來人不絕，也說不成話，便告辭走了。

晚上和周建人一起「閱市」，在舊書坊買《宋元舊書經眼錄》、《蘿藦亭劄記》。魯迅和周建人都已成人，哥倆一起「閱市」，也不是所有的兄弟都有的作為。在北京時，魯迅是經常和周作人一起去淘書的，今天，我閉了眼想，周氏兄弟在琉璃廠淘書，那是一道多麼有韻味的新文化運動的小景觀啊！只可嘆，後來兄弟反目，魯迅和周作人再也沒有走到一塊兒。此時，魯迅和周建人一起「閱市」，若是想起曾經也與周作人如此，大概難免辛酸吧。

「閱市」回來，又接待了章錫琛、張梓生。

九月 一日

日記記載，上午金有華來。下午給許羨蘇寄明信片。再次和周建人一起「閱市」，買《南

潯鎮志》。夜十二時登新寧號輪船，雖然下著雨，雖然已是半夜，周建人一直將兄長送到船上。也是這一天，許廣平乘坐開往廣州的廣大號輪船，「有兩位弟弟送行。」

魯迅與許廣平，一起南下，至此分手。他們有約定，「分頭苦幹兩年」，「為自己生活積聚一點必需的錢」。現在，有些文章說魯迅如何如何有錢，我不大以為然。魯迅或許有錢，但這還要看具體的時間段。我印象中，魯迅倒常常是沒錢的，為買八道灣的房子，為買阜外現在是魯迅博物館的房子，為了周作人的病等等，魯迅經常舉債。可以這麼說，南下之際，魯迅是沒有什麼錢的，否則，如何需要「苦幹」兩年呢？

魯迅與許廣平的感情，也帶有古典色彩，要是一般人，要是現在的人，肯定一起去廈門，或是廣州，一起「苦幹」，總比分頭「苦幹」要有滋有味哩。然而，他們選擇了天各一方。當然，這客觀上為後人留下《兩地書》。如果沒有《兩地書》，我們看到的都是魯迅「橫眉冷對」的一面，於今，讓我們看到了魯迅溫情脈脈的一面，「俯首甘為孺子牛」的一面。要說明的是，我是把「孺子」當作「妻兒」解的。

二日

到了早上七點，船才啟航，往廈門。魯迅和許廣平分別在船上過夜。當時，沒有手機，否則，他們當互訴衷腸，一路上大約要花上千元的漫遊費的。這也不是沒來由的瞎猜測，與魯迅同房的姓魏或韋的，據說是老同盟會員，似乎是民黨中人，還算有話可說。魯迅想著以後要去廣州，便向這位廣東人打聽從廈門到廣州的走法，回答是，最好先由水路到汕頭，再由陸路到廣州。而許廣平呢，她心裡這樣想：但願這兩年過得快，快到民國十七年……她向魯迅表白：「臨行時所約的時間，我或許不能守住，要反抗的。」說是兩年，才剛分手，滿腦子想的都是快些團聚。表面上彷彿都沉得住氣，內心卻熾熱得很。

魯迅和許廣平是有心靈感應的。在船上，她也向人打聽，從廈門到廣州，應該怎麼個走法。為了「免忘記，借供異日參考」，她把「路線圖」都訂好了。才分手，滿腦子考慮的竟都是相見的事。許廣平年少，熱情奔放，青春似火；魯迅年長，感情沉鬱，歲月卻也如歌。

魯迅抵廈門後，在給許廣平的第一封信中寫道：「我在船上時，看見後面有一隻輪船，總是不遠不近地走著，我疑心就是『廣大』。不知妳在船中，可看見前面有一隻船否？倘看見，那我所懸擬的便不錯了。」魯迅在船上看海景，後面有船尾隨，想到的竟是許廣平坐的船！實看，許廣平坐的「廣大」，比魯迅坐的新寧要晚開一個多小時。一個多小時的距離，便是有了高倍望遠鏡，也無法了然。虛看，魯迅有翻譯過科幻和童話，如果用一點科幻和童話的思維，老夫聊發少年狂，或許後面的船竟然小了，再小了，幻化成心愛的美媚踏浪而至，千萬里追尋著「老夫」。魯迅的摯情十分內斂，絕對沒有徐志摩那樣的肉麻並要死要活，然

而，如我這般上了年紀的人細細咬嚼，不也讀出了萬般滋味嗎？魯迅在許廣平面前表現出了最為溫情的一面，似乎還有點孩子氣，自然，仍舊少不了他固有的幽默。「我疑心就是廣大」，我以為應做雙關解，亦含自我調侃的風趣。

三日

日記就記了這麼幾字：「曇。無事。」這一天是在船上過的，自然無事。《兩地書》寫道，「一路無風，船很平穩」。不過，魯迅離開了生活、工作十多年的北京，離開了母親和朱安，曾經在日本相依為命的二弟已無往來，又剛剛見過三弟，做為破落戶的飄零子弟，做為長子的魯迅，在風平浪靜的船上，或也多有牽掛？人到中年，不知愛情為何物的魯迅，與許廣平相愛並定情後，頭一次分手，還要這麼長久地分手，且又沒有手機，他的內心大約不會風平浪靜吧！

四日

日記記載，「下午一時抵廈門，寓中和旅館」。魯迅做的頭一件事還是「以明信片寄羨蘇及三弟」。至於許廣平，不是三言兩語所能了得，還得到了學校再細細寫來。魯迅說，「這裡的話，我一字都不懂」，所以住下後即打電話給林語堂，隨即，林語堂、沈兼士、孫伏園來，即雇船移入廈門大學，暫住生物學院大樓三層。這座樓位於海邊的小山崗上，樓前地面比樓後地面高一層，前後看去不一樣，因而魯迅有時又稱「住在四層樓」。

晚上，魯迅就給許廣平寫信了，信中除了說到上面提到的尾隨的船外，也描述了廈門大學及住所的景致，「此地背山面海，風景絕佳，白天雖暖——約八十七、八度——夜卻涼。四面幾無人家，離市面約有十里，要靜養倒好的。」信末，魯迅說，「我寫此信時，妳還在船上，但我當於明天發出，則妳一到校，此信也就到了。妳到校後，望即見告，那時再寫較詳細的情形吧！因為現在初到，還不知道什麼。」魯迅是一坐下來就給許廣平寫信，為了讓她一到校就能看到。

許廣平呢，九月一日與魯迅分手後就開始寫信了。1日，他們別過後，許廣平往先施公司，買皮鞋一雙，三元；信紙六本，一元……最值得一記的是，許廣平說：「不敢多買，因為我那天看見你用炒飯下酒，所以也想節省一點。」這句話折射出來的資訊至少有三：一、魯迅確實是一個非常節儉的人，魯迅當時的經濟也特別的不寬裕；二、他們的關係已經非同尋常，簡直就是兩口子了；三、許廣平非常在意魯迅，魯迅的每一個細節都看在眼裡，他們已經有了「相濡以沫」的肝膽了。

許廣平在船上寫道：「現只我一人在房，我想遇有機會，想說什麼就寫什麼，管它多少，

待到岸即投入郵筒……」魯迅用情，戀愛中的女人，其感情的程度多是超過男人。魯迅在船上看尾隨的船，做著奇想，許廣平則已一字一字地抒寫著情懷。一上船，就感到相約兩年，實在是太長了。一上船，滿心滿腹，都是牽掛，許廣平接著寫道：「……今晚獨自在船，想起你的昨晚來了。本來你昨晚下船沒有，走後情形如何，我都不知道，晚間妹妹們又領我上街閒走，但總是驀地一件事壓上心頭，十分不自在，我因想，此別以後的日子，不知怎麼樣？」當許廣平的船經過廈門時，「我注意看看，不過茫茫的水天一色，廈門在哪裡!?」因為廈門有了魯迅，所以她要仔細端詳。許廣平這樣的學生領袖，竟也有三毛一樣的情懷，三毛在飛機上瞅著西安，心裡嘀咕著她心儀的某人。城市，在多情女子眼裡，被擬人化了。

五日

日記記載，「上午林君來」，這是林語堂來，給魯迅送來聘書並邀他到家裡吃午飯。接著，魯迅寄了三封信，一是透過許羨蘇給母親報平安，二是給周建人，三是給許廣平。

中午，與孫伏園一起到林語堂家午餐。「下午循海濱歸，拾貝一匊」。日本面海，魯迅應該在海濱待過。不過，這天的下午，卻有特別的興致，魯迅在海濱拾貝殼——這一般是孩子或青春少女做的事。我們見慣了魯迅的橫眉冷對，此時，看客不妨在腦子裡想像著魯迅弓身拾貝的情景，大約有別樣的況味？如果魯迅世界是一片沙灘的話，那我是在沙灘上撿到了一顆珍珠。怎麼都沒有畫家為魯迅在鷺島海灘上拾貝殼畫一幅畫呢？在新環境的魯迅，戀愛中的魯迅，竟有了拾貝殼的閒情！

六日

六日的日記只一句話：「晚至海濱閒步」。這天魯迅似乎特別閒。我推測，他大約需要收拾收拾房間？也要收拾收拾心情？也許，除了和昨天一樣到海濱閒逛外，還到校園走走？常在一起的人，除了孫伏園可以談談外，其他人似乎沒有太多的話可說。閒了，魯迅不會不想著他的「害馬」？她的信還要幾日才能到達，面對著大海，或許，魯迅感到寂寞了？

七日

這天的日記只寫了這幾字：「晴，下午曇。無事。」查書信，實際上魯迅給許壽裳寫了一封信。魯迅南下後，許也急於離開北京南下，曾託魯迅代尋職務，魯迅對此十分關心。在此信中報告了初步瞭解的廈大情況後，談了一些感想：「今稍觀察，知與我輩所推測者甚為懸殊，玉堂極被掣肘，校長有祕書姓孫，無錫人，可憎之至，鬼祟似皆此人所為。」並說明替許壽裳謀工作之不易：「兄事曾商量數次，皆不得要領，據我看去，是沒有結果的。」在致許廣平的信中，魯迅也說：「上遂（原信做許壽裳，即許壽裳）的事沒有結果，我心中很

不安，然而也無法可想。」

魯迅與許壽裳是終生的朋友，甚至可以說是情同手足。魯迅到教育部工作，是許壽裳向蔡元培推薦的。魯迅到女師大兼職，也是應許壽裳之聘。魯迅當然希望有機會再與許共事。然而，從當時的境況看，林語堂權力有限，說話未必有用，魯迅不免感到無奈。魯迅引薦的人進不來，而別的諸如「現代評論」派的人卻來了不少，這是後來魯迅極感不快的原因之一。

人是有氣質的，有的人，一見如故，彷彿是多少年的老朋友；有的人，二十年天天上班在一起，可是，卻形同陌路。人與人之間的隔離、疏遠，不一定要有具體事件的衝突，有一種衝突叫氣質的衝突。魯迅到廈大沒有幾天，對孫姓祕書就感到「可憎之至」，我想，這很大程度上應屬於氣質的衝突。魯迅所言不錯，「是沒有結果的」，許壽裳沒有來廈門大學。

八日

日記記載，給許壽裳和李小峰寄信，得許羨蘇信（許信二日發，從北京到廈門走了六天）。陳定謨、俞念遠來訪。

顧頡剛贈宋濂《諸子辨》一本。這說明，魯迅剛到廈大時，與顧頡剛還有一些場面上的往來。魯迅與顧頡剛的衝突，有具體的原因，但很大程度上也是氣質的衝突。我印象中，魯迅因為是喝狼奶長大的，身上有野性，有綠林豪氣，而顧頡剛卻是正統的學者，一板一眼；

魯迅一生，沒有留下一個吹捧蔣介石的字，而且痛恨上層社會的墮落；顧頡剛做的多是體制內的事，比如，吹捧蔣介石的鼎文，就是出自他的手筆。我只能說，他們實在是兩種不同類型的人。

接待預科學生俞念遠，鼓勵他從事新文藝創作。俞後來回憶說：「九月八日，這是我不會忘記的一天。我終於鼓著勇氣走上石階九十六級的生物學院三樓——魯迅先生的臨時寓所。……因為魯迅先生來廈門只有五天，所以我去謁見他的時候，他正在那兒整理書籍。我輕輕地叫一聲：『魯迅先生！』他走過來，微笑地和我握手。」「他是一個一點沒有架子的樸素的人，一個很容易接近的、和藹可親的導師！我告訴他，這幾年來，我喜歡讀他的作品，我又談到廈大的現況，談到對廈大的未來的希望。他聽了我說到廈大校長林文慶提倡復古、尊孔，學生還是用文言寫作的時候，他感到很驚奇。他幽默地笑了一笑說：『這應該改變一下！』他又親切地看我一眼，堅決地對我說：『你別著急！以後關於閱讀和寫作方面，我會給你們一些幫助的！』」後來俞荻等幾位愛好文藝的青年，在魯迅指導下，成立「泱泱社」，出版了《波艇》月刊。

俞念遠即俞獲，浙江金華人。原為青島大學學生，因魯迅到廈門大學任教，即轉學入廈大國文系二年級學習。魯迅是個很奇特的存在，其貌不揚，矮瘦，他在教育部時，辭職了，

就有齊壽山等人跟著辭職；他到廈門，有學生跟到廈門；他離開廈門，也有學生跟著離開廈門……這些人應算是魯迅的「鐵桿粉絲」了。我想，這完全是魯迅道德學問的吸引。我相信，不論過去，還是現在，「魯粉」不會太多，然既成「魯粉」，必是鐵桿。

九日

日記記載，午後訪陳定謨，同遊南普陀。我的印象是，魯迅在廈門時期，是一生中特別悠閒的時刻。愛情出詩人，憤怒得雜文，悠閒產散文。北京時期的愛情，讓魯迅得散文詩《野草》；相對平和的心情、悠閒的生活，使得魯迅在很短的時間裡寫了多篇憶舊散文。這是後話。

十日

日記記載：「收八月份薪水泉四百。夜大風雨，破窗髮屋，蓋颶風也。」颳颱風了，北京是沒有颱風的，所以魯迅這裡留了一筆。

十一日

上午託孫伏園往中國銀行匯款二百給周建人，又一百託其買書。親兄弟，明算帳。魯迅為兄弟花錢是模模糊糊的，而請兄弟辦事，經濟上總是搞得清清楚楚。

十二日

給許廣平寫信。訴說牽掛，「依我想，早該得到妳的來信了，然而還沒有。大約閩粵間的通郵，不大便當，因為並非每日都有船」。介紹環境，「學校的房子尚未造齊，所以我暫住在國學院的陳列所空屋裡，是三層樓上，眺望風景，極其合宜」；「夜間，飛蟲聚集甚多，幾乎不能做事，此後事情一多，大約非早睡而一早起來做不可」；「此地四無人煙，圖書館中書籍不多，常住一處的人，又都是『面笑心不笑』，無話可談，真是無聊之至。」自然的環境有令魯迅滿意處，也有難以對付處；人際環境，所謂「面笑心不笑」之類，是有中國人的地方就有的境況。沒有談話對手，這倒是魯迅在廈門的實在的為難處。

下午寄許羨蘇信並明信片。寄辛島君信。

十三日

上午寄許廣平、韋素園明信片，寄周建人信。給許廣平的明信片背面是從南普陀所照的廈門大學全景。下午收周建人所寄《顧氏文房小說》一部及商務印書館書目一本。

十四日

收許廣平的兩封信，另收韋素園、寄野信。給周建人信。寄許廣平信並附《新女性》一本。將向培良的文稿寄高長虹——魯迅身在廈門，不時還兼有推介文稿的工作，寄向培良稿即是一

例。

在給許廣平的信中，在這個好學生面前一向含蓄的魯迅，也按捺不住喜悅：「得到妳六日八日的兩封來信，高興極了。」「高興」而至於「極了」，一般說來，這不像魯迅行文的語氣。魯迅說：「這幾天，我是每日去看的，昨天還未見妳的信……」天天去等信，這也是少年行徑，與人到中年的魯迅不太吻合。總之，因為愛，在許廣平面前，魯迅的言行多少有點反常了。魯迅還報告說：「我已不喝酒了，飯是每餐一大碗……」這種飲食起居之類的事，是耳鬢廝磨的夫妻之間才有的絮叨。

魯迅在報上看到教育總長任可澄下令北京女子師範大學與女子大學合併為女子學院，遭到女師大師生的反對後，於四日派武裝軍警強行接收的消息，十分憤怒，在致許廣平的信中說：「看上海報，北京已戒嚴，不知何故；女師大已被合併為女子學院，師範部的主任是林素園（小研究系），而且於四日武裝接收了，真令人氣憤，但此時無暇管也無法管，只得暫且不去理會它，還有將來呢！」又對北伐的順利進軍表示歡欣：「此地北伐順利的消息也甚多，極快人意。」魯迅和許廣平都在女師大待過，戰鬥過，對來自女師大的消息自然格外關注，這也算是一種舊時牽掛吧！當然了，遠在鷺島，魯迅明白，不僅無暇管，客觀上也管不了，所以，只希望將來能好起來。此外，魯迅對北伐是肯定的，是支持的。廣州的消息不會比廈門閉塞，魯迅在信中多處強調北伐的勝利，在我看來，愛屋及烏，多少也有點「討好」做為國民黨黨員的許廣平。

十五日

收到周建人寄來的《自然界》兩本，下午下雨，讀這兩本書（或是刊？）。

十六日

收李小峰信及《語絲》，收周建人等人信。

給韋素園寫信，說林語堂太忙，「我看不能做文章了」，這無意間透露了一條「作文規律」：寫文章需要心境，太忙了，心境雜亂，是寫不出好文章的。又說：「我自然想做，但二十開學，要忙起來，伏處孤島，又無刺激，竟什麼意思也沒有，但或譯或做，我總當寄稿。」魯迅也想寫點東西，一是將要忙了，恐怕也做不了；二是偏居一隅，孤陋寡聞，沒有刺激，沒有寫作的激情，也沒有了寫作的靈感了。在十月四日給許廣平的信中，魯迅也談了這一感受「在這裡好像刺戟少些，所以我頗能睡，但也做不出文章來，北京來催，只好不理」。總之，從事寫作，一不能太忙，二又要有刺激，有興奮點。

十七日

日記記載，收許廣平信，另收周建人、蘇遂如等人信，得李小峰寄《徬徨》五本，寄韋素園信。

魯迅第二本小說集《徬徨》於上月由北新書局出版，內收一九二四年所作小說四篇，一九二五年所作小說七篇，共十一篇。扉頁題《離騷》句：

朝發軔於蒼梧兮，夕餘至乎縣圃；
欲少留此靈瑣兮，日忽忽其將暮。
吾令羲和弭節兮，望崦嵫而勿迫；
路漫漫其修遠兮，吾將上下而求索。

魯迅在一九三二年談到《徬徨》的創作經過時說：「後來《新青年》的團體散掉了，有的高升，有的退隱，有的前進，我又經驗了一回同一戰陣中的夥伴還是會這麼變化，並且落得一個『作家』的頭銜，依然在沙漠中走來走去，不過已經逃不出在散漫的刊物上做文字，……得到較整齊的材料，則還是做短篇小說，只因為成了遊勇，佈不成陣了，所以技術雖然比先前好一些，思路也似乎較無拘束，而戰鬥的意氣卻冷得不少。新的戰友在那裡呢？我想，這是很不好的。於是集印了這時期的十一篇作品，謂之《徬徨》，願以後不再這模樣。」關於在「戰門的意志卻冷得不少」，魯迅在《〈中國新文學大系〉小說二集序》一文中也提到：「此後雖然脫離了外國作家的影響，技巧稍微圓熟，刻劃也稍加深切，如《肥皂》，《離婚》等，但一面也減少了熱情，不為讀者們所注意了。」魯迅似乎遭到了兩不討好，被兩大陣營拋棄的命運，他陷入了深深的孤獨。後來，魯迅為日本山縣初男索取《徬徨》並要求題詩時寫下的《題〈徬徨〉》，也表達了這種落寞的情懷：「寂寞新文苑，平安舊戰場。兩間餘一卒，荷戟獨徬徨。」

十八日

日記記載，上午寄許羨蘇信並《語絲》十本。寄許廣平書兩本。寄李小峰信。

作回憶性散文《從百草園到三味書屋》。載十月十日《莽原》半月刊第十九期，副題為「舊事重提之六」，署名魯迅。作品回憶童年時在百草園玩耍及在三味書屋從壽鏡吾先生學習的一些情況。玩耍的快樂與舊私塾的枯悶，客觀上形成了一個對比。從散文中可見魯迅少年時廣闊的生活趣味以及親近自然、崇尚自由的天性；似乎不好說魯迅對封建教育充滿了「憎惡」，也不見得是「批判了封建教育制度對兒童身心健康的束縛與摧殘」，只能說魯迅是客觀描述，他的描述中包含了某種超主觀的容量。許廣平後來回憶說，魯迅為了讀好書，還在書桌上刻了一個「早」字，以提醒自己不要遲到。如果真是「憎惡」，他就不會有刻字的情致了。

由於魯迅十四日給許廣平的信中有「我已不喝酒了」一句，這天，許廣平給魯迅寫信時

說：「不敢勸戒酒，但祈自愛節飲。」在北京時，魯迅在許廣平面前喝醉酒，還有了「醉打許廣平」一幕。當時，許羨蘇說，這樣喝酒會出事的，生氣告退。現在，魯迅自己自覺了，許廣平也勸他節制。後來，魯迅在十月十二日的信中談到喝酒問題時說：「我在北京，太高興和太憤懣時就喝酒，這裡雖然仍不免有小刺戟，然而不至於『太』，所以可以無須喝酒了，況且我本來沒有癮。」

十九日

得周建人信並西泠印社書目一本，得辛島驍所寄《李卓吾墓碣》拓本一份，得烏一蝶信。

日記記載，「戴錫璋、宋文翰來邀至南普陀午餐，莊奎章在寺相俟，同坐又有語堂、兼士、伏園」。這一天，應戴錫樟、宋文翰、莊奎章之邀，至南普陀午餐，林語堂、沈兼士、孫伏園作陪。戴、宋、莊三人均畢業於北京師範大學國文系，曾聽過魯迅的中國小說史課。魯迅到廈門時，戴、宋和師大國文系畢業生吳菁、趙宗閩、林品石在廈門集美學校教語文，莊奎章在廈門省立十三中任教。出於師生之誼，他們請魯迅在南普陀膳廳宴飲。據戴錫樟回憶：這次聚會的談話內容主要有三個方面：「（一）、談到文化界任務：目前北方文化界落後了，但『五四』運動的精神我們絕不允許有所改變。……社會生活定要向民主化進展，我們對事物定要有科學態度。沒有科學與民主，那什麼事情都做不成了。」「（二）、談到文藝刊物：

革命文藝和輿論要起先驅的作用，進步的刊物當然能出版得越多越好；但目前事實上不是這樣的。」「（三）、最後談到白話文：我們要繼續提倡白話文，推廣普及白話文，並把它通俗化。現在還有人提倡讀經、恢復文言文，我對什麼『子曰』『詩云』，早已忘得一乾二淨了，我們要毫不客氣地反對它。」（戴錫樟：《魯迅師在廈門時期與我們的聚會》，見《魯迅在廈門資料彙編》）魯迅在通信中曾說及此事：「集美中學內有師大舊學生五人，都是國文系畢業的，昨天他們請我們吃飯，算作歡迎，他們是主張白話的，在此好像有點孤立。」

二十日

廈門大學開學，日記記載，「赴廈門大學開學禮式」。魯迅在廈門大學原準備開設三門課程：一、聲韻文學訓詁專書研究，每週一節；二、小說選及小說史，每週二節；三、文學史綱要，每週二節。初到廈門時魯迅在給許廣平的信中曾說：「我的功課，大約每週當有六小時，……其中兩點是小說史，無須預備；兩點是專書研究，須預備；兩點是中國文學史，須編講義。看看這裡舊存的講義，則我隨便講講就很夠了，但我還想認真一點，編一本較好的文學史。」後來「專書研究二小時無人選，只剩了文學史，小說史各二小時了。」魯迅的課生動活潑，深刻動人，深受學生歡迎。俞荻回憶說：「本來在文科教室裡，除了必修的十來個學生之外，老是冷清清的。可是從魯迅先生來校講課以後，鐘聲一響，教室裡就擠滿了人，

後來的只好憑窗站著聽了，教室裡非但有各科學生來聽講，甚至助教和校外的報館記者也來聽講了。」「甚至有許多人是靠倚牆隅，站著聽講的。學生除國學系全部外，不但有英文系、教育系的，而且也有商科、法科、理科的學生」。後來「連校內的助教，校外的報館記者，也都經常的來聽他的講課」。「他的從容的講學態度，他的娓娓動聽的言詞，常能夠吸引聽講的人，使他們樂而不倦」，「學生聽了上一課，巴不得馬上再聽下一課」。俞荻和陳夢韶所言，應是可信的。魯迅在北京上課時，場面就很熱鬧。但是，我還是有一點私人的想法，文學史或小說史也不是什麼特別好聽的課，這些粉絲，與其說是來聽課，不如說是慕名來「瞻仰」魯迅。

另一方面，「現代評論派」胡適、陳西瀅之流的信徒也麕集廈大，魯迅對自己能否安居，一開始就有懷疑。本日給許廣平信說：「在國學院裡的，朱山根是胡適之的信徒，另外還有兩三個，好像是朱蔫的，和他大同小異，而更淺薄，一到這裡，孫伏園便要算可以談談的了。我真想不到天下何其淺薄者之多。他們面目倒漂亮的，而語言無味，夜間還要玩留聲機，什麼梅蘭芳之類。」

除了學校方面，在個人生活上，信中，魯迅對許廣平體貼入微。聽許廣平說她的居住條件太差，魯迅囑咐道：「住室卻總該有一間較好的才是，否則，恐怕要瘦下。」魯迅也說了自己：

「飯量照舊，這幾天而且更能睡覺，每晚總可以睡九至十小時；但還有點懶，未曾理髮……」
甚至，魯迅還談到，「我現在如去上課，須走石階九十六級，來回就是一百九十二級」，我們許多人，在某層住了幾十年，未必知道有幾層樓梯吧？魯迅是一個很精確的有板有眼的夫子，這讓我想起誰送他幾粒柑子，他也要在日記中記清楚。有時候，我幾乎會誇張地懷疑，他修剪鬍子的時候，剪去多少根，會不會也數一數？以上這些家常事，繁瑣得很，平平淡淡，卻也款款深情。

二十一日

日記記載：「朱鏡宙約在東園午餐，午前與臤士、伏園同往，坐中又有黃莫京、周醒南及其他五人未詢其名。舊曆中秋也，有月。語堂送月餅一筐予住在國學院中人，並投子六枚多寡以博取之。」

中秋節，同仁請吃喝，林語堂送月餅，還投子以定多寡，很有世俗生活的趣味。不過，座中若干人，甚至連大名也叫不出，魯迅又不是場面上的活絡人物，大約喝起酒來也是沒滋沒味的。我記得有一篇回憶文章說魯迅赴婚宴，開宴前這裡一堆，那裡一圈，一群鴻儒，談笑風生，而魯迅卻枯坐一旁，默不與語。酒家也不時在場面上走動，也枯坐，也「今天天氣哈哈哈……」最能讀懂魯迅心中的況味。

只是，每逢佳節倍思親，孤島秋月，母親、愛人，還有兄弟，天各一方，魯迅心中或許五味雜陳？不過，從致許廣平的信中看，卻也平和，「昨天中秋，有月，玉堂送來一筐月餅，大家分吃了，我吃了便睡，我近來睡得早了。」看來，還真沒有才子見月傷懷之愁緒耶。許廣平也沒有忘了中秋節，她早在九月十七日的信，就留下這樣一句：「祝你在新境度中秋鑑賞他們的快樂。」有情人天各一方，分別後頭一回過中秋，都提到了明月，卻沒有話要透過十五的月亮捎給對方，沒有肉麻的言語，彼此都十分含蓄。倒是到了九月二十三日，許廣平在信中再次談到這一年的中秋，有點纏綿：「……不斷的憶起去年今日，我遠遠的提著四盒月餅，跑來喝酒，此情此景，如有目前，有什麼法子呢！……月是怎樣，沒有細看。」

二十二日

日記記載，「上午理髮。午後得景宋信……晚復。」魯迅的日記，很大程度上是流水帳，但挖苦魯迅的人，是不遺餘力的，魯迅日記也不時被他們詬病。王景山先生在為拙著《魯迅生前身後事》做的序中有這樣一段話：「前些時偶爾在一本完全和魯迅無關的學術著作裡，還發現這樣一件事，說是人們記日記總是給自己看的，『除李越縵、魯迅等少數人之外，願意把小本本攤開，請大家欣賞，某日與夫人或丈夫吵架，某日想吃對蝦而無錢買，等等，是絕無僅有的。』李越縵大概是有這類問題。但魯迅沒有。公開發表的《馬上日記》之類是魯迅的雜文，和他的日記是兩碼事。《魯迅日記》在他生前沒有發表過，是在他死後若干年才出版的。硬說魯迅『願意把小本本攤開，請大家欣賞』，是委屈了魯迅了。這當然是因誤記而造成的疏忽，但也難免被認為是對魯迅的一次小小的奚落，實在沒有必要。」魯迅日記中有很多「上午理髮」這樣的記載，難道這也是像雷鋒日記那樣，展示給公眾？這些挖苦魯迅的鳥人，估計連魯迅日記也不看的。

給許廣平寫信，說在廈門「不便則有之，身體卻好，此地並無人力車，只好坐船或步行，現在已經練得走扶梯百餘級，毫不費力了。眠食也都好，每晚吃金雞納霜一粒，別的藥一概未吃。昨日到市去，買了一瓶麥精魚肝油，擬日內吃它。」這裡的魯迅，有沒有一點像大孩子，給母親報告著在外的生活情況？妻子在丈夫眼裡，有時是母親，有時是愛人，有時是同志，有時就是妻子……人的角色變換，在魯迅身上，也能找到蛛絲馬跡。魯迅在許廣平面前，最像一個世俗的人，《兩地書》也沒有太多深刻的思想，也沒有太多花前月下的詩情畫意，仔細瞅了，我們能看到魯迅太陽穴附近的青筋，甚至可以看到血管裡面流著的血。

二十三日

寄章雪村、周建人信，收許羨蘇信。

作《廈門通信》。載北新書局出版的《波艇》第一期，署名魯迅。收入《華蓋集續編》。

魯迅才到廈門不久，就不想久待，對廈大甚是失望。這天，許廣平在致魯迅的信中，像大姐姐開導小弟弟一樣開導魯迅：「你為什麼希望『合同年限早滿』呢？你是因為覺得諸多不慣，又不懂話，起居飲食不便嗎？如果對於身體的確不好，甚至有妨健康，則還不如辭去的好。然而，你不是要『去做工』嗎？你這樣的不安，怎麼可以安心做工!?你有更好的方法解決沒有？或者於衣食抄寫有需我幫忙的地方，也不妨通知，從長討論。」魯迅少小離家，先南京而後日本，做為長子，只有他呵斥於二弟，孝敬于母親，大約從來沒有受到過別人特別是異性的關愛吧！魯迅一到廈門就想離開，原因很多，在我看來，最主要的一條，就是想著他的「害馬」，中年獲愛，沉鬱而熱烈，許廣平應該也是心知肚明，但說話還是比較含蓄，勸他安心「做工」。後來，就是九月三十日，魯迅是這樣回覆許廣平的：「我之願合同早滿者，就是願意年月過得快，快到民國十七年，可惜來此未及一月，卻如過了一年了。」還真是度日如年哩。

二十四日

上午寄許羨蘇信並《語絲》。寄宋紫佩信。得許廣平信。

因與黃堅衝突，辭國學院研究教授職，未成。黃堅，即《兩地書》中的「白果」，江西清江人，曾任北京女子師範大學教務處和總務處祕書，當時任廈門大學國學院陳列部幹事兼文科主任辦公室裏理。魯迅到廈門大學後，他多次借題給魯迅製造麻煩，魯迅在通信中多次抨擊過他。九月二十日致許廣平信中說：「從前在女師大的黃堅是一個職員兼玉堂的祕書，一樣浮而不實，將來也許會生風作浪，我現在也竭力地少和他往來。」九月二十五日致許廣平信中說：「白果尤善興風作浪，……對於較小的職員，氣焰不可當，嘴裡都好是油滑話。我因為親聞他密語玉堂，『誰怎樣不好』等等，就看不起他了。前天就很給他碰了一個釘子，他昨天借題報復，我便又給他碰了一個大釘子，而自己則辭去國學院兼職。我是不與此輩共事的，否則，何必到廈門。」九月二十八日致許廣平信中又說：「我所辭的兼職（研究教授），終於辭不掉，昨晚又將聘書送來了，據說林玉堂因此一晚睡不著。使玉堂睡不著，我想，這是對他不起的，所以只得收下，將辭意取消。」這就是說，魯迅是因為林語堂，不致讓他太為難，才收回成命。這屬人之常情，林語堂是魯迅的朋友，又是他介紹魯迅到廈門的，魯迅當然要給林語堂面子。魯迅對林語堂在廈門大學的處境是同情的，但覺得他也闖不出名堂來：「玉堂對於國學院，不可謂不熱心，但由我看來，希望不多，第一是沒有人才，第二是校長有些掣肘（我覺得這樣）。」

二十五日

下午從國學院遷居集美樓。趁魯迅移居，白果等人果然「興風作浪」，對魯迅「又故意

特別刁難起來」。魯迅開始考慮改變初來時的計畫，說：「我本想做點事，現在看來，恐怕是不行的，能否到一年，也很難說。所以我已決計將工作範圍縮小，希圖在短時日中，可以有點小成績，不算來騙別人的錢。」做事需要環境，環境太差，無法做事，也屬情有可原。魯迅是老實人，難以做事，也還想著「有點小成績」，以示盡責，不白拿別人的錢。

魯迅住在集美樓上西側，直到離校前，都在這裡。魯迅在本日致許廣平信中曾說：「至於我今天所搬的房，卻比先前的靜多了，房子頗大，是在樓上。……間壁是孫伏園和張頤教授（今天才到，原先也是北大教員），那一面是釘書作場，現在還沒有人。我的房有兩個窗門，可以看見山。今天晚上，心就安靜得多了，第一是離開了那些無聊人，也不必一同吃飯，聽些無聊話了，這就很舒服。」魯迅還說：「今夜的月色還很好，在樓下徘徊了片時……」看來，魯迅對新環境是滿意的，不僅因為有了相對好些的居所，更因為離無聊的人相對遠些。川島回憶魯迅住室內部情況說：「先看見一只小水缸……，還有黃銅的打氣爐；有大大小小的鋁鍋；有燒開水的水壺；板壁上掛著幾個大大小小的紙包。當然其他還有床、書桌、書架、臉盆、暖水瓶以及其他的碗盞、瓢盆、桌椅板凳之類，一間原來可以容下五、六十人的教室，把它當作為臥室、書齋、接待室以及小廚房之用，也就不顯得空蕩蕩的了。東一堆，西一簇，看來倒是井井有條，很有秩序的。」

發表所譯日本有島武郎的雜文《以生命寫成的文章》。載《莽原》半月刊第十八期，署名魯迅。收入《壁下譯叢》。譯文手稿註明：「二二年原作，二六年從《藝術與生活》譯出。」

二十六日

日記記載：「大風」。收周建人、陶書臣信。

二十七日

開始編寫中國文學史講義，次日編好第一章。

二十八日

日記記載：「晴，大風。下午收開明書店所寄書籍、雜誌等四種。」

許廣平給魯迅寫信，敘說了很多閒碎，其中幾句，是應該留下的：「看你在廈大，學生少，又屬草創，事多而趣少，如何是好？菜淡不能加鹽嗎？胡椒多吃也不是辦法，買罐頭補助不好嗎？火腿總有地方買，不能做來吃嗎？萬勿省錢為要！！！」三個感嘆號！噓寒問暖，像母親囑咐遊子，像賢妻問候征夫。魯迅人到中年方才遇有甘霖，收藏著「母親的禮物」，又有了兄弟失和的重創，有許廣平伴隨餘生，真乃老天有眼，魯迅幸甚！魯迅在十月四日的回信中說：「醬油已買，也常吃罐頭牛肉，何嘗省錢！！！」也用了三個感嘆號！！！

二十九日

收霽野、叢蕪、許壽裳、周建人信。

三十日

收許廣平信，立即回信。信中魯迅說：「來此未及一月，卻如過了一年」，上面說了，之所以有度日如年之感，與思念許廣平有關，這是主要的一方面；另一方面，魯迅受到「現代評論派」羽翼的排擠，他們在背後大肆散佈流言，魯迅說：「此地所請的教授，我和兼士之外，還有朱山根（即顧頡剛）。這人是陳源之流，我是早知道的，現在一調查，則他所安排的羽翼，在此竟有七人之多，先前所謂不問外事，專看書的輿論，乃是全都為其所騙。他已經開始排斥我，說我是『名士派』，可笑。好在我並不想在此掙帝王萬世之業，不去管他了。」魯迅對廈門人文環境是不適應的。當然，也不排除有魯迅長期生活在北方，對自然環境還難以適應的因素。居京時期，魯迅衣食無憂，朱安可以為他做一手紹興好菜，到了廈門，一切皆需自理，這也是讓魯迅頗感不便的。

這封信中，魯迅表現的多是兒女私情。許廣平說她的工作很忙，魯迅關切道：「做事自然是應該做的，但不要拚命地做才好。」事情要做，不要拚命，這是魯迅對工作的態度，很實在，也很人性化。在隨後的信中，魯迅多次表達了這樣的觀點，「妳初做事，要努力工作，我當然不能說什麼，但也須兼顧自己，不要『鞠躬盡瘁』才好。」「一個人也許應該做點事，但無須乎勞而無功。……忙自然不妨，但倘若連自己休息的時間都沒有，那可是不值得的。」在關愛許廣平的同時，也闡明了魯迅的工作觀。

此外，傳達了孫伏園所「宣傳」的魯迅軼聞：「他家不但常有男學生，也常有女學生，但他是愛高的那一個的，因為她最有才氣云云。平凡得很，正如伏園之人，不足多論也。」孫伏園「宣傳」的是基本的事實，魯迅態度平和，看不出是高興呢還是不高興。不過「伏園之人，不足多論也」，可見孫伏園在魯迅眼裡是沒有什麼份量的。

最有趣的是，魯迅特地給許廣平介紹了女學生，「聽講的學生倒多起來了，大概有許多是別科的。女生共五人。我決定目不邪視，而且將來永遠如此，直到離開廈門」。這裡，有點魯迅式的詼諧，還有一點中年人的頑皮，乍看是向許廣平示乖，細想應是示愛了。在二十五日的信中，魯迅就有類似的話，「來聽我的講義的學生，一共有二十三人（內女生二人）」，如此坦白交代，彷彿「懼內」，實際上是逗趣，也展現了魯迅率真的性情。魯迅既是很有情趣的也是率真的人。

對此，許廣平在後來的覆信中是這樣寫的：「這封信特別的『孩子氣』十足，幸而我收到。『邪視』有什麼要緊，慣常倒不是『邪視』，我想，許是冷不提防的一瞪吧！記得張競生之

流發過一套偉論，說是人都提高程度，則對於一切，皆如鮮花美畫一般，欣賞之，願顯示於眾，而自然私有之念消，你何妨體驗一下？」從許廣平援引的張競生言論看，張競生大致的意思是這樣，人對一切美的東西懷有欣賞之心，「而自然私有之念消」，許的意思是，聽你講課的有五個女生，你也不妨欣賞一番嘛。欣賞美與消除「私有之念」有什麼必然的聯繫呢？我看不出來，趙鑫珊有一本書叫《希特勒與藝術》，希特勒欣賞藝術，熱愛藝術，藝術是美的，但欣賞這種美，並沒有淨化他的靈魂。所以，魯迅認為張競生這一觀點在理論上雖然可以自圓其說，但畢竟太理想化了，嚴重脫離現實。愛情是一種純屬個人的內在感情，具有明顯的排他性，因而戀愛的雙方一般都不會樂意自己的愛人像賞花般地鑑賞異性或被異性鑑賞。我們假設魯迅對許廣平說，他班上有五個美女，他上課走神，目不轉睛地盯著她們看……那會是一番怎樣的情景！

在隨後的覆信中，魯迅針對許廣平的話發了以下感想、感慨：「邪視尚不敢，而況『瞪』乎？至於張先生的偉論，我也很佩服，我若作文，也許這樣說的。但事實怕很難，我若有公之於眾的東西，那是自己所不要的，否則不願意。以己之心，度人之心，知道私有之念之消除，大約在二十五世紀，所以決計從此不瞪了。」魯迅不無揶揄地指出，實踐張競生的主張，「大約當在二十五世紀」。魯迅在致許廣平信中的這些感慨，只不過說明張競生太過超前，他所提倡的，只有在未來社會才可能實行。張競生的思想毫無疑問是超前、前瞻的，但這在中國文化裡是沒有適宜土壤的。

這封信中，還有一個細節是值得一提的，魯迅天天到郵局去等信，主要是等許廣平的信，「我到郵政代辦處的路，大約有八十步，再加八十步，才到便所，所以我一天總要走過三四回，因為我須去小解，而它就在中途，只要伸首一窺，毫不費事。」此時，魯迅甚至可以和許廣平談小解事，細加琢磨，他們的關係應是不同尋常了。接著，魯迅說了晚上如何「小解」，「天一黑，就不到那裡去了，就在樓下的草地上了事」。

此外，信中還表現出對北伐的關心：「看今天的報章：登有上海電……，總結起來：武昌還未降，大約要攻擊；南昌猛撲數次，未取得；孫傳芳已出兵；吳佩孚似乎在鄭州，現在與奉天方面暗爭保定大名。」

三十日這天，許廣平也在給魯迅寫信。信中，說了廣東人的吃喝應酬，許廣平認為，「這種應酬上的消耗，實在厲害，然而社會上習慣了，往往不能避免，真是惡習。」又說了女人穿衣的多變，許廣平說了自己不能免俗，不得不添置幾件新衣，「……因我固非裝飾家也。但此種惡習，也與酒席一樣消耗得令人厭惡。」雖是生活細節，但可見許廣平與魯迅的性情是相投的。魯迅也厭惡無聊的邀請，有一回魯迅赴宴，宴前這一圈那一堆，大家言不由衷，

卻也談笑風生，魯迅獨自孤坐，默不與語；至於魯迅的穿著，就是那兩三套粗布衣服，這是讀者所熟知的。

十月一日

上午寄許廣平信並《莽原》，寄李小峰信並《語絲》，寄幼漁信，下午收九月薪水四百元，晚上歐陽治來談。

二日

上午孫伏園往廈門市區，魯迅託其買《四部彙刊》本《樂府詩集》一部。收許羨蘇、李李遇安信。

三日

日記記載：「上午羅常培君見訪。」羅常培，語言學家，當時任廈門大學文科國文系講師。致章廷謙信。告訴章，章受聘於廈大事校長已簽字，介紹了廈大居住條件的窳劣。為了章有思想準備，信中，魯迅介紹了廈門的飲食：「飯菜可真有點難吃，廈門人似乎不大能做菜也。飯中有沙，其色白，視之莫辨，必吃而後知之。我們近來以十元包飯，加工錢一元，於是而飯中之沙免矣，然而菜則依然難吃也，吃它半年，庶幾能慣歟。又開水亦可疑，必須自有火酒燈之類，沸之，然後可以安心者也。否則，不安心者也。」十月十日，在致章廷謙的信中，魯迅再次強調：「飯菜仍不好。你們兩位來此，倘不自做菜吃，怕有『食不下嚥』之虞。」這或許也是魯迅在廈門待不長久的原因之一？總之，也算是魯迅對廈門的一種感受。

四日

致許廣平信，許廣平在九月二十八日的信中說：「……我的作品太幼稚，你有什麼方法鼓舞我，引導我，勿使我疏懶退縮不前麼？」魯迅在這封信中答曰：「至於作文，我怎樣鼓舞，引導呢？我說，大膽做來，先寄給我，不夠嗎？好否我先看，現在太遠，不能打手心，只得記帳，這就已可以放膽下筆，無須退縮的了，還要怎麼樣呢？」魯迅表達愛情，沒有一句要死要活「哎呀呀」的話，「打手心」，卻含蘊愛的情趣，也符合師生戀這樣的特定情境。

這封信中，魯迅談了對廈大校長林文慶的觀感：「校長是尊孔的，對於我和兼士，倒還沒什麼，但因為花了這許多錢，汲汲要有成效，如以好草餵牛，要擠些牛乳一般。玉堂蓋亦窺知此隱，故不日要開展覽會，除學校自買之泥人（古塚中土偶也）而外，還要將我的石刻拓片掛出。其實這些古董，此地人哪裡會要看，無非糊裡糊塗，忙碌一番而已。」在此後的致許廣平信中，魯迅還說了大同小異的話：「大概因為和南洋相距太近之故吧！此地實在太斤斤於銀錢，『某人多少錢一月』等等的話，談話中常聽見；我們在此，當局者也日日希望

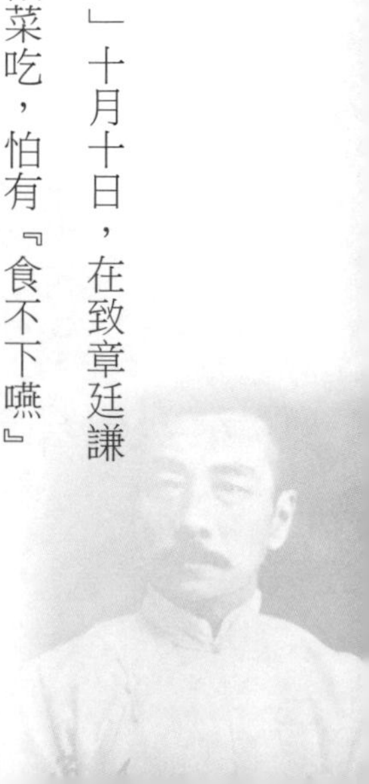

我們從速做許多工作，發表許多成績，像養牛之每日擠牛乳一般。某人每日薪水幾元，大約是大家都念念不忘的。」「此地人」看不看，這無關緊要，校長要實績，要熱鬧，這也是見怪不怪的事。中國人的很多精力，就是花在這種既騙人又騙己的勾當上的。

魯迅說，在廈門刺激少了，所以也做不出文章來。此後，他經常表達這樣的觀點。搞創作，需要刺激；做學問，則需要孤寂。魯迅也有一流的學術，但觀其終生，還是以創作為主。

這一天，許廣平也在給魯迅寫信，其中有一段頗有趣，時為人師的許廣平談到了她面對的學生：「學生對我尚無惡感，可是應付得太費力了，處處要鉤心鬥角，心裡不願如此，而表面上不得不如此……」過幾天，就是七日給魯迅的信中又說：「最討厭的是整天對學生鉤心鬥角，不能推誠相見（學生視學校如敵人，此少數人把持所致），所以覺得實在沒趣，但仍姑且努力，倘若還是沒法辦，那時再做他圖吧！」許廣平曾是學生領袖，搞起學潮來風風火火，現在自己成了學生折騰的對象，應該是別有一番感受。在《兩地書》，許廣平對鬧學潮的學生多有微詞，不一而足。饒有意味的是，當年開除許廣平的楊蔭榆，後來也有了「學生立場」，曾為反對學校開除學生而辭職。人的角色是經常可以互變的。歷史上，不乏曾經的學生領袖後來成了鎮壓學生運動的劊子手這樣的例子。

致許壽裳信。先是介紹了廈門大學的情況：「學校頗散漫，蓋開創至今，無一貫計畫也。

學生只三百餘人，因寄宿舍滿，無可添招。」「語堂不甚得法，自雲與校長甚密，而據我看去，殊不盡然，被疑之跡昭著。國學院中，佩服陳源之、顧頡剛所汲引者，至有五、六人之多，前途可想。女師大舊職員之黃堅，亦在此大跋扈，不知招之來此何為者也。」廈大固然如此，魯迅如此敘說，也是暗示許壽裳，老兄來不了，不來也罷。表示對廈門寂寞生活的厭煩：「此間功課並不多，只六小時，二小時須編講義，但無人可談，寂寞極矣。為求生活之費，僕僕奔波，在北京固無費，尚有生活，今乃有費而失了生活，亦殊無聊。或者在此至多不過一年可敷衍歟？」這裡，魯迅為自己「僕僕奔波」而感嘆。從此前的情況看，魯迅在廈門也不是沒有朋友，同仁、學生多有往來，問題的關鍵是「無人可談」，沒有談話對手，所以「寂寞極矣」。這樣看來，魯迅此時的寂寞，是人叢中的寂寞。再有，一生中首次有了愛情，愛而後別，估計尤感寂寞。魯迅甚至認為，在廈門是「失去了生活」，可見，魯迅對生活內在品質的要求還是非常高的，有三五知己，談今論古，是其中之一吧！

在致韋素園等人的信中，魯迅說了在廈門的境況：「我竟什麼也做不出。一者這學校孤立海濱，和社會隔離，一點刺激也沒有；二者我因為編講義，天天看中國舊書，弄得什麼思想都沒有了，而且仍然沒有整段的時間。」魯迅是反覆強調「刺激」對寫作的意義的，還要有相對完整的時間。接著，魯迅還談了對廈門自然條件的觀感：「此地初見雖然像有趣，而

其實卻很單調，永遠是這樣的山，這樣的海。便是天氣，也永是這樣暖和；樹和花草，也永是這樣開著，綠著。」在同日致許壽裳的信中，魯迅也說「此地雖是海濱，背山面水，而少住幾日，即覺單調；天氣則大抵夜即有風。」山和海，當然只能永遠這樣了，天氣也無法變，樹和花草也因循著自然的規律，這不能理解為魯迅眼光的挑剔，只能說在當年交通還很不發達的條件下，在北方生活久了的魯迅，偏居這樣一座孤島，還很不習慣——廈門實在太小了，廈大離廈門市區還有一些路程，廈大的日子自然是很單調的。

五日

寄公俠（陳儀）、許廣平、辛島驍信，收周建人寄來的書，收王品青信，林仙亭來訪並獲贈《血淚之花》一本。

六日

寄許羨蘇、周建人、李小峰信。得董秋芳信並譯稿。

七日

日記記載：「無事。」實際上並非「無事」，這一天，魯迅寫了回憶性散文《父親的病》。載十一月十日《莽原》半月刊第二十一期，副題「舊事重提之七」，署名魯迅。收入《朝花夕拾》。回憶自己少年時為父親尋找各種「奇特的藥引」和「特別的丸散」所做的徒勞的奔走。「五四」以後，在「保存國粹」的逆流中，醫學界的「國粹」派也極力維護中醫中的封建迷信成份，排斥西醫，阻撓醫學的發展和進步。在本文中，魯迅透過少年時為父親延醫治病的回憶，揭露了當時一些庸醫的巫醫不分，故弄玄虛，敲詐勒索，草菅人命的行為，從而給「保存國粹」的逆流以有力的批判。

八日

上午寄韋素園信及《父親的病》。作回憶性散文《瑣記》。載十一月二十五日《莽原》半月刊第二十二期，副題「舊事重提之八」。收入《朝花夕拾》。魯迅在文中回憶了自己離開故鄉到南京求學的經歷，和在南京求學時接觸《天演論》，受進化論思想影響的經過。其中記敘了青年魯迅不滿於封建教育，決心「尋別一類人們去，去尋為S城人所詬病的人們，無論其為畜生或魔鬼」；但是南京求學的實際體驗中，又看到了「中學為體，西學為用」的洋務派及其所辦的教育的腐朽本質，認識到封建勢力的頑固和資產階級改良派的軟弱，表現出他在探索新路中不斷前進的精神。

九日

寄陶書臣、董秋芳信。沈兼士贈唐人墓誌打本二枚。

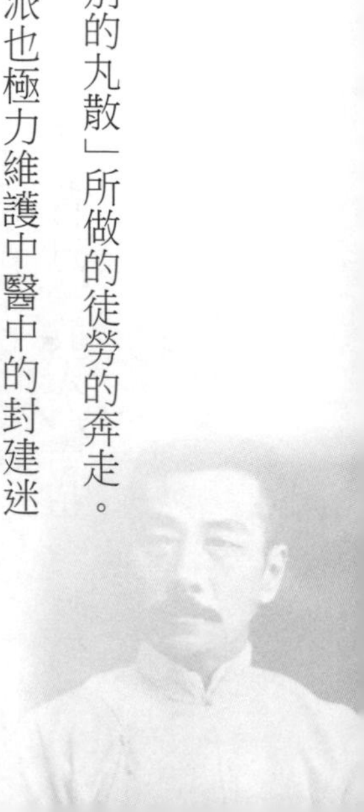

十日

收許欽文、韋素園、章廷謙信。上午參加本校舉行的國慶紀念活動。致許廣平信。信中說：「今天是雙十節，卻使我歡喜非常……北京的人，彷佛厭惡雙十節似的，沉沉如死，此地這才像雙十節。我因為聽北京過年的鞭爆聽厭了，對鞭爆有了惡感，這回才覺得卻也好聽。」又說：「聽說廈門市上今天也很熱鬧，商民都自動的地掛旗結綵慶賀，不像北京那樣，聽員警吩咐之後，才掛出一張污穢的五色旗來。此地的人民的思想，我看其實是『國民黨的』的，並不怎樣老舊。」同是鞭炮，北京和廈門的聲音也是不一樣的，魯迅的感受頗為特別。一般地看去，魯迅對廈門並無好感，至少對廈大並無好感，這會兒，怎麼會有對「雙十節」的好印象呢？況且，廈門市區的情景，也不是他親睹。依我看，當年許廣平是國民黨黨員，魯迅多少也有點愛屋及烏的意思吧？

這封信中，魯迅還與許廣平談了沈兼士「歸心如箭」事，「兼士當初是未嘗不預備常在這裡的，待到廈門一看，覺得交通之不便，生活之無聊」，所以剛落足就想走了。魯迅說：「此地的生活也實在無聊，外省的教員，幾乎無一人做長久之計，兼士之去，固無足怪。」還不僅是生活不便問題，魯迅說：「這裡的學校當局，雖出重資聘請教員，而未免視教員如變把戲者，要他空拳赤手，顯出本領來。」魯迅舉了開展覽會的例。魯迅又提到辭國學院研究教授事，「我前回辭國學院研究教授而又中止者，因怕兼士與玉堂覺得為難也，現在看來，總非堅決辭去不可，人亦何苦因為別人計，而自輕自賤至此哉！」

可以這麼說，和沈兼士一樣，魯迅到廈門不久，就有了去意。然而，魯迅還是有眷戀的。他說：「……玉堂的兄弟及太太，都很為我們的生活操心；學生對我尤好，只恐怕在此住不慣，有幾個本地人，甚至於星期六不回家，預備星期日我若往市上去玩，他們好同去做翻譯……」可見，魯迅也多少感受到了南國的溫情。

下午參加廈門大學國學研究院成立大會，研究院由林文慶兼任院長，沈兼士、林語堂分任主任、祕書，來賓三百餘人。晚上參加全校懇親會，聽演奏及看電影。在這次成立大會的陳列室，陳列了魯迅收集的石刻拓片，在致許廣平的信中說：「大多數為六朝隋唐造象」。

在致章廷謙的信中說，「廈大方面和我的『緣份』，有好的，有壞的，不可一概論也」。魯迅自然也能看到廈大的某些好處，比如，他多次提到「這裡不欠薪」，還有，上面說了，他對廈門雙十節的觀感是好的，感覺南方的民氣比北方要好，開放，進取。

十一日

寄許廣平、章廷謙信，收李小峰信。林仙亭及其友四人來訪。

十二日

收許廣平、宋紫佩信。收王品青寄請魯迅審閱的淦女士（馮沅君）小說集《卷葹》，後編入「烏合叢書」。收許欽文所寄《故鄉》四本。

作回憶性散文《藤野先生》。載十二月十日《莽原》半月刊第23期，副題「舊事重提之九」。收入《朝花夕拾》。文中記敘了在日本留學時受到藤野先生的關心和幫助，熱情讚揚了藤野先生樸實、熱誠、沒有民族偏見的高尚品格，抒發了對他的真摯深沉的懷念。文中還記述了作者為思想啟蒙、醫治國民劣根性而棄醫從文的起因和經過。並說，藤野先生的精神鼓舞著他「繼續寫些為『正人君子』之流所深惡痛疾的文字」。魯迅在廈門，是了結歷史的一段時間，心中有愛，所以心情也格外平和，往事悄悄爬上心頭，有了這組關於童年及往事的美好文字。

十三日

收宋紫佩信，收李遇安明信片，得孫福熙箋。

十四日

上午往廈大週會演講三十分鐘。內容分兩部分：一、少讀中國書；二、做「好事之徒」。

魯迅在一封信中曾說：「這裡的校長是尊孔的，上星期日（按應為星期四）他們請我到週會演說，我仍說我的『少讀中國書』主義，並且說學生應該做『好事之徒』。他忽而大以為然，說陳嘉庚也正是『好事之徒』，所以肯興學，而不悟和他的尊孔衝突。」

一九二六年十月二十三日出版的《廈大週刊》第一六〇期，曾以《魯迅先生演講》為題記載了「做『好事之徒』」部分的講詞大要：「略謂世人對於好事之徒，每致不滿，以為好事二字，一若有遇事生風之意，其實不然。我以為今天之中國，卻欲好事之徒之多，蓋凡社會一切事物，唯其有好事之人，而後可以推陳出新，日漸發達。試觀哥倫布之探新大陸，南生之探北極，及各科學家之種種新發明，其成績何一非由好事而得來。……」關於「少讀中國書」部分，因與尊孔的校長林文慶的見解衝突，被刪去。

作《〈記談話〉附記》。未另發表。收入《華蓋集續編》。這是魯迅在把《記談話》收入《華蓋集續編》時的一個說明。魯迅憤慨於女師大被北洋軍閥政府「武裝接收」，特將八月二十二日在北京女師大毀校週年紀念會上的演說「轉錄在這裡，先做一個本年的紀念」，做將來歷史的見證，對北洋軍閥的行為做了譴責。人到了廈門，事情也過了一些時候，女師大風潮的餘波仍然蕩漾在魯迅的心中。畢竟，那些日子魯迅和許廣平一起走過。

作《〈華蓋集續編〉小引》。載十一月六日《語絲》週刊第一〇四期，署名魯迅。收入《華蓋集續編》。文中說明自己寫作雜文是為了「釋憤抒情」，「這裡面所講的仍然並沒有

宇宙的奧義和人生的真諦。不過是，將我所遇到的，所想到的，所要說的，一任它怎樣淺薄，怎樣偏激，有時便都用筆寫了下來。……你要那樣，我偏要這樣是有的；偏不遵命，偏不磕頭是有的；偏要在莊嚴高尚的假面上撥它一撥也是有的，此外卻毫無什麼大舉」。表現了魯迅雖遭壓迫仍頑強抗爭不屈不撓的硬骨頭精神。

作《〈華蓋集續編〉校訖記》。未另發表。收入《華蓋集續編》。魯迅寫道：

這半年我又看見了許多血和許多淚，
然而我只有雜感而已。
淚揩了，血消了；
屠伯們逍遙復逍遙，
用鋼刀的，用軟刀的。
然而我只有「雜感」而已。
連「雜感」也被「放進了應該去的地方」時，
我於是只有「而已」而已！

魯迅以詩的形式揭露北洋軍閥政府及其御用文人屠殺、迫害民主人士的罪行，並表示用自己的筆和那些「用鋼刀的，用軟刀的」「屠伯們」抗爭到底。一九二八年十月三十日又作《而已集》的《題辭》。

收宋紫佩所寄《歷代名人年譜》一部十本。下午孫伏園去市區，託其買《山海經》一部二本。

十五日

致許廣平信。在談了一些吸菸、喝酒的日常生活後，魯迅說：「我在這裡不大高興的原因，首先是在周圍多是語言無味的人物，令我覺得無聊。」話不投機半句多，沒有談話對手，這是魯迅在廈門的大苦惱。「他們倘讓我獨自躲在房裡看書，倒也罷了，偏又常常尋上門來，給我小刺戟。」在十二月三日致許廣平的信中，魯迅也說：「到我這裡來空談的人太多，即此一端也就不宜久居於此。」十二月十二日的信中說：「我在這裡，常有客來談空天，弄得自己的事無暇做，這樣下去，是不行的……我的主意，是在想少陪無聊之客而已。……誰都可以直衝而入，並無可談，而東拉西扯，坐著不走，殊討厭也。」魯迅是名人，來鑑賞一番魯迅，大約也是當時的一種時尚，沾了一些名人氣，日後也可以有一些魯迅的韻事，這也是高雅的事情。不過，話說回來，倘若魯迅在廈大，同仁都不來拜訪，那是怎樣一種情境?這是不言自明的。《兩地書》中，之所以那麼多「牢騷」，是因為魯迅在廈門無人可傾訴，又因為他

確實已經把許廣平當作自己的親人，他說：「但因為無人可談，所以將牢騷都在信裡對妳發了。妳不要以為我在這裡苦得很，其實也不然的，身體大概比在北京還要好一點。」第二天，也就是十六日，魯迅在致許廣平的另一封信中也說：「我的情形，並未因為怕妳神經過敏而隱瞞，大約一受刺激，便心煩，事情過後，即平安些。」很顯然，許廣平是自己的傾訴對象，但傾訴多了，又怕她太為自己擔心，於是，就有了這些坦露心跡的文字，他是為了讓自己的小情人放心，這些文字客觀上成了魯迅性格的寫照。如果有心理學家要研究魯迅的性格特徵，《兩地書》中有許多一手資料。他還對許廣平說了，在廈門，有人把他當作「寶貝」看，「和在北京的天天提心吊膽，要防危險的時候一比，平安得多……」另外，在十一月二十日致許廣平的信中，魯迅說了他「牢騷」的另一面：「我其實毫不懈怠，一面發牢騷，一面編好《華蓋集續編》做完《舊事重提》，編好《爭自由的波浪》（董秋芳譯的小說），看完《卷葹》都分頭寄出去了。」牢騷雖甚，工作照做。

這封信中，魯迅為北伐軍順利進軍而歡欣鼓舞：「今天本地報上的消息很好，但自然不知道可確的。一，武昌已攻下；二，九江已取得；三，陳儀（孫之師長）等通電主張和平；四，樊鐘秀已入開封，吳佩孚逃保定（一云鄭州）。總而言之，即使要打折扣，情形很好總是真的。」

致韋素園信，信中談了對廈門大學的觀感：「這裡雖不欠薪，然而如在深山中，竟沒有什麼作文之意。因為太單調，而小瑣事卻仍有的，加以編講義，弄得人如機器一般了。」在魯迅眼裡，編講義和寫文章不是一回事。寫文章需要思想和靈氣，而編講義只是一項機械性的工作。殊為可嘆的是，當下，很多「講義」衍生的圖書充斥市場，似乎越是大部頭的越有大學問——這是題外話了，就此打住。

下午編定《華蓋集續編》。此書十月著手編集，十四日寫《〈記談話〉附記》、《〈華蓋集續編〉小引》等，十五日編訖，十九日將稿寄李小峰。到廈門後寫的雜文七篇，於一九二七年三月編成《續編的續編》，一併收入該集。

收許廣平信。

十六日

致許廣平信。信中談到「現代評論派」「在國學院大佔勢力」，「從此《現代評論》色彩，將瀰漫廈大」，「這樣，我們個體，自然被排斥……他們實在有永久在此之意，情形比北大還壞」，認為廈大「毫無希望」，並說，「我現在很想至多在本學期之末，離開廈大」。信中還報告了到廈大一個多月的情況：「學生個個認得我了，記者之類亦有來訪，或者希望我提倡白話，和舊社會鬧一通；或者希望我編週刊，鼓吹本地新文藝；而玉堂他們又要我在《國

學季刊》上做些『之乎者也』，還有到學生週會去演說，我真沒有這三頭六臂。」據本信得知，當天本地報紙曾登載一篇魯迅訪問記，說魯迅「沒有一點架子，也沒有一點派頭，也沒有一點客氣，衣服也隨便，鋪蓋也隨便，說話也不裝腔作勢」。

收朱家驊電，朱致電魯迅、沈兼士和林語堂，請他們到廣州參加中山大學改革學制問題的討論。魯迅在致許廣平的信中也提到此事，云請去「指示一切」，「大概是議定學制吧」。「我本來大可以藉此走一遭」，但魯迅考慮到「上課不到一月，便請假兩三星期，又未免難於啟口」，所以沒有成行。

收許廣平、鄭介石信。寄韋素園信及《瑣記》、《藤野先生》二稿，附致李小峰箋。

十七日

日記記載：「無事。」

十八日

許廣平致魯迅信，信中說：「中山大學停一學期，再整理開學，文科主任的郭，做官去了，將來什麼人來此教授，現尚未定。你如有意來粵就事，則你在這裡的熟人頗不少，現在正是可以設法的時候，但這自然是你現在的事萬難再做下去的話。」許廣平密切關注著中山大學的情況，也盼著魯迅到廣州做事。

收許羨蘇、周建人信。致許廣平、鄭介石信。晚同人六人共餞沈兼士於南普陀寺。

十九日

寄許羨蘇、周建人信。寄李小峰信並《卷葹》及《華蓋集》稿。下午收許壽裳、許羨蘇、韋素園信。

二十日

寄許羨蘇、韋素園、孫福熙信，收許廣平信。

致許廣平信。信中說：「『現代評論』派的勢力，在這裡我看要膨漲起來，當局者的性質，也與此輩相合了。理科也很忌文科，正與北大一樣，閩南與閩北人之感情頗不洽，有幾個學生極希望我走，但並非對我有惡意，乃是要學校倒楣。」又說，「現在我最恨什麼『學者只講學問，不問派別』這些話，假如研究造炮的學生，將不問是蔣介石，是吳佩孚，都為之造嗎？」這裡，蔣介石和吳佩孚是一個對立面。技術是工具。為什麼人的問題，是一個根本的問題。

信中還說：「這幾天此地正在歡迎兩位名人。一個是太虛和尚到南普陀來講經，於是佛

化青年會提議，擬令童子軍捧鮮花，隨太虛行蹤而散之，以示『步步生蓮花』之意。但此議竟未實行，否則和尚化為潘妃，倒也有趣。一個是馬寅初博士到廈門來演說，所謂『北大同人』，正在發昏章第十一，排班歡迎。我固然是『北大同人』之一，也非不知銀行之可以發財，然而於『銅子換毛錢，毛錢換大洋』學說，實在沒有什麼趣味，所以都不加入，一切由它去吧。」

二十一日

寄許廣平信並書一包。寄李小峰、孫福熙信。收許羨蘇轉寄的日本文求堂所贈抽印《古本三國演義》十二葉。

晚南普陀寺及閩南佛學院公宴太虛和尚。太虛和尚（一八八九－一九四七），本姓呂，浙江崇德人。曾任世界佛教聯合會會長，中國佛教兌付會長，廈門南普陀寺住持等職。一九二六年十月從美國講佛學回國，在廈門逗留。有關方面「亦以柬來邀」，魯迅「赴之」，「坐眾三十餘人」。關於這次宴會情形，魯迅在本日致許廣平的信中曾說：「我決計不去，而本校的職員硬要我去，說否則他們將以為本校看不起他們。個人的行動，會涉及全校，真是窘極了，我只得去。羅庸說太虛『如初日芙蓉』，我實在看不出這樣，只是平平常常。入席，他們要我與太虛並排上坐，我終於推掉，將一位哲學教員供上完事。太虛倒並不專講佛事，常論世俗事情，而作陪之教員們，偏好問他佛法，什麼『唯識』呀，『涅槃』哪，真是其愚不可及，此所以只配作陪也歟。其時又有鄉下女人來看，結果是跪下大磕其頭，得意之狀可掬而去。」

在致許廣平的信中，還談到了廈門大學教師間相互的排斥、擠軋：「……這學校，就如一部《三國志演義》，你槍我劍，好看煞人。北京的學界在都市中擠軋，這裡是在小島上擠軋，地點雖異，擠軋則同。」這是至理名言，中國人不僅愛搞階級鬥爭，實際上更愛搞同級鬥爭，有中國人的地方就有擠軋。

許廣平致魯迅信，其中說道：「倘有人邀你的話，我想你也不妨試一試，重新建造，未必不佳。我看你在那裡實在勉強。」對魯迅在廈門不放心，還是希望他能到廣州來。

二十二日

收謝旦、許欽文信。

二十三日

致許廣平信。信中對於廈門大學的派系鬥爭做了描述，說：「……有些教授，則唯校長之喜怒是伺，妒別科之出風頭，中傷挑眼，無所不至，妾婦之道也。我以北京為污濁，乃至廈門，現在想來，可謂妄想，大溝不乾淨，小溝就乾淨嗎？」信中還對高長虹的無理取鬧極表氣憤。

高長虹早就以狂飆社名義於《新女性》八月號刊登廣告，把魯迅主持的《莽原》半月刊及「未名叢書」、「烏合叢書」都說成他們和「思想界先驅者」魯迅所「合辦」，列為他們「狂飆運動」的「成績」。現在高長虹又在《狂飆》週刊第二期發表《通訊》二則：一給韋素園，藉口《莽原》半月刊不登向培良的劇本《冬天》，對韋大肆攻擊；一給魯迅，除痛罵韋素園等人和表白自己對《莽原》的功績外，還要脅魯迅說：「你如願意說話時，我也想聽聽你的意見。」魯迅在信中說：「這真是吃得閒空，然而我卻不願意奉陪了，這幾年來，生命耗去不少，也陪得夠了，所以決計置之不理。……培良和韋素園在北京發生糾葛，而要在上海的長虹破口大罵，還要在廈門的我出來說話，辦法真是離奇得很。」

本日，許廣平也給魯迅寫信，還是希望魯迅能到廣州來：「廣州情形雖云複雜，但思想言論，較為自由，『現代』派這裡是立不住的，所以正不妨來一下。否則，下半年到哪去呢？上海雖則可去，北京也可去，但又何必獨不赴廣東？這未免太傻氣了。」又說：「也因希望你來，故說得天花亂墜……」

另致章廷謙信。介紹了廈門大學的情況，再次說道：「至於學校，則難言之矣。北京如大溝，廈門則小溝也，大溝污濁，小溝獨乾淨乎哉？既有魯迅，亦有陳源。……要做事是難的，攻擊排擠，正不下於北京。」魯迅又說：「這裡的情形，我近來想到了很適當的形容了，是：

『硬將一排洋房，擺在荒島的海邊』。」「洋房」與「荒島」形成強烈的反差，客觀上也有象徵意義。這些都是關乎學校的嚴肅話題。

這封信，是魯迅所有書信中很特別的一封，就因為它是魯迅喝了酒後，微醉狀態下寫的，信末，魯迅說，「喝了一瓶啤酒，遂不免說酒話，幸祈恕之」。酒後的魯迅格外可愛，信自然也帶著酒氣。魯迅說：「你將來最好是隨時預備走路，在此一日，則只要為『薪水』，念茲在茲，得一文算一文，庶幾無咎也。」這裡，魯迅的境界是很低的，這是酒後的無奈。如果想到「偉大的共產主義戰士」之類，你會感到宣傳的空洞；但統觀魯迅在廈門的言行，他是想來做事的，事實未必如他在信中所宣揚的那樣實在。也正因為此，魯迅為我們展示了更加真實的他。魯迅說過，自稱強盜的無須防，自稱正人君子的倒須防（大意）；一樣的，自稱只為薪水「得一文算一文」的，做出的事情，無論業務水準還是道德水準，都不會太低。倒是那些好像對薪水無所謂的人，可能是一肚子的壞水哩，我以為。

魯迅還表現了微醉狀態下的幽默，很有趣味。魯迅寫道：「知道斐君太太出版延期，為之憮然。其實出版與否，與我無干，用『憮然』殊屬不合，不過此外一時也想不出恰當的字。」斐君是章廷謙的妻子，她要生孩子，晚產了，魯迅戲稱「出版延期」。接著，魯迅說：「至於瞿英乃之說，那當然是靠不住的，她的名字我就討厭，至於何以討厭，卻說不出。」瞿是

北京當時婦產科大夫，魯迅與其素不相識，討厭其名字，卻又說不出理由，這完全是酒話了。在我看來，這也表現了魯迅的「孩子氣」和頑皮。從這些微醉後的作態，可以看出魯迅人到中年，靈魂中還躍動著孩子般的率真。當然，這些話，他也只能對老朋友說。

信寫罷，魯迅意猶未盡，又補了幾句：「斐君太太尊前即此請安不另，如已出版，則請在少爺前問候。」洒家也喜喝酒，這封信，讓我看到了魯迅兄的「醉眼朦朧」之態，妙！

收許廣平、李小峰、台靜農、李遇安、章廷謙信。與沈兼士聯名致信朱家驊，介紹許壽裳往中山大學任教。

二十四日

寄許廣平信並《語絲》、《莽原》，寄李遇安信附與陳啟修函，寄章廷謙、李小峰信。「夜觀影戲，演林肯事蹟」。

二十五日

覆謝旦、許欽文信。收許欽文所寄小說一包。收周建人代買的《八史經籍志》一部十六本。

二十六日

收許羨蘇所寄絨線衣兩件，十滴藥水一瓶。

二十七日

許廣平給魯迅寫信，再次說到讓魯迅來廣州事：「我希望你們來，否則，郭沫若做官去了，你們又不來，這裡急不暇擇，文科真不知道會請些什麼人物。」又說：「以中大與廈大比較，中大較易發展，有希望，因為交通便利，民氣發揚，而且政府也一氣，又為各省所注意的新校。你如下學期不願意再在廈大，此處又誠意相邀，可否便來一看。」

一早沈兼士來別。收許廣平、孫伏園、周建人、章廷謙、李霽野、董秋芳信。收北新書局所寄書一包八種。

二十八日

致許廣平信。對於高長虹借題鬧事、分裂《莽原》的行為極為憤憤：「我這幾年來，常想給別人出一點力，所以在北京時，拚命地做，忘記吃飯，減少睡眠，吃了藥來編輯、校對、作文。誰料結出來的，都是苦果子。有些人就將我做廣告來自利，不必說了；便是小小的《莽原》，我一走也就鬧架。長虹因為社裡壓下（壓下而已）了投稿，和我理論，而社裡則時時來信，說沒有稿子，催我作文。我實在有些憤憤了，擬至二十四期止，便將《莽原》停刊，沒有了刊物，看大家還爭持什麼。」並說從實踐中對「世事」知道得「更加真切」，要「斬釘截鐵地將他們撇開」，表現出魯迅對社會上那種犧牲他人以求私利的行為的憤慨。

關於魯迅對《莽原》的抱怨，許廣平的態度還是比較明智的，她在十月三十日致魯迅的信中說：「關於《莽原》投稿的爭吵，不管也好，因為相距太遠，真相難明，很容易出力不討好的。」讀《兩地書》，我常感覺魯迅像任性、頑皮的孩子，許廣平則如知根知底、善解人意的大姐。自覺的角色的互換或錯位，這就是愛情。

這封信中，魯迅還談了自己工作的情況：「至於工作，其實也並不多，閒工夫盡有，但我總不做什麼事，拿本無聊的書玩玩的時候多，倘連編三、四點鐘講義，便覺影響於睡眠，不容易睡著，所以我講義也編得很慢，而且遇有來催我做文章的，大抵置之不理，做事也沒有上半年那麼急進了，這似乎是退步，但從別一面看，倒是進步也難說。」在十一月三日致許廣平的信中，魯迅還說了類似意思的話：「我又在玩——我這幾天不大用功，玩的時候多……」魯迅一生中，難得有這樣的清閒，這樣的心態。他說，哪有什麼天才，我是把別人喝咖啡的時間都用到工作上。他常勉勵自己：趕快做！所以，廈門時期的「慵懶」，是魯迅一生中的特例。就是這封信中，他還勸許廣平工作不要太賣力：「……做做也好，不過萬不要拚命。人固然應該辦『公』，然而總須大家都辦，倘人們偷懶，而只有幾個人拚命，未免太不『公』了，就該適可而止，可以省下的路少走幾趟，可以不管的事少做幾件，自己也是國民之一，應該愛惜的，誰也沒有要求獨獨幾個人應該做得勞苦而死的權利。」

這封信，是魯迅有趣味的信之一，充分表現了魯迅的「頑皮」習性。信中說，「樓下的後面有一片花圃，用有刺的鐵絲攔著，我因為要看它有怎樣的攔阻力，前幾天跳了一回試試。跳出了，但那刺果然有效，給了我兩個小傷，一股上，一膝旁，可是並不深，至多不過一分」。鐵絲攔花圃，卻要跳躍，卻要搗亂，這分明是孩子的行為，魯迅卻一時興起，試著衝擊，結果自然不妙。他也怕「害馬」怪罪，接著說，「這是下午的事，晚上就全癒了，一點沒有什麼。恐怕這事會招到誥誡，但這是因為知道沒有什麼危險，所以試試的……」對此，許廣平在11月7日的回信中也幽了一默：「對於跳鐵絲欄，亦擬不加誥誡，因為我所學的是教育，而抑制好動的天性，是和教育原理根本刺謬的。」

在這封信中，還有一則有關魯迅尿尿的「軼聞」：「這裡頗多小蛇，常見被打死著，顎部多不膨大，大抵是沒有什麼毒的，但到天暗，我便不到草地上走，連夜間小解也不下樓去了，就用磁的唾壺裝著，看夜半無人時，即從視窗潑下去。這雖然近於無賴，但學校的設備如此不完全，我也只得如此。」這有前提，學校的設備不完整，草地上有蛇，所以只能如此。

這讓我想起一則軼聞，我在《魯迅這座山》一文中說了這樣一段話：「不久前，我在福建的一張小報上看到據說是廈門大學老工友的某老人對記者的談話。他說，魯迅住在廈大時，晚上起來撒尿，是從二樓直接往土牆上尿下來的，這位老人說，你不能這樣幹，魯迅說沒關

係的，這土牆很快就會把尿吸收並蒸發了，等等。這位老人當時是不是學校的工友，他與魯迅有沒有交往，總之，他所說是不是真實的，這都是問題。我們現在的某些人挖掘魯迅的這一類『史料』，是什麼意思呢？退一百步說，即使是真實的，可是，這又有什麼意義呢？這又有什麼了不起呢？如果這一類『史實』也有意義，那魯迅怎麼屙屎，大約也可以做一篇洋洋灑灑的大文章了。」這樣看來，魯迅尿尿事，大約典出魯迅給許廣平的信，只是被人隨意「改寫」了。我看過一篇報導，當年，胡耀邦重走長征路，也是在田埂上尿尿。魯迅草地上尿尿，可以肥草，胡耀邦則是肥田了。男兒本性，不足多論也。

寫到這裡，我還有幾句題外話，魯迅的孫子周令飛說了這樣一段軼聞：魯迅五十多歲仍然童心未泯，一次，夜靜更深，外面的貓不停地叫春，屢屢打斷他寫作的思路，魯迅隨即拿起手邊的五十根裝鐵皮的香菸罐，對著可惡的貓發射。還有一次，他以橡皮筋發射紙子彈打亂尿尿的路人屁股。這樣看來，魯迅也不喜歡別人隨便尿尿。當然，孤島荒地與大上海，環境畢竟不一樣，還有，魯迅的年齡也不一樣了，這也許都會有不同的結果。

另寄許羨蘇信。

二十九日

致許廣平信，對去廣州事感到猶疑：「至於我下半年哪裡去，那是不成問題的。上海、北京，我都不去，倘無別處可走，就仍在這裡混半年。現在去留，專在我自己，外界的鬼祟，一時還攻我不倒。我很想嚐嚐楊桃，其所以熬著，為己，只有一個經濟問題，為人，就只怕我一走，玉堂立刻要被攻擊，因此有些徬徨。一個人就能為這樣的小問題所牽掣，實在可嘆。」嚐楊桃而需要熬著，還上升到關乎經濟問題的高度，有些不合情理。從後來十一月六日魯迅致許廣平的信看，似乎楊桃是實指，「伏園帶了楊桃回來，昨晚吃過了，我以為味道並不十分好，而汁多可取，最好是那香氣，出於各種水果之上。」我疑心魯迅這裡是雙關，不單純是楊桃問題。關乎什麼呢？還不好言明。

致陶元慶信。對陶元慶再次給自己的書作封面表示感謝，並稱讚「《徬徨》的書面實在非常有力，看了使人感動」。同時又請陶元慶為《卷葹》（淦女士即馮沅君作）、《黑假面人》（李霧野譯的安特來夫戲劇）和《墳》設計封面。

致李霽野信。「據長虹說，似乎《狂飆》便是《莽原》的化身，這事我卻到他說後才知道。我並不稀罕『莽原』這兩個字，此後就廢棄它。《墳》也不要稱《莽原叢刊》之一了。」鑒於高長虹的「搗亂」，建議《莽原》「不如至廿四期止，就停刊，未名社就專印書籍。」在這封信中，魯迅透露了因「編講義和作文是不能並立的」煩惱，「覺得無聊和苦痛」，指出「薪水與創作，是勢不兩立的。要創作，還是要薪水呢？我一時還決不定」。創作，需要自由的

心境，而薪水恰恰讓人失去自由，為了五斗米而做自己不愛做的事。

寄許廣平、李小峰信，另寄周建人信並附許廣平稿。收許廣平信，另收伏園信。附郁達夫函。

三十日

作《〈墳〉的題記》。載十一月二十日《語絲》週刊第一〇六期，署名魯迅。收入《墳》。《題記》說明編集《墳》的原因是「因為還有人要看，但尤其是因為又有人憎惡著我的文章」，要「給他們放一點可惡的東西在眼前，使他有時小不舒服，知道原來自己的世界也不容易十分美滿」；「我就要專指斥那些自稱『無槍階級』而其實是拿著軟刀子的妖魔」。文中還說明將書名取做《墳》，是因為這些文章「總算是生活的一部分的痕跡」，「造成一座小小的新墳，一面是埋藏，一面也是留戀。至於不遠的踏成平地，那是不想管，也無從管了」。

寄許廣平、霽野信。收謝旦信，收辛島君所寄《斯文》三本，收周建人所代買《全漢三國晉南北朝詩》一部二十本，《歷代詩話》及《續編》四十本。

三十日

收羽太重久、韋素園信。

十一月一日

致許廣平信。談到今後的打算：「如果中大定要我去，我到後於學校有益，那我就於開學之前到那邊去。」「但我對於此後的方針，實在很有些徘徊不決，那就是：做文章呢，還是教書？因為這兩件事，是勢不兩立的：作文要熱情，教書要冷靜。兼做兩樣的，倘不認真，便兩面都油滑淺薄，倘都認真，則一時使熱血沸騰，一時使心平氣和，精神便不勝困憊，結果也還是兩面不討好。……我自己想，我如寫點東西，也許於中國不無小好處，不寫也可惜；但如果使我研究一種關於中國文學的事，大概也可以說出一點別人沒有見到的話來，所以放下也似乎可惜。但我想，或者還不如做些有益的文章，至於研究，則於餘暇時做。」在十二月三日致許廣平的信中也說：「我覺得教書和創作，是不能並立的，近來郭沫若、郁達夫之不大有文章發表，其故蓋亦由於此。所以我此後的路還當選擇：研究而教書呢，還是仍做遊民而創作？倘須兼顧，即兩皆沒有好成績。或者研究一兩年，將文學史編好，此後教書無須同預備，則有餘暇，再從事創作之類也可以。」教書和寫作，是不是「勢不兩立」，我看也因人而異，教書匠出身的作家如葉聖陶、朱自清等，不勝枚舉。

另外，信中說了馬寅初來廈大事：「至於學校方面，則這幾天正在大敷衍馬寅初。昨天浙江大學學生歡迎他，硬要拖我去一同照相，我竭力拒絕，他們頗以為怪。嗚呼，我非不知

銀行之可以發財也，其如『道不同不相為謀』何。明天是校長賜宴，陪客又有我，他們處心積慮，一定要我去和銀行家扳談，苦哉苦哉！但我在知單上只寫了一個『知』字，不去可知矣。」

收許廣平信。

二日

上午寄許廣平信。下午得王衡信，並照相。

三日

致許廣平信，信中說了「現評論代派」小卒的「陰鷙」，「不過我想這實在難對付，譬如要我去和此輩周旋，就必須將別的事情放下，另用一番心機，本業拋荒，所得的成績就有限了。『現代』派學者之無不淺薄，即因為分心於此下流事情之故也。」一心不可二用，是沉湎於世俗生活，糾纏於人事亂麻，還是潛心於道德學問，做一個相對純粹的人，這是一個問題。

下午得鄭振鐸信，附宓汝卓信，即覆。得曹軼歐信，即覆。收辛島驍君所寄抽印《古本三國志演義》十二葉。

四日

作《〈嵇康集〉考》，共四千字。文章前面魯迅說明寫作意圖說：「嘗寫得明吳匏庵叢書堂本《嵇康集》，頗勝眾本，深懼湮昧，因稍加校讎，並考其歷來卷數名稱之異同及逸文然否，以備省覽雲。」據《廈大週刊》第一六四期記載，此文原擬刊載於廈大《國學季刊》第1期，後因該校發生了反對校長林文慶的風潮，季刊未能印出。未收集。全文分三部分：「一、考卷數及名稱」，「二、考目錄及闕失」，「三、考逸文然否」，對《嵇康集》的本來面目及流傳情況進行了詳細準確的考證。

上午寄韋素園信並《墳》之序目，附致李小峰信，又附鄭振鐸來信之半。

五日

上午得許壽裳、許羨蘇、呂雲章信，致許廣平信。

下午孫伏園自廣州回，持來李遇安信並代買之廣雅書局書十八種三十四本。

六日

得韋素園明信片。

七日

作《廈門通信（二）》。載二十七日《語絲》週刊第一〇七期，署名魯迅。收入《華蓋集續編》。信中說：「現在是連無從發牢騷的牢騷，也都發完了。」表現出對廈門大學現狀的不滿。

致許廣平信。信中發了頗有人生感悟的「牢騷」：「中大的薪水比廈大少，這我倒並不在意，所慮的是功課多，聽說每週最多可至十二小時，而做文章一定也萬不能免，即如伏園所辦的副刊，就非投稿不可，倘再加上別的事情，我就又須吃藥做文章了。」魯迅擔心太忙，太忙了，心煩意亂，那是做不出文章的。魯迅而不做文章，那生活有什麼快感？

魯迅對那些利用自己的青年是不滿的：「在這幾年中，我很遇見了些文學青年，由經驗的結果，覺他們之於我，大抵是可以使役時便竭力使役，可以詰責時便竭力詰責，可以攻擊時自然是竭力攻擊，因此我於進退去就，頗有戒心，這或也是頽唐之一端，但我覺得這也是環境造成的。」

信中還談到以後的設想：「其實我也還有一點野心，也想到廣州後，對於『紳士』們仍然加以打擊，至多無非不能回北京去，並不在意。第二是與創造社聯合起來，造一條戰線，更向舊社會進攻，我再勉力寫些文字。」

信末，魯迅說：「又是禮拜，陪了半天客，無聊得頭昏眼花，所以心緒不大好，發了一通牢騷，望勿以為慮，靜一靜又會好的。」也許，魯迅想用星期天做一些事，送走幾個舊客，又來若干新客，話不投機，卻不得不應付，這確實讓人頭痛，讓人煩躁！

上午得韋素園信二封，即回。信中，希望韋素園等在京的幾位，把《莽原》及叢書事「全權辦理」了，「大小事務，似不必等我決定，因為我太遠。」這封信，也向韋素園透露了「活的思想」：在廈門「又無刺戟，思想都停滯了，毫無做文章之意。這樣下去，是不行的，所以我現在心思頗活動，想走到別處去。」

另收許欽文信。

八日

在昨天信的後面，又給許廣平補充了一些文字，其中說道：「牢騷已發完，舒服多了。」顯然，許廣平成了他傾訴的對象，雖有不滿，雖有憤懣，說說也就好了。所謂愛人，有時就是發洩對象或出氣筒。

寄呂雲章、韋素園信，寄許廣平信並書一包，寄小峰《廈門通信（二）》，午後汪劍塵來訪，得韋素園明信片。

九日

致許廣平信。表示對到廣州教書「很有些躊躇」，因為聽到那裡很有些表面上裝作「同道」而暗地耍弄手段的人。信中說：「恐怕情形會和在北京時相像。廈門當然難以久留，此外也無處可走，實在有些焦躁。我其實還敢站在前線上，但發見當面稱為『同道』的暗中將我做傀儡或從背後槍擊我，卻比被敵人所傷更其悲哀。我的生命，碎割在給人改稿子、看稿子、編書、校字、陪坐這些事情上者，已經很不少，而有些人因此竟以主子自居，稍不合意，就責難紛起，我此後頗想不再蹈這覆轍了。」有中國人待的地方，情形總是相像，不論北京，還是廈門，抑或廣州，這一點魯迅應該是十分明白的。魯迅也有無處可走的焦躁，殊為可嘆！這裡，所謂「同道」，魯迅吃草擠奶，回報他的卻是「背後槍擊」，應視為三〇年代魯迅感嘆於「同一營壘」中人的暗傷，故而取「橫站」姿勢的先聲。說是不想再蹈覆轍，做起來卻難，往近說，在廈門，魯迅不是依然為《鼓浪》、《波艇》等賣力嗎？魯迅在十一月十五日致許廣平的信中就說：「我先前在北京為文學青年打雜，耗去生命不少，自己是知道的。但到這裡，又有幾個學生辦了一種月刊，叫做《波艇》，我卻仍然去打雜。……不能因為遇見過幾個壞人，使將人們都做壞人看……」就是到了將要離開廈門之際，還不忘為年輕人未必成熟的作品作序；往遠了說，魯迅到了上海之後，依然難改「舊習」，提攜過蕭軍、蕭紅等等，擺出來，恐怕是一長串的名字哩。會這麼說的，不一定這麼做，真要這麼做了，則未必說了。在十一月十五日給許廣平的信中，也可以證實這一判斷：「我憤激的話多，有時幾乎說：『寧我負人，毋人負我。』然而自己也往往覺得太過，實行上或者正與所說的相反。」我覺得，魯迅與許廣平通信中的許多牢騷話，除了表現了魯迅的性情外，有的，我們還不能太當真。魯迅自己也說，「靜一靜又會好的」。不讀《兩地書》，不知道什麼叫「相濡以沫」，任性的孩子不斷地牢騷著，寬厚的姐姐不停地撫慰著，這就是實實在在的愛情。

收許廣平信。

致韋素園信，主要談《莽原》的編輯事務，魯迅說：「《莽原》如作者多幾個，大概是不足慮的，最後的決定究竟是在實質上。」這裡，闡明了魯迅的辦刊思想，作者是編輯的衣食父母，好作者的好作品，是吸引讀者的關鍵，作者問題是一本刊物的實質問題。此外，在十二月八日致韋素園的信中，魯迅也說了意思相近的話，「我想何妨增點頁數，每期五十面，紙張可以略壞一點（如《窮人》那樣），而不加價」。寧可紙張差一些，也要增加頁數，增加內容。出版者是內容提供者，內容決定成敗。關注內容，也是對讀者的尊重。

十日

收許廣平、許羨蘇、韋素園、孫福熙、邢墨卿信，寄韋素園信。

與孫伏園往廈門市區買藥、鞋、帽、火酒、信紙信封，以及《資治通鑑考異》、《箋注陶淵明集》等。往南軒酒樓午餐，下午雇船歸。

十一日

得中山大學聘書。中山大學邀請魯迅任教，是由中共廣東區委員會提出，經過與當時任中大委員會委員長的國民黨右派分子戴季陶鬥爭以後決定的。據當時為廣州中山大學法科預科學生、中國共產黨中山大學總支書記徐彬如在《回憶魯迅一九二七年在廣州的情況》一文回憶：「這時魯迅正在廈門，我們提出要請魯迅來中大當文學院長。我們與戴季陶談判了兩三次，提出許多條件，聘請魯迅便是其中一條。」又據韓托夫《一個共產黨員眼中的魯迅先生》一文回憶：「當郭沫若先生一九二六年離開中山大學後，兩廣區委黨的組織曾派惲代英、畢磊和徐彬如等同志向學校當局提出要求聘請魯迅先生來中山大學主持文學系，結果學校當局是答應了。」據郭沫若《墜落了一個巨星》一文回憶：「一九二六年他（按指魯迅）受段祺瑞的壓迫，被逐出北京的時候，我在做著廣東中山大學的文學院長，那時曾商同校長，聘魯迅做教授。然而待魯迅南下廣東的時候，我已經參加北伐軍出發了。」

作《寫在〈墳〉後面》。載12月4日《語絲》週刊第一〇八期，署名魯迅。收入《墳》。文中對於編印《墳》的目的和心情做了進一步的闡述，表現了魯迅嚴於解剖自己，勇於和舊我決裂的精神。他說：「我的確時時解剖別人，然而更多的是更無情面地解剖我自己」，魯迅反思自己思想中的弱點，坦率地承認自己還不能為別人引路，「因為連我自己還不明白應當怎麼走。」同時表示了自己絕不與正人君子們為伍的心態，「偏要使所謂正人君子也者之流多不舒服幾天，所以自己便特地留幾片鐵甲在身上，站著，給他們的世界上多一點缺陷」。文中還做出了「世界卻正由愚人造成，聰明人決不能支持世界」的著名論斷，這是魯迅見多了正人君子、教授才子，看透了上層社會的墮落所得出的自然結論。文中，魯迅還表達了希望自己的文章「速朽」的想法，把自己的文章看作是「改革」道上的「橋樑中的一木一石，並非什麼前途的目標、範本」，認為隨著時代的前進，它「應該和光陰偕逝，逐漸消亡」。不久，魯迅在給許廣平的信中，解釋寫本文時的心情說：「當時動筆的原因，一是恨自己為生活起見，不能不暫戴假面，二是感到了有些青年之於我，見可利用則盡情利用，倘覺不能利用了，便想一棒打殺，所以很有些悲憤之言。」

許廣平給魯迅寫信，其中說道：「我雖然忙，但也有機會可做瑣事，日前織成毛絨衣一件，是自己用的，現在織開一件毛絨小半臂，係藏青色，成後打算寄上，現已做了大半了。不見得心細，手工佳，但也是一點意思。」知識女性的許廣平，也像許多良家閨女一樣，為魯迅織絨衣，針針線線都織進了自己的牽牽掛掛。

另收許廣平、李李遇安信。

十二日

上午寄饒超華信並稿。寄韋素園信並稿。寄邢墨卿信。

十三日

夜同丁山、孫伏園往南普陀觀傀儡戲。傀儡戲即牽絲傀儡戲，閩南民間藝術木偶戲的一種。

十四日

作《〈爭自由的波浪〉小引》。載一九二七年一月一日《語絲》週刊第一一二期和一九二七年一月北京北新書局出版的《爭自由的波浪》，署名魯迅。後來收入《集外集拾遺》。《爭自由的波浪》是俄國短篇小說、散文集，內收高爾基《爭自由的波浪》、《人的生命》，但兼珂《大心》，托爾斯泰《尼古拉之棍》等四篇小說；托爾斯泰《致瑞典和平會的一封信》和《在教堂裡》、《梭斐亞・卑羅夫斯凱婭的生命的片斷》等三篇散文。原名《專制國家之自由語》，英譯本改名《大心》。董秋芳從英譯本轉譯，為《未名叢刊》之一。魯迅曾為之校訂。本文結合對《爭自由的波浪》一書的分析，說明壓迫階級的殘暴的鎮壓必然要導致被壓迫階級的反抗鬥爭，「俄皇的皮鞭和絞架、拷問和西伯利亞，是不能造出對於怨敵也極仁愛的人民的」。同時聯繫中國革命的前景，指出中國革命的發展，也將是「上等人」的失勢和苦惱，因為「平民總未必會捨命改革以後，倒給上等人安排魚翅席，是顯而易見的。因為上等人從來就沒有給他們安排過雜合麵」。這表現了魯迅的一貫思想，對勞苦大眾是哀其不幸，痛其不爭；對所謂上層社會是痛加撻伐，揭露其兇殘本質。

寄許羨蘇信。寄韋素園信並稿，附致李小峰箋。

十五日

致許廣平信。信中對中國社會一些三翻四複的市儈之徒表示憤慨：「我在靜夜中，回憶先前的經歷，覺得現在的社會，大抵是可利用時則竭力利用，可打擊時則竭力打擊，只要於他有利。我在北京這麼忙，來客不絕，但一受段祺瑞，章士釗們的壓迫，有些人就立刻來索還原稿，不要我選定，作序了。其甚者還要乘機下石，連我請他吃過飯也是罪狀了，這是我在運動他；請他喝過好茶也是罪狀了，這是我奢侈的證據。借自己的升沉，看看人們的嘴臉的變化，雖然很有益，也有趣，但我的涵養工夫太淺了，有時總還不免有些憤激……」魯迅是敏感的人，魯迅是有著豐富閱歷的人，如果沒有這兩條，不會有對人生如此深刻的洞察。

這封信中，魯迅對許廣平說，中山大學的聘書已經收到，月薪二百八。這比廈大的四百要少不少，但估計事情卻比廈大要多。許廣平在十一月十五日致魯迅的信中也指出：「你如

來粵，我想，一定要比廈門忙，比廈門苦，薪金大約不過二、三百小洋，說不定還要搭公債和國庫券。就此看來，大半是要食少事繁，像我在這裡似的。廈門難以久居，來粵也有困難之處，奈何！」所以，魯迅的行止，「一時也還不能決定」。

魯迅說：「此地空氣惡劣，當然不願久居，而到廣州也有不合的幾點：（一）我對於行政方面，素不留心，治校恐非所長；（二）聽說政府將移武昌，則熟人必多離粵，我獨以『外江佬』留在校內，大約未必有味；而況（三）我的一個朋友或者將往汕頭，則我雖至廣州，又與在廈門何異。」關於（一），魯迅到中山大學後，確實兼了若干行政職務，忙得團團轉，自認為不是幹行政工作的料，所以很快辭職了。魯迅是有自知之明的。從社會的角度來說，讓魯迅這樣的人去做瑣碎的行政工作，當然是大材小用，用非所長。關於（二），這裡的熟人，大約是指可以談得來的人吧！魯迅在廈門的苦悶，很大程度上就因為無談話對象，而來他房間閒坐的又是一些無聊的人。所以，像郁達夫這樣的老朋友離開廣州了，他到廣州又有什麼意思呢？關於（三），魯迅說得很含蓄，甚至有點幽怨，「我的一個朋友」當然是許廣平，魯迅不直說許廣平而如此稱呼，亦可謂五味雜陳。妳去了汕頭，我到廣州，不是和在廈門也差不多嗎？話反過來說，可以這麼理解，就是因為許廣平在廣州，所以魯迅才去中山大學的。

這封信還表現了魯迅對未來的「無把握」，不確定。他說：「因此又常遲疑於此後所走的路：（一）死了心，積幾文錢，將來什麼事都不做，顧自己苦苦過活；（二）再不顧自己，為人們做些事，將來肚餓也不妨，也一任別人唾罵；（三）再做一些事，倘連所謂『同人』也都從背後槍擊我了，為生存和報復起見，我便什麼事都敢做，但不願失了我的朋友。」對於（一），魯迅說「當先託庇於資本家，恐怕熬不住」。我推測，只有在失去許廣平的狀態下，魯迅才會「顧自己苦苦過活」。關於（二），魯迅說：「……我已經實行過兩年了，終於覺得太傻。」關於（三），魯迅說：「末一條頗險，也無把握（於生活），而且又略有所不忍。」末一條的關鍵字是「不願失去了我的朋友」。魯迅是不同意許廣平到汕頭謀職的，許廣平也只是與他商量，魯迅就彷彿失去了許廣平一般。如此看來，魯迅非常在乎許廣平。未來的生活怎麼安排，很大程度上取決於許廣平。所以，信末魯迅甚至帶著懇求的口氣說：「所以實在難於下一決心，我也就想寫信和我的朋友商議，給我一條光。」魯迅人到中年，經歷了不幸的婚姻和兄弟失和等種種打擊，這才有了許廣平，他把許廣平看作他生命中的一條光。我想，魯迅與周作人決裂，大病一場；倘若失去許廣平，他甚至活不到五十六歲。他也曾預計自己是短命的。在十一月二十八日致許廣平的信中說：「……我一定於年底離開這裡，就中大教授職。但我極希望H.M.也在同地，至少可以時常談談，鼓勵我再做些有益於人的工作。」

魯迅對許廣平是多麼的依戀！

對於魯迅希望與許廣平在廣州會面的希望，許廣平多次表示，「此後你如來粵，我也願在廣州覓事，否則，就到汕頭去」；「如廣州有我可做的事，我自然也可以仍在這裡的」。就是說，許廣平去汕頭否，要看魯迅的行蹤定。

許廣平在十一月二十二日致魯迅的信中，對魯迅以上所說各條，闡述了自己的看法：「你到廣州認為不合的幾點，依我的意見：一，你擔任文科，並非政治，只要教得學生好就是了，治校恐不怎樣看重；二，政府遷移，尚未實現，『外江佬』之入籍，當然不成問題；三，他行止原未一定，熟人也以在廣州者為多，較易設法，所以十之九是還在這裡的。……來信之末說到三條路，在尋『一條光』，我自己還是世人，離不掉環境，教我何從說起。但倘到必要時，我算是一個陌生人，假使從旁發一通批評，那我就要說，你的苦痛，是在為舊社會而犧牲了自己。舊社會留給你苦痛的遺產，你一面反對這遺產，一面又不敢捨棄這遺產，恐怕一旦擺脫，在舊社會裡就難以存身，於是只好甘心做一世農奴，死守這遺產。有時也想另謀生活，苦苦做工，但又怕這生活還要遭人打擊，所以更無辦法，『積幾文錢，將來什麼事都不做，苦苦過活』，就是你防禦打擊的手段，然而這第一法，就是目下在廈門也已經耐不住了。第二法是在北京試行了好幾年的傻事，現在當然可以不提。只有第三法還是疑問，『為生存和報復起見，便什麼事都敢做，但不願……』這一層你也知道危險，於生活無把握，而且又是老脾氣，生怕對不起人。總之，第二法是不顧生活，專戕自身，不必說了，第一第三俱想生活，一是先謀後享，三是且謀且享。一知其苦，三知其危。但我們也是人，誰也沒有逼我們獨來吃苦的權利，我們也沒有必須受苦的義務的，得一日盡人事，求生活，即努力做去就是了。」許廣平不愧為魯迅的紅顏知己，對魯迅的性情、處境等，分析得十分在理，還確實是可以為魯迅指「一條光」的人。

這一天，許廣平也在給魯迅寫信，信中說出了自己對魯迅性格的理解：「你的性情太特別，一有所憎，即刻不可耐，坐立不安。」在第二天，即十一月十六日致魯迅的信中，許廣平進一步分析了魯迅的性格：「你的弊病，是對有些人過於深惡痛絕，簡直不願同在一地呼吸，而對有些人又期望太殷，不惜赴湯蹈火，一旦覺得不符所望，你便悲哀起來了。這原因是由於你太敏感，太熱情，其實世界上你所深惡的和期望的，走到十字街頭，還不是一樣嗎？而你硬要區別，或愛或憎，結果都是自己吃苦，這不能不說是小說家的取材失策……」魯迅愛憎太過份明，為人太過敏感，所以在精神上特別痛苦。許廣平對魯迅的愛，不是盲目的崇拜，而是建立在對魯迅深刻理解的基礎上。

收李季谷、周建人信。

十六日

許廣平給魯迅寫信，除上文提到的說及魯迅的性格弱點外，提出要到廈門看望魯迅：「你願否我趁這閒空，到廈門一次，我們師生見見再說，看你這幾天的心情，好像是非常孤獨似的。還請你決定一下，就通知我。」許廣平這裡用「我們師生見見再說」，表達了女性因嬌羞而生的含蓄，如果這裡不用「師生」二字，那許廣平也太過於「解放」，少了許多味道。雖然小魯迅十幾歲，還是非常善解人意的，她還對魯迅說：「你有悶氣，儘管仍向我發，但願不要悶在心裡就好了。」對於許廣平要來廈門的想法，魯迅的真實心理我們不知道，我寧可推論為他是很高興她能來的，但是，在二十日的回信中，是這麼說的：「至於妳的來廈，我以為大可不必，『勞民傷財』，都無益處；況且我也並不覺得『孤獨』，沒有什麼『悲哀』。」戀愛中的男女，言不由衷的時候是有的，也不好深究。往實在一點說吧！大約魯迅覺得，自己很快就要往廣州去了，這一趟奔波倒是可以免去的。

收汪劍余、李小峰、章廷謙信，致許廣平信，晚上林景良、林和清來訪。

十七日

上午寄章廷謙信，午後寄小峰信並董秋芳稿一包。下午校中教職員照相後開懇親會。

許廣平給魯迅寄了一枚圖章，一件親手織的毛背心。

十八日

作回憶性散文《范愛農》，哀悼范愛農。載十二月二十五日《莽原》半月刊第二十四期，副題為「舊事重提之十」，署名魯迅。收入《朝花夕拾》。透過追敘辛亥革命前後范愛農接觸的生活片斷，對范愛農的不幸遭遇表示同情，同時批判了辛亥革命的不徹底性，揭露了封建復辟勢力的狡猾與兇殘，啟示人們從中汲取鬥爭的經驗教訓。文中指出，辛亥前的范愛農，由於追求革命，「受著輕蔑、排斥、迫害，幾乎無地可容」；革命後，雖然懷著極大的熱情，在紹興師範學校任職十分勤快，「他辦事，兼教書，實在勤快得可以」，但由於封建復辟勢力得勢，還是為「孔教會會長」所排斥，失去了生計，終於又受到更重的打擊與迫害，使「他又成了革命前的愛農」，「景況愈困苦，言詞也愈淒苦」，最後竟溺水而死。文中描寫了紹興「光復」後的情景：「我們便到街上去走了一通，滿眼是白旗。然而貌雖如此，內骨子是依舊的，因為還是幾個舊鄉紳所組織的軍政府，什麼鐵路股東是行政司長，錢店掌櫃是軍械司長……」魯迅既為舊友的遭遇鳴不平，更沉痛地批判了辛亥革命中資產階級的軟弱。

給許廣平寫信。說委託孫伏園為許廣平在中山大學謀一個「女生指導員」之類的「缺額」。說了在廈大的兩件事。一件是，「國學院也無非裝門面，不要實際。對於教員的成績，常要查問，上星期我氣起來，就對校長說，我原已輯好了古小說十本，只須略加整理，學校既如

此著急，月內便去付印就是了。於是他們從此沒有後文。你沒有稿子，他們就天天催，一有，卻並不真準備付印的。」

第二件是「一件可笑可嘆的事」，魯迅記得很詳細：「下午有校員懇親會，我是向來不到那種會去的，而一個同事硬拉我去，我不得已，去了。不料會中竟有人演說，先感謝校長給我們吃點心，次說教員吃得多麼好，住得多麼舒服，薪水又這麼多，應該大發良心，拚命做事，而校長如此體貼我們，真如父母一般……我真要立刻跳起來，但已有一個教員上前駁斥他了，鬧得不歡而散。」高校教員，也如此肉麻，匪夷所思！日記記載「林玉霖妄語，繆子才痛斥」。林玉霖，林語堂之兄，當時任廈門大學學生指導長。哲學系教授繆子才（名篆，江蘇泰興人）立即予以駁斥，說：「我們都不是婦人、孩子，怎麼可以這樣比喻呢？」魯迅接著說：「還有稀奇的事，是教員裡面，竟有對於駁斥他的教員，不以為然的。他說，在西洋，父子和朋友不大兩樣，所以倘說誰和誰如父子，也就是誰和誰如朋友的意思。這人是西洋留學生，你看他到西洋一番，竟學得了這樣的大見識。」魯迅感慨良多，「我才知道在金錢下的人們是這樣的」！魯迅說，「我決計要走了」，「……即使無嘰飯處，廈門也決不住下去的了」。可見，魯迅對廈大的風氣是多麼的深惡痛絕。他還說：「……我近來忽然對於做教員發生厭惡，於學生也不願意親近起來，接見這裡的學生時，自己覺得很不熱心，不誠懇。」

這封信中，魯迅還提到孫中山生日紀念的情形，「我以為和他本身是無關的，只是給大家看熱鬧」，所有對偉人的紀念，大多都是為了活人的利益，這是無疑的。所以，魯迅說：「要是我，實在是『身後名，不如即時一杯酒』……」魯迅對身後名看得很淡，他是灑脫的。

得許廣平信。

十九日

下午寄許廣平信。得葉淵信。

二十日

給許廣平寫信，說中山大學薪水雖少，「但我並不計較這一層，實收百餘元，大概已經夠用，只要不在不死不活的空氣裡就好了。」錢多錢少，魯迅不是很計較的，心情好，精神狀態好，這最重要。魯迅還是想做一點有益於社會的事的：「到中大後，也許不難擇一並不空耗精力而較有益於學校或社會的事。」對比廈大，魯迅說：「至於廈大，其實是不必請我的，因為我雖頹唐，而他們還比我頹唐得厲害。」魯迅在談到林語堂辭職事時說，「勸他不少爛在這裡」，一個「爛」字，道盡了魯迅對廈大的絕望，廈大是夠爛的了！在十一月二十五日致許廣平的信中，魯迅說了這樣一句話：「至於我，再在這裡熬半年……」一個「熬」字，

也足可看出魯迅在廈門期間精神上的痛苦。

作《所謂「思想界先驅者」魯迅啟事》。載十二月十日《莽原》半月刊第23期，同時又載《語絲》、《北新》、《新女性》等期刊。收入《華蓋集續編》。高長虹和魯迅結識之後，先是想利用魯迅抬高自己，後是一反常態，攻擊魯迅。本月，《狂飆》週刊第五期就刊出了高長虹《一九二五，北京出版界形勢指掌圖》一文，對魯迅肆意誹謗。魯迅看後，忍無可忍，決定反擊。在致韋素園的信中說：「我編《莽原》、《未名》、《烏合》三種，俱與所謂什麼狂飆運動無干，投稿者多互不相識，長虹做如此廣告，未免過於利用別人。」所以，魯迅寫了這個《啟事》。此外魯迅在十一月二十八日致韋素園信中說：「《狂飆》第五期已見過，但未細看，其中說誑挑撥之處似頗多，單是記我的談話之處，就是改頭換面的記述，當此文未出之前，我還想不到長虹至於如此下劣。」他在本日給許廣平的信中也談到此事：「我之所以憤慨，卻並非因為他們使我失望，而在覺得了他先前日日吮血，一看見不能再吮了，便想一棒打殺，還將肉做罐頭賣以獲利。這回長虹笑我對章士釗的失敗道，『於是遂戴其紙糊糊的「思想界的權威者」之假冠，而入於身心交病之狀態矣。』但他八月間在《新女性》上登廣告，卻云『與思想界先驅者魯迅合辦《莽原》』，一面自己加我『假冠』以欺人，一面又因別人所加之『假冠』而罵我，真是輕薄卑劣，不成人樣。有青年攻擊或譏笑我，我是向來不去還手的，他們還脆弱，還是我比較禁得起踐踏。然而他竟得步進步，罵個不完，好像我即使避到棺材裡去，也還要戮屍的樣子。」並表示「我已決定不再徬徨，拳來拳對，刀來刀擋，所以心裡也很舒服了」。

上午「得景宋信三函」，下午赴林語堂邀約之茶話會。

二十一日

致章廷謙信。這是一封很有意思的信。信中先是對「某公之陰謀」發了一些牢騷，說了廈大的種種無聊。但是，魯迅還是認為章廷謙可以來廈門。可以的理由是什麼呢？魯迅說：「其實呢，這裡也並非一日不可居，只要裝聾作啞。校中的教員，謀為『永久教員』者且大有其人。」魯迅認為，自己不願意待，待不下去，是因為「脾氣不太好，吃了三天飽飯，就要頭痛」，還因為自己單身一人，「加以一卷行李一個人，容易作怪，毫無顧忌」。所以，魯迅認為，章可以夫婦齊來，魯迅開他玩笑說：「你們兩位就不同，自有一個小團體，只要還他們應盡的責任，此外則以薪水為目的，以『愛人呀』為宗旨，關起門來，不問他事，即偶有不平，則於回房之後，夫曰：某公是畜生！婦曰：對呀，他是蟲豸！悶氣既出，事情就完了。我看凡有夫人的人，在這裡都比別人和氣些。」魯迅在老朋友面前十分頑皮的形象，活靈活現地自我勾勒出來了。魯迅認為廈大還是可來的，但又要隨時準備撤退，他說：「但

兩人須少帶笨重器具，準備隨時可走。總而言之，勿做久長之計，只要目前有錢可拿，便快快來拿，拿一月算一月，能拿至明年六月，固好，即不然，從速拿，盤川即決不會折本……」換一句大白話說，就是有錢可賺，趕快來賺。這樣的境界，足見魯迅也是食人間煙火的凡夫俗子。但是，我們也不能據此認為，魯迅就是一個俗人，這有兩個前提，一是，廈大的環境就是如此的無聊和庸俗，你要高境界也高不起來；二是，「只要還他們應盡的責任」，就是說，該做的事還是做了。

魯迅還不無幽默地描摹了自我嘔氣的情況：「若夫不佞者，情況不同，一有感觸，就坐在電燈下默默地想，越想越火冒，而無一人澆一杯冷水，於是終於決定曰：仰東碩殺！我勿（上勿下要）來帶者（紹興方言，不要待在這裡的意思）！其實這種『活得弗靠活』，亦不足為訓，所以因為我要走而以為廈大不可一日居，也並非很好的例證。」魯迅指出了，他要走，不能證明廈大不能待。這裡我也不妨逗逗趣，假如當初林語堂知道了魯迅的戀情，也把許廣平聘來，雖然魯迅也要走（中山大學就同時聘了許廣平），但也許會待得長一些？也未可知。

信的最後，魯迅說，「至於『糟不可言』，則誠然不能為諱，然他們所送聘書上，何嘗聲明要我們來改良廈大乎？薪水不糟，亦可謂責任已盡也矣。」這倒也是一句實在話，人家是叫你來教書的，你願意來就來，不願意來就罷，糟不糟，糟到什麼程度，那是學校當局要操心的事，你可以討厭，你可以走，畢竟是資本家辦的學校，其奈他何?!

上午寄許廣平信並刊物一束。寄韋素園信並稿，附小峰信。寄孫福熙及墨卿、雪村信附啟事稿。得許羨蘇、馬幼漁、韋素園、向培良、章廷謙、陶元慶信。午覆馬幼漁信。

致韋素園信：「我在此也靜不下，瑣事太多，心緒很亂，即寫回信，每星期須費去兩天。周圍是像死海一樣，實在住不下去，也不能用功，至遲到陰曆年底，我決計要走了。」

二十二日

上午寄章廷謙、許羨蘇信。下午得許廣平、李霽野、韋叢蕪信。

二十三日

下午寄陶元慶、向培良信。

二十四日

下午收陶元慶所寄畫一幀，即《墳》的封面。寄齊壽山、李霽野、韋叢蕪信。

二十五日

寄許羨蘇信，內附予許欽文信，又刊物一包九本，內附陶元慶畫一枚；因許欽文對校三色版較有經驗，故魯迅將畫稿寄許羨蘇轉許欽文在京印製。寄王衡、李季穀信。

林文慶邀午餐。在與校長林文慶的「談話會」上，就削減國學院預算經費一事向林提出強硬抗議，迫使林文慶取消前議。卓治在《魯迅是這樣走的》一文中記載此事說：「不久又遇到了國學院預算案的減少問題……國學院之於院長（按指林文慶）之流似乎有些看不慣，如他們想用白話文格式，或者是比較簡易的格式，而院長之流，卻以為還是『等因』『准此』……的好。所以一眼望到，便想法子，來在少無可少的原有預算上找尋，魯迅覺得太不平了，便這樣的提出一些反對的話頭，大意是：預算並不為多，加增之不增，反要減少，現在成立將近半載，國內外各處，送來許多東西，我們卻連一種刊物也還沒有出得，現在要減少預算，研究的成績紀錄，既不願印行，連刊物也要視為『莫須有』的，有中化無的消滅，那麼我們來到這裡半年，人們將謂我們是來白吃飯的。同時這種似乎騙人的行為，的確有些放心不下。」

同日，致許廣平信中也談到國學院事，說：「因為校長要減少國學院預算」，「今天和校長開談話會，我即提出強硬之抗議，以去留為孤注，不料校長竟取消前議了」。然而「維持預算之說，十之九不久又會取消，問題正多得很。」廈門大學國學研究院越辦越糟，魯迅早就看出廈大當局對教授「像養牛之每日擠牛乳一般」，「你沒有稿子，他們就天天催，一有，卻並不真準備付印」，他們是「裝門面，不要實際」的。他曾一再想提出辭掉在國學院的兼職。後因考慮到「即使辭掉，他們也仍要想法使你做別的工作」，因此，「還是任它拖著」。

此外，本日致許廣平的信中對北伐軍的勝利消息感到鼓舞，對當時廈大的學生運動深表關心。當時廈大的學生運動主要由共產黨人羅楊才領導。羅時任廈大學生自治會主席，又以個人身分擔任了廈大國民黨區分部書記。魯迅說：「本校學生中，民黨不過三十左右，其中不少是新加入者，昨夜開會，我覺得他們都沒有歷練，不深沉，連設法取得學生會以供我用的事情都不知道，真是奈何奈何。開一回會，空嚷一通，徒令當局者因此注意，那夜反民黨的職員就在門外竊聽。」後來，羅揚才注意到這點，利用學生自治會來「挽留魯迅」，發動了一場進步的學潮。

本日的信中，魯迅說：「我自然要從速離開此地，……」但是，「再在這裡熬半年，也還做得到的……」對此，許廣平在十二月二日的回信中說：「過去的有限的日子，已經如此無聊，再『熬半年』，能保不發生別的意外嗎？單為『玉成』他人而自放於孤島，這是應當的嗎？我著實為難，廣大當然也不是理想的學校，所以你要仍在廈大，我也難於多說。」有點抱怨，字裡行間可見許廣平也是盼著魯迅早日來到廣州。

二十六日

寄許廣平信。先是林河清來訪，後蔣希曾來訪。夜觀電影。

二十七日

許廣平給魯迅寫信，信中說到自己到中大當「中大女生指導員」事，因自己被別人疑為「共產黨」（許廣平實際上是國民黨黨員），恐怕連累魯迅，「則似以我不在你的學校為宜。但如果你以為無妨，就不妨向伏園先生說說，我是沒有什麼異議的」。魯迅在一九二七年一月二日致許廣平的信中說：「……我想即同住在一校也無妨，偏要同在一校，管他媽的。」好一個「管他媽的」，魯迅不再猶疑，而有了大無畏的英雄氣概！魯迅難得罵人，這一罵，居然罵出了愛的深度，妙！

在這封信中，做為「太陽、月亮、夜」中的「月亮」，許廣平首次提到了「太陽」高長虹：「你在北京，拚命幫人，傻氣可掬，連我們也看得吃力，而不敢言……但長虹的行徑，卻真是出人意外，你的待他，是盡在人們眼中的，現在僅因小憤，而且並非和你直接發生的小憤，就這麼嘲笑罵詈，好像有深仇重怨，這真可說是奇妙不可測的世態人心了。你對付就是，但勿介意為要。」許廣平如果真與高長虹有過戀愛經歷，從常理說，她會保持沉默，不會說「你對付就是」；從許廣平的有關傳記，基本上看不到高長虹的影子。

一早蔣希曾、林語堂來，同乘小汽船往集美學校，午後演講三十分鐘。

魯迅在《海上通信》中曾說及這次演講：「先前，那校長葉淵定要請國學院裡的人們去演說，於是分為六組，每星期一組，凡兩人。第一次是我和語堂。那招待法也很隆重，前一夜就有祕書來迎接。此公和我談起，校長的意思是以為學生應該專門埋頭讀書的。我就說，那麼我卻以為了應該留心世事，和校長的尊意正相反，不如不去的好吧！他卻道不妨，也可以說說。於是第二天去了……午後演講，我說的是照例的聰明人不能做事，因為他想來想去，終於什麼也做不成等類的話。那時校長坐在我背後，我看不見。直到前幾天，才聽說這位葉淵校長也說集美學校的鬧風潮，都是我不好，對青年人說話，哪裡可以說人是不必想來想去呢。當我說到這裡的時候，他還在後面搖搖頭。」為此，魯迅感慨萬分，說：「硬要我去」演說，「自然也可以的。但須任憑我說一點我所要說的話，否則，我寧可一聲不響，算是死屍。」據《魯迅日記》記載，十二月二日魯迅因該校校長的索取，曾把演講稿寄集美學校，但由於和葉淵的見解不同，終於沒有登出，演講稿現已佚。

演講結束後，與林語堂仍舊坐汽船歸。

收許廣平信。

日記還記載：「夜禮堂走電，小焚。」

二十八日

給許廣平寫信，又是一番自我分析：「我一生的失計，即在向來不為自己生活打算，一

切聽人安排，因為那時預料是活不久的。後來預料並不確中，仍能生活下去，遂致弊病百出，十分無聊。再後來，思想改變了，但還是多所顧忌，這些顧忌，大部分自然是為生活，幾分也為地位，所謂地位者，就是指我歷來的一點小小工作而言，怕因我的行為的劇變而失去力量。」

這封信還對許廣平談了對本地學生刊物的看法——雖然事實上魯迅熱情支持了他們——「此地無甚可為。近來組織了一種期刊，而作者不過寥寥數人，或則受創造社影響，過於頹唐，或則像狂飆社嘴臉，大言無實；又在日報上添了一種文藝週刊，恐怕也不見得有什麼好結果。大學生都很沉靜，本地人文章，則『之乎者也』居多，他們一面請馬寅初寫字，一面要我作序，真是一視同仁，不加分別。有幾個學生因為我和兼士在此而來，我們一走，大約也要轉學到中大去。」

致韋素園信，指出《莽原》暫不要改名了，「《莽原》改名，我本為息事寧人起見。現在既然破臉，也不必一定要改掉了，《莽原》究竟不是長虹的」。早在二十三日，魯迅在給李霽野的信中，魯迅也表達了與此相近的意思。

收韋素園、許羨蘇、台靜農、鄺富灼信。晚上魏兆淇、朱斐、王方仁、崔真吾合餞伏園於鎮南關之一福州小飯店，邀同往，飲饌頗佳。

二十九日

寄許廣平、許羨蘇、周建人、韋素園信。收許廣平所寄毛線背心一件，名印一枚。收台靜農信。

三十日

許廣平給魯迅寫信，北伐軍攻下漳州等地，「聽說廈門大學危險，正在戰事範圍中，不知真相如何」，表示關切；向魯迅明確表示，「汕頭我沒有答應去，決意下學期仍在廣州」。

收商務印書館所寄英譯《阿Q正傳》三本，分贈林語堂、孫伏園各一本。這是《阿Q正傳》的第一個英譯本，也是最早的歐洲文字譯本，十二月十一日，又收梁社乾寄贈英譯《阿Q正傳》六本。魯迅在《兩地書・八六》中說：「《阿Q正傳》的英譯本已經出版了，譯得似乎並不壞，但也有幾個小錯處。」據戈寶權考證：「《阿Q正傳》的英譯者梁社乾，早在一九二五年四月二十九日以前就寫信給魯迅，魯迅在五月二日收到。接著梁社乾又在六月上旬把《阿Q正傳》的英譯稿寄請魯迅審閱，魯迅六月二十日校正寄還，這個譯本於一九二六年在上海出版。從時間上看，梁社乾著手翻譯《阿Q正傳》應該是在當年四月以前幾個月的事。……根據這些情況，我們可以肯定地說，梁社乾用英文翻譯的《阿Q正傳》，無論從翻譯還是從出版的

時間上，都比敬隱漁的法譯本和王希禮的俄譯本為早，因此應該說，最先譯成歐洲文字的《阿Q正傳》是英文譯本，這就是梁社乾的譯本。」

在本日致章廷謙的信中，魯迅再次表示「此地最討厭者，卻是飯菜不好」，魯迅就要離開廈門了，還是不習慣廈門的飲食。

另收許羨蘇、許欽文、荊有麟、金仲芸、韋素園、章廷謙、周建人信。

十二月一日

寄鄭富灼、荊有麟、金仲芸、章廷謙、許羨蘇、周建人信。寄蘇州振興書社信及款購書。

二日

致許廣平信。希望許廣平能學日文：「還有一個吃虧之處是不能看別國書，我想較為便利的是來學日本文，從明年起我當勒令學習，反抗就打手心。」魯迅打許廣平的手心，像嚴父打閨女？像私塾先生打弟子？像哥哥牽過妹妹的手，欲打不忍，結果是一個吻？有趣。

信中說，許廣平為魯迅織的背心已經穿上，「很暖，我看這樣就可以過冬，無需棉袍了。」許廣平在十二月七日的回信中說：「穿上背心，冷了還是要加棉襖、棉袍……的。『就這樣可以過冬』嗎？傻子！」魯迅是生活很隨便的人，冬天衣服也穿不多，為了抑制性慾，甚至不穿棉褲。許廣平要進入魯迅的生活了，不免問寒問暖。我覺得，魯迅或許可以不穿棉襖，「傻子」二字，有嬌有嗔，足以抗禦寒冬了。

魯迅又說：「我並不在追蹤政府，許多人和政府一同移去，我或者反而可以閒暇些，不至於又大欠文章債……」這樣的話，魯迅多次說過，更可見魯迅不是為了所謂要到革命中心參加革命，要是這樣，他就應該和許廣平一起去廣州，而不是到了革命的旁邊孤島廈門，後來魯迅到廣州時，廣州也已經成了革命的旁邊了。

魯迅發感慨說：「在金錢下呼吸，實在太苦，苦還罷了，受氣卻難耐。……我想此後只要能以工作賺得生活費，不受意外的氣，又有一點自己玩玩的餘暇，就可算是萬分幸福了。」魯迅對生活的要求不是很高，不為金錢所累，少受氣，有餘暇，這便是萬分幸福！無獨有偶，許廣平在十二月二十七日致魯迅的信中，也說了大同小異的話：「我只希望教幾點鐘書，每月得幾十元錢，自己再有幾小時做些願做的事，就算十分幸福了。」諸位看客，你說，他倆不是知音是什麼？

這封信中，魯迅還表示了對「做文章的青年」的失望：「我看有希望的青年，恐怕大抵打仗去了」，這是與魯迅重行而輕言的思想相一致的，魯迅曾說，不會做文章，不算什麼大不了的事，青年應該自立於社會，做社會的改革者（大意），「至於弄弄筆墨的，卻還未遇

著真有幾分為社會的，他們多是掛新招牌的利己主義者。而他們竟自以為比我新一、二十年，我真覺得他們無自知之明，這也就是他們之所以『小』的地方。」弄弄筆墨，不是為了社會人生，甚至不是為了藝術，而只是為了自我的宣洩，或者藉此揚名，這樣的「文人」，不論魯迅時代還是當今文壇，都多了去了。

收許廣平信。寄集美學校演講稿。

三日

晨寄許廣平信並五本期刊。下午又寄許廣平信。夜看電影《新人之家庭》，魯迅說：「劣極」。

捐平民學校五元。廈門大學平民學校是在魯迅的支持下，由廈門大學學生自治會於本年十一月開始籌辦的。據一九二六年十一月二十七日《廈大週刊》第一六五期《學生會消息》：「本大學學生總委員會為提倡平民教育起見，現特組織平民學校。凡校內校役及工人皆可入校。其授課時間，訂每日下午六時半到七時半。」該校創辦之初，有四十餘名學生，共分兩組，開設有國文、常識、尺牘、珠算等課程。共產黨員、廈大學生自治會主席羅揚才到該校擔任常識課。為了加強領導，廈大學生自治會特組織了一個負責平民學校工作的平民學校委員會。

作《〈阿Q正傳〉的成因》。載十二月十八日《北新》週刊第十八期，署名魯迅。收入《華蓋集續編》。本年十一月二十一日，西諦（鄭振鐸）在《文學週報》第二五一期上發表《「吶喊」》一文，對《阿Q正傳》做了不切實際的批語：「像阿Q那樣的一個人，終於要做起革命黨來，終於受到那樣大團圓的結局，似乎連作者他自己在最初寫作時也是料想不到的。至少在人格上似乎是兩個。」魯迅針對這一批評寫了本文，闡述了《阿Q正傳》的創作過程，論述了阿Q參加革命的可能性，並聯繫北洋軍閥統治的腐敗和野蠻，說明了阿Q的「大團圓」正是現實生活的真實反映。文中說：關於阿Q要做革命黨的問題，「據我的意思，中國倘不革命，阿Q便不做，既然革命，就會做的。我的阿Q的運命，也只能如此，人格也恐怕並不是兩個。民國元年已經過去，無可追蹤了，但此後倘再有改革，我相信還會有阿Q似的革命黨出現。我也很願意如人們所說，我只寫出了現在以前的或一時期，但我還恐怕我所看見的並非現代的前身，而是其後，或者竟是二三十年之後。」關於「大團圓」，文中說：「其實『大團圓』倒不是『隨意』給他的；至於初寫時可曾料到，那倒確乎也是一個疑問。我彷彿記得：沒有料到。不過這也無法，誰能開首就料到人們的『大團圓』？」西諦的批評，顯示出他對魯迅《阿Q正傳》的深刻含意和中國的社會民生都缺乏瞭解。

四日

午與孫伏園合邀魏、朱、王、崔四人飲。收韋素園信。

五日

致韋素園信。對「未名社」的工作提出自己的建議：「對於《莽原》……我想，如果大家有興致，就辦下去吧！當初我說改名，原為避免糾紛，現在長虹既挑戰，無須改了，……退步須兩面退，倘我退一步而他進一步，就只好拔出拳頭來。」對「未名社」的成員，魯迅發表了自己的看法：「在未名社的你們幾位，是小心有餘，潑辣不足。所以作文，辦事，都太小小心，遇見一點事，精神上即很受影響，其實是小小是非，成什麼問題，不足介意的。但我也並非說小心不好，中國人的眼睛倘此後漸漸亮起來，無論創作翻譯，自然只有堅實者站得住，《狂飆》式的恫嚇，只能欺騙一時。」

這封信中，魯迅還批評了高長虹的《論雜交》，認為「直是笑話」，「他說那利益，是可以沒有家庭之累，竟不想到男人雜交後雖然毫無後患，而女人是要受孕的。」

另致周建人信。晚陳定謨、羅心田來談。

六日

致許廣平信，說她的學校真好像「濕手捏了乾麵粉」，黏纏極了。接著，對單位和個人的關係，說了一些看法：「雖然『天下興亡，匹夫有責』，但在位者不講信用，專責『匹夫』，使幾個人挑著重擔，未免太任意將人來做無謂的犧牲。我想，事到如此，該以自己為主了，覺得耐不住，便即離開，倘因生計或別的關係，非暫時敷衍不可，便再敷衍幾日。」

收許廣平、顧敦鍒及梁社乾信。收北新書局所寄《中國小說史略》四十本，《桃色的雲》、《徬徨》各五本。

七日

許廣平致魯迅信，其中幾句很有趣味：「英譯《阿Q》不必寄，現時我不暇看也不大會看，待真的阿Q到了廣州，再拿出譯本，一邊講解，一邊對照吧！那時卻勿得規避，切切！」這裡，魯迅成了阿Q！我做如是想：魯迅和許廣平緊挨著，魯迅唸英譯本《阿Q》，許廣平眼睛不看書裡，卻瞅著魯迅，魯迅發現了，說：「不專心，打手心。」許廣平伸出手，魯迅將要打，許廣平卻捏了一下魯迅的鼻子：「你這個阿Q呀！」這種推論，應該有一定的合理性吧？

寄許廣平、許羨蘇信。

譯完日本鶴見祐輔所作雜文《說幽默》並作《譯者識》。均載一九二七年一月十日《莽原》半月刊第二卷第一期。均收入《思想・山水・人物》。

八日

致韋素園信，抨擊高長虹，「至於長虹，則我看了他近出的《狂飆》，才知道他很卑劣，不但挑撥，而且於我的話也都改頭換面，不像一個男子所為。」

收章廷謙、韋素園信，收許羨蘇信，附敬「隱」漁巴黎來函及畫明信片四枚。

九日

寄許羨蘇、梁社乾、顧雍如等信。傍晚往鈴記理髮。

十日

上午同伏園往市區，在別有天午餐。買皮箱一口。在商務館買《外國人名地名表》一本。晚上看電影。

十一日

致許廣平信，信中說：「對於學生，我已經說明了學期末要離開，有幾個因我在此而來的，大約也要走。」這幾個學生是：謝玉生、王方仁、廖立峩、谷中尤等人。（在十二月十二日致許廣平的信中，魯迅也提到「追隨者」事：「我離廈門後，有幾個學生要隨我轉學，還有一個助教也想同我走，他說我對於金石的知識於他有幫助。」）魯迅又說：「至於有一部分，那簡直無藥可醫，他們整天的讀《古文觀止》。」這是魯迅的一貫思想，他認為要少讀，或者竟不讀中國書，多讀外國書；他還認為，不要死讀書，不要鑽在故紙堆中，要多接觸社會，要能辦事。

上午應丁山之邀往鼓浪嶼，並羅心田（羅常培）、孫伏園在洞天午餐，午後遊日光岩及觀海別墅，下午乘舟歸。收梁社乾所寄贈英譯《阿Q正傳》六本。

十二日

赴平民學校成立會演說五分鐘。平民學校於本日借廈大群賢樓大禮堂開成立大會，並邀請魯迅赴會演講。參加開學典禮的有兩百多人，校長林文慶及學生指導長林玉霖也故作姿態，出席了這次會議，他們在會上也曾發表演說。魯迅本日在給許廣平的信中說：「平民學校的成立大會要我演說，我去說了五分鐘，又恭聽校長輩之胡說至十一時。有一曾經留學西洋之教授曰：這學校之有益於平民也，例如底下人認識了字，送信不再會送錯，主人就喜歡他，要用他，有飯吃……我感佩之極，溜出會場……」與他們相對立，魯迅在演說中則懇切熱情地鼓勵這些被人看不起的貧苦學生起來掌握自己的命運。魯迅演說的大意為：「今天，你們這學校開成立會，我十分高興。因為它是平民學校，我就不能不來，而且就不能不說幾句話。……我要說的是：你們都是工人、農民的子女，你們因為貧苦，所以失學，所以須到這

樣的學校來讀書。但是你們窮的是金錢，而不是聰明與智慧。你們貧民的子弟一樣是聰明的，你們貧民的子女一樣是有智慧的。你們能夠下決心，你們能夠奮鬥，一定會成功，一定有前途。沒有什麼人有這樣的大權力：能夠叫你們永遠被奴役；也沒有什麼命運會這樣註定，要你們一輩子做窮人。你們自己不要小看自己，以為自己是貧民子女，所以才進到這平民學校來。」我以為，雖然說話的語氣不很像魯迅——魯迅說話一向是沉鬱的，幽默的，少有激越之態——但內容與魯迅的精神實質頗為契合，魯迅對勞苦大眾有著深切的同情，哀其不幸，痛其不爭，因而自然也希望他們有讀書學習的機會。

在本日致許廣平的信中，魯迅還對到廣州後的生活稍作描摹：「我將來擬在校中取得一間屋，算是住室，做為預備功課及會客之用，另在外面覓一相當的地方，做為創作及休息之用，庶幾不至於起居無節，飲食不時，再蹈北京時之覆轍。」

這封信中，魯迅針對「失敗之後」這一問題，發了「空議論」：「以中國人一般的脾氣而論，失敗之後的著作，是沒有人看的，他們見可役使則盡量地役使，見可笑罵則盡量地笑罵，雖一向怎樣常常往來，也即刻翻臉不識，看和我往來最久的少爺們的舉動，便可推知。……遇到這樣的時候，為省事計，則改業也行，走外國也行；為賭氣計，則無所不為也行，倒行逆施也行。」「失敗」以後，周遭人物「翻臉不識」，此時最好是另闢蹊徑，三十六計走為上，倘不走，在老地方，只能「倒行逆施」。魯迅所見，深得我心！

寄許廣平信，同時收到許廣平三封信。晚同孫伏園訪林語堂，在其寓夜餐。

十三日

寄許廣平信。寄還宋文翰《小說史略》上下冊，並贈以三版合本一冊。魯迅譯稿《說幽默》寄韋素園並英譯《阿Q正傳》二本，分贈李霽野、韋叢蕪。收朱家驊信，催魯迅早赴廣州。另收尚鉞、許羨蘇、李小峰、韋素園、鄭振鐸信。

十四日

給許廣平寫信，說中山大學又有信來，催魯迅速去。此信主要談了「狂飆中人」，他們「一面罵我，一面又要用我了。培良要我在廈門或廣州尋地方，尚鉞要將小說編入《烏合叢書》去，並謂前係誤罵，後當停止，附寄未發表的罵我之文稿，請看畢燒掉云。我想，我先前的種種不客氣，大抵施於同年輩或地位相同者，而對於青年，則必退讓，或默然甘受損失。不料他們竟以為可欺，或糾纏，或奴役，或責罵，或誣衊，得步進步，鬧個不完。我常嘆中國無『好事之徒』，所以什麼也沒有人管，現在看來，做『好事之徒』實在也大不容易，我略管閒事，就弄得這麼麻煩。現在是方針要改變了，地方也不尋，叢書也不編，文稿也不看，也不燒，回信也不寫，關門大吉，自己看書，吸菸，睡覺。」具體到高長虹、向培良他們，魯迅可能

確實可以做到置之不理，但事實上他的心是不會死的，定居上海以後，又有一群徐懋庸一般的青年圍著他，他不照樣吃草擠奶?!就像他12月16日的信中對許廣平說的：「我先前何嘗不出於自願，在生活的路上，將血一滴一滴地滴過去，以飼別人，雖自覺瘦弱，也以為快活。」

寄鄭振鐸、李小峰、沈兼士信，寄許廣平期刊一束。收李遇安信。午後趙風和、倪文宙來訪。林語堂邀晚飯，並孫伏園。

十五日

收李小峰所寄書三包。收周建人購寄茶葉二斤，印泥一盒。晚李叔珍來訪。

十六日

致許廣平信。信中對社會上一些人對自己先利用後攻擊的現象表示憤慨：「我先前何嘗不出於自願，在生活的路上，將血一滴一滴地滴過去，以飼別人，雖自覺漸漸瘦弱，也以為快活。而現在呢，人們笑我瘦弱了，連飲過我的血的人也來嘲笑我的瘦弱了。……於是也乘我困苦的時候，竭力給我一下悶棍，……這實在使我憤怒，怨恨了，有時簡直想報復。」

收許廣平信。晚莊奎章來訪。

十七日

午郝秉衡、羅心田、陳定謨招飲於南普陀寺，同席八人。午後收周建人購寄《魏略輯本》

二本，《有不為齋隨筆》二本。

十八日

午後伏園南去。下午林木土字筱甫等來訪。

十九日

許廣平給魯迅寫信，「廈大幾時放寒假？我現在閒著了，來的日期可先行通知，最好託客棧招呼，或由我預先佈置，總以預知為便，好在我是閒著的。」此前，許廣平算日子，說魯迅還有三十多天就到廣州了，實際是還有四十多天，她少數了十天。愛情讓女人變得弱智，連粗淺的數學題都搞不清楚。魯迅在十二月二十三的回信中說：「我想先住客棧，此後如何，看情形再說，現在可以不必預先酌定。」

致沈兼士信，談了對廈大的觀感：「廈校本系削減經費，經語堂以辭職力爭後，已復原，但仍難信，可減可復，既復亦仍可減耳。語堂恐終不能久居，近亦頗思他往，然一時亦難定，因有家室之累。」「可減可復」，可見魯迅對中國人情的深刻洞察；亦可見魯迅是一個深刻的懷疑論者。

收孫福熙、周建人、荊有麟、沈兼士、許羨蘇信（附福岡君函）。下午張亮丞、趙風和

分別來訪。

二十日

給許廣平寫信，說到孫伏園要走了，校方讓魯迅搬到孫的住處。魯迅說：「可否再緩一個多月的樣子，那時我一定搬。」因為一個多月後，魯迅已經「開路」了。據此，魯迅發了一陣「牢騷」：「其實，教員的薪水，少一點倒不妨的，只是必須顧到他的居住飲食，並給以相當的尊重。可憐他們全不知道，看人如一把椅子或一個箱子，搬來搬去，弄不完，幸而我就要搬出，否則，恐怕要成為旅行式的教授的。」用今天的話說，就是要人性化的管理。不懂得尊重人的人，是「可憐」的。魯迅是一代文豪，尚且被「搬來搬去」，何況一般的教員？你在我麾下做活，你就是我的奴才，這是中國一般得勢者潛意識中的觀念。

作《關於三藏取經記等》。載一九二七年一月二十五日《北新》週刊第21期，署名魯迅。收入《華蓋集續編》。十一月十四日，日本人德富蘇峰在東京《國民新聞》發表了《魯迅氏之〈中國小說史略〉》，堅持《三藏取經記》是宋刊本，說魯迅為元刊本是「過於太早計了」，並以輕薄的語氣諷刺說：「即使世間多不可思議事，元人著作的宋刻，是未必有可以存在的理由的。」德富蘇峰的文章既無確鑿的科學根據，「措辭又很波俏」。魯迅以為，「在考辨的文字中雜入一點滑稽輕薄的論調，每容易迷眩一般讀者，使之失去冷靜，墜入彀中」。魯迅在此文中逐一批駁了德富蘇峰關於《大唐三藏取經記》是宋刊本的論據，堅持自己疑為元刊本的觀點。同時，對考辨文字中雜入滑稽輕薄的論調，提出了嚴肅批評。

寄福岡君、周建人、許羨蘇信。

二十一日

寄許廣平、李遇安信。收郁達夫及李遇安信。得中山大學委員會來信，通知魯迅已經被聘為正教授，並請魯迅早日啟程。下午捐浙江同鄉會泉二元。

二十二日

作《〈走到出版界〉的「戰略」》。載一九二七年一月八日《語絲》週刊第一百一十三期，文末署魯迅摘。後來收入《集外集拾遺》。《走到出版界》是高長虹在他主編的《狂飆》週刊上連續發表的批評文字的總題，後來印有單行本。在這些文字中，不斷對魯迅進行誹謗和攻擊。本文中摘錄了高長虹對魯迅從吹捧到誹謗，從利用到謾罵的種種文字，加以編排對照，揭露了高長虹別有用心的「戰略」和卑劣的手段。

二十三日

寄有麟信。收章廷謙信。

給許廣平寫信，說中大委員會來信，「言所定『正教授』只我一人，催我速往。那麼，恐怕是主任了。不過我仍只能結束了學期再走，擬即覆信說明，但伏園大概已經替我說過。至於主任，我想不做，只要教教書就夠了。」

許廣平也同時給魯迅寫信，其中說道：「你那些在廈門購置的器具，如不沉重，帶來用用也好。此地的東西，實在太貴，而且我也願意看看那些用具，由此來推見你在廈門的生活。」話說得漫不經心，在我看來，實際上是戀愛中聰明女子的承諾，就是暗示魯迅，我們或許可以如此這般了。

收許廣平信。晚林洪亮來訪。

二十四日

給許廣平寫信，估計林語堂在廈大也待不下去，「然而我們走後，不久他們也要滾出的。為什麼呢？這裡所要的人物，是：學者皮而奴才骨。他們卻連皮也太奴才了，這又使校長看不起，非走不可。」魯迅的眼睛真是毒，不久，還真被魯迅而言中。

作《新的世故》。載一九二七年一月十五日《語絲》週刊第一一四期。後來收入《集外集拾遺》。本文也是對高長虹種種誹謗的回擊。文中表現出魯迅甘當青年「踏腳石」的精神。同時，揭露了高長虹為了一己私利爭奪地盤，「費筆費墨，費紙費壽」，攻擊和誹謗別人的行徑，毫不留情地撕下高長虹實為「濟私」，而又「假公」的假面，指出支配他的「仍舊是天無二日，唯我獨尊的酋長思想」。

為接待川島全家到廈門大學而奔忙。川島回憶說：「上樓，找到魯迅先生，他說：『他們已經收到電報了，可是說船要明日才能到。』先生想已看出我那副著急的狼狽相來，從暖水壺裡倒出水來——讓我洗臉，讓我喝水，吃點心。之後，就陪我下樓，找到他的工友春來同我雇了舢板，一起去把我撂在船上的老婆、孩子、保姆和四件行李接了乘原舢板回來。當我又入廈大時，林語堂、羅莘田……都在魯迅先生所住的集美樓前那塊草地上等我們了。想來，魯迅先生就在春來和我走後，又跑去通知了他們，並為我們安頓好住處。因而我們一到，就有人來把我那四件行李和一家大小，送到不遠的鎮北關外周辨明先生的家裡去暫住，食宿都無問題了。」

寄許廣平信。收許廣平、許欽文、鄭振鐸信，另收周建人所寄《阿Q正傳》兩本，振新書局所寄費氏影宋刻《唐詩》合本一本，《峭帆樓叢書》一部二十本。章廷謙至。贈艾鍔風、蕭恩承英譯《阿Q正傳》各一本。

二十五日

寄許廣平信。午後丁山來。章廷謙贈精印《雜纂四種》、《月夜》各一本，糟鵝、魚乾一盤，酥糖二十包。

二十六日

寄中山大學信。崔真吾贈五香鳳尾魚一盒。

二十七日

寄周建人信。寄李小峰《〈走到出版界〉的「戰略」》和《新的世故》稿。

二十八日

致許壽裳信，再次表達了對廈大的不滿：「廈大雖不欠薪，而甚無味，兼士早走，弟亦決於本學期結束後赴廣大，大約居此不過尚有一月耳……」

收許壽裳、許羨蘇、孫伏園、韋素園、宋文翰信，寄李小峰、鄭振鐸、許壽裳信。

二十九日

給許廣平寫信。信中說，中山大學「等我很急」，想和林語堂商量，能早走則早走。魯迅還談了到中大的打算：「中大如有可為，我還想為之盡一點力，但自然以不損自己之身心為限。我來廈門，雖是為了暫避軍閥官僚『正人君子』們的迫害。然而小半也在休息幾時，及有些準備，不料有些人遽以為我被奪掉筆墨了，不再有開口的可能，便即翻臉攻擊，想踏著死屍站上來，以顯他的英雄，並報他自己心造的仇恨。北京似乎也有流言，和在上海所聞者相似，且云長虹之拚命攻擊我，乃為此。」這裡，魯迅點出了高長虹的「心造的仇恨」，本來，魯迅以為是具體的「壓稿風波」等瑣碎事項，這下牽涉到感情問題，魯迅強烈地感到被刺痛了。「這真出我意外，但無論如何，用這樣的手段，想來征服我，是不行的，我先前對於青年的唯唯聽命，乃是退讓，何嘗是無力戰鬥。現既逼迫不完，我就偏又出來做些事，而且偏在廣州，住得更近點，看他們躲在黑暗裡的諸公其奈我何。然而這也許是適逢其會的藉口，其實是即使並無他們的閒話，我也還是要到廣州的。」這封信，表現了魯迅大無畏的男子漢氣概，有揚眉劍出鞘的雄風，彷彿普希金要為愛情決鬥一般。

致韋素園信。信中談到《階級與魯迅》一稿時，魯迅談了這樣一個觀點：「評論一個人，無須徵求本人同意。」還談了高長虹的詩《給——》，魯迅說：「至於《給——》的傳說，我先前倒沒有料想到。《狂飆》也沒有細看，今天才將那詩看了一回。我想原因不外三種：一，是別人神經過敏的推測，因為長虹的痛哭流涕的做《給——》的詩，似乎已很久了；二，是《狂飆》社中人故意附會宣傳，做為攻擊我的別一法；三，是他真疑心我破壞了他的夢，——其實我並沒有注意到他做什麼夢，何況破壞——因為景宋在京時，確是常來我寓，並替我校對，抄寫過不少稿子（墳的一部分即她抄的），這回又同車離京，到滬後她回故鄉，我來廈門，而長虹遂以為我帶她到了廈門了。倘這推測是真的，則長虹大約在京時，對她有過各種計畫，

而不成功，因疑我從中作梗。其實是我雖然也許是『黑夜』，但並沒有吞沒這『月兒』。」魯迅又說，「如果真屬於末一說，則太可惡，使我憤怒。我竟一向在悶胡盧中，以為罵我只因為《莽原》的事。我從此倒要細心研究他究竟是怎樣的夢，或者簡直動手撕碎它，給他更其痛哭流涕。只要我敢於搗亂，什麼『太陽』之類都不行的。」魯迅原以為，高長虹與他的衝突，純粹是為了《莽原》用稿等問題，這次才知道，他與許廣平的愛情有了「第三者」。這封信中，魯迅的態度十分決絕，「什麼『太陽』之類都不行的」，沒有一絲猶疑，可見他對許廣平的愛是十分執著的。

致許壽裳信，說：「此間甚無聊，所謂國學院者，虛有其名，不求實際。而景宋故鄉之大學，催我去甚亟。聘書且是正教授，似屬望甚切，因此不能不勉力一行，……」信中還說了許壽裳也往中大教書事「言兄教書事早說妥」。

陳萬里贈泉州十字石刻拓本一枚。下午國學研究院開會，根據林文慶示意討論聘請理科各主任為國學院顧問以「聯絡感情」問題，魯迅表示反對。

三十日

作歷史小說《奔月》。載一九二七年一月二十五日《莽原》半月刊第二卷第二期，署名魯迅。收入《故事新編》。本文根據古書中有關嫦娥奔月的神話傳說，塑造了神射手羿的形象。羿是一個曾經「上射十日」，下殺猛獸，為民除害的英雄。但在封豕長蛇射光之後，整天只能和烏鴉麻雀打交道。他有時悲憤孤寂，但決不消極退縮。文中詛咒了不聞戰叫的環境，反映了英雄對新的戰鬥的渴望，自然也是魯迅的心情的反映。小說中還塑造了一個慣於暗箭傷人、招搖撞騙的逄蒙形象。這個人物既暗含著對高長虹的譏諷，又概括了現實生活中投機份子和騙子手的共同特徵。魯迅在同許廣平談及本文時曾說：「長虹的拚命攻擊我是為了一個女性，《狂飆》上有一首詩，太陽是自比，我是夜，月是她……我這才明白長虹原來在害『單相思病』，以及川流不息的到我這裡來的原因，他並不是為《莽原》，卻在等月亮。但我竟毫不表示一些敵對的態度，直待我到了廈門，才從背後罵得我一個莫名其妙，真是卑怯得可以。我是夜，則當然要有月亮的，還要做什麼詩，也低能得很。那時就做了一篇小說，和他開了些小玩笑，寄到未名社去了。」在一九二七年四月九日給李霽野的信中，魯迅又說：「尚鉞有信來，對於我的《奔月》，大不舒服，其實我那篇不過有時開一點小玩笑，而他們這麼頭痛，真是禁不起一點風波。」

許廣平給魯迅寫信，對做魯迅的助教多有顧慮，怕不能勝任，想到一個中學去任教。魯迅在一九二七年一月六日的信中對許廣平說：「我想中學職員可不必去做，即有中變，我當託人另行設法。」

寄許廣平、許壽裳信，寄孫福熙《關於三藏取經記等》稿。下午丁山來訪，晚上林語堂來訪。訪章廷謙。

三十一日

辭廈門大學一切職務。

作《廈門通信（三）》。載一九二七年一月十五日《語絲》週刊第一一四期，署名魯迅。收入《華蓋集續編》。信中說明自己所以到廈門而又堅決離去的原因。一九二七年一月五日在給許廣平的信中，魯迅解釋了做本文的意圖，說：「我確也非走不可了，因為我在這裡，竟有從河南中州大學轉學而來的，而學校的實際又是這模樣，我若再幫同來招徠，豈不是誤人子弟？所以我一面又做了一篇《通信》，去登《語絲》，表明我已離開廈門。」

寄辛島驍信。收鄭振鐸寄贈《文學大綱》一本。中午周弁民招食薄餅，同坐有歐君、章廷謙及各夫人。下午同章廷謙訪林語堂。辭廈門大學一切職務。夜毛瑞章、羅心田來訪。

一九二七年

一月一日

晚赴泱泱社部分成員卓治、玉魯、王方仁、崔真吾的餞行宴，林語堂、章川島作陪。

《中山大學校報》刊載魯迅應聘該校的消息。

二日

致許廣平信。信中說，他辭去廈大的一切職務，「這事很給學校當局一點苦悶：為虛名計，想留我，為乾淨，省事計，願放我走，所以頗為難。但我和廈大根本衝突，無可調和，故無論如何，總是收得後者的結果的。」信中還說：「想來二十日以前，總可以到廣州了。妳的工作的地方，那時當能設法，我想即同在一校也無妨，偏要同在一校，管他媽的。」信中還說，「今天照了一個相，是在草莽叢中，坐在一個洋灰的墳的祭桌上的」。這張照片，是魯迅應泱泱社幾位青年之邀，在長有龍舌蘭的南普陀西南小山崗上的留影。俞荻在《回憶魯迅先生在廈門大學》一文中寫道：「在那小山上點綴著好像饅頭似的洋灰的墳墓。魯迅先生看到那種墳墓感到很有興趣，因為他在不久之前，編了一本雜文集，叫做《墳》，所以他要單獨在墳邊照個相。我們全體拍了照之後，我就扶著他，走到那高低不平的龍舌蘭叢生的墳的祭桌上，他就在那兒照了一個相。他對我們說，這張照片將寄到上海去，趕印到那本《墳》上去。因為《墳》裡的文章，有幾篇是用古文寫的。這張照片就算表示那集子裡幾篇雜文，是被埋葬了的墳。」

寄沈兼士信。收許廣平信。

三日

寄許廣平信。寄李小峰《廈門通信（三）》，後收入《華蓋集續編》。收孫福熙、伏園信。晚劉楚青（即劉樹杞，時任廈門大學教務長，大學祕書兼理科主任）來挽留並致聘書。羅心田來訪。

四日

上午林文慶來。接著劉楚青來，張真如來。

下午參加廈大學生送別會，照相。魯迅還與羅揚才等部分學生留影紀念，照片題有「魯迅先生廈島留別」。

晚赴文科送別會。

收許羨蘇信。寄韋素園《奔月》，後收入《故事新編》。

五日

譯日本武者小路實篤的論文《文學者的一生》。載二月十日《莽原》半月刊第二卷第三期，署名魯迅。收入《壁下譯叢》。

致許廣平信。信中說：「助教是不難做的，並不必講授功課，而給我做助教其容易，我可以少擺教授架子。」又說：「這幾天，『名人』做得太苦了，赴了幾處送別會，都要演說、照相。我原以為這裡是死海，不料經這一攪，居然也有了些波動，許多學生因此而憤慨，有些人頗惱怒，有些人則借此來攻擊學校或人們。」魯迅認為：「這學校除全盤改造之外，沒有第二法」。

許廣平也給魯迅寫信：「自郭沫若做官後，人皆說他左傾，有些人且目之為共黨，這在廣州也是排斥人的一個口頭禪，與在北京無異。創造社中人的連翩而去，不知是否為了這原因。你是大家認為沒有什麼色彩的，不妨姑且來做文藝運動，看看情形，不必因為他們之去而氣餒。但中大或較勝於廈大，卻不能優於北大；蓋介乎二者之間，現在可先做如是想，則將來便不至於大失所望了。」在許廣平眼裡，魯迅是沒有色彩的人，與其說魯迅是中性的，不如說是獨立的，正是魯迅的沒色彩的獨立性，後來，他居滬期間，才既和右執「新月」的梁實秋們戰，也與左執「太陽」的蔣光慈們戰，正所謂「兩間餘一卒，荷戟獨徬徨」。

另致許羨蘇信。收周建人所寄書兩本。午後陳定謨來，丁山來。晚上翻譯日本武者小路實篤的《文學者的一生》。魯迅是這樣一種人，不論是將要離開北京，還是現在就要離開廈門，或者就是在途中，心都很靜，照樣作文。

六日

致許廣平信。信中說：「校內大約要有風潮，現正在醞釀，兩三日內怕要爆發。這已由挽留運動轉為改革學校運動，本已與我不相干，不過我早走，則學生少一刺戟，或者不再舉動，但拖下去可不行了。那時一定又有人歸罪於我，指為『放火者』，然而也只得『聽其自然』，放火者就放火者吧！」

這封信中，魯迅還談了餞行酒的風情，把酒桌上國人的德行給描摹出來：「那些請吃飯的人，蓄意也種種不同，所以席上的情形，倒也煞是好看。我在這裡是許多人覺得討厭的，但要走了卻又都恭維為大人物。中國老例，無論誰，只要死了，輓聯上不都說活著的時候多麼好，沒有了又多麼可惜嗎？於是連白果也稱我為『吾師』了，並對人說道，『我是他的學生呀，感情當然很好的。』他今天還要辦酒給我餞行，你想這酒是多麼難喝下去。」心裡想的一套，面上說的一套，用魯迅的話就叫「當面輸心背面笑」，千萬不要相信白果們是怎麼說的。彎彎繞，中國人的心事，九曲十八道彎哩！

下午陳昌標、郝秉衡、歐陽治先後來訪。晚同人餞行於國學院，共二十餘人。

晚上譯日本鈴木虎雄的論文《運用口語的填詞》。載二月二十五日《莽原》半月刊第二卷第四期，署名魯迅。後來收入《譯叢補》。

七日

許廣平給魯迅寫信，談了她讀《墳》的《題記》的感想：「……你執筆可直是放恣了起來，你在北京時，就斷不肯寫出『倒不盡是為了我的愛人，大大半乃是為了我的敵人』這樣的句子，有一次做文章，寫了似乎是『……的人』，也終於改了才送出去的。」隨著到廣州的時間臨近，魯迅也感到從戀愛而昇華到另一境界的時刻將很快來臨，所以才「放恣」了起來。許廣平接著說：「總之，你這篇文章的後半，許多話是在自畫招供了，是在自己走出壕塹來了，我看了感到一種危機，覺得不久就要爆發，因為都是反抗的脾氣，不被攻擊固然要做，被攻擊就愈要做的。」

晚上到林語堂家用餐。夜赴浙江同鄉送別會。

寄許廣平、李小峰信。

八日

應泱泱社成員、廈大文科學生兼中山學教員謝玉生之邀，赴中山中學午餐，午後略演說。據該校教員黃玉齋回憶，講題是《革命可以在後方，但不要忘記前線》，內容大意為：「中山中學，顧名思義，是為紀念孫中山。中山先生致力國民革命四十年，創造了中華民國。但是現在軍閥跋扈，民生凋敝，只有『民國』的名目，沒有『民國』的實際。因此，中山先生遺囑：

『革命尚未成功』。大家紀念中山先生，在這學校讀書，就要依照他的遺囑為國民革命事業繼續奮鬥！」「你們很平靜地生活在這裡，這是後方，沒有炮火。但是，你們在這後方，也可以從事革命工作。你們應該把從中山先生書裡得來的道理，把從其他進步書裡得來的知識，當作革命武器，向著一切舊習慣，一切舊思想，一切吃人的舊制度，猛烈開火！你們尤其不可忘記，革命是在前線，要效法孫中山先生，因為他常常站革命的前線，走在革命最前頭。」並指出：「革命發展很快，北洋軍閥註定要滅亡的，這是確的。但你們不要高興的太早。你們在平靜的後方還有應該向它開火的無形的敵人。……你們還要做思想準備：全國統一了以後，你們的責任更重大，你們還有更重要的革命工作。你們不但要有推翻『吃人』宴席的魄力，還要有趕走世間『妖魔』、造起地上『樂園』的志氣和勇氣。」最後表示：「我到中山大學去，不只是為了教書，也是為了要做『更有益於社會』的工作。」，演說稿未發表，未收集。

下午往鼓浪嶼民鐘報社晤李碩果、陳昌標及鼓浪社其他社員三、四人，少頃林語堂、章川島、顧頡剛、陳萬里俱至。此時，廈大的「挽留魯迅先生運動」已轉為改革學校運動，「打倒劉樹杞，重建新廈大」的標語遍佈校園。為平息學潮，學校當局一面假意挽留魯迅，一面放出空氣，說魯迅離廈，是因為北京來的教員中胡適派和魯迅派相排擠，以此推卸責任。鼓浪嶼《民鐘報》則以此事寫成通訊，登在報上。「現代評論派」成員亦唯恐因此招來公憤，便與魯迅一同到社否認此事。《民鐘報》只好向魯迅道歉，並登更正啟事。罷了，他們「同至洞天夜飯」。魯迅和顧頡剛一起吃飯，「你想這酒是多麼難喝下去」！

作《〈華蓋集續編的續編〉前記》。未另發表，署名魯迅。收入《華蓋集續編》。

致韋素園信。說廈大情況時說：「種種可惡，令人不耐，所以突然辭職了。不料因此引起一點小風潮，學生忽起改良運動，現正在擴大，但未必能改良，也未必能改壞」。「總之這是一個不死不活的學校，大部分是許多壞人，在騙取陳嘉庚之錢而分之，學課如何，全所不顧。且盛行妾婦之道，『學者』屈膝於銀子面前之醜態，真是好看，然而難受」。另寄「泉百」，由韋素園轉交李霽野（魯迅為李霽野籌措的學費）。

收孫伏園信。寄周建人泉百廿，託以二十一元八角還北新書局。收北京寓所寄衣服五件。

九日

日記記載「午林夢琴餞行，至鼓浪嶼午餐，同席十餘人」。魯迅曾說：「校長林文慶博士是英國籍的中國人，開口閉口，不離孔子，曾經做過一本講孔教的書，……他待我實在是很隆重，請我吃過幾回飯；單是餞行，就有兩回。……前天所聽到的是他在宣傳，我到廈門，原是來搗亂，並非預備在廈門教書的，所以北京的位置都沒有辭掉。」據川島在《和魯迅先生在廈門相處的日子裡》一文記載，林文慶為表示「尊敬」魯迅，以平息因魯迅辭職引起的

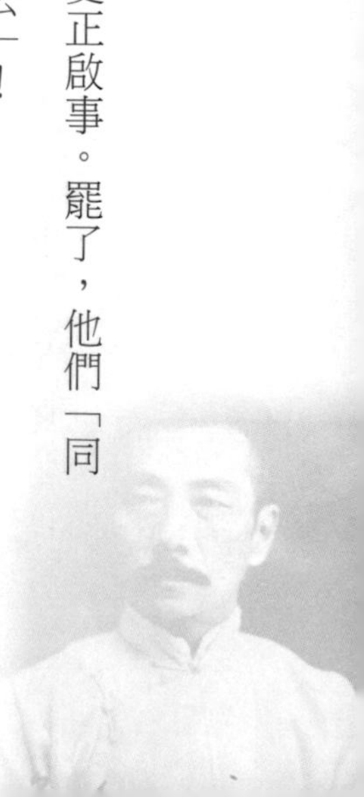

學生風潮，「儘管一面將辭職信和聘書還給魯迅先生，一面還是給他餞行，而且餞了兩回。……都是非去吃不可的。」羅常培在《從廈門解放引起的感想》一文中，也談到這次宴會。宴會上，「還有些個資本家在座。校長介紹其中一個說：『某某先生是我們的董事。我們私立大學不管別的，誰捐錢誰就可以做董事。』魯迅毫不猶豫地從口袋裡掏出兩毛錢來往桌上一拍，說：『我捐兩毛錢也可以做董事嗎？』這又是他一次有言的抗議。」

收李遇安、韋素園、李小峰、周建人信。寄周建人、許羨蘇、韋素園信。王珪孫、郝秉衡、丁山來訪。陳定謨來訪。毛瑞章來訪並贈茗八瓶，菸捲兩盒。

十日

上午往北京家中寄了兩張相片。魯迅是細心的，他是讓母親能看到他別後的形象，以釋遠念。致韋素園信。對他的病情表示關切，說：「兄咯血，應速治除服藥打針之外，最好是吃魚肝油。」另外告訴韋素園，「這裡的風潮似乎要擴大」。

收鄭孝觀信。

下午同崔真吾、王方仁往市區買箱子一個，中山表一個《徐庾集》合印一部五本，《唐四名家集》一部四本，《五唐人詩集》一部五本。在別有天夜餐訖乘船歸。夜羅常培及章廷謙來並贈巧克力兩包，酒一瓶，菸捲二盒，柑子十枚。（魯迅是一個比較認真的人，要是別人送我柑子，我一般不會在日記中留下痕跡的，這太瑣碎了；即便要留吧，也只是寫某某送柑子若干，而不會像他老夫子這樣，一定要點得這麼精確。這也讓人想到魯迅對某些觀點的較真。我們聽了某種觀點，可能不認同，但也只是聽了而已，魯迅則不同，非要把自己的觀點闡述清楚，一點也不苟且。）

十一日

收許廣平兩封信，另收許壽裳、翟永坤信。寄韋素園信。午後往廈門市中國銀行取款，因簽名大糾葛由商務印書館作保始解。買《穆天子傳》、《花間集》。夜章廷謙、丁山來訪。

致許廣平信。信中談到高長虹等人，說他們「大抵是貌做新思想者，骨子裡卻是暴君酷吏、偵探、小人。我如果再隱忍、退讓，他們更要得步進步，不會完的。我蔑視他們了」。信中還揭露白果（即黃堅）等人散佈流言，「說我之不肯留居廈門，乃為月亮不在之故。在送別會上，田千頃（即陳萬里）且故意當眾發表，意圖中傷。不料完全無效」。表示「這些都由它去，我自走我的路」。信中對許廣平表示：「我先前偶一想到愛，總立刻自己慚愧，怕不配，因而也不敢愛某一個人，但看清了他們的言行思想的內幕，便使我自信我決不是必須自己貶抑到那麼樣的人了，我可以愛！」魯迅是個真誠的人，又是一個有自審能力的人，自己年紀偏大，個不高，又有家室，所以「慚愧」、「怕不配」。有顧慮，但不等於沒有愛的能力，

此時，他像公雞啼曉一樣喊出了「我可以愛」，這無疑是他心理上的自我解放。信中魯迅還希望許廣平不必迴避做他的助教，「倘如此，可真成了流言的囚人，中了流言家的詭計了」。

十二日

致翟永坤信。信中說：「此地很無聊，肚子不餓而頭痛。」「來信問我在此的生活，我可以回答：沒有生活。學校是一個祕密世界，外面誰也不明白內情。據我所覺得的，中樞是『錢』，繞著這種東西的是爭奪、騙取、鬥寵、獻媚、叩頭。沒有希望的。」

另致許廣平、許壽裳信，寄周建人信並匯券一紙，計泉五百。收王衡、李霽野、孫伏園信。

晚丁山邀往南普陀夜餐，同坐共八人。

十三日

上午艾鍔風、陳萬里來訪。中午林文慶餞行於大東旅館，同席約四十人。

十四日

作《〈絳洞花主〉小引》。載上海北新書局一九二八年出版的《絳洞花主》劇本前，署名魯迅。本文未發表，後來收入《集外集拾遺》。《絳洞花主》是廈大教育系四年級學生陳夢韶根據《紅樓夢》改編寫成的劇本。在《小引》中，魯迅首先指出《紅樓夢》的命意「因讀者的眼光而有種種：經學家看見《易》，道學家看見淫，才子看見纏綿，革命家看見排滿，流言家看見宮闈祕事……」接著對《紅樓夢》做了扼要評價，指出：「在我的眼下的寶玉，卻看見許多死亡；證成多所愛者，當大苦惱，因為世上，不幸人多。唯憎人者，幸災樂禍，於一生中，得小歡喜，少有罣礙。然而憎人卻不過是愛人者的敗亡的逃路，與寶玉之於出家，同一小器。但在作《紅樓夢》時的思想，大約也只能如此」。魯迅認為改編者「熟於情節，妙於剪裁」，「銷熔一切，鑄入十四幕中，百餘回的一部大書，一覽可盡，而神情依然俱在；如果排演，當然會更可觀」。1928年秋，該書曾由上海北新書局印行。魯迅寄還劇本並附《小引》。

寄沈兼士、許羨蘇、荊有麟信。夜艾鍔風來訪並贈其自著之《Ch.Meryon》一本。

十五日

上午致林文慶信。再還聘書，堅辭廈大一切職務。次日曾說：「在最後的一星期中，住著實在為難，但也更懂了一些新的世故，就是，我先前只以為要飯碗不容易，現在才知道不要飯碗也是不容易的。」午後，帶了四件行李，坐小船從沙坡尾登蘇州輪，準備赴廣州，王方仁、崔真吾、章川島等二十餘人送行。趁未開船前往商務印書館買《溫庭筠詩集》、《皮子文藪》各一部。下午送者二十餘人來。晚崔真吾從學校持來鐘憲民、許羨蘇信。楊立齋持來孫幼卿介紹函。

十六日

「午發廈門」——乘蘇州輪離廈門赴廣州。

夜作《海上通信》。載一九二七年二月十二日《語絲》週刊第118期，署名魯迅。收入《華蓋集續編》。魯迅談到他在廈門的感受時認為，「陸上的風濤」要比海上的風濤「險惡得多」。現實使他「更懂了一些新的世故」。指出：「中國向來就是『當面輸心背面笑』，正不必『新的時代』的青年才這樣。對面是『吾師』和『先生』，背後是毒藥和暗箭」。這是「經歷了許多舊的和新的世故之後，才獲得的」。他表示：「我已經管不得許多，只好從退讓到無可退避之地，進而和他們衝突，蔑視他們，並且蔑視他們的蔑視了。」這是一種決絕者的姿態，大無畏的氣概。

午抵香港。

致許廣平信。在談到旅途情況時說：「……有一個偵探性的學生跟住我。此人大概是廈大當局所派，探聽消息的，因為那邊的風潮未平，他怕我幫助學生，在廣州活動。我在船上用各種方法拒斥，至於惡聲厲色，令他不堪，但是不成功，他終於嬉皮笑臉，謬託知己，並不遠離。……所以我當相機行事，……此外還有三個學生，是廣東人，要進中大的，我已通知他們一律戒嚴，所以此人在船上，也探不到什麼消息。」這封信是在蘇州輪上寫的，也是魯迅居閩期間的最後一封信。就要與許廣平見面了，也還是要寫。不過，這封信也可見魯迅的真性情，太過敏感，目前沒有資料顯示廈大當局有派人「偵探性」地跟蹤，廈大畢竟不是克格勃，用不著「一律戒嚴」的。

十八日

午後到廣州，暫寓賓興旅館，晚訪許廣平。

魯迅赴廣州：為了愛，還是為了「一點野心」？

——與朱壽桐先生商榷

一

前些日子，因為寫作《孤島過客——魯迅在廈門的一百三十五天》，需要閱讀相關資料，在兩三年後才拜讀了朱壽桐先生發表在《魯迅世界》二〇〇五年第一期上的文章《試論魯迅赴廣州的深層心理動因》，文中的若干分析，筆者是認同的，比如，他認為，魯迅急切地奔赴廣州，不是出於對廣州是革命策源地的深切嚮往。這一點是毫無疑義的，如果魯迅是為了嚮往革命而赴廣州，他從北京南下時，就應該與許廣平一起去了廣州，而不是到孤島廈門；另外，魯迅到廣州時，革命的中心已經成為革命的「旁邊」了。又如，朱先生認為，魯迅去廣州，也不是出於經濟的考量。是這樣的，據《兩地書》記載，初時所議，魯迅到中山大學的收入，甚至不如廈門大學，他說，「中大的薪水比廈大少，這我倒並不在意」（《兩地書・六九》）。但是，我不認同朱壽桐的主要觀點，即：魯迅從廈門到廣州，主要不是為了許廣平，不是為了愛，不是為了與許廣平的結合，而是為了所謂的「一點野心」。

朱壽桐說：「另一個促使魯迅迅速離開廈門赴廣州的直接原因往往被理解成是熱戀中的

許廣平的召喚和吸引，但對這一原因的解釋同樣禁不起推敲。一個明顯不過的事實是，魯迅動意赴廣州，並不是出於許廣平的建議。」又說：「許廣平不僅沒有勸告魯迅放棄廈門來廣州，而且在通信中還時常傳達著魯迅未必需要來廣州的意思；魯迅之來廣州，特別是如此急切地離開廈門來廣州，應該不能歸結為許廣平的召喚或吸引。」可是，我在《兩地書》中看到的「明顯不過的事實」，卻與朱先生大不一樣。我的觀點是：魯迅赴廈門，可能原因有好多條，但最主要的只有一條，那就是為了許廣平，為了與許廣平的結合。我們一起來看看，以下的分析是不是禁得起「推敲」。

寬泛地說，魯迅和許廣平有約在先，分頭在社會上工作兩年，賺一些錢，再考慮其他。可是，他們剛剛分別，一九二六年九月二日，在上海往廣州的船上，許廣平就向魯迅表白：「臨行時所約的時間，我或許不能守住，要反抗的。」說是兩年，才剛分手，滿腦子想的都是快些團聚。魯迅和許廣平在船上，都在打聽著從廣州到廈門或從廈門到廣州的最佳途徑。魯迅才到廈門不久，給許廣平寫信，希望合同早早滿了，速速離開。魯迅一到廈門就想離開，原因很多，在我看來，最主要的一條，就是想著他的「害馬」。中年獲愛，沉鬱而熱烈，許廣平應該也是心知肚明，但說話還是比較含蓄，勸他安心「做工」。後來，就是一九二六年九月三十日，魯迅是這樣回覆許廣平的：「我之願合同早滿者，就是願意年月過得快，快到

民國十七年，可惜來此未及一月，卻如過了一年了。」還真是度日如年哩。相約兩年後再見面，但彼此都覺得兩年長得不得了，這是否可以解釋為許廣平對魯迅的召喚、魯迅對許廣平的嚮往？

具體地說來，只要細讀《兩地書》，就可以看到有多處許廣平對魯迅的「召喚和吸引」。魯迅是一九二六年九月四日抵達廈門的，才到廈門還不足一個月，當在廣州的許廣平知道郭沫若離開中山大學後，立即想到了魯迅，希望魯迅來補這個空缺：「廈大情形，聞之令人氣短，後將何以為計，念念。廣州辦學，似乎還不至如此，你也有熟人如顧先生等，倘現時地位不好住，可願意來此間一試否？郭沫若做政治部長去了。」（《兩地書・五二》）「可願意來此一試否？」雖然是探詢的語氣，雖然說得比較含蓄，很顯然，許廣平希望魯迅能來。十月十八日，許廣平又寫信說：「文科主任的郭，做官去了，將來什麼人來此教授，現尚未定。你如有意來粵就事，則你在這裡的熟人頗不少，現在正是可以設法的時候。」（《兩地書・五九》）許廣平不在中山大學供職，卻時時留意著它的動向，她是為魯迅留意，留心。她在鼓動魯迅來廣州哩。十月二十二日，她繼續寫信動員：「中山大學（舊廣大）全行停學改辦，委員長是戴季陶，副顧孟餘，此外是徐謙，朱家驊，丁維汾。我不明白內中的情形，所以改辦後能否有希望，現時也不敢說，但倘有人邀你的話，我想你也不妨試一試，重新建造，未必不佳。我看你在那裡實在勉強。」（《兩地書・六一》）魯迅自己也說過，他在廈門也不是待不下去，他不時地對許廣平發牢騷，編排廈大的種種不是，其「深層的心理動因」，就是為自己提早離開廈門留伏筆。在魯迅筆下展示的廈門的種種「令人氣短」之處，讓許廣平感到魯迅在那裡「實在勉強」，許廣平是希望他改變境況，可以這麼說，她動員魯迅來廣州，是「客觀為魯迅，主觀為自己」——她心中愛的火焰在燃燒，在召喚。當許廣平得知中山大學已經電邀魯迅，而魯迅對是否去粵還在猶豫時，十月二十三日又寫信說：「這裡既電邀你，你何妨來看一看呢？廣大（中大）現係重新開始，自然比較的有希望，教員大抵新聘，學生也加甄別，開學在下學期，現在是著手準備。我想，如果再有電邀，你可以來籌備幾天，再回廈門教完這半年，待這裡開學時再來。廣州情形雖云複雜，但思想言論，較為自由，『現代』派這裡是立不住的，所以正不妨來一下。否則，下半年到哪去呢？上海雖則可去，北京也可去，但又何必獨不赴廣東？這未免太傻氣了。」（《兩地書・六五》）接著，十月二十七日再次寫信強調說：「……你不妨來助中大一臂之力。現在我又陸續聽說，這回的改組，確是意在革新，舊派已在那裡抱怨，當局還決計多聘新教授，關於這一層，我希望你們來，否則，郭沫若做官去了，你們又不來，這裡急不暇擇，文科真不知道會請些什麼人物。」（《兩地書・六五》）許廣平的意思明明白白，就是希望魯迅能來廣州，盼望早日團聚。我確實搞不懂，

朱壽桐怎麼會得出許廣平認為「魯迅未必需要來廣州」這樣的結論。

朱文做為許廣平不要求魯迅來廣州的論據是：「她在《兩地書》的通信中倒經常向魯迅傳達廣州和中大情形和環境也並不樂觀並不理想的資訊。例如在一九二六年十二月三十日的通信中，許廣平告訴魯迅：『現在外間對於中大，有左傾之謠。』」當然，也可能許廣平對廣州有不夠滿意的地方，但是，這個世界上，又有什麼地方可以讓人絕對滿意呢？許廣平對廣州的小有不滿，怎麼能否認以上所介紹的她三番五次動員魯迅來廣州這一基本的客觀事實呢？至於「現在外間對於中大，有左傾之謠」，不能做為希望魯迅不要來廣州的根據，也不表現許廣平對中大的不滿。許廣平的原話是這樣的：

> 現在外間對於中大，有左傾之謠，而我自女師大風潮以後，反對者或指為左派，或斥為共黨。我雖無所屬，而辭職之後，立即進了「左」的學校去了，這就能使他們證我之左，或直目為共，你引我為同事，也許會受些牽連的。先前聽說有一個中學缺少職員，這回我想去打聽一下，倘能設法，或者不如到那邊去的好吧！（《兩地書·一〇七》）

很明顯，許廣平是為魯迅著想，擔心魯迅受不必要的「牽連」。她從「女師大風潮」的經驗看，如果她當魯迅的助教，有可能授人以柄。因此，她想迴避，到別的中學工作。戀人不在一個單位工作，許廣平有了這樣的想法，不是平常到不能再平常了嗎？從這一段完整的文字看，我只看到了許廣平對魯迅的愛，處處為魯迅著想。我無論如何看不到「傳達著魯迅未必需要來廣州的意思」。

朱文接著寫道：「倒是魯迅對於許廣平提供的資訊和對廣州日益不滿的情緒不以為意，分析道：『這是因為妳碰了釘子，變成神經過敏，還是廣州的情形，卻是如此的呢？倘是後者，那麼，在廣州做人，要比北京還難了。』但他同時又毅然向許廣平表示：『不過我是不管這些的』，意思是他無論如何還是要到廣州來的。」我覺得，朱壽桐的理解與魯迅的原意相去甚遠。為了闡明道理，我不得不完整地引用魯迅的原話：

> 至於引為同事，恐因謠言而牽連自己，——我真奇怪，這是因為妳碰了釘子，變成神經過敏，還是廣州的情形，卻是如此的呢？倘是後者，那麼，在廣州做人，要比北京還難了。不過我是不管這些的，我被各色人物用各色名號相加，由來久矣，所以被怎麼說都可以。這回去廈，這裡也有各種謠言，我都不管，專用徐大總統哲學：聽其自然。

魯迅的意思很清楚，他是針對許廣平當魯迅的助教這一具體的事情發表看法，希望許廣平不要在意當他的助教，別人愛怎麼說怎麼說去。「不過我是不管這些的」，是告訴許廣平，

魯迅不害怕她牽累自己。說魯迅無論如何要到廣州來，這是對的，但不是如朱文所暗示的，許廣平以為廣州不好，魯迅可不要來，但魯迅為了「一點野心」卻偏偏要來；實際的情況卻是相反，魯迅的意思是：再多的關於我和妳的謠言，我都不管，為了妳，為了我們的愛情，我還是要到廣州來。

魯迅原意都沒有搞清楚，卻將其做為論據，其結論當然只能是錯的。

二

朱壽桐說：「其實，魯迅對於自己急於奔赴廣州的原因不僅有所表述，而且表述得非常清楚，遺憾的是，魯迅清楚不過的表述往往並沒有引起人們足夠的注意，或者並不能讓人們十分相信。」我想，如果是十分清楚不過的表述，理性健全的人們是沒有理由不相信的。那麼，朱文所介紹的魯迅表述的赴廣州的原因是什麼呢？朱壽桐說：

> 魯迅關於自己急於奔赴廣州的動因的表述是，做一點事情，造一條戰線，向舊社會進攻；魯迅將此稱為他的「一點野心」。——這實際上是確立了魯迅後期更加鮮明的「戰鬥」的文學策略，確立了以後他特別擅長的社會批評與文明批評為核心內容的雜文寫作的基本

思路。「一點野心」的說法既表明魯迅對自己能力的謙虛評估，稱之為「野心」也表明魯迅對這一設想的高度重視。

我們查原文，魯迅是這樣說的：

> 其實我也還有一點野心，也想到廣州後，對於「紳士」們仍然加以打擊，至多無非不能回北京去，並不在意。第二是與創造社聯合起來，造一條戰線，更向舊社會進攻，我再勉力寫些文字。但不知道怎的，看見伏園回來吞吞吐吐之後，便又不做此想了。（《兩地書·六九》）

孫伏園從廣州回來，說話「吞吞吐吐」，這大約是因為中山大學方面還沒有最後敲定是否聘請魯迅，而魯迅一知道中大態度不明朗，就「不做此想」了。這是十分正常的反應。這裡，魯迅的態度，並沒有像朱文所描述的那樣隆重和煞有介事，如果魯迅真是「高度重視」，又何至於因為孫伏園的「吞吞吐吐」便立即「不做此想」呢？所謂「一點野心」，不過是魯迅行文的習慣，在我看來，與「一點想法」也無大區別。魯迅是為了許廣平，為了愛而奔赴廣州，然而，到了廣州，也不能像涓生和子君一樣，只是為了愛，總還有生計問題，總還有工作問題，寫文章的人，如果不寫文章，就像吸毒的人不吸毒，那是難以忍受的，所以，魯迅首先想到

了寫文章。這封信中，魯迅還有另一些話，意思是，薪水少倒沒什麼，「所慮的是功課多……而做文章一定也萬不能免，即如伏園所辦的副刊，就非投稿不可，倘再加上別的事情，我就又須吃藥做文章了。」魯迅要做文章，從他的精神氣質和戰鬥精神看，就難免要有所批判，要有抨擊。並不是什麼要到廣州「確立」「社會批評與文明批評為核心內容的雜文寫作的基本思路」。魯迅的戰鬥精神不是在某個地方「確立」的，而是與生俱來的，是魯迅，就意味著戰鬥；就像是冰心，就意味著愛一樣。魯迅在五四時期，就沒有戰鬥的吶喊嗎？魯迅在北京就沒有戰鬥的吶喊嗎？魯迅與章士釗戰，與陳西瀅戰等等，戰史俱在，並非發生在到了廣州「造一條戰線」以後。

關於與創造社的合作，這應該說是魯迅的一個期望。創造社中的大多人，有留學日本的背景，這有溝通上的方便之處。一般說來，魯迅是比較討厭陳西瀅、梁實秋、徐志摩等留學西洋的文人的。郁達夫與魯迅性情相投，在精神氣質上與魯迅相對較近；郭沫若則未必，郭身上有一股虛狂之氣，魯迅不會喜歡這樣的人，但是，不喜歡不等於討厭。總之，相對於「現代評論派」，魯迅有可能與創造社造成一條戰線。就是說，如果魯迅到了廣州，是想會一會郭沫若他們的，倘若彼此說得來，也可能一起辦一本刊物，在上面發一些文章，僅此而已。我要表達的意思是，魯迅不是飛蛾赴火一樣，急著奔赴廣州，就是要與創造社「造」這樣一條「戰線」。其實，魯迅只是隨便說說而已，在說這句話的同時，他就自我否認了。

以下這些事實，我們是不是也應該有所重視？

郭沫若已經於一九二六年七月二十一日跟隨北伐軍總政治部離開廣州了，郁達夫也因長子夭折於六月離穗赴京。魯迅寫「一點野心」的信時，是十一月七日，創造社骨幹份子已經不在廣州，魯迅還如何到廣州與他們「造一條戰線」呢？如果真要造戰線，魯迅更應該到上海去，當時，創造社若干同仁已經到了上海。所以，我的結論是，所謂「一點野心」，只是魯迅與許廣平私下通信時的「隨便說說」。

還一個事實朱壽桐也注意到了，魯迅說，「許多人和政府一同移去」，魯迅沒有追著去一起「造戰線」的意思，反而說，自己「或者反而可以閒暇些」。魯迅是一個深刻的孤獨者，他感覺最好的時候就是讀書做文章，他從來就不喜歡場面上的熱鬧，更不喜歡和革命者攪在一起。當然，魯迅後期有時候喜歡年輕人圍著他，捧著他，但這也是心靈太過孤獨以後適當調適的需要。至於朱文提到的廣州「必須為革命的精神所瀰漫」之類，那是演講，針對的是青年。魯迅說過，他自己身上有「鬼氣」，魯迅希望於青年的，與他自身的心境是大不一樣的。

此外，魯迅在許廣平面前還有一點老師的矜持，他總不可能直白地對許廣平說，我到廣州，就是直奔主題，就是為了妳！他總要找出「一點野心」和「造戰線」之類的東西，為自

己熱烈的愛和深潛的慾望，穿上一件看得過去的外衣。

再說了，要打擊「紳士」，最好的地方就是在北京，難道魯迅在北京沒有打擊「紳士」嗎？還說得過去的地方，應該是上海，上海更自由，報刊更多。此外，在廈門就不能打擊「紳士」們嗎？就不能戰鬥嗎？完全不是這樣，高長虹雖不是「紳士」一派，但魯迅在廈門不是一樣給以痛擊嗎？在廈門期間，魯迅不是還一定程度上遙控北京的《莽原》等刊物嗎？魯迅在廈門投稿抨擊「紳士」與在廣州投稿抨擊紳士，有什麼不一樣嗎？如果廣州是比北京、上海、廈門都要佳的「向舊社會進攻」的陣地，又如何解釋魯迅在廣州沒待多少日子又走了這一事實呢？

還有一個事實是，魯迅不是非去廣州不可的。如果許廣平離開廣州了，魯迅就不去了。在《兩地書》中，或者說，在魯迅與許廣平的關係中，有一個「許往汕頭」的小風波。簡言之，有一段時間，許廣平在廣州工作生活得不開心，有朋友邀請她到汕頭或做婦女工作，或辦報。許廣平動了心，想「跳槽」。魯迅知道了，很不開心了一陣子。在十一月十五日的信中，他對許廣平就表達了自己的心思：「我的一個朋友或者將往汕頭，則我雖至廣州，又與在廈門何異。所以究竟如何，當看情形再定了，好在開學還在明年三月初，很有考量的餘地。」（《兩地書・七三》）這裡，魯迅表達了去不去廣州還未定的意思，這就看許廣平去不去汕頭，根本沒有考慮到「造戰線」之類的。也就是這封信中，魯迅甚至有些可憐巴巴地說：「所以我實在難於下一決心，我也就想寫信和我的朋友商議，給我一條光。」這客觀上包含著乞求許廣平留在廣州的意思，「給他一條光」，換一句話說，如果許廣平走了，魯迅的心境又將陷入黑暗。十一月十八日，魯迅又寫信給許廣平，希望她留下：「我不知道妳自己是否仍舊願在廣州，抑非走不可，倘非決欲離開，則伏園下月中旬當赴粵，我可以託他問一問，看中大女生指導員之類有無缺額，他一定肯紹介的。」（《兩地書・七五》）魯迅的話也可以這樣解讀：你還是不要走了吧，我讓孫伏園為妳在中大謀一份職。在二十八日的信中，魯迅再次向許廣平強調，他要到廣州去，「我極希望H.M.也在同地，至少可以時常談談，鼓勵我再做些有益於人的工作」。（《兩地書・八三》）

魯迅還多次表達過，如果不是為了許廣平，廈門也不是完全不能待的。十月二十三日，他對許廣平說：「至於我的別處的位置，可從緩議，因為我在此雖無久留之心，但目前也還沒有決去之必要，所以倒非常從容。」（《兩地書・六零》）十月二十九日，魯迅對許廣平說：「倘無別處可走，就仍在這裡混半年。現在去留，專在我自己，外界的鬼祟，一時還攻我不倒。」（《兩地書・六四》）去留由己，外界環境雖然惡劣，魯迅也還應付得過來。十一月四日，魯迅對許廣平說：「今天看見中大考試委員名單，文科中人多得很，他也在內，郭沫若、

郁達夫也在，那麼，我的去不去也似乎沒有多大關係，可以不必急急趕到了。」（《兩地書・六八》）這個名單未必確切，可能是中山大學單方面的意願，或者只是把郭、郁的名字放在裡面做廣告？也未可知。如果「造戰線」之類不是魯迅隨便說說，而是如朱壽桐所闡述的那樣煞有介事，名單上有郭、郁，那魯迅還真應該「急急趕到」了。十一月九日，魯迅對許廣平說：「我這幾天忽而對於到廣州教書的事，很有些躊躇了，恐怕情形會和在北京時相像。」（《兩地書・七一》）此外，十一月二十一日，致章廷謙的信中，魯迅也說：「其實呢，這裡也並非一日不可居，只要裝聾作啞。校中的教員，謀為『永久教員』者且大有人在。」

這一切都表明，是為了許廣平，為了他們的愛情，所以他才去廣州了，如果許廣平不在廣州，他也可以不去。

當然，魯迅去廣州也是多因一果，但是，無論如何，不能強調另一面，從而否認了最重要的一面。

三

朱壽桐還有一段關於人生「儀式感」的論述，也是我所不能認同的，先看看朱先生是怎麼說的：

正因為基本上無法解釋魯迅何以一定要離開廈門赴廣州才能開始他「做些事」的「野心」，人們便不顧魯迅非常清楚的自我表白：是為了「打擊」紳士文人和「向舊社會進攻」而選擇盡快奔赴廣州，而對魯迅的此番選擇做出種種想當然的推測。事實上，魯迅為何不在廈門而一定要等待到廣州才開始實施自己的這一番「野心」，體現著一種較為深沉的心理動因。確實有不少人能夠隨時隨地做出調整自己行為方式和行動方案的決定，並且隨時隨地將這樣的決定付諸實施，但更多的人在面對自己較為重大的方向轉換和行為調整時，總是期待著和盼望著有一種「人生儀式」做為其開端的標示；這樣的「人生儀式」可能是時間也可能是空間意義上的，例如有人可能會期待著在某一個節日以後或某一個有意義的日子之後開始自己的某項重大計畫，有人可能會盼望在某一個新的地點或某一間新的房子裡開始自己的某項工作任務。我覺得魯迅選擇到廣州來「做些事」，並迫切地一再提前結束廈門大學的工作而在新的一年到來之後開始實施自己的「野心」，與這種潛在意念中的「人生儀式」感有密切關係。

「儀式感」，在我看來，這是少年心態，與魯迅這樣一個格外成熟的男人無涉。我以為，這是一種推論，或是猜測，作者並沒有拿出魯迅有「人生儀式」感的根據。也許，朱先生是

有「人生儀式」感的，但似乎不好把自己的人生感悟硬套到魯迅頭上。我不得不說，所謂「人生儀式」感，有相當大的主觀臆測的成份。

魯迅是一個在生活上很隨便的人，他一生都沒有朱壽桐所說的「儀式感」。我記得有資料介紹，經常的新年，魯迅是在讀書中度過的，並沒有懷著「儀式感」為新年搞一個「儀式」。魯迅正如朱壽桐所描述的那樣，是「能夠隨時隨地做出調整自己行為方式和行動方案的決定，並且隨時隨地將這樣的決定付諸實施」的人。魯迅本來在廈門要待兩年，但為了許廣平，為了與許廣平的愛，很快就調整了自己在廈門時間，結果是只待了一百三十五天。魯迅在北京往上海的路上還在寫文章（《上海通信》），在廈門往廣州的路上也在寫文章（《海上通信》），他完全沒有必要要有一間新的房子之類，才能開始戰鬥或工作。

朱文給人的感覺是，彷彿魯迅在廈門沒做什麼事，一定要到廣州才開始戰鬥。情況不是這樣的，魯迅是一個「工作狂」，與他一生中在任何地方一樣，魯迅在廈門留下了很多戰鬥的業績。《兩地書》雖然是以後才發表的，但《兩地書》有很多抨擊正人君子和「紳士」們的文字；在廈門所寫的五篇《朝花夕拾》中的文章，也不時「捎帶一槍」，挖苦紳士們。朱文給人的印象，像是真的打仗一樣，只有進入了廣州這一前沿陣地才有仗可打。寫文章畢竟和打仗不是一回事，所以我讀起來感覺有點滑稽。

如果真有朱文所說的所謂「人生儀式」，那穿上軍裝奔赴戰場的魯迅，也應該在一九二七年的一月一日到達廣州，事實卻不，魯迅完全沒有顧及到朱壽桐的「儀式感」，他本來還可以早幾天離開廈門的，說起來這件事也很沒有隆重的「儀式感」，他是為了了結舊帳，等發了薪水才走。

到了廣州，我們也看不到魯迅有進入戰壕一般的作為，除了「夜」包裹了「月」以外，太陽照樣升起，看不出與廈門有什麼特別大的不一樣，也看不見發動了什麼「戰役」。魯迅就是魯迅，教書，寫作，發牢騷，不順心了，走人。魯迅從開始寫文章到去世，一生都是戰鬥的，只不過採用的文學形式有所不同。他一生都在為「中國病人」進行病理分析，對中國人的靈魂進行解剖。我看不出魯迅有什麼「方向轉換」，更看不出「這樣的『方向轉換』發生在廣州」。

出於出版人的職業習慣，我還認為，朱先生文章的標題與內容是不吻合的，他探討的就是魯迅赴廣州的原因問題，其中並沒有至少沒有太多所謂「深層心理動因」，一切都是外在的探討，冠以這樣有點嚇人的題目，竊以為不妥。另外，朱先生是魯迅研究的專家，應該多少有點魯迅的風骨，魯迅批評誰，肯定是點出尊姓大名的，一般不用「人們或出於不假思索的揣測……」「人們便不顧魯迅非常清楚的自我表白……」諸如此類含糊的指代，我以為，

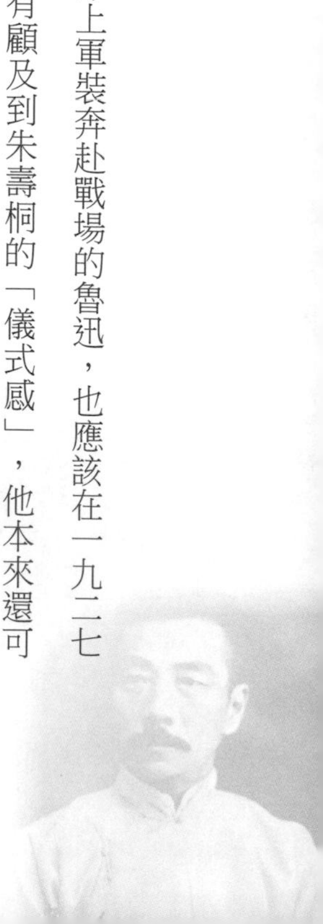

就像我針對的是朱先生的這篇文章一樣，應該指出「人們」是誰，「揣測」了什麼，否則，這種似乎誰也不針對誰也針對的表述方式，很容易淪為假議題。

魯迅離開北京南下，是為了許廣平，為了他們的愛情，魯迅說的南下是為了休息一陣，做一點學問，這也是託詞，在北京就不能休息？就不能做學問？魯迅的《中國小說史略》還是在北京完成的哩。魯迅從廈門急著去廣州，也是為了許廣平，為了他們的愛情。如果不是許廣平愛的召喚，如果只是為了「造戰線」，魯迅甚至不會到廈門，他只能在北京，或者上海，而且，沒有許廣平的魯迅，更大的可能性是繼續待在北京，畢竟，那裡有他省吃儉用買下的房產，有他的母親——魯迅是一個大孝子，要不是有了太強烈的召喚，他怎麼會離開母親呢?!

乍看，魯迅為什麼南下，為什麼提早離開廈門，這都是很瑣碎的小事，犯不著費這麼多筆墨探討。但是，我以為，這是魯迅一生至關重要的一章，正是他與許廣平的熱戀，使鬼的精靈的魯迅有了人間的煙火味，使我們看到了一個情感沉鬱而熱烈，在愛情上有潔癖的魯迅。《兩地書》讓魯迅溫情脈脈，讓魯迅成為「活的魯迅」。倘若如朱壽桐所言，魯迅提早離開廈門，主要是為了到廣州「造戰線」，「更向舊社會進攻」，那置許廣平於何地？置他們的愛情於何地？那魯迅真是只有「橫眉冷對」的一面，而沒有了「俯首甘為」「孺」（許廣平）「子」（周海嬰）牛的一面了。

後記

這本書寫得相當艱難。主要是沒有完整的時間，還因為心總也靜不下來，思慮太雜。

此前做專著，是二十世紀九〇年代的事了，那時我是一個兒童文學的編輯，每天上班編編童話、科幻和孩子的作文等，工作是比較愉快的，碰到好稿的時候，感覺是一種享受，比如，我曾責編魏濱海的《阿鐵林的故事》、葛冰的《小糊塗神》，以及洪訊濤主編的《中國孩子寫的童話》等，工作彷彿和童話一樣單純，今天想來，還是親切、溫暖的回憶，這些作品讓時光倒轉，把我帶回到了童年，甚至可以說，讓我發現了自己的童年。

後來，工作變動，有了行政事務，牽涉範圍還不小，一天裡常常要扮演若干角色。比如，上午一上班，可能是與一個作者談一個政治方面的書稿選題；剛剛談完，又要探討一個經濟方面的選題；不一會兒，要與一個同事談他的評職稱論文以及申報職稱的若干「竅門」；再接著，是關於科幻稿件的探討，還沒探討完，又要對素質教育的某一具體問題與責編對話；然後是讀者這樣那樣的回饋，有時候這個讀者說要這樣辦刊，那個讀者的意見正好相反，於是，在那裡沉思，到底哪些意見是可操作的，又應該怎樣給讀者回覆呢？上午快要下班了，也許會來一個老朋友，或是老朋友介紹的新朋友，詢問一個書號多少錢，出版單位彷彿成了

菜市場！下午，要與發行商談刊物的發行，與廣告商談折扣；晚上也許有應酬，教育官員或許在你面前擺上五杯白酒，說喝上一杯多發一千冊雜誌，喝不喝？皺皺眉，硬著頭皮灌下去，雖然知道，如此率性而為，痛風也許又要發作了。似醉非醉，朦朦朧朧中回家，寫朦朧詩則可，還能做學問嗎？業餘時間，想寫一點東西了，滿腦子就是以上所言的亂七八糟；從生理上講，人也累了。就是在這樣的風光和熱鬧、無聊和瑣碎的折磨下，一天擠一點時間，把節假日都用上了，斷斷續續，擠出了這本新作。

前些天，睡前讀周作人的散文，他說了大意這樣的話：現在，對生活沒有太多的奢求，自己感覺最好的時候，就是泡一杯好茶，讀一本好書，有什麼感想了，寫一點文字，沒有感想，就什麼都不寫。我覺得，這與我此時的心境非常契合。出版中人，文壇中人，有的喜歡熱鬧，像我以上所描述的工作狀態，是某些人所孜孜以求的，彷佛風風火火，似乎熱熱鬧鬧，看上去好像轟轟烈烈，在芸芸眾生眼裡人模人樣，而我呢，說真的，最熱鬧的時候，就是感覺最孤獨的時候；最風光的時候，就是感覺最無聊的時候。如果要減輕生活的痛苦，就是少跟無聊的人說言不由衷的話，少做場面上沒有意義的事。生活的快樂是實實在在、平平常常的，就是有好茶，好書。

當然，我比周作人要多一些人間煙火的趣味，那就是我有狗。

此時，我書房外的狗正屙下一泡屎，有一股生生的刺鼻的帶點辣的臭味。我在狗界行走多年，當的是「狗官」；天天為狗勞累，幹的是「狗奴才」的活；走起路來狗模狗樣，狗眼看人低（還真不能高看人）；說起話來顛三倒四——據說狗嘴裡吐不出象牙；如果有人罵我「跟狗一樣」，那一定是小ㄚ頭與我調情了，那我有楊振寧一般的好心情……我深深地吸了一口狗屎的生臭味，還真有一股野勁和烈性哩。我經常出入白領群中，不時有人模人樣的高等華人坐在邊上，那不曉得什麼國的香水的妖冶，直讓我起雞皮疙瘩，甚至反胃，折磨得我心煩意亂。唉，實話實說，這種時候，還真不如抱著我的狗娃，還真不如這狗屎的味道！卡夫卡讓人變成了甲蟲；臺灣作家吳錦發寫了《消失的男性》，一個愛鳥者，成了鳥人，身上長滿羽毛，飛了。我經常想，有那麼一天，說不定我家的狗突然對我說話了；或者，一早醒來，我卻成了一隻狗，或狗身人首，或狗頭人身——哈，那真成了狗頭軍師了。

我與魯迅最大的矛盾，就是他要痛打落水狗，我卻是「狗奴才」。魯迅筆下的狗，實際上都是人，他老先生對狗極盡誣衊、謾罵之能事，讓狗為人受過。寫完這本書，我首先想的就是要寫一篇關於魯迅與狗的文章。

有好書，好茶和狗娃，然後敲一點諸如此類關於狗的禮贊的文字，這就是生活的快樂，生活的快樂就是這麼實實在在。

亂扯了，打住！

我要感謝李爾鋼先生！與李爾鋼尚未謀面。去年底去武漢時，極想見他一面，因為日程緊，也只是打個電話致意。大約兩三年以前吧，我寫了一本《魯迅生前身後事》，把選題報告寄給兩三家出版社。其中一份寄給長江出版集團的王建輝先生，王將其轉給當時還在湖北人民出版社的李先生。過了一些日子，李先生回話說，決定採用我的書稿。可是，青島出版社早一步要了我的書，簽了合同。我把情況對李爾鋼說了，並表達了我的遺憾。同時，我對他說，我另有一部書稿正在進展中，是關於魯迅在廈門的，當時書名叫《一百三十五天》。李先生看了我的寫作提綱，當即與我簽了合同，並表示要當我這本書的責編。合同規定，二〇〇七年六月三十日交稿。因為以上所說的原因，稿件一拖再拖，拖了整整一年。是我違約，那合同自然是作廢了。李爾鋼也已經調到了崇文書局。他卻問我，把書稿移到崇文書局出可否？如今出書難，一般圖書多是賠錢，對我的拖拉，他不責怪，換了單位，還要兌現對這部書稿的承諾，我除了感激，還能說什麼呢?!朋友不少，好友不多，李爾鋼和我都忙，我們甚至來不及把朋友變成好友，我想，這也許要到我們退休以後了。

書寫好了，我不是女人，沒有生過孩子，就覺得渾身無力，脫水一般，累極；同時，又有了一種從頭到腳——用福州方言說，叫「透腳」——的輕鬆快感，我要問女人了，生了一個孩子，是不是有這樣的感覺？無論是否，總之，我又有了一個「孩子」。

這是在瑣碎和無聊中擠出的快樂。

今晚，我該沉沉入睡了。

作者

二〇〇八－六－十二於桂山釣雪齋

國家圖書館出版品預行編目（CIP）資料

戀愛中的魯迅：魯迅在廈門的 135 天 / 房向東著 .
-- 第一版 . -- 臺北市：樂果文化事業有限公司出版：
紅螞蟻圖書有限公司發行，2022.04
面； 公分 . --（樂生活；49）
ISBN 978-957-9036-36-8(平裝)

1.CST: 周樹人 2.CST: 傳記 3.CST: 文集

782.884 111000781

樂生活 49

戀愛中的魯迅：魯迅在廈門的 135 天

作者／房向東
總編輯／何南輝
行銷企劃／黃文秀
封面設計／引子設計
內頁設計／沙海潛行

出版／樂果文化事業有限公司
讀者服務專線／（02）2795-3656
劃撥帳號／50118837 號 樂果文化事業有限公司
印刷廠／卡樂彩色製版印刷有限公司
總經銷／紅螞蟻圖書有限公司
地址／台北市內湖區舊宗路二段 121 巷 19 號（紅螞蟻資訊大樓）
電話：（02）2795-3656
傳真：（02）2795-4100

2022 年 4 月第一版 定價／ 400 元 ISBN 978-957-9036-36-8